케임브리지 중국철학 입문

케임브리지 중국철학 입문

지성사로 본 중국 사유의 계통과 맥락

카린 라이 지음
심의용 옮김

**An Introduction
to Chinese Philosophy**

유유

머리말

이 책은 고대 중국철학의 주요 철학적 전통을, 특히 그 전통의 기반을 이루는 기원전 200년 이전의 시기를 중심으로 다룬다. 주로 중국철학의 개념, 주제, 추론과 논쟁 방법을 논의하고, 다양한 전통의 근본적 사상, 사상가들 사이의 논쟁, 전통 사이의 상호 영향, 이러한 사상에 대한 해석 이론, 현대 학자들이 표현한 견해를 소개한다. 각 장은 부분적으로 주제별 일관성과 연속성을 기반으로 구성하였으며, 대체로 연대 순서를 따랐다.

여러 장에 문헌 문제를 다루는 부분을 실었다. 예를 들어, 판본이 다양한 문헌, 문헌과 사상가 간의 연관 관계, 혹은 문헌의 시기 등 세부 정보이다. 이 자료의 일부는 상당히 전문적인 내용이라, 독자는 중국 사상사를 통해 중국철학을 어떻게 이해할지 파악하는 데 도움이 되는 정보를 찾아야만 한다.

각 장에서 더 읽으면 좋을 자료 목록과 더 자세한 참고 문헌을 이 책의 끝에 덧붙였다. 1차 문헌(제목의 알파벳 순서대로 나열)과 2차 문헌(저자의 알파벳 순서대로 나열)으로 구분된 이 목록은 더 많은 읽을거리를 제시한다. 본문에서 1차 문헌은 다음과 같은 형식으로 명기했다. '『논어』「팔일」17' 2차 문헌은 다음과 같은 형식으로 명기했다. 'Fingarette, 1983, 15'

마지막으로, 이 책은 순서대로 읽기를 권한다. 각 장이 앞 장의 내용을 바탕으로 하기 때문이다. 1장은 이후에 이어지는 중국철학의 주요 주제와 논증 방법을 제시했기 때문에 중요하다. 독자는 적절한 부분을 1장의 논의에서 다시 찾아 읽으면 도움이 될 것이다.

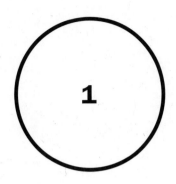

중국철학

지난 20년간 영어권 학자와 학생 그리고 관심 있는 일반인 사이에서 중국철학에 대한 관심이 크게 증가했다. 더 훌륭한 원전 번역본이 나왔고, 이 분야를 강조하는 학술지가 출간되었으며, 성공적인 국제회의가 조직되었고, 전공 논문과 선집이 출간되었다. 이 분야는 역사적 고고학적 종교적 혹은 인류학적 접근 방식과 함께 철학적 관점과 연결된 연구로 확장되어, 학제 경계를 넘어서는 참여를 이끌어냈다. 동시에 중국철학이 현대의 논쟁에 의미 있고 통찰력 있는 공헌을 할 수 있다는 믿음 덕택에 서양과 중국의 철학 전통을 넘나드는 대화가 급격히 확산되고 있다.

　　『케임브리지 중국철학 입문』은 고대 중국철학의 주요 철학 개념, 주제, 문헌을 검토하며, 기원전 5세기에서 기원전 2세기 사이에 특히 주의를 기울인다. 다양한 견해를 표현한 기초 문헌을 얻을 수 있는 시기이기 때문이다. 우리는 이 시기를 중국철학의 기원으로 생각할 수 있다. 현존하는 이 시기 문헌은 철학의 핵심 요소를 포괄한다. 세계관을 제시하고 재검토하며, 가설을 비판하고, 가치와 이상에 관한 사고와 논의를 논증하고 정당화한다. 이 책의 주된 목적은 그 시대 사상가가 제안한 주요 철학 사상과 논쟁의 큰 줄기를 개괄하고, 현대까지 계속되는 논점을 소개하는 것이다. 어떤 경우에는 중국철학의 특징을 서양 철학의 유사한 측면과 비교하려고 했다. 그러나 이러한 비교의 목적은 두 분야의 차이점을 제시하고 설명하는 게 아니라 중국철학의 특징을 명료하게 하려는 것이다.

　　이 책은 몇 가지 방식에서 입문서 성격을 띤다. 첫째, 이 책은 대표적인 관념, 주제, 논쟁을 다루는데, 이런 중국철학의 근본적인 측면이 더 복잡하고 많이 알려지지 않은 영역을 탐구하는 데에 정보를 줄 수 있다. 둘째, 이 책은 중국 고전 문헌의 정신을 포착하고자 한다. 그러나 이를 위해서는 원전을 깊게 독해하는 것이 가장 효과적이다. 원전 번역본을 완전하게 읽을 수 없다면, 독자는 적어도 윌리엄 시어도어 드배리William Theodore de Bary와 아이린 블룸Irene Bloom의 『중국 전통 자료』Sources of Chinese Tradition(vol 1, 1999) 같은 믿을 만한 주요 원전의 개요서라도 보는 것이 좋다. 마지막으로, 여기서 논의는 중국철학의 기본 요소, 즉 중국 불교 사상을 포함해 적당한 분량의 문헌이 존재하는 시기에 초점을 맞추고 있다. 불교의 사상과 수행은 1세기에 중국에 들어왔고, 6세기가 되어서야 독특한 전통으로서 정착했다(즉 인도의 정통 불교와 다르면서도 단순히 중국의 전통과 딱 들어맞지도 않는다). 그러므로 중국철학 입문에 포함시키는 것은 중요한데, 특히 이후 중국 사상사 전개에 영향력을 형성했기 때문이다.

이 책은 분과 영역으로서 중국철학의 전반적인 정신과 접근 방식을 설명하는 일과 각 전통의 특징적인 모습을 확인하는 일 사이에서 균형을 이루고자 한다. 이 논의에서 우리는 유가, 묵가, 도가, 법가 그리고 불교 전통을 다룬다. 또한 각 전통의 교차점과 분기점을 검토할 것이며, 동시에 일부 대표 인물 사이의 불일치를 주요하게 살펴볼 것이다. 불일치를 이해하는 것은 적어도 각 전통의 독특한 개념을 인식하는 것만큼이나 중요하다. 이러한 접근법은 다른 전통과 함께 발전한 각 전통들의 대조점과 공통점 모두에 주목하도록 할 것이다.

1
사상가, 문헌, 전통

중국에서 불안정한 시기가 오랫동안 지속된 춘추시대(기원전 722-기원전 476)와 전국시대(기원전 475-기원전 221)에 봉건적 주周나라(기원전 1122-기원전 221)는 종말을 고했다. 이 계속되는 혼란의 시기 동안 이전의 특권적 환경에서 살았던 수많은 사람이 세력을 잃은 뒤 살아가기 위해 다른 수단을 강구해야만 했다. 그들은 불안정의 원인에 대한 견해를 내놓고, 해결 방안을 제시했다. 공자와 그의 제자들은 학자 관료 계급인 사土로 묘사되는데, 이들은 권력자의 조력자가 되려고 경쟁했다(Hsu, 1965, 34-37). 사회정치 상황이 급박하게 변화하면서 이 시기의 견해들이 형성되었다. 그들은 도덕성과 정치적 사회, 좋은 통치 방식에 대해 집중적으로 논쟁했다. 『장자』莊子라는 도가道家 문헌은 기원전 4세기에서 기원전 3세기 사이에 쓰였는데, 이 문헌에는 당시에 여러 사상이 확산되는 모습이 묘사되어 있다.

천하가 크게 혼란스럽고 성현이 나타나지 않으며 도덕에 대한 주장이 일치하지 않았다. (……) 비유하자면 귀와 눈과 코와 입에 모두 각자의 기능이 있지만, 그것이 서로 통하지 못하는

것과 같았다. 즉 백가百家의 다양한 재주가 각각 특성이 있고 그 시대에 유용했으나, 그들은 포괄적이지도 종합적이지도 못한 채 각자 한쪽 구석에만 정통했다.

天下大亂, 賢聖不明, 道德不一. (……) 譬如耳目口鼻, 皆有所明, 不能相通. 猶百家衆技也, 皆有所長, 時有所用. 雖然, 不該不徧, 一曲之士也. (『장자』 「천하」天下)

학자들은 "백가지학"百家之學이라는 용어로 당시의 사상적 다양성과 논쟁의 정신을 특징지었다(Fung, 1952, 132-169). 가家(문자상 '집'을 가리키고 의미상 '집단'을 가리킨다)라는 말은 고대 사상가들이 교리적으로 연합한 학문 집단을 말한다. '집단'이 어떻게 분류되는지는 주의해 살펴볼 필요가 있다. 전국시대 약 2세기 후에 한漢나라 역사학자인 사마담司馬談(기원전 110)은 『사기』史記에서 여러 사상 학파를 6개의 집단으로 분류해 육가六家라고 했다.◆ 이 분류는 상당히 영향력이 있어서 이후 수세기 동안 중국 사상 연구에 지배적인 역할을 했다. 육가는 다음과 같다.

1. 음양가陰陽家: 음陰(여성성)과 양陽(남성성)이라는 두 가지 주요 원리에 대한 믿음에 근거하며, 특히 우주론에 적용했다.
2. 유가儒家: 지식인, 학자의 학파다. 유교가 이 학파에 속한다.
3. 묵가墨家: 묵자墨子가 창시했으며, 군인과 기능공으로 이루어진, 엄격한 규율을 중심으로 굳게 결합된 학파다.
4. 명가名家: 이 집단에 포함된 사상가들은 언어와 실재 사이의

◆사마담은 중국 역사의 연대기를 편찬할 계획이었다. 그는 그 계획을 끝마치지 못했고, 그의 아들 사마천(司馬遷, 기원전 145?-기원전 86?)이 이를 완성했다. 『사기』는 한나라 무제(武帝, 기원전 156-기원전 87)의 통치 때까지 2천 년 이상의 중국 역사를 다루고 있다.

대응 관계와 관련된 주제를 논했다.

5. 법가法家: 법치주의자로 구성되었으며, 사회 통제의 주요한 수단으로 형벌을 강조했다.

6. 도가道家: 형이상학과 사회 정치 철학을 논할 때 도와 덕을 강조한 사상가로 구성되었다(Fung, 1948, 30-31).

사마담이 분류한 여섯 학파는 우연이 아니었다. 그는 그들의 교리적 요소에 따라 세 학파(음양, 법, 도덕)를 분류했고, 하나는 구성원의 사회적 특징(유儒, 지식인)에 따라, 하나는 그 집단에 부여된 이름(묵墨, 창사자의 이름)에 따라, 하나는 탐구 영역(명名, 명칭)에 따라 분류했다. 이 여섯 범주는 단지 서술에 불과한 것이 아니다. 사마담에게 다섯 학파는 어떤 면에서 결함이 있지만, 마지막 도가는 모범적인 학설과 수행으로 옹호되면서 정점에 놓인다. 이러한 분류는 그의 신념에서 나온 것이 분명하다.

이러한 분류를 이해하면 사상가와 문헌, 전통 사이를 직접 연결하는 방법이 없다는 점을 확실히 알 수 있다. 사마담의 경우, 그의 논쟁적인 견해는 전국시대에 벌어진 논쟁에 대한 권위적이고 역사적인 기록으로 수 세기 동안 전해져왔다. 아마도 공식적인 인정을 받았고, 또 그 제목에 '기록'記과 '역사'史를 담고 있었기 때문일 것이다.

『사기』에서 논의된 문헌의 상당 부분에서 특정 전통의 창시자로 추정되는 사람의 이름이 거론되지만, 이것은 의심해볼 필요가 있다. 즉 특정 문헌이 창시자에 의해 저술되었거나 창시자라 불리는 이가 실제로 그 전통을 시작했고, 오늘날 우리가 알고 있듯이 그 전통에 협력한 사람들이 그들이 전통의 제안자라는 신념에서 그들의 사상을 발전시켰다는 점은 역사적 사실이 아닐 수도 있다는 것이다. 예를 들어 공자의 『논어』論語나 도가의 『도덕경』道德經 같은 문헌은 여러 사람이 쓴 모음집이다. 『장자』 같은 문헌은 이후에 구성과 편집 면에서 심하게 수정되었다. 많은 문헌이 첫 제국인 진秦나라(기원전 221-기원전 206)와 진시황秦始皇(기원전 259-기원전 210)의 통치 기간 동안 분실되거나 소실되었다. 한나라(기원전 206-기원후 220) 때는 조정에서 역사 기술을 주도했고, 기존 문헌은 분류되고 편집되고 수정되었다. 한나라 때에 선진先秦 시기 문헌의 대부분이 재편집되었기 때문에 어떤 사상이 특정 선진 시기 사상가의 사상이라고 규정할 때에 망설이게 될 수밖에 없다.

중국철학에 대한 논의를 복잡하게 하는 또 다른 요인은 중국 사상사에 존재하는 주석 전통이다. 주석자는 문헌의 사상과 주제를 해석하면서 자신의 의견을 덧붙인다. 의견은 광범위하며, 종종 한 구절씩 나눠 원문보다 길게 해설하기도 한다. 문헌마다 서로 다른 복잡한 이유 때문에 특정한 주석서가 그 문헌의 지배적인 해설서가 되어, 그 문헌을 어떻게 독해하고 이해해야 하는지에 대한 정통 관점으로 자리 잡는다. 이러한 예가 바로 주희朱熹(1130-1200)가 『논어』를 주석한 『논어집주』論語集註다. 주희는 신新유학의 전통을 독특하게 형성했던 사상가다. 주희의 『논어집주』는 이전에 편찬된 하안何晏(195-249)의 주석서를 훨씬 능가할 만큼 영향력이 컸다. 유사하게 『도덕경』에 대한 왕필王弼(226-249)의 주석서와 『장자』에 대한 곽상郭象(?-312)의 주석서도 각 문헌에 대한 이해를 지배했다. 사실 통행본 『장자』를 곽상이 어느 정도나 편집하고 재구성했는지는 의문이다.

발굴된 무덤에서 새로운 문헌이 발견되면서 사상가-문헌-전통을 연결하기가 훨씬 더 어려워졌다. 어떤 발굴 문헌 모음집은 지금의 통행본 문헌과 유사한 기간에 편찬되었다. 예를 들어 기원전

168년에 봉인된 무덤에서 1973년에 발견된 마왕퇴馬王堆 백서帛書(『역경』易經의 다른 판본과 『황제사경』皇帝四經 같은 도가 문헌으로 알려졌지만 보지 못했던 문헌을 포함), 1993년에 발견된 대략 기원전 300년에 편찬된 곽점郭店 죽간본竹簡本(많은 유가 문헌뿐 아니라 『도덕경』의 다른 판본도 포함), 기원전 300년경의 유물로 상해 메트로폴리탄 박물관에 소장된 문헌들(『역경』을 비롯해 주로 유가 문헌을 포함) 등이다. 발굴된 문헌, 모음집, 이전에 알려지지 않았거나 보지 못했던 문헌과 기존 문헌의 다른 판본 모두가(예를 들면 『황제사경』과 곽점의 「성자명출」性自命出처럼) 새로운 각도와 접근 방식을 제시해 기존 쟁점과 논쟁에 새로운 시각을 주고 있다. 이 문헌들은 또한 중국철학을 이해하는 주된 방식에 도전한다. 예를 들어 곽점본은 유가와 도가의 전통을 연결하는 문헌을 포함하고 있다. 이러한 문헌 모음집은 이제까지 우리가 이해해왔던 것처럼 유가와 도가 전통이 오랫동안 적대 관계에 있었다면 왜 그 문헌들이 같은 '모음집'의 일부가 된 것인지 질문을 던지게 한다. 물론 그 문헌의 소유자가 학문에 광범위하게 관심을 가졌을 수도 있다. 그러나 곽점본 『도덕경』은 유가와 관련된 가치를 거부하지는 않는 것 같다. 유가와 도가의 적대 관계는 나중에 발전되거나 구성된 것일까? 그렇다면 지금까지 이어져온 유가와 도가의 근본적인 분류를 어떻게 생각해야 할까? 이제 계보, 전통 그리고 중국 사상사에 대한 개념에 더 폭넓고 깊은 시각으로 접근해야만 한다.

이 책을 보는 동안 우리는 이러한 주의 사항을 염두에 두어야 한다. 그런데 몇 가지 미리 알려둘 것이 있다. 문체상의 이유로 이 책의 논의는 때때로 특정한 사상가를 특정 사상과 연결시킨다. 독자는 "맹자는 x라고 믿었다" 같은 문장에서 그 사고의 원천이 『맹자』라는 문헌에 있음을 의미한다고 여겨야 한다. 『맹자』에선 때때로 맹자가 그 사상의 대변인처럼 등장하기 때문이다. 의심의 여지 없이 맹자를 『맹자』의 저자라고 볼 근거는 없다. 다음으로, 유가와 도가 같은 전통 범주에 대한 우려에도 불구하고 이 책은 이해하기 쉽다는 이유로 전통 범주의 학설 분류에 근거해 각 장을 구성했다. 각 장의 논의는 독자가 그 한계를 인식하게끔 이러한 범주를 사용하여 생겨난 차이를 적절하게 제시해줄 것이다.

이제 중국철학의 중요한 특징에 주의를 돌리자.

2
중국철학의 특징

자기 수양 修身

고대 중국 사상가는 자아의 변화가 그 시대의 불안정을 해결할 수 있는 답이라고 믿었다. 그들은 다양한 자기 수양 방법을 이상적 사회에 대한 각자의 전망과 연관 지어 논의했다. 유가는 자기 수양에는 반성과 실천 모두에서 규율과 엄격이 요구된다고 믿었다. 또한 사람이 수양 과정을 통해 과거에서 배우고 인간 행동을 관찰하고 다른 사람과의 상호작용을 숙고하고 같은 생각을 가진 사람들과 서로 도움을 주고받는다고 생각했다. 이러한 실천은 사회 속에서 자신의 위치나 역할에서 발생하는 서로 간의 믿음, 의무와 책임을 서서히 개발시켜줄 수 있다. 그리고 상급자와 상관없이 혹은 일반 사람과 다르더라도 어떤 일에 대해 자신의 입장을 취하는 것이 매우 중요하다는 점을 깨닫게 한다. 다양한 유가 사상가가 인간에게 유용한 자원을 다르게 생각했다. 인간은 도덕적 감수성과 역량을 가지고 태어났는가? 어떤 사회 구조가 자기 수양에 가장 적합한가?

묵가의 문헌인 『묵자』墨子에도 자기 수양에 관한 편이 있다. 거기서 저자는 세상을 이롭게 하기 위해 헌신하는 자기 수양을 논한다(Schwartz, 1985, 158). 이로움에 대한 묵가의 기준은 공동 행복을 향상시키는 것이다. 이런 점이 유가의 시각과 정반대로 이해되기도 했다. 왜냐하면 유가는 겸애兼愛에 대한 관심이 부족하다고 여겨지기 때문이다. 『도덕경』, 『장자』, 『열자』列子 같은 도가의 전통 문헌은 관습적인 행위나 믿음, 기대감에 빠진 생활에 반대하며 도道를 직관과 경험으로 파악할 것을 주장했고, 언어 자체뿐 아니라 규범과 금지 사항을 포함해 인간을 사회화하는 도구를 의심했다. 이러한 전통에서 자기 수양은 사회화한 효과를 없애고 조건화하지 않은 행위無爲와 자연스러움自然에 따라 자신의 삶을 보살피는 것을 뜻한다. 예를 들어 장자는 수레바퀴 장인이나 매미잡이처럼 관습화된 형태의 학습을 거부한 숙련공에 대한 수많은 이미지를 제시한다. 이들은 자신의 기술을 기꺼이 즐겁게 연마한 사람이다. 또한 자기 수양이 비의적秘儀的 수행, 엄격한 신체 훈련, 연금술 활용에 대한 탐구와 관련된 종교적 도가, 즉 도교道敎도 있다(Kohn, 1993; Robinet, 1997). 맹자가 이기주의자로 묘사한 양주楊朱(기원전 350)는 "자기 자신을 위한"爲己 철학을 장려했다고 전해진다. 그는 자기 수양이란 신체에 주의를 기울이면서 사회로부터 오염된 영향에서 벗어나 자아를 순수하게 유지하는 것이라 여겼다(Graham, 1989, 53~64).◆ 통치자의 권력 유지에 관심을 기울였던 법가조차 자기 수양을 중심에 두었다. 그들이 볼 때 통치자에겐 특히 통치자가 의존하는 관료를 관리할 전략과 기술의 개발이 중요했으니까.

　　고대 중국 사상가에게 자기 수양은 필수였다. 왜냐하면 개인에게 주어진 상황을 다루는 기술과 역량을 갖추어야 했기 때문이다. 그들은 실제 삶에 반응해야 할 필요성을 깊이 인식해 거기에 주목했던 것 같다. 다음 장에서 보겠지만, 고대 중국 문헌에서 상황을

◆ 유가 사상가인 맹자는 양주가 사회적인 시민의 책임감이 전혀 없다고 격렬하게 비판했다. Graham, 1989, 53~64 참조.

가장 잘 해결할 수 있는 방법은 개인마다 또는 상황에 따라 다르게 고려된다. 혹은 상호 교류하는 특정한 사람을 고려하기도 한다. 이런 점에서 볼 때 왜 많은 사상가가 보편적 원리로 자신의 주장을 정당화하지 않는지 설명할 수 있다. 그렇다고 이런 사상가들이 이론적이거나 개념적인 문제를 고려하지 않았다는 것은 아니다. 은유와 유비, 암시적인 이미지를 사용할 뿐만 아니라 논리적인 난문難問(특히 명가)을 숙고하는 등 수많은 사변적인 사유가 있었다. 특히 도덕적 문제를 사고할 때 윤리적 원리를 간과하지도 않았다. 그러나 그들의 논의는 분명히 구체적인 사안에 초점을 맞추는 경향이 있어서, 그들 논의의 특징을 파악한 이마누엘 칸트Immanuel Kant는 중국 사상가들이 단지 구체적인 '예'만 들고 있다며 비난했다.

> 동방Orient 전체에서 철학은 찾을 수 없다. (……) 그들의 스승 공자는 그의 저작에서 왕을 위해 고안한 도덕적 교리밖에는 아무것도 가르치지 않는다. (……) 그리고 중국 선왕先王들의 예만 들고 있다. (……) 그러나 덕과 도덕의 개념은 중국인의 머릿속에 들어온 적이 없다. (……) 선에 대한 (어떤) 연구가 필요하겠지만 (중국인은) 그것에 관해 아무것도 알지 못한다. ◆◆

칸트의 결론은 물론 의심스럽지만 그 관찰(유가 문헌은 많은 예를 제시한다)은 옳다. 칸트는 도덕적 숙고에 접근하는 방식이 단하나뿐이라고 가정했다. 반드시 '선의 관념'을 결정하는 것에서 시

◆◆ Helmuth von Glasenapp, *Kant und die Religionen des Osten*, Beihefte zum Jahrbuch der Albertus-Universität, Königsberg/Pr. (Kitzingen-Main: Holzner Verlag, 1954), p. 104, translated by Julia Ching (1978, 169). 줄리아 칭은 고대 중국철학과 칸트 철학의 구조와 활력에서 나타나는 근본적인 차이에 초점을 맞추고 있다.

작하는 방식. 그러나 고대 중국 사상가에게는 어떤 한 상황과 다른 상황의 차이가 문제시되고, 그래서 개별 예들이 어떤 상황을 다루는 가능하고 대안적인 방법으로 논의된다. 기존의 규범과 가능성에 익숙해지고 한계와 제약을 이해하고 다양한 상황에 대한 대응 방식을 훈련하면, 사람은 자신의 능력에 비추어 유용한 대안을 이해할 수 있게 된다. 이러한 것들이 수양의 요소다. 이런 관점에서 볼 때 단순히 도덕적 원칙을 안다고 해서, 심지어 그 원칙을 믿는다고 해서 바로 실천으로 이어지는 것은 아니다. 묵자가 말했듯이, 장님이 흑과 백의 차이를 분명히 말할 수 있다고 해서 그가 검은색을 아는 건 아니다. 왜냐하면 그는 흰 것 사이에서 검은 것을 골라낼 수 없기 때문이다.

관계와 맥락

우리가 검토할 문헌에서 개인은 본질적으로 관계의 측면에, 그리고 상황에 조건 지워진 존재다. 개인의 독특성은 오직 다른 개인과 구별되는 특성을 가졌다는 점에 있다. 그것은 또한 맥락적 상황에서 개인이 처한 위치와 속한 관계에서 나온다. 결과적으로 자아의 모습은 복잡하고, 수많은 요소로 형성된다. 중요한 사람과의 관계나 역사적 문화적 사회적 정치적 맥락에서 경험하는 모든 것이 바로 그러한 요소다. 윤리적 측면에서 개인은 독립적인 도덕적 행위 주체로 행동한다고 여겨진 적도, 독립된 자아의 이상화된 인식에 따라 판단된 적도 거의 없다. 이는 의사 결정 과정과 선택 그리고 책임을 어떻게 이해할 것인가에 대한 매우 중요한 의미를 내포한다.

중국철학의 다른 전통에서도 자아에 대한 이런 견해는 여러 방식으로 표현된다. 유가와 묵가는 주로 사회정치적 맥락에서의 인간관계를 집중적으로 논했다. 그들은 친밀한 유대감, 즉 겸애가 사회생활에서 중심이 되어야 하는가에 대해 의견이 일치하지 않았는데, 특히 묵가는 그와 같은 관계의 의미에 주의를 기울였다. 유가와 묵가 모두 어떨 때는 도덕성의 토대로서 하늘天에 호소했고, 어떨 때는 단순히 사물이 자연적으로 작동하는 방식을 주장했다. 특히 한나라 시기와 그 이후 유가 담론은 천天, 지地, 인人이라는 삼각관계를 구체화했다. 이것은 땅 위에서 하늘의 명령을 실현하는 책임 있는 자리에 인간을 놓는 포괄적인 시각이다.

도가 사상가는 도에 대한 사고에 기반해 인간관계를 초월했다. 『도덕경』과 『장자』에서 그들은 인간계와 자연계 사이의 유비를 논한다. 이 문헌들은 모든 실제, 과정, 사건, 원인, 기운을 맥락 속에서 이해하는 것의 중요성을 강조한다. 한나라에서는 우주와 인간계 사이에 연관성이 있다고 여기는 우주론적 사고가 일반적인 주제였다. 이 주제는 유가와 도가뿐 아니라 『회남자』淮南子 같은 혼합주의 성격을 띤 문헌에서도 상세히 다루고 있다. 주로 점치는 데 사용되었던 『역경』은 이러한 시기에 재해석되어 인간, 자연, 우주 세계의 연속성과 상응성에 대한 주장을 강화했다(Schwartz, 1985, 358-370). 5세기경부터 중국 불교 철학은 개인의 자아를 공空으로 해석하는 독특한 견해를 발전시켰다. 그러나 역설적이게도 텅 비었기 때문에 자아의 특수성은 다른 존재와의 상호 의존 관계로부터 생겨난다. 이러한 전통은 '저기에' 무엇이 있는지, 우리가 알고 있는 세계는 무엇인지, 개인은 세계에 어떻게 적응해야 하는지에 대한 다양한 견해를 제시한다. 이러한 설명에서 형이상학적이고 인식론적이며 윤리적인 요소들이 통합된다. 앞으로 보게 될 것처럼 각 철학에서 말하는 자기실현의 모습은 매우 다르며, 이는 종종 극심한 의견 충돌의 이유가 된다.

현대적인 관점에서 볼 때, 주로 다른 사람과 관계된, 그리고 처한 환경에 붙박인 자아의 개념은 개인의 위치를 다시 생각하게끔 한다. 예를 들어 인간 영역 안에서 이런 식으로 생각되는 자아는 타인과의 관계에 압도당하게 될까? 어머니, 딸, 고용인, 교사, 이모, 조카, 아내라는 참을 수 없는 자기기만적 과제를 자기 인생의 목표로 삼을 수 있을까? 이것은 거의 전적으로 그 역할에 의해 창조되고 결정된 자아상이다(Tu, 1985, 51-66). 책임감, 창의력, 자기표현을 허용하고 고무하는, 개인에게 더 큰 비중을 두는 사회와 대조적으로 집단주의 시각을 가진 유가나 중국 사회에서는 이와 관련된 문제가 제기될 수 있다(de Bary, 1991; Tu, 1972, 192-193). 중국철학이 일반적으로 개별 관심사보다 집단 이익에 초점을 맞추는 경향이 있다고 우려하는 데에는 근거가 있다. 비록 자아 개념을 단순히 집단적으로 관계 짓고 조건 짓는 경향은 조심해야 하지만 말이다. 각기 다른 중국 전통이 개별 이익과 관련된 문제에 주의를 기울이지 않는다고 말하는 것은 부정확하다. 중국 전통은 특정 개인과 사건에 관련된 세부 사항을 고려하지만, 중국 전통에서 오직 개인적 문제만을 분리해내거나 그것을 근거로 책임의 경계를 분명하게 긋기란 매우 어렵다.

이후 논의에서 우리는 중국철학이 '집단주의'가 아니라 개인 사이의 상호 의존성을 가정하는 경향이 있다는 점을 보게 될 것이다. 개별 이익과 공동 이익은 중첩된다는 논의가 많다. 이런 점에서 본다면 자기 이익이냐 아니면 다른 사람에게 속한 것이냐만을 단순하게 생각하는 것은 인위적인 사고다. 이는 사회적이고 자연적인 환경에서 인간의 위치뿐 아니라 인간 사이의 관계, 인간이 자연적 개체와 맺는 관계에도 적용된다. 중국철학에는 개인만의 성취라는 개념이 없다. 오히려 개인의 업적이나 독창성, 재능은 자신의 결함과 실패만큼이나 세계 속에서 그 개인이 놓인 위치에 비추어 볼 때만이 제대로 이해될 수 있다. 한편으로 개인은 자신이 처한 환경에 제약될 수 있지만, 다른 측면에서 개인의 역량과 그의 행위가 미치는 범위는 고립된 자아를 넘어서 확장된다. 이런 관점에서 볼 때 개인주의-집단주의를 사용해 자아에 대한 중국철학의 관점을 특징짓는 것은 지나치게 단순한 이분법이다.

조화

조화와 안정은 중국 고대 사상가에게 중요한 문제였다. 백가쟁명百家爭鳴의 시대는 대변화의 시기였다. 사상가들은 보다 안정되고 평화로운 사회를 만드는 데 도움이 될 수 있는 제도, 방법, 과정을 심사숙고했다. 이상 사회에 대한 유가의 전망은 올바른 친족 관계가 사회를 안정시키는 근본이라고 간주했다. 가족은 국가의 소우주였다. 그리고 국가는 자비로운 성왕聖王의 지혜에 따라 세워진 제도와 함께 사람들의 상호 관계에 의해 유지되었다. 묵가는 유가의 이러한 전망에 동의하지 않았다. 그들은 국가의 관점에서 다른 모든 사람을 위해 각 개인의 관심을 더 넓게 확장할 필요가 있다고 생각했다. 특정한 친족 관계의 구축을 옹호했던 유가의 접근 방식은 특별한 충성을 조장하는 제도에 효과적이었다. 묵가에 따르면 이러한 유가의 기획이 가져올 결과는 명백하게도 가족과 국가 사이의 전쟁이다. 묵가는 조화를 이루기 위한 가장 좋은 수단이 표준화라고 확신했다. 그들은 사람을 다루는 방식에서 일관성을 유지하기 위해 표준法을 갖는 것이 중요하다고 믿었다. 달리 말하면 표준은 사회정치적 안정에 기여하는 중요한 제도였다. 법가는 표준에 대한 묵가의 이런 견해를 공유했다. 그러나 법의 목적과 시행에 대해서는 매우 다른 사상을 가지고 있었다. 묵가는 이타주의를 '표준화'하거나 일반화하고자 했지만, 법가는 사람을 제어하는 표준으로서 형법을 고안했다. 법가의 궁극적인 관심사는 통치자의 권력 유지였다. 표준화는 또한 명가의 기획에서도 중요한 문제였다. 명가는 사회가 불안정해지는 근본 원인이 명칭과 그것이 지칭하는 것 사이의 연관이 불명확한 데 있다고, 그래서 혼란과 불일치가 야기된다고 믿었다. 그 결과로 그들은 명칭과 지시 대상을 일치시키려고 노력했다.

고대 사상가 중에서도 도가는 사회질서와 표준화에 회의적이었다. 도가 철학은 세상의 다양성과 복수성을 받아들인다. 그래서 자연계의 개체와 존재, 현상을 예로 들면서 삶과 세계를 인간 중심적이고 환원적으로 해석하는 태도에 의문을 던진다. 도가 문헌은 자연 현상에서 나타나는 예측 불가능한 혼돈을 깊이 통찰한다. 이러한 현상을 인간이 분류하고 통제하고 조작하려고 시도해봤자 실패할 뿐이다. 심지어 『장자』는 개인의 관점 사이에서 일어나는 혼란스러운 불협화음을 찬미하는 것처럼 보인다. 도가 철학은 표준화를 추구하는 다른 전통과 구별되는 조화 개념을 옹호한다. 그러나 차이를 없애는 것이 조화의 전제조건이라고 믿지 않는다. 도가의 생각에 따르면 차이를 체계화하고 통합하려 한 다른 사상가들의 시도는 사실상 분열과 혼란만 일으켰다. 실제로 도가 철학은 조화에 대한 관습적인 예상을 뒤집는다. 음악에 비유하자면, 삶을 표준화하려고 한 사상가들이 추구한 조화는 사실상 다 함께 합주를 하는 것이다. 이 점은 묵가와 법가가 제안한 일치성에서 볼 수 있다. 유가의 주장에는 미묘한 차이가 있다. 역할과 관계에서 호혜적 사고에 기반하면서도 개인적 차이를 고려하기 때문이다. 그렇다고 해도 도가의 조화는 매우 두드러진다. 왜냐하면 다양한 목소리에 의해 생성되는 조화를 즐기면서 동시에 다양성과 복수성을 권장하기 때문이다. 도가의 조화는 전체 속에서 변형하는 개인을 분명하게 설명한다.

중국 전통에서 조화를 표현하는 다른 방법이 있다. 이것은 만족할 만한 평정심을 얻기 위해 개인이 어떻게 자신의 삶에서 다른 요소나 영역을 통합시킬까에 관한 것이다. 『논어』에서 평정심은 자주 곤경에 처하는 사람과는 대조적으로 모범적인 사람인 군자君子에게서 나타나는 바람직한 삶의 태도다. 『장자』에 나오는 숙련된 장인들은 그들의 행위에서 유사한 평정심을 보여준다. 때때로 겉보기에는 폭포에 뛰어들어 수영하는 사람처럼 무모한 것도 같지만. 중국 불교 사상은 개인의 삶에서 조화를 더욱 정밀하게 설명한다. 불교 논변은 처음 유입된 시기에는 관습적 삶은 환상에 불과하다고 주장하는 등 불완전했다. 삼론종三論宗과 천태종天台宗 같은 몇몇 불교 종파는 현상적 삶과 당위적 삶 사이의 격차를 해소하는 독특한 중도中道적 접근법을 개발했다. 조화는 환상에서도 깨달음에서도 찾을 수 없다. 오히려 둘 사이의 공간에서 찾을 수 있다. 이 공간에서 평정심은 환상과 깨달음의 삶의 요소를 통합함으로써가 아니라 그 각각을 거부함으로써 달성된다.

이 간결한 묘사는 중국 전통에서 조화가 개인적이고 사회적인 삶에서 어떻게 다양한 방식으로 드러나는지 보여준다. 즉 일치, 목적의 통일, 협력, 통합, 평정, 질서와 안정 등으로.

변화

중국철학은 개별적인 개체나 서로 다른 영역이 연속되고 상응하는 관계에 있다고 여긴다. 이러한 접근은 각각의 전통 안에서 다른 방식과 범위로 표현된다. 전국시대 말에서 한나라 시기 동안 이런 접근 방식이 눈에 띄게 발전했다. 이 시기에 우주와 자연계의 현상(일식, 지진, 행성의 위치, 기후, 날씨, 계절 등), 그리고 건강이나 사회제도나 정치적 지도력과 관련된 것들을 포함하는 인간계의 현상 사이의 상응 체계를 규명하는 데에 많은 노력이 기울여졌다. 몇몇 사상가는 점치는 데 사용되었던 문헌인『역경』으로 관심을 돌려 변화 예측과 그 영향에 대한 가설을 연구했다.『역경』은 변화와 그 영향에 주목함으로써 해로움을 최소화하거나 이로움을 최대화하고자 한 문헌이다. 변화를 예측하기 위해 점을 쳤던 것이다. 통제할 수 없는 환경에 노출된 개인에겐 변화가 어떻게 발생하고 어떠한 영향을 미치는지 이해하는 것이 중요하다. 상호 공명 사상, 즉 감응感應 사상은 상호 의존적 자아 개념을 구체화한 것이다. 그것은 즉각 통제할 수 없는 외부 요인에 대한 개인의 감수성을 포착한다. 하지만 개인의 이 명백한 취약성을 단지 부정적 측면에서만 해석해서는 안 된다. 변화의 영향도 긍정적일 수 있다. 더욱이 상호 변화에 따르는 무수한 가능성을 본다면, 개인은 자기 이익만 추구해서는 안 된다.『역경』은 다른 사람의 행복과 더 광범위한 환경의 견고함이 개인의 행복에 직접 또는 간접적으로 영향을 미친다고 간주한다.

『역경』은 중국철학의 실천적 지향점을 구현한다. 모든 문헌이 본래 철학적인 것은 아니다. 기원전 9세기에 성립된『역경』의 가장 오래된 부문은 점술을 위한 내용이지만 그것의 실천과 과정을 이해할 수 있는 이론적 근거는 밝혀지지 않았다. 그럼에도 이 문헌에서 흥미로운 점은 세상에 대한, 서로 다른 영역 사이의 연관성에 대한, 개체들의 상호 관계에 대한, 원인과 결과의 복잡성에 대한, 끊임없이 변화하는 세상에서 인간의 위치에 대한, 개인의 행위와 반응의 중요성에 대한 암묵적인 가설들이다. 전국시대와 한나라 때『역경』에 대한 주석은 그것의 과제와 방법과 적용을 깊이 반성하는 내용이 주를 이루었다.『역경』과 그 주석은 한나라 시대 철학의 발전에 특히 초점을 맞추어 9장에서 상세하게 논의할 것이다. 여기서는 두 가지 이유에서『역경』의 주제 가운데 몇 가지만 강조하려고 한다. 이 주제들은 중국철학의 관점 전반에 걸쳐 광범위하게 나타나며, 특히 중국철학의 변화에 대한 사고에서 독특한 면을 이끌어내는 데 도움을 준다. 여기에서 논의된 여섯 가지 특성은 9장에 반영될 것이다.

　1. 관찰의 우위.『역경』은 관찰을 반성적 사고에서 중요한 요소로 강조하고, 절차상 반성보다 앞선다고 생각한다. 이 문헌에서 예측은 세상 속에서 연관되고 움직이고 변화하는 것에 대한 관찰에 근거한다. 이러한 관찰을 통해 원리와 규칙성과 상관관계를 인식한다.『역경』에서 묘사된 것과 유사한 접근 방식으로 각 학파의 사상가들은 인간의 행위를 관찰하기 시작했다. 사회적이고 정치적이고 윤리적인 삶을 숙고하면서, 그들은 사회에서 일어나는 타락과 이기심, 동정과 이타심을 관찰했다. 도가와 묵가 사상가들은 특히 그들이 관찰했던 다양성에 매료되었다. 예를 들어 언어와 실재의 관계를 숙고하면서 후기 묵가는 언어가 어떻게 하면 한편으론 효율적으로 소통하고 한편으론 다양한 세상을 정확하게 반영하는 목적을 동시에 성취할 수 있는지 질문했다. 그러나 그들은 세상의 다양성을

관찰한 결과, 언어 구조를 반영하기 위해 필요한 어떤 추상성을 만들 수 없었던 것으로 보인다. 이러저러한 관련 영역에서 고대 중국 철학은 분명히 경험적인 성격을 띤다.

2. 전체론적으로 모든 것을 포괄하는 관점. 『역경』의 점사占辭는 변화의 요소와 요인을 더 완전하게 이해하기 위해 특정한 사건을 더 큰 상황 맥락에 위치시킨다. 더불어 개인이나 사건이 놓인 상황에 주목한다. 그것이 인간 사회, 도, 천지 혹은 우주일지라도 그러하다. 중국철학에서 개인은 경험의 주체로 인식되지만, 경험은 맥락 속에서만 완전히 이해된다. 예를 들어, 앞에서 언급했듯이 유가 철학은 자아를 맥락에서 벗어날 수 없는 존재로, 특정한 문화적 역사적 전통의 요소에 의해 부분적으로 구성된 존재로 본다. 심지어 때로는 초월적으로 묘사되는 도라는 개념도 세상의 삶과 불연속적이거나 독립적이지 않다.

3. 이원론에 대한 변증법적이고 상호 보완적인 접근. 『역경』은 높고 낮음高下, 움직임과 고요함動靜, 강함과 유함剛柔같이 대립되는 개념을 사용하는 개념적 틀 안에 상호 보완적 대립 항을 설정한다. 이렇게 짝 지어진 개념은 아마도 계절이나 주기에 따른 변화를 설명하는 틀의 일부일 것이다. 적절한 때에 한 단계가 다른 단계로 대체되고 다시 대체되는 식으로. 이 짝 사이의 상호 보완성은 도가 철학에만 국한된 것은 아니지만 도가에서 가장 두드러진다(예를 들어 유가는 관계의 호혜성을 강조한다). 도가 철학은 획일적인 가치 구조에 도전하면서 성공과 행복에 대한 관습적인 평가 기준을 의심한다. 짝 사이의 상호 보완성은 또한 도가가 논증에 접근하는 방식에서, 특히 장자와 변론자들辯者의 의견 충돌◆에서 두드러지게 나

◆ 그들의 철학은 6장에서 논의된다.

타난다. 변론자들은 현실 세계의 지시 대상(사물과 사건)에 고정된 명칭을 부여해 논쟁을 해결하려고 했다. 장자는 모든 것이 그러하거나 혹은 그렇지 않거나 둘 중 하나여야 한다는[1] 그들의 논리를 거부하고, 관점 사이의 대조를 중시하는 변증법적 접근법에서 더 많은 것을 얻을 수 있다고 제안했다.

4. 상관적 사고와 공명. 상관적 사고는 대략적으로 말해 한 영역의 사건과 상황이 다른 영역의 그것과 평행을 이루거나 혹은 그것을 설명하는 데에 도움이 된다는 견해다. 고대 중국철학에서 예를 들자면 제대로 운영되지 않는 국가와 병든 몸 사이의 상관관계로, 둘 다 각 부분이 서로 어긋난 바람에 조화를 이루지 못한 것이다. 공명이라는 주제는 두 개의 사건이나 사물 사이의 긴밀한 인과관계를 나타낸다. 여기에는 한쪽이 다른 한쪽에 반응하는 것인지 아니면 두 쪽이 서로 반응하는 것인지의 문제도 포함된다. 이 두 주제 모두 한나라 사상의 주요한 특징이다. 그러나 이 시기 이전에 이미 상관적 사고에 대한 주장이 있었다. 예를 들어 자연계와 사회정치적 영역 사이의 협력, 공모 혹은 단순한 대응 같은. 우주 현상과 인간 행복 사이의 상관성에 대한 믿음이 전국시대에 널리 퍼져 있었다는 점은 잘 알려진 사실이다. 때문에 순자荀子는 일식 같은 우주 현상을 인간 사회에서 앞으로 일어날 사건에 대한 조짐이라고 믿는 미신적인 생각을 없애버릴 필요가 있다고 여겼다. 이러한 믿음은 최근에 발굴된『일서』日書에도 잘 드러나 있다.

5. 괘의 의미와 상응 관계에 대한 해석적 접근.『역경』은 특정한 문제의 관련성을 설명하기 위해 특정한 괘를 해석하는 데 사용된다. 중국철학에서는 해석적 접근이 더 일반적이고 지배적이다. 반

면 추상적이고 보편적으로 적용할 수 있는 공리axiom는 단지 일차적인 지위prima facie statu를 가질 뿐이다. 이 공리는 관련된 상황 요인에 따라 쉽사리 수정될 수 있다. 중국 사상사에서 해석적 접근 방식은 주로 주석 전통에서 두드러지게 나타나는데, 그에 따라 사상가들은 주제나 논쟁에 대한 통찰을 끌어내기 위해 고전의 특정 사상이나 요소에 집중했던 것 같다.

6. 시의적절함과 실천적 지혜. 『역경』은 날씨, 계절, 기후를 포함해 더 광범위한 환경에서의 문제를 강조했다. 인간이 스스로를 위치시켜야 하는 환경에 대한 종합적이고도 포괄적인 그림을 제공하기 위해서였다. 이 논의에서 형이상학, 인식론, 윤리학과 관련된 주제는 명확하게 설명되지 않는다. 환경을 이해하는 것은 자기 방향을 정하는 데 있어 매우 중요한 문제였다. 자연과 사회에서 급박한 변화가 예상되기 때문에 상당한 주의가 필요했다. 『역경』은 변화를 예상하고 그것에 대비하며 대처하려는 태도를 구체적으로 보여준다. 이를 기본 관점으로 삼아, 고대 사상가들은 어떤 의도된 행동 방침이 가능한지 그리고 특정한 경우에 어떤 행동을 지속할 수 있는지 여부를 생각하면서 확실성보다는 가능성을 연구했다. 변화를 감지하는 것은 모든 존재의 근본 특성이다. 그래서 주변 환경을 인식하고 민감하게 반응할 수 있는 능력을 키우는 데에 집중할 것을 권장했다. 이것은 어떤 상황이 벌어졌을 때 제때에 적절한 조치를 취할 수 있는 최선의 보장이었다.

이제 중국 전통에서 여러 가지 철학적 사고의 특징에 주목하기로 하자.

3
철학적으로 사고하기

논쟁과 논증은 중국철학의 두드러진 특징이다. 춘추시대부
터 사상가들은 관점의 다양성 문제와 싸워야 했다. 서양 사상사에
서 시기별로 나타나는 도교 사상의 수용과 해석을 연구한 존 클라
크John J. Clarke는 이러한 다양성의 맥락과 그 함의를 소홀히 해서는
안 된다고 주장했다.

> 그러한 논쟁들은 (……) 더 넓은 범위에서 봐야만 한다. 관용
> 적 태도와 다원주의 태도는 오랫동안 중국 문화생활의 여러
> 측면에서 고유한 것이었는데, 이런 문화적 태도는 비교적 최
> 근에야 서양에서 받아들여지게 되었다(Clark, 2000, 27).

클라크는 4세기부터 경쟁 관계였던 도교와 불교 사상가의 논
쟁을 언급한다. 그러나 유가, 도가, 묵가 사이에는 이미 고대 초기
부터 논쟁이 있었다. 각 무리의 사상가들은 다른 사상가들의 학설
을 거부했다. 기원전 4세기부터 각 학파의 사상가 집단이 직하稷
下의 후원 아래 모여들었다. 전국시대 제나라의 수도에 있었던 직
문稷門은 제나라 위왕威王(기원전 357-기원전 320)의 후원 아래에 있었
다.◆ 이와 같은 상황은 중국철학에서 논쟁의 중요한 특징인 혼합

◆그러나 직하의 조직에 관해서는 몇 가지 논쟁이 있다. 데이비드 니비슨(David Nivi-
son) 같은 학자들은 직하가 학문 기관이었다고 믿는다(1999, 769-770). 또한 순자(기
원전 310-기원전 219)와 신도(愼到, 기원전 350-기원전 275)를 포함해 많은 영향력 있

주의 방식이 발전한 이유를 설명하는 데 도움이 된다. 양립할 수 없을 것 같은 학설에서 통찰력 있는 견해를 이끌어내 그것을 실행 가능한 이론에 통합시키는 것도 이 방식에 속한다. 이 혼합주의적 접근은 분석과는 분명히 다르며, 특정한 이론 이면에 놓인 가설을 드러내고 근본 개념과 관념을 정당화한다. 분석은 논증의 기본 구성 요소를 구별하고 분리하려 하지만, 혼합주의적 접근은 서로 모순되는 것처럼 보이는 여러 학설에서 나온 관념들을 통합하려 한다. 혼합주의 사고가 널리 적용되면서 많은 중국철학 사상이 그들 자신의 것이 아닌 전통의 요소를 포괄하게 되었다. 중국철학자 팡둥메이 Thomé Fang는 다음과 같은 방식으로 혼합주의 정신을 표현한다. "나는 가족 전통에 따르면 유교이고, 기질에 따르면 도교이며, 종교와 영감에 따르면 불교다."(Fang, 1981, 525)

중국철학의 이런 혼합주의 성격 때문에, 서로 다른 전통의 상호 영향 관계를 파악하기 위해선 사상사에 대한 감각을 습득하는 것이 매우 중요하다. 이런 감각을 통해 어떻게 사상들이 구축되고 재해석되고 다른 논쟁에 적용되고 전용되었는지 이해할 수 있다. 이런 혼합주의 방식의 효과는 주제, 개념, 관념이 계속해서 서로 겹치며 쌓인다는 점이다. 그래서 기초를 마련한 사람이나 각 사상의 '원조' 학파의 구체적 특성을 명확하게 구별해내기가 매우 어렵다. 그러므로 사상의 독특하고 일관된 흐름으로서 특정한 각 '학파'의 철학보다는 서로 다른 철학적 전통에 대해 말하는 것이 더 타당하다.

중국철학에서 논증의 또 다른 두드러진 특징은 암시적이고 연

는 사상가가 이 기관에 있었다고 주장한다. 니비슨은 이 기관의 학자에게 정치적 활동이 금지되었다고 지적하기도 한다. 그들은 간언하고 책략을 올리는 역할만 할 수 있었다는 것이다. 그러나 네이선 시빈(Nathan Sivin)은 직하를 공식적으로 조직된 학문 기관이라고 볼 증거가 매우 희박하다고 주장한다(1995b, 19-26).

상적인 이미지, 예시, 유추, 은유, 예증을 선호한다는 점이다. 논증에서 암시적이고 예시적인 도구를 사용하는 것은 사상을 밝히고 거기에 함축된 의미를 탐구하며 그것을 실제로 적용할 방법을 찾으려는 관심을 반영한다. 고대 사상가들이 의식했던 것처럼 논증적 방법이라는 사안은 탐구의 목적과 연관이 있다. 암시적 방식의 잦은 사용은 독자에게 해석하고 이해할 책임을 맡기는 접근 방식을 의미한다. 의심의 여지 없이 독자는 대개 자신의 관점으로 문헌을 읽을 것이다. 그러나 은유나 유추 등이 사용된 문헌은 개인의 반성을 고무하고 심지어 요구까지 한다. 따라서 『장자』를 읽은 독자들이 이 문헌에는 독자를 논쟁에 끌어들이고 반성적으로 사고하게 만드는 힘이 있다고 논평하는 것은 놀라운 일이 아니다. 이러한 특성을 구현하는 것이 단지 도가의 문헌만은 아니다. 유가의 『논어』도 독자가 질문하고 다른 접근법으로 사고하고 이런저런 질문에 대답하고 대화의 맥락을 상상하고 행위의 근거를 반성하게 만든다. 이러한 문헌을 읽는 것이 독자에겐 본질적으로 반성적 활동이 된다.

그렇다고 이론적 토대 혹은 철학적 진리를 천명하는 것은 중국 철학의 관심사가 아니라고 말하는 것은 아니다. 하지만 그것은 분명 중국의 지적 전통에서 유일한 관심사도, 몇몇에게는 중요한 목표도 아니었다. 예를 들어 『장자』 첫 장의 제목은 '목적지 없이 소요하다'라는 뜻의 '소요유'逍遙遊다. 이것은 사색과 반성이라는 반성적 활동이 그 자체로 가치가 있다는 신념을 전한다. 목적지가 있더라도 목적지를 추구하지 않는다.◆ 단순히 진리를 위한 수단이라기보다 그 자체로 평가될 수 있는 반성적 활동은 인간 삶에서 철학의 위치와 철학적 사고의 본성에 대한 중요한 질문을 제기한다. 이러한

◆이것은 근본 진리나 실재에 관한 문제를 다루는 형이상학적 주제에 관심이 별로 없기 때문일 수 있다. 그렇지 않으면 근본적인 실재가 있더라도 그것이 어떤 것인지 알기는 불가능하다는 인식론적 이유 때문일 수도 있다.

정신으로 독자는 중국철학의 구성 요소를 되돌아보게 될 것이고, 아마도 중국철학의 형식을 통해 중국철학뿐 아니라 자신의 개인적 신념과 실천 모두를 더 깊이 이해하게 될 것이다.

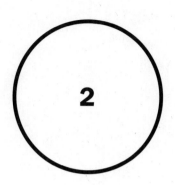

2

공자와 『논어』

춘추 시기의 불안정을 아파했던 공자孔子(기원전 551-기원전 479)는 사회를 윤리적으로 개선시키고자 했다. 그의 목적은 권력을 장악한 사람들이 절대 권력을 휘두르며 백성을 착취하는 행위를 없애는 것이었다. 이 개혁 과정은 모범적인 조정 관리, 즉 광범위한 교육을 받고 선한 정부에 헌신하는 사람들에 의해 시작되어야 했다.

이러한 사상의 선동자로서 공자는 유儒(지식인)라는 집단에 속한 인물로 알려졌다.◆ 이 유자들은 훌륭한 교육을 받은 사람들로 윤리적 정치에 대한 통찰을 공유하고 실현하고자 했다.◆◆ 그러나 『논어』에서 묘사된 유자와 유가1 사이의 관계는 상당히 불분명하다(Zufferey, 2014).

유자의 교육은 도덕적이고 격식에 따른 훈련된 생활 방식을 수양하는 것이었다. 일부 유자가 엄격한 조정朝廷 의례를 사회와 가정 생활 영역으로 확대했기 때문에 유가는 때때로 전통주의자로 생각되었다. 흥미로운 것은 공자가 『논어』「술이」述而 1장에서 스스로를 전달자이지 창조자가 아니라고 한 점이다. 그러나 정말 그는 자신을 전통적인 방식을 지지하는 사람으로 생각했을까?

◆ 공자의 삶은 자세하게 알려져 있지 않다. 중요한 자료들이 공자가 죽은 이후 어떤 시기부터 나오기 시작하기 때문이다. Eno, 2014; Riegel, 2013 참조.
◆◆ 전국시대에 학자 관료인 사(士) 집단이 급속히 증가했다. 특히 기원전 512-기원전 464년 동안 그들의 학문을 스스로 수립했던 사 집단은 통치자보다 더 적극적인 역할을 하기 시작했다(Hsu, 1965, 8). 공자와 그의 제자 중 많은 사람이 이 사 계급에 속한다고 제시되었다(ibid., 34-37). 전쟁을 벌이는 많은 국가 간의 경쟁 때문에 권력자들은 유능한 일꾼을 선발할 수밖에 없었다(Hsu, 1999, 572-583).

1
『논어』 읽기

문헌의 문제:

공자의 사상이 드러난 핵심 문헌은 『논어』다. 이 문헌은 공자가
그의 제자들과 나눈 대화로 구성되어 있다. 현존하는 문헌은 공
자가 죽고 난 뒤 적어도 2세기 반 동안 서한西漢시대(기원전 206-
기원후 9)에 기록되었기 때문에 그 문헌에 나타난 공자의 모습은
신뢰할 수 없다.◆ 최근에 발굴된 두 판본은 지금 판본보다 더
이전 것으로 여겨져 학문적인 관심을 받았다.◆◆2 서한시대에
『논어』의 여러 판본이 있었다는 증거가 있는데도 어떤 학자는
현행 판본의 내용을 시대적으로 구별하려고 했다.◆◆◆ 이 문헌을

◆ 현존하는 문헌은 하안의 『논어집해』(論語集解)에 근거하고 있다. 하안 판본은 고논(古
論, 고논어), 제논(齊論, 제나라 논어), 노논(魯論, 노나라 논어)이라는 세 개정판 판본
이 있었던 시기에 장후(張候, 기원전 5)가 편집한 초기 판본에서 대부분을 취했다(Make-
ham, 2003a, 363-377).

◆◆ 1973년에 『논어』의 가장 초기 판본으로 알려진 부분을 포함한 죽간본이 하북성(河北
省) 정주(定州)에서 발굴되었다. 무덤은 기원전 55년경에 봉인된 것으로 여겨졌다. 정주
『논어』를 포함해 무덤의 발굴품은 죽간본 대부분을 파괴한 도굴과 화재와 많은 피해를 낳
은 1976년 지진 등 불행한 사건들로 손상되었다. 정주 『논어』에 대한 학문적 관심은 다소
제한적이었다. 죽간본이 손상되었기 때문이다. 다른 여러 이유도 있었고(van Els, 2009).
또 다른 발굴품인 평양 『논어』(낙랑 『논어』라고도 함)는 정주 『논어』와 대략 동시대 판
본으로 여겨졌다. 평양 『논어』는 1990년대 초 북한의 한 무덤에서 발견되었다(Csiksz-
entmihalyi and Kim, 2014, 32).

◆◆◆ 한나라 시기 문헌의 다양한 판본의 구성과 유통에 관한 논의는 Csikszentmihalyi
and Kim, 2014 참조. 『논어』의 장을 시기로 구분하는 문제에 관한 가장 눈에 띄는 연구
는 각 장을 고대 유가 제자들의 삶과 관련된 특정 사건과 일치시킨 Brooks and Brooks,

어떻게 읽으면 좋을까? 『논어』에 실린 499개의 짧은 장은 체계적으로 정리되지 않았으며 대개 반복되거나 불일치하는 경우가 많다. 현존하는 문헌이 혼합되어 있기 때문에 용어와 개념이 대화 속에서 다른 의미를 가질 수 있다는 사실을 발견하는 것은 놀랄 일도 아니다. 독자는 때때로 대화와 일부 핵심 주제의 근거에 대한 그럴듯한 설명을 구성할 수 있을지라도, 명확하게 연관된 학설이나 정당화된 견해는 찾지 못할 것이다. 그러한 작업을 위해서는 같은 시기 문헌 연구, 언어학 연구와 해당 기간의 유물 조사를 포함한 역사적인 자료 분석이 필요하다. 이 문헌은 유가와 중국 사상사에 대한 통찰의 보고實庫로서 가치가 있다. 다른 측면에서 상당수의 당대 학자들, 특히 철학자들은 『논어』를 열린 텍스트로 받아들인다. 이 학자들은 다음에서 논의되는 것처럼 『논어』에 담긴 사상을 현대적으로 적용하고자 한다.

공자는 『논어』에서 헌신적이고 양심적인 사상가로 나타난다. 많은 구절에서 그의 제자와 제후와 대부 등 다양한 사람이 훌륭한 정치와 더 넓게는 훌륭한 삶에 관한 문제를 공자에게 묻는다. 『논어』는 이에 대해 공자가 어떤 식으로 다양한 요소를 고려해 결정을 내리는지 여러 구절에서 상세하게 보여준다. 그러나 『논어』를 처음 읽는 많은 사람은 공자가 자신의 결정을 뒷받침하는 기본적인 규범 원칙이나 기준이 없다는 점에 놀란다. 예를 들어 「자로」子路 18장에서 공자는 아들과 아버지가 서로의 잘못을 숨겨줄 것을 기대한다.

섭공이 공자에게 말했다. 우리 마을에는 정직한 사람이라고 불리는 이가 있다. 그의 아버지가 양을 훔쳤을 때 그는 관청에

The Original Analects: Sayings of Confucius and His Successors, 1998에서 찾아볼 수 있다.

고발했다.

공자가 말했다. 우리 마을에서 정직한 사람은 다르게 행한다. 아버지가 자식을 숨겨주고 자식이 아버지를 숨겨주니, 정직은 그 가운데 있다.

葉公, 語孔子曰, 吾黨, 有直躬者, 其父攘羊, 而子證之. 孔子曰, 吾黨之直者, 異於是, 父爲子隱, 子爲父隱, 直在其中矣.

사람들은 유가 윤리의 창시자로 널리 알려진 공자가 어떻게 거짓말쟁이처럼 이러한 부도덕한 처방을 내리고 여전히 친족주의nepotism를 부추길 수 있는지에 놀란다. 그러나 이 대화를 계속 음미해 본다면 더 묻고 싶은 질문이 생긴다. 도둑질에 어떤 처벌이 내려졌을까? 양의 가치는 무엇이었을까? 이웃 사람은 어떤 영향을 받았을까? 자식이 아버지의 절도를 고발한다면 자식에게 미치는 결과는 어떠하고, 또 고발하지 않는다면 어떠할까? 공자의 시대든 현재 우리의 시대든 자식이 처한 상황은 평범하지 않은 어려운 상황이고, 그래서 쉬운 해결책을 제시하긴 힘들다. 단순히 무슨 일이 있어도 도둑질한 사람을 숨겨주는 것은 도덕적으로 받아들일 수 없다고 생각하기 쉽다. 혹은 공자의 대답에 영향을 줬을 수도 있는 대화의 상세한 맥락에 초점을 맞출 수도 있다. 이 상세한 맥락에는 윤리적 삶에서 가족과 효도의 위치, 관계의 윤리적 의미, 다른 사람을 숨겨줘야 할 필요성, 여기서 공자가 도덕적으로 숙고하는 방법과 기준 등이 포함된다.

공자의 이러한 대답을 단순히 규범적 처방으로만 이해한다면, 공자가 제후에게 국가를 다스리는 것에 대해 어떻게 말했는지, 공자가 밥을 먹을 때 어떻게 앉았는지 하는 문제가 오늘날 우리와 어떻게 관련이 있는지 알기는 어려울 것이다. 아마도 『논어』가 우리의 도덕적 딜레마에 규범적 답변을 제공해줄 거라고 기대해서는 안 될 것이다. 그 대신 우리는 초기 유가들이 이해했던 것처럼 도덕적 추론 과정과 관련된 복잡성을 이해하기 위해 『논어』를 읽을 수 있을 것이다. 이 측면에서 『논어』를 권위적인 말이 담긴 책이나 포괄적이고 체계적인 철학 논문보다는 유가 전통과 관련된 일상적 실천과 믿음을 모아놓은 문헌으로 읽을 것을 제안한다. 그러면 공자와 다른 사람들이 상황에 어떻게 대처하고 관계 속에서 상대방에게 어떻게 대응했는지에 관한 안내서로서, 즉 우리 자신의 행위와 책임에 대한 반성적 사고를 일으키고 고무시키는 통찰의 보고로서 『논어』를 읽을 수 있다.

이 방법론을 마음에 두고 『논어』의 두 가지 근본 개념인 인仁(인간다움)과 예禮(행동의 적절성)를 검토해보자. 더불어 두 개념은 유가 전통에서 교화된 인문주의를 표현한다. 유가 철학을 온전히 이해하기 위해서는 이 두 개념과 둘 사이의 상호 관계를 파악해야 한다.

2
인仁: 인간다움

인은 공자 이전의 문헌에선 아주 드물게 언급된다.◆ 초기에 이 말은 남자답거나 씩씩한 자질을 가리키는 용어였다. 예를 들어『시경』詩經에 실린 두 편의 사냥 시에서는 각 사냥꾼을 '잘생기고 남자답다'仁고 표현한다(Schwartz, 1985, 51).『서경』書經에서 인은 백성을 대하는 통치자의 자비로운 태도를 나타낸다. 그러나 유가에서 이 말은 인간의 특성으로서 도덕적 자질을 가리킨다. 그러므로『논어』에서 인이 여러 변형된 의미로, 예를 들자면 일반적인 인간성, 인간의 독특한 특성으로서 인간다움, 주요한 미덕으로서 연민 혹은 공동체 안에서의 동정심 등의 뜻으로 사용되는 것은 놀랄 일이 아니다(McLeod, 2012). 넓은 의미에서『논어』의 인은 관계성을 위한 인간 특유의 욕구와 기질에 대한 개념을 담고 있다. 이는 사회정치적 맥락 안의 모범적 삶에서 나타난다. 이 개념의 의미는 한자에도 그대로 드러난다. 仁은 좌변의 인간을 뜻하는 人과 우변의 둘을 뜻하는 二로 구성된다. 이것은 이 말이 인간관계와 관련이 있음을 뜻한다. 그래서 자비, 사랑, 인간성, 인류애, 인간미, 동정심, 공감이라는 단어로 다양하게 번역되었다.◆◆『논어』에서도 그 의미는 다양하다. 그래서 최근 번역들은 어떤 한 용어로 인을 정의하지 않으려고 한다. 그 말의 의미와 범위가 변할 수 있기 때문이다. 인의 여러 측

◆ 윙칫 찬(Wing-tsit Chan)은 공자 이전의 인에 대한 용례를 포괄적으로 논의한다 (1955, 295-319).
◆◆ 윙칫 찬은 공자가 최초로 인을 일반적인 덕목이라고 생각했다고 말한다(1975, 107).

면은 다음 단락에서 고찰해보기로 한다.

인간에 대한 보편적 관심으로서의 인

공자는 『논어』 「안연」顔淵 22장에서 인은 "모든 인간을 사랑하는"愛人 것이라고 했다. 이 말은 인을 보편적이고 무차별적인 사랑으로 정의한 것이다. 그러나 「이인」里仁 3장에서는 "오직 인한 사람만이 다른 사람을 좋아하고 미워할 줄 안다"惟仁者, 能好人, 能惡人고 했는데, 이는 인한 사람은 분별력을 가지고 다른 사람을 평가한다는 것을 암시한다. 이 두 말은 서로 모순된다. 어떻게 모든 인간을 '사랑'하면서 어떤 사람은 미워하는 것이 가능할까? 「이인」 3장에서 사용한 호인好人이란 표현은 모든 인간을 사랑한다愛人기보다는 어떤 사람을 좋아한다는 의미다. 「안연」 22장의 "모든 인간을 사랑하는"은 권력자와 관련된 말이다. 따라서 모든 백성에 대한 통치자의 보편적 관심을 보여주기 위해 전형적으로 사용되었다는 점을 명심해야 한다. 그런 이유로 "모든 인간을 사랑한다"는 말은 애정이 담긴 친절을 나타내지 않는다. 이는 백성에게 보편적 관심을 가지면서 동시에 개인을 판단하는 일을 모두 가능하게 한다. 「양화」陽貨 24장에서 공자는 중상모략이나 험담을 일삼는 사람을 포함해 그가 싫어하는 부류를 분명히 밝힌다. 이것은 「안연」 22장에서 묘사된 "사람을 아는 것"知人의 중요성과도 일치한다. 권력을 가진 사람은 조정, 즉 공직에 적절한 사람을 등용하기 위해 개별 인간을 이해하는 것이 중요했다(『논어』 「요왈」堯曰 3).

또한 잘못한 자는 친절이 아니라 올곧음으로 대해야 한다는 공자의 말에는 판단의 엄격이 있다.

어떤 사람이 말했다. "적의를 선의로 보답하라는 말을 어떻게 생각하십니까?"

공자가 말했다. "그러면 선의는 무엇으로 보답하겠는가? 적의 는 정직으로 보답하고 선의는 선의로 보답해야 하네."

或曰, "以德報怨, 何如?" 子曰, "何以報德? 以直報怨, 以德報 德." (『논어』「헌문」憲問 36)

이 명백한 진술은 공정하거나 옳은 것에 공명정대하게 접근하 도록 한다. 중국의 기독교 선교사이자 중국 고전 문헌을 최초로 영 어로 번역한 제임스 레게James Legge(1815-1897)는 공자의 이러한 제안은 기독교적 사랑과 양립할 수 없다고 지적했다. 레게는 "공자 의 윤리가 기독교의 수준보다 얼마나 낮은지 이 장에서 분명히 드 러난다"(*Chinese Classics*, 1991, vol. 1, 288, n. 86.2)고 했다. 이 구절을 쓴 이는 딱히 기독교적 사랑 같은 것을 염두에 두지 않았을 것이다. "모든 인간을 사랑한다"는 말은 어떤 사람을 좋아하고 싫어하는 것 만큼이나 맥락 속에서 이해해야 하는 말임을 이미 살펴보았다. 모 든 인간에 대한 보편적 관심으로서의 인은 관료의 행위와 도덕적 자질을 비판적으로 평가해야 하는 권력자에게 적용되는 것이다.

인: 유가의 황금률

황금률은 도덕적으로 깨어 있는 사람을 그 출발점으로 삼는다. 사람 사이에는 그들 자신의 욕망과 이해관계에 대한 보편적 동의 가 존재한다는 가정 아래서 이러한 황금률은 작동한다. 『논어』에서는 황금률이 다음과 같이 소개된다. "내가 원하지 않는 것은 남에게 도 베풀지 말라."己所不欲, 勿施於人(「안연」 2, 「위령공」衛靈公 24) 이러한 황금률의 부정적 공식화는 때로 더 수동적인 접근을 유도하는 것처럼 보이기 때문에 '은률'이라고도 불린다. 이런 견해에서 보면 은률은 선하거나 도덕적인 행위가 아니라 그저 사람에게 해를 입히지 않는 행위를 요구한다(Allinson, 1985). 개념적으로 유가 사상에서 은률은 관계의 본질을 강조한다. 그것은 각 개인에게 도덕적 상상력을 발휘할 것을 요구한다. 굳이 다른 사람의 처지에서 생각하기보다는 다른 사람도 그들이 피하고 싶은 것을 피하는 거라고 상상하는 것이다. 은률은 생각만큼 그렇게 '수동적'이지 않다. 사람은 다른 누군가에게 원하지 않는 것을 강요하지 말아야 한다. 그래서 이것은 자신의 행동과 그것이 다른 사람에게 미칠 잠재적 영향을 깊이 생각하게 만든다.

『논어』에서 호혜성 또는 상호성으로 번역되는 서恕는 인간관계에서 서로 주고받음을 강조한다(「위령공」 24). 인간관계는 흔히 권력과 위계질서를 포함한다. 그러나 여기서는 다른 사람을 악용하지 않는 자아의 책임에 초점을 둔다. 책임은 자신에게 달려 있기에, 매일매일 자신의 행동을 면밀히 점검해야 한다(「학이」學而 4). 또한 「이인」 15장에서 서는 또 다른 개념인 충忠과 함께 본질적인 중요성을 부여받는다.

> 공자가 말했다. 삼, 나의 친구여! 나의 도道는 일관된 이치로 모든 것을 꿰뚫는다.
> (……) 증자가 말했다. 공자의 도는 스스로 최선을 다하고忠 자신을 타인의 입장에 두는 것恕일 뿐이다.
> 子曰, 參乎! 吾道, 一以貫之. (……) 曾子曰, 夫子之道, 忠恕而

已矣.

충은 일반적으로 '성실' 혹은 '최선을 다함'으로 번역된다. 그러나 이러한 번역은 왜 충이 서와 짝을 이루는지 이해하는 데에 도움이 되지 않는다. 아마도 충을 행위(최선을 다함)와 관련된 말이 아니라 타인에 대한 헌신(최선이 되는 것)과 관련된 말로 번역하면 둘의 상관관계를 보다 잘 이해할 수 있을 것이다. 간단히 말해 자신의 성취를 최대화하는, 즉 '최선이 되는 것'忠이 상호 이익이 되는 관계를 조성하는 것恕과 연결된다. 유가 사상에서 공동 행복은 이러한 방식으로 구상된다. 자신의 행위로 주변 사람이 풍족해진다면 개인의 행복은 향상된다. 이런 점에서 충과 서는 같은 과정의 두 차원으로 이해될 수 있다. 한 사람의 최선의 상태가 다른 사람도 이롭게 한다. 그래서 최선이 되는 것과 상호 이익이 되는 관계를 조성하는 것은 '일관된 줄기'—貫를 구성한다.

인과 특수한 관계의 형성

인의 형성은 수반되는 감정과 특별한 의무에 기반한 가족 관계의 성장에서 시작된다. 달리 말하면, 사람은 먼저 가족 구성원과 상호 작용을 하며 인간에 대한 애정을 배운다. 그러므로 효도孝와 우애弟를 인의 근본이라 말한다(「학이」 2). 이 구절에서 인은 서로 다른 정서적 애정을 강조하는 특징을 보이는데, 이런 특징은 앞에서 말한 보편적 관심으로서의 인과는 구별된다.

이 점에서 우리는 인의 '근본' 의미에 의문을 가질 수 있다. 그것은 보살핌의 애정, 특히 가족 구성원에게 갖는 정서적 애정이 모든 인간의 근본적이고 명백한 특성임을 의미할 수 있다. 이러한 해석은 효孝, 더 나아가 가족 간의 유대를 인간 실존의 기본적인 실제로 간주한다. 아니면 인의 '근본'은 가족적 맥락이 도덕적 성장의 첫 번째 환경이 된다는 점을 의미할 수도 있다. 이러한 환경에서 사람은 공감하고 협상하고 사랑하고 보살피고 동정을 얻고 후회하고 경쟁적인 충성심을 균형 있게 유지하고 의무를 우선시하는 법을 배운다(「이인」 18). 가족 환경에서 배운 기술은 커서 다른 사람과 교류하는 데에 꼭 필요하다.

첫째로 타인에 대한 공감, 둘째로 가족적 맥락이라는 인의 '근본'에 대한 이 두 가지 의미는 서로 배타적이지 않다. 애착과 같은 근본 감정은 인간 삶에서 중심적인 부분이다. 이것은 첫 번째 예시에서처럼 부모와 자식 관계에서 성립된다. 이상적이게도 가족적 맥락은 긍정적이다. 아이들을 기르며 그들에게 감정적 안정성과 믿음을 준다. 가족 관계가 인격을 형성하는 시기에 지배적인 역할을 한다고 보는 『논어』가 옳다면, 즉 가족 관계가 여러 가지 중요하고 섬세한 방법으로 인격을 형성하게 한다면, 도덕적 삶에서 기본적인 관계가 갖는 위치를 깊이 숙고하기 위해 우리는 그 문헌을 검토해야만 한다.

인과 실천적인 지혜

『논어』는 유가가 주장하는 모범적 개인의 삶에서 인이 어떻게 드러나는지 많은 예를 제시한다. 예를 들어 그것은 다섯 가지 태도와 관련된다. 타인에 대한 존중恭, 관용寬, 신뢰信, 부지런함敏, 넉넉한 마음惠이다(「양화」 6). 이는 가족적 맥락과 공적 맥락 모두에서 실현된다(「자로」19). 인은 단순히 사물을 특정한 방식으로 바라보는 것이 아니다. 그것은 오직 실천 속에서, 특히 다른 사람과의 상호 작용 속에서 실현된다. 그래서 사람은 다양한 맥락에서 가능한 행위에 스스로 익숙해질 수 있도록 다양한 원천으로부터 폭넓게 배워야 한다(「자장」子張 6, 「위정」爲政 11). 실천적 지혜의 연마는 자신이 처한 상황을 깨닫기 위해 자신과 다른 사람의 생각과 경험에 의지하는 것이며, 이런 숙고를 자신의 행위에 적용하는 것이다. 인한 사람은 이러한 상호 작용을 확신한다.

> 공자가 말했다. "지혜로운 사람은 미혹되지 않고 인자한 사람
> 은 근심하지 않으며 용기 있는 사람은 두려워하지 않는다."
> 子曰, "知者不惑, 仁者不憂, 勇者不懼." (『논어』「자한」子罕 29)

이 언설의 단순함은 불안해하는 사람과 대조적인 인한 사람의 평정심을 강조한다. 이 구절에서 지혜와 인과 용기가 함께 설명된다는 점은 흥미롭다. 유학자인 안토니오 쿠아Antonio Cua는 사람들이 부러워하는 인한 사람의 처신을 이렇게 적절히 묘사하고 있다. "그의 평온한 삶은 절대적으로 옳은 판단과 권위의 실례가 아니라 어렵고도 다양한 상황을 다룰 줄 아는 그의 능력에서 나온 태도와 자신감의 문제다."(Cua, 1971, 47) 인은 실천을 지향한다. 『논어』의 주된 질문은 자신의 행위와 책무를 어떻게 최대한 실현할 것인가다(Lai, 2012). 이제 『논어』에서 다른 주요한 용어인 예禮(행동의 적절성)를 검토하기로 한다. 그리고 실천 속에서 인과 예가 어떻게 관련되는지도.

3
예禮: 행동의 적절성

예 개념 또한 상당히 탄력적이다. 전국시대 이전(기원전 5세기 이전) 문헌에서 이 용어는 왕 혹은 천자天子가 올리는 제사를 위한 종교 의례를 의미했다. 서주西周(기원전 1045-기원전 771) 시기 동안 의례는 조정 생활의 일부분이었다. 그 가운데 일부는 음악과 운율, 춤, 언행言行 등을 포함해 장엄하고 다중적으로 표현되었다(Kern, 2009, 153-154). 춘추시대와 전국시대에는 제후나 대부의 조정에서도 이런 의례가 시행되었다(Dubs, 1966, 116). 의례는 물질적 행복을 포함해 초자연적 보호와 다양한 축복을 얻어내기 위해 더 광범위하게 실시되었다(Poo, 1998).

『논어』에서 이러한 예의 모습을 찾아볼 수 있다. 여기서 예는 종교 의례를 가리키기도 하고(「팔일」八佾 17) 수양을 이룬 사람의 태도를 가리키기도 하고(「안연」1) 보통 사람들의 일상적 상호 관계 속에서 행동의 적절성을 가리키기도 한다(「위정」3). 부분적으로 예는 고대 의례와 관련되기 때문에 때때로 복종적이고 보수적이라는 느낌을 갖게 한다. 그러나 『논어』에서 예는 일관되게 사용되지 않는다. 어떤 점에서는 다소 유연하지 못한 모습을 보이는데, 예를 들어 공자가 양을 아끼기보다는 의례를 이행하라고 주장할 때다(「팔일」17). 그러나 공자는 때론 정당한 이유가 있다면 기존 관습에서 벗어나도 상관없다고 주장하기도 했다. 예를 들어 굳이 마루 위로 올라가 절하지 말고 마루 아래에서 하라고 했던 경우다(「자한」3). 어떤 대화에서 보면 『논어』는 재량을 발휘함에 있어 유연성의 여지를 남겨둔다. 「이인」 10장에서 공자는 이렇게 말한다. "세상의 일을 처리할 때 군자는 어떤 것을 주장하지도 반대하지도 않는다. 그는 적절한 것을 따른다." 君子之於天下也, 無適也, 無莫也, 義之與比 여기서 '적절함' 義은 군자가 어떻게 어떤 맥락에서 올바르게 행하는가를 의미한다. 이전의 논의를 근거로 우리는 예禮, 인仁, 의義가 세 가지 방식으로 관련되어 있음을 예상할 수 있다. 인은 애정과, 예는 그 애정을 표현하는 관습적 방식과, 의는 인을 특정한 상황에서 올바름에 기반해 실행하는 것과 관계가 있다.◆

　『논어』에서 행위의 적절성이라는 규범은 다양한 관계적 맥락에서 올바른 행위를 위한 지침으로 기능한다. 예를 들면 자식과 부모 사이(「위정」 5), 백성과 군주 사이(「팔일」 18), 신하와 군주 사이(「팔일」 19)에서 말이다. 예는 특정한 인간관계에서 자신이 처한 위치에 따라 적절하게 행동하기 위한 다양한 요건들을 마련해준다. 덧붙여 예에는 미학적 차원도 있다. 왜냐하면 타인과의 상호 작용에서 적절하게 예를 꾸미는 측면이 있기 때문이다(「태백」 泰伯 2). 여기서 다른 사람의 그런 행동을 관찰할 뿐만 아니라 자신이 직접 예를 수행함으로써, 개인은 점차로 여러 가지 의무와 적절한 감정과 적절하게 예를 실천하도록 동기를 부여하는 이유를 파악해나간다. 이상적으로는 계속해서 예를 실천함으로써 인간관계에 대한 이해를 더 높일 수 있다. 또한 우리는 「위정」 3장에 나오는 순응주의에 대한 반대에 주목해야 한다.

　　공자가 말했다. "백성을 행정 명령으로 통치하고 형벌로 질서

◆의는 『논어』의 대화에 자주 등장하지 않는다. 그러나 이 대화에서 의는 여러 다른 의미가 있다. 이 용어는 『맹자』와 『순자』에서 보다 발전되고 정의된 의미를 갖는다. 우리는 다음 장에서 이 두 문헌을 논할 때 의에 더 주의를 기울일 것이다.

를 유지하면, 백성은 처벌을 피하더라도 수치심을 느끼지 않는다. 백성을 덕으로 다스리고 예로써 질서를 유지하면, 그들은 수치심을 느끼고 더 나아가 스스로 다스려질 것이다."

子曰, "道之以政, 齊之以刑, 民免而無恥, 道之以德, 齊之以禮, 有恥且格."

이 구절은 행동을 규제하는 수단으로서 예와 형벌을 명확하게 대비시킨다. 단순히 처벌을 피하려고 법규를 준수하는 것은 바람직하지 않다. 처벌 문화는 사람들이 처벌을 피하기 위해 '영리하고' 말만 앞서는 행동을 하도록 만들었다.♦♦ 이와 반대로 유가의 예는 피하려 하지 않고 행위의 도덕적 이유를 받아들이게 만든다(「학이」 3, 「이인」 24, 「헌문」 20, 27). 덧붙여 형법이 지나치게 일반화되어 사람과 상황에 예외 없이 적용된다는 우려도 제기되었다.♦♦♦

『논어』의 많은 구절은 예의 실천이 경건함의 표현이라고 강조한다(「팔일」 26, 「양화」 21). 「양화」 11장에서 예와 음악은 둘 다 선물을 주는 자와 연주하는 자의 진지한 의도와 감정에 근거해 실행된다.

공자가 말했다. "어떤 사람이 예다! 예다! 하지만 단지 옥과 비단을 선물하는 것을 뜻하겠는가? 어떤 사람이 음악이다! 음악이다! 하지만 단지 종소리와 북소리를 뜻하겠는가?"

♦♦ 형벌은 자신을 지키게 하지만, 예는 다른 사람을 배려하게 한다고 핸슨(Hansen)은 생각했다. 핸슨은 소송에서 사용되는 단어들의 역할에 대해 통찰력 있는 분석을 제공한다 (1992, 64-65).
♦♦♦ 관계적 애착이 법적 제도에서 인정되어야 한다는 주제는 명나라(1368-1644)와 청나라(1644-1911) 때까지 중국 역사를 통틀어 계속 유지되었다. 일부 학자들은 이 현상을 '법의 유교화'라고 부른다. Ch'u, 1965, 267-279 참조.

子曰, "禮云禮云, 玉帛云乎哉? 樂云樂云, 鐘鼓云乎哉?"

　　옥이나 비단처럼 비싼 선물을 주는 것도 적절한 근본적 감정이 수반되지 않으면 의미 없는 행동이다. 음악에 대한 비유도 마찬가지로 교훈이 있다. 종을 울리고 북을 치는 것만으로 음악은 이루어지지 않는다. 의미 있는 연주는 항상 적절한 감정을 동반한다. 여기서 감정과 그것의 올바른 표현 혹은 최적의 표현은 서로 대신할 수 있는 게 아니다. 둘 다 중요하다. 표현은 감정의 드러남이기에 표현되지 않은 감정은 실현되지 않는다. 그러나 『논어』에서 감정의 자리는 어디인가? 그것은 인의 구성 요소인가?

　　『논어』의 많은 구절이 인과 예의 깊은 연관성을 암시한다. 인간성, 즉 인에 대한 관심은 생생한 맥락에서 명료하게 표현되어야 한다. 두웨이밍 Tu Weiming에 따르면 유가의 자기 수양은 '인간이 되는 배움'(1985, 51–66)에 관한 것이다. 여기서 중요한 것은 예의 규범적 강요를 반성하는 것이다. 예는 개성을 억누르거나 감정을 억제하는 것인가? 유가 철학은 개인주의적 입장에서 문제를 제기하는 현대인의 의심을 해소할 수 있을까? 이것은 인과 예의 관계를 어떻게 이해하는가, 두 개념 가운데 어느 것이 우선시되어야 하는가에 달려 있다.

4
인과 예

『논어』의 대화들은 인과 예의 우선순위에 대해 서로 다른 견해를 보인다. 제자 자유子游와 자하子夏와 관련된 대화는 일반적으로 예의 중요성을 더 강조하고, 증자와 자장, 안연과 관련된 대화는 인을 더 중시한다(Schwartz, 1985, 130-134). 이러한 불일치는 나중에 내외內外 논쟁이라 불린다. 이 논쟁에서 '내'의 입장은 내적인 것, 즉 타고난 도덕심을 인의 핵심으로 언급한다. 이와 대조적으로 '외'의 입장은 예의 정신에 중점을 둔다. 예의 정신은 외적으로 부과되고 사회적으로 형성된 규범으로 '내적' 자아를 지도하고 여러 면에서 제한한다. 이 논쟁은 또한 본성과 양육이라는 문제와 그것이 도덕적 수양에 대해 갖는 함의를 건드린다. 유가의 계획에서 본성에 기반한 (내적인) 도덕적 성향과 그것의 (외적인) 함양 가운데 어느 것이 더 근본적일까? 「옹야」雍也 16장에서는 근본 자질質과 세련된 꾸밈文이 모두 필요하다고 한다. 공자는 여기서 재치 있게 어느 한편을 지나치게 강조하는 것을 거부한다.

> 공자가 말했다. "근본 자질이 세련된 꾸밈을 압도하면 촌스럽게 되고 세련된 꾸밈이 근본 자질을 압도하면 겉치레가 되니, 근본 자질과 세련된 꾸밈이 적절하게 균형을 이루어야 군자다."
> 子曰, "質勝文則野, 文勝質則史. 文質彬彬, 然後君子."

‘내적인’ 도덕이냐 ‘외적인’ 도덕이냐의 문제는 『논어』에서 명백하게 해결되지 않는다. 이런 논쟁은 다음 장에서 보게 되듯이 『맹자』와 『순자』에서 더 분명하게 드러난다. 이제 현대 학자들이 인과 예의 관계를 어떻게 이해했는지 살펴보자.

인이 근본이다

『논어』「팔일」 3장에서 공자는 예보다 인이 우선이라고 말한다.

> 공자가 말했다. "사람이 인하지 않으면 예는 무엇에 쓰겠는가? 사람이 인하지 않으면 음악은 무엇에 쓰겠는가?"
> 子曰, 人而不仁, 如禮何? 人而不仁, 如樂何?

음악에는 두 가지 차원이 있는데, 하나는 연주이고 다른 하나는 그 바탕에 깔린 감정이다. 비유하자면, 예의 실천도 수행 방식과 감정 표현 모두를 포함한다. 만약 적절한 인간의 정서를 동반하지 않으면 예도 음악도 아무런 의미가 없다. 이 구절과 다른 여러 구절(「팔일」 12, 26, 「양화」 17, 21)에서 인은 예를 실천하는 가장 윤리적이고 근본적인 동기다. 「팔일」 26장에서 공자는 기계적인 수행이 얼마나 무익한지 잘 요약하고 있다.

> 공자가 말했다. "높은 자리에 있으면서 관대하지 못하고 예를 행하되 공경할 줄 모르고 상례를 치르며 슬퍼하지 않는다면

내가 무엇으로 그 사람을 보겠는가?"

子曰, "居上不寬, 爲禮不敬, 臨喪不哀, 吾何以觀之哉?"

서양의 도덕철학에서는 주어진 행동을 준수하는 것보다 도덕적 행위 주체의 의도가 윤리적으로 더 중요하다고 생각한다. 아마도 이런 점에 영향을 받은 몇몇 현대 유학자들은 도덕적 행위 주체의 내적 상태인 인을 강조하는 이런 입장을 선호하는 듯하다. 두웨이밍은 이런 견해의 제안자로서 주목할 만하다. 그는 인간의 행복에 대한 헌신(그는 이것을 인과 연결시킨다)이 유교 윤리의 기초라고 주장한다. 따라서 역사적 사회적 요인에 따라 좌우되는 행동 규범 때문에 인이 무시되어선 안 된다. 그는 현대 중국 작가이자 비평가인 루쉰魯迅(1881-1936)의 논평을 인용한다.

> 명청明淸 시기에 많은 과부들이 자살을 하면서 그 행위가 정조의 예를 따른 것임을 보여주기를 원했다. 이러한 어리석음에 대한 견해 중에서 이런 행태를 "사람을 잡아먹는" 예禮라고 표현한 루쉰은 꽤 합당했다(Tu, 1968, 37).

두웨이밍은 인이 예의 잘못된 점을 고칠 수 있다고 보았다. 예의 실천이 더 이상 사람들에게 받아들여지지 않거나 혹은 해를 입히는 경우, 인이 인간에 대한 헌신을 지탱하는 역할을 한다. 인은 근본이기 때문에 더 높은 지위의 개념으로 불린다. "(……) 내적 도덕성으로서 인은 외부에서 주어진 예의 작동에 좌우되지 않는다. 그것은 예에 의미를 부여하는 더 높은 지위의 개념이다."(1968, 33) 달리 말하면 인은 예의 실천을 평가하는 범주를 제공한다. 두웨이밍은 당대의 논쟁에서 유가 철학의 타당성을 확립하고자 한다. 그러나 '내적 도덕성'으로서 인을 이해하는 그의 입장은 신중하게 검토할 필요가 있다. 왜냐하면 인의 수양이 자율적이고 자유 의지를 가졌으나 때때로 외적 압박을 받는다고 스스로 느끼는 행위 주체가 주도하는 과정이라는 인상을 주기 때문이다. 또한 내적인 것에 무게를 두는 것은 유가적 자아를 심리학적으로 고찰하게 한다. 공자와 그의 제자들에게는 해당하지 않는 생각일지도 모르지만 말이다(Fingarette, 1972). 유가 철학에 안과 밖을 나누는 이런 이분법이 있는가?◆ 마지막으로, 더 높은 지위의 개념으로 인을 묘사하는 것은 유가 전통에서 의례의 중요성을 과소평가하고 동시에 의례의 도덕적 숙고 과정을 왜곡할 수 있다. 의례가 유가 문화의 중심에 있었다는 증거가 있는데도 말이다(Zuffery, 2014, 133).

예가 근본이다

우리는 예가 유교의 주요 개념이라고 주장할 수 있다. 인과 달리 예의 실천은 보다 쉽게 관찰되고 규제될 수 있다. 실천적 관점에서 볼 때 예의 행동을 관찰하고 실천함으로써 인을 배운다(「안연」 1). 헨리 스카야Henry Skaja(1984)는 예가 유교의 근본 개념이라고 믿는다. 그의 설명에 따르면 예는 정신적이고 교육적이고 통치적인 기능을 수행한다. 이는 예가 적절한 자제심과 관찰력을 심어주기 때문에 개인에게 교육적이고 교화적인 영향을 미친다는 의미다. 따라서 예를 따르는 인간 사회는 질서 있는 사회가 될 것이다(「학이」 2).

◆ 이후 논문에서 두웨이밍은 '개인의 도덕'과 예로부터 독립적인 더 높은 지위의 개념으로 인을 특화하는 것에서 벗어난 것처럼 보인다. 여기에서 그는 "특히 포괄적인 덕으로 사용될 때 인은 예에 의미를 부여하지만, 예에 의해 드러나지 못하는 인은 생각할 수 없다"고 말한다(188).

그러나 스카야가 가장 중요하게 생각한 점은 예가 '인간 정신의 객관화'로서 사람의 감정을 이끄는 통로라는 것이다(ibid., 49-50). 그에 따르면 자기 수양 과정은 주로 사회화라는 측면에서 볼 수 있다.

> 공자는 그저 '의식' 혹은 '희생 제의'에서 나온 예의 의미를 교육적이고 자기 반성적인 사회화의 필수 과정 자체를 가리키는 의미로 바꾸고 일반화시켰다. 이 과정을 통해 사람들은 인간화, 즉 사회화된다(ibid., 62-63).

그러나 만약 예가 유교에서 근본적인 위치를 차지한다면, 유가의 자기 수양이 사회화 과정으로 축소될 수 있다는 우려가 나올 수 있다. 이는 사실 유교에 대한 공통적인 비판이다. 즉 사회의 안정을 우선시해 개인이 사회에 복종해야 한다고 주장할 수 있다. 예를 들어 「학이」 2장은 질서 있고 복종하는 사회를 만들기 위해 사람의 마음을 조정하는 것을 정당화하는 데 이용될 수 있다.

> 유자가 말했다. "효성스럽고 우애로운 사람이 권위에 반항하는 경우는 드물다. 그리고 권위에 반항하지 않는 사람이 반란을 일으키려 한다는 말을 들어보지 못했다."
> 有子曰, "其爲人也孝弟, 而好犯上者, 鮮矣, 不好犯上, 而好作亂者, 未之有也."

예가 근본이라고 보는 견해는 유교를 보수적이고 전통적인 것으로 묘사하도록 강요한다. 하지만 『논어』에서 예의 의미는 다양하므로, 그것을 어떤 한 차원으로 환원해 설명해서는 안 된다는 점을 지적함으로써 우리는 그러한 혐의를 덜어낼 수 있을 것이다(Lai,

2006c).

인과 예는 상호 의존적인 개념이다

예와 인의 관계에 대한 가장 설득력 있는 견해는 둘이 상호 의존적인 개념이라는 것이다. 이것은 각 개념이 그 자체로는 의미가 없다는 뜻이다. 이런 견해에 따르면 인은 오직 예의 실천에서만 드러난다. 인과 예의 상호 의존성에 대해서는 신광라이Shun Kwong-Loi(1993)가 가장 명료하게 설명했다. 그는 언어 사용에 비유해서 그 상호 의존성을 설명한다. 시제 개념을 파악하는 것이 인에 해당하고, 언어의 시제를 사용할 줄 아는 것이 예에 해당한다는 것이다. 이 비유는 다음과 같이 설명될 수 있다.

문법의 시제:	인과 예:
시제를 이해하는 것은 다양한 형식을 효과적으로 사용할 줄 아는 것이다.	인의 중요성을 이해하는 것은 그것을 다른 사람과의 관계에서 적절하게 표현할 줄 아는 것이다.
시제와 관련된 문법 구조를 사용하는 것은 그 개념을 파악했다는 의미다.	다른 사람과의 상호 관계에서 예의를 지키는 것은 인을 파악했다는 의미다.

신광라이는 시제의 능숙한 사용은 언어 공동체 안에서 개념을

습득하기 위한 필요조건이자 충분조건이라고 주장한다. 그래서 둘 중 어느 하나만 습득하라고 설득할 수 없다. 마찬가지로 사람의 감정을 이해하지 못하면서 예만 익히라고 주장할 수는 없다. 또한 사람과의 관계에서 감정을 적절하게 전달할 수 없으면 인한 사람이라고 주장할 수 없다. 인과 예의 관계에 대한 신광라이의 분석은 참신하고 철학적으로 납득할 만하다. 왜냐하면 예를 수정하기 위한 기준이나 근거를 포함해 다른 중요한 쟁점을 제기하기 때문이다. 중국철학에서 사상을 비판적으로 분석하는 것 그리고 동시대 논쟁에서 그것에 활기를 불어넣는 것 모두가 현대 학문 영역에서 좋은 예가 된다.

5
현대 철학 논쟁에서 자기 수양과 모범적 인격

인과 예에 대한 유가의 그림은 군자가 되는 자기 수양 계획에 내장되어 있다. 성숙한 사람은 수양 과정에서 기존의 규범과 관습을 스스로 평가하고 다른 사람과의 연대에서 그 규범과 관습을 적용할 줄 아는 내적 근원을 개발할 것이다. 이러한 자질은 공적 지위에 있으며 확고한 도덕적 신념(「안연」 4, 「위령공」 18-23, 「계씨」季氏 10)뿐만 아니라 일반적 능력(협상 기술 같은)도 필요로 하는 유가적 군자에게 중요하다. 까다로운 요건도 있다. 그는 사람들을 교화해야 하고(「안연」 16, 「헌문」 42) 어린 고아 왕자도 지도할 수 있어야 한다(「태백」 6). 「이인」 5장에서 공자는 인한 삶을 포기한 군자가 그의 직책을 올바르게 지킬 수 있는지 묻는다.◆ 실제로 군자는 상급자를 보필하면서 국가를 관리해야 하는 이중 책임을 갖는다. 『논어』는 군자를 단순히 통치자의 정책을 시행하는 관료로 보지 않는다. 그래서 군자는 '도구'가 아니다. 그는 독자적인 견해를 가지며 때로는 상급자를 설득해 그의 방식으로 일을 처리하도록 만드는 어려운 과제를 행한다. 그러므로 그는 신중하게 자신의 입장을 취한다. 군자의 역할이 지닌 복잡성은 「자장」 10장에서 예리하게 표현되었다.

◆이것은 정명(正名)이라는 유가 관념을 표현한다. 정명은 흔히 '이름을 바로잡음'이라고 번역된다. 그러나 『논어』에서는 이름을 바로잡아야 한다는 뜻이 아니라 행위가 그 사람의 직함과 일치해야 한다는 뜻이다(「자로」 1 참조). 더 일반적으로 유가에서는 이름에 규범적인 기능이 있어서 직함을 가진 사람이 스스로 어떻게 행해야 하는지를 그 직함이 규정한다. 이름이 규범적 강요를 한다는 사고는 선진 시대 논의에서 중심적 위치를 차지한다. 다음 장에서 이 점을 살펴볼 것이다.

군자는 백성과 상급자의 신뢰를 동시에 얻어야만 한다.

　군자는 전통적인 규범과 기대로부터 어느 정도 거리를 둘 필요가 있다. 이것은 공자 자신의 성장 과정(「위정」4)과 군자의 자질(「위령공」21, 22)에 대한 묘사에서 분명하게 표현된다. 「자로」23장에서 군자는 다른 사람과 조화를 이루려 하지 비슷해지려 하지 않는다고 말한다.

　　군자는 조화를 이루려 하지 비슷해지려 하지 않는다. 소인은
　　반대로 비슷해지려 할 뿐 조화를 이루지는 못한다.
　　君子和而不同, 小人同而不和.

　군자는 예를 들어 다른 사람의 나쁜 점을 말하거나 상급자를 비방하는 행위 등을 용납하지 않을 것이다(「양화」24). 그는 단순한 추종자가 아니라 사회의 신념, 규범, 관습을 비판적으로 평가하는 분별력 있는 사상가이자 표준의 창조자이며(「위정」1, 「안연」19) 도덕적 안목이 예리한 사람이다(「이인」3). 이러한 점을 고려해볼 때 유가의 도덕 추론에서 재량이 중요한 역할을 한다고 생각할 수 있다. 올바른 일을 하거나 적절한 행동 방침을 따르는 것을 뜻하는 의義라는 용어는 모범적인 삶을 사는 데에 필요한 유연성을 강조한다(「이인」10). 의는 신중하게 고려하면서 실천할 때 특별한 역할을 수행한다. 왜냐하면 규범성보다는 윤리적 적절성에 대한 유가의 숙고를 반영하기 때문이다.◆◆ 이런 점에서 주안점은 특정한 맥락에서 옳은 일을 행하거나 적절하게 행동하는 것이다. 그런 이유로 군자에게,

　　(……) 도덕적 삶은 구체적 행위에 대한 법정의 판결처럼 보
　　이는 것이 아니라 적절한 때에 올바른 방법으로 좋은 영향을

◆◆Hall and Ames, 1997; Chong, 1998; Lai, 2003b 참조.

줄 수 있는 관계와 기술 그리고 지속되는 미덕의 성장으로 보인다. 이러한 점은 서양의 일반적인 도덕적 사고방식과 대조된다. 아마도 법률적 모델이 만연했기 때문에 서양 철학자들은 판정 가능한 행위를 도덕적 가치의 적절한 단위로 보았던 것 같다(Neville, 1986,191).

유가 철학의 이러저러한 요소들이 현대의 논의에서 어떻게 다뤄졌을까? 유교 윤리의 영역에서 행해진 많은 연구는 서양의 도덕 이론과 그것을 비교하며 종종 그 고유한 특징에 초점을 맞춘다. 상당수의 연구에서 유교 윤리의 특징을 강조하고, 그 요소를 서양 도덕철학의 기존 개념과 가정에 도전하는 데 사용한다(예를 들어 Cua, 1971, 1973, 1979, 1989, 1996a, 1996b; Ivanhoe, 1990, 2013; Lai, 1995; Chong et. al., 2003; Chong, 2007; Shen and Shun, 2008; Yu et. al., 2010; McLeod, 2012; Froese, 2013; Olberding, 2014). 몇몇 논의에서는 유교적 통찰을 근거로 현대의 윤리 문제에 대해 논쟁한다. 예를 들면 정부나 인권, 정치(de Bary, 1991, 1998; de Bary and Tu, 1998; Hall and Ames, 1998, 1999; Tan, 2004; Grange, 2004; Bell, 2007; Brindley, 2010; Angle, 2012; Ivanhoe, 2014), 환경 윤리에 관한 논의다(Tucker and Berthrong, 1998; Callicott and McRae, 2014). 유교 윤리와 여성주의 돌봄 윤리의 비교는 구체적 언급이 필요한 영역이다. 이 비교는 특히 흥미로운데, 유교 전통이 여성의 필요와 이해에 무관심해 비판을 받아왔기 때문이다(Wolf, 1994; Li, 2000; Rosenlee, 2006). 이런 분석은 관계 혹은 돌봄 윤리에 대한 대안 모델로 고려되고, 그런 대화가 새로운 사상을 낳기 때문에 가치가 있다(Pang-White, 2016; Tan and Foust, 2016).
　　비교 도덕 이론에 대한 논의에서 의무론적 접근은 유가 철학의 많은 특징을 포착하지 못한다. 여기에는 인간의 감정과 실천의 통합, 인의 수양과 그 동기 부여의 장기적인 측면, 관계적 존재로서 인간의 삶에 대한 서사적narrative 관점, 자기실현에 대한 상황에 따른 섬세한 설명 등이 포함된다. 유교 윤리의 이러한 요소는 덕 윤리 요소와 유사해서 광범위하게 탐구되었다(Ivanhoe, 1991; Chong, 1998; Star, 2002; Van Norden, 2007; Angle and Slote, 2013). 중요하게도 이러한 논의에서 유가의 덕 윤리가 서양 전통에서 덕 윤리를 연구하는 데에 풍부한 자원을 제공해, 덕과 결과주의적 접근 방법이 양립 가능한지에 대한 질문을 제기했다. 즉 기질과 상황에 따른 그것의 실현, 작용 주체agency와 특정 행동과 기질, 서로 모순되는 선善과 균형을 맞추는 덕, 번영하는 삶의 요소와 목적 등.

몇몇 다른 설명에선 서양 철학에서 사용하는 용어와 개념 틀로 유가 철학을 소개하길 꺼린다. 그들은 둘 사이가 딱 맞아 떨어지지 않고, 이런 방식은 유가 철학을 제대로 설명하지 못한다고 주장한다. 로저 에임스Roger Ames의 『유교적 역할 윤리』Confucian Role Ethics는 그의 삶이 그의 역할을 구현하는 관계형 인간을 유교 윤리의 중심에 둔다(2011a). 에이미 올버딩Amy Olberding은 『논어』가 모범적인 삶에 관한 이야기를 제공한다는 의견을 내놓는다. 우리는 모든 사람에게 보편적으로 적용되는 삶의 모델을 제시하고 모든 상황을 아우르고 있는 것처럼 『논어』를 읽어서는 안 된다(2011). 올버딩의 분석이 전형적인 덕 윤리에 기반하고 있음에도 그녀의 논의는 우리 자신의 도덕적 반성에 대해 숙고할 때 다양한 본보기를 제시하는 『논어』의 변별성을 폄하한다.

유교 윤리에 대한 이러한 설명에서, 전부는 아닐지라도 대부분이 일관되게 신념과 실천이 분리될 수 없다는 점과 이에 상응해 번영하는 삶의 개념에 기반한 수양의 중요성을 강조한다. 유교적 삶을 완전하게 이해하려면 배움에 대한 관념에 깔려 있는 인식론적 가정을 고려해야 한다. 『논어』에서 우리는 배움에 대한 경험적 접근을 발견한다. 인간은 행동함으로써 배운다는. 이러한 실질적인 학습 방식은 다음과 같은 광범위한 인간의 역량과 관련이 있다.

- 보는 것見과 듣는 것聞(「위정」18, 「술이」28)
- 다른 사람과의 토론言(「학이」15)
- 질문 던지기問(「팔일」15)
- 다른 사람의 실천과 행동 관찰觀(「위정」10, 「술이」22)
- 독서讀書(「계씨」13, 「선진」25, 「양화」9)
- 예의 실천禮(「안연」1)
- 선의로 우정 쌓기親人(「학이」6)
- 자기 점검(「위령공」6)
- 능력을 키우기 위한 훈련習(「학이」1, 4, 「양화」2)
- 관찰하고 배운 것 반성하기思(「위정」15, 「술이」28, 「자장」6)

이러한 학습 요소는 유가 철학이 다양한 각본에서 주어진 과제를 잘 처리하는 데에 주력한다는 점을 강조한다. 어떤 경우에는 적절한 것이 다른 경우에는 적절하지 않을 수 있다. 그래서 공자는 그의 제자 중 두 명에게 다른 조언을 한다(「선진」22). 『논어』 자체는 여러 각본에 대한 풍부한 세부 사항을 제공해 실제적인 것이 중요하다는 인상을 준다. 공자는 미혹惑을 우려했다. 주어진 상황에서 어떤 대안을 선택할지 모르는 상태 말이다(「자한」29, 「안연」20, 21). 이러한 관점에서 볼 때 자기 수양은 상황을 처리하고 거기에 대응할 수 있는 역량 개발과 관련이 있다.

『논어』의 또 다른 핵심 용어인 신信은 이런 점에서 중요하다. 수레를 끄는 끌채에 비유되는 신은 종종 '성실함' 혹은 '신뢰성'으

로 번역된다(「위정」 22). 이 번역은 '자신의 말₌ 옆에 서 있는 사람'
이라는 생각을 포착하려 애쓴다.◆3 그러나 이런 번역은 개인의 신
념과 그 행위의 일치는 드러내지만, 시간의 경과에 따른 행위의 일
관성이라는 다른 측면은 반영하지 못한다. 이 관점에서 우리가 던
져야 하는 중요한 질문은 그의 행위가 그의 말과 어긋나는지 여부
가 아니다. 오히려 다양한 상황에서 어떻게 확신을 가지고 신념을
실현하는지다(「학이」 4-8, 「자한」 24-25, 「안연」 10, 「헌문」 28). 대화들은
어떤 신념이 맥락에 맞게 행해질 수 있는지 여부에 관심을 둔다(「선
진」 3, 「자로」 3, 「미자」微子 7). 신뢰성에 대한 이 설명은 『논어』의 윤리
적 인식론적 관심을 아우른다. 그것은 윤리적 신념뿐 아니라 그 실
현에 중점을 둔 작용 주체의 상像을 만들어낸다. 이런 식으로 윤리
적 관심이 생겨난다. 그것이 이런 질문을 던지게 자극한다. 언제 지
배적인 예의 관습을 뒤집어야 할까? 어떻게 과거의 실수에서 배울
수 있을까? 어떻게 도덕적 행위 원리를 일반화할 수 있을까, 그리
고 이 원리가 나의 판단에 어떤 영향을 미칠까? 어떻게 각 상황에서
적절한 도덕적 혹은 비도덕적 특징을 보는 법을 배울 수 있을까? 이
런 상황에서 어떤 실제적인 면이 도덕적으로 더 중요할까? 이러한
어려운 질문들이 상세하게 삶의 모습을 반영한다.

우리는 『논어』를 읽음으로써 무엇을 배울 수 있을까? 공자의
시대에 『시경』의 구절을 읽고 숙고했던 것처럼, 현대의 독자도 『논
어』의 대화에 담긴 수많은 어려운 문제를 숙고해볼 수 있을 것이다.
각각의 상황은 서로 다른 도덕적 무게와 서로 경쟁하는 의무와 관
련된 쟁점을 제시한다. 유가 사상에서 적어도 일상에 대한 상세한

◆ 라우(Lau Dim-cheuk)는 신을 '신뢰성'으로 번역했다(*Confucius*, 1979a). '자신의
말 옆에 서 있는 사람'은 에즈라 파운드(Ezra Pound)가 제안한 표현으로, 그는 그의 스
승 어니스트 페널로사(Ernest Fenollosa)의 견해를 설명했다(Pound 1951, 22; dis-
cussed in Ames and Rosemont, *Analects*, 1998, 53).

기술 가운데 일부는 도덕적으로 의미가 있다. 그러므로 분별력 함양은 도덕적 삶에서 중요하다. 『논어』의 대화는 현대 독자가 주어진 상황에서 어떻게 서로 다른 의무, 충성심 그리고 관계적 거리를 판단해야 하는지에 관한 예들을 익히게 한다. 우리는 또한 각자의 삶에 대한 서로 다른 이야기에 정통하게 된다. 심지어 공자에게 종종 꾸지람을 듣는 재여宰予의 생활 습관을 이해함으로써 귀중한 교훈을 얻기도 한다(「공야장」公冶長 9, 「양화」 21). 대화는 또한 성공적인 관계가 사회의 번영과 개인의 행복에 얼마나 중요한지를 보여준다. 개인의 행복을 가늠하는 척도는 효과적으로 업무를 수행하고 적절하게 대응하고 관계를 중재하고 서로 상충하는 요구와 의무의 균형을 잡는 일을 성공적으로 해내는 것과 연관되어 있다. 유가 철학은 다채로운 색실로 무늬를 짜 넣은 인간관계라는 직물 안에 자아를 위치시키면서 무엇이 잘 사는 것인가에 대한 복잡하고 현실적인 그림을 제공한다.

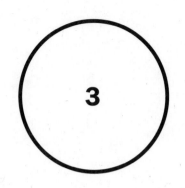

3

유가 철학에서 인간 본성과 수양: 맹자와 순자

사회를 개선하려는 공자의 전망은 이상적이었다. 훌륭한 통치는 유능한 지도자가 도덕적으로 자신을 수양하는 데에서 시작된다. 때때로 『논어』는 그러한 개선의 기회가 드물다는 점을 인정한다(「술이」26,「자한」13). 그럼에도 자기 수양이라는 주제는 중국 사회와 문화에 광범위한 영향을 미쳤다. 교육으로 도덕적 지혜를 얻을 수 있다는 믿음은 관리를 선발하는 중국 과거 시험 제도에서 분명하게 드러났다. 수隋나라(581-618) 때 시작되어 청淸나라(1644-1911) 때까지 실시된 이 제도는 유교 문헌에 근거한 시험에서 높은 점수를 얻은 사람을 선발했다. 고전 문헌에 밝은 학자가 또한 훌륭한 정부의 윤리적으로 숙련된 관료가 될 것이라고 믿었다(Elman, 2009).

유학자들은 어느 정도 실용적이었지만, 인간의 도덕적 능력에 대한 평가와 그것이 사회에 더 유익한 결과를 낳을 수 있는 방법에 대해서는 낙관적이었다. 자기 수양은 윤리적으로 더 나은 사회를 바라는 유학자의 희망에서 중심 역할을 했다. 맹자(기원전 385-기원전 312)와 순자(기원전 310-기원전 219)는 수양을 위해 인간이 이용할 수 있는 자원을 고민했다. 그들은 도덕적 인간이 되기 위한 능력과 사회를 발전시킬 수 있는 구조나 기반을 논의했다. 그러나 그들은 서로 다른 결론을 이끌어냈다. 맹자는 인간은 연민을 느끼는 본성을 지닌다고 믿었다. 심지어 악의적이고 이기적으로 행동하는 사람이라도. 이기적인 행동은 본래 지닌 측은한 마음心을 기르지 못한 결과였다. 순자는 개인이 저절로 윤리적 행위를 하게 된다고 생각하지 않았다. 오직 통치자가 수립한 인간 행위에 대한 규준을 통해서만 이러한 문제는 해결될 수 있었다. 이러한 차이에도 불구하고 둘 다 도덕적인 통치가 인간적인 사회를 만드는 데에 핵심적인 접근 방법이라고 생각했다. 인간 본성과 수양에 대한 그들의 논쟁은 다른 사상가들이 내놓은 다양한 견해와 연관된다. 이러한 논쟁과 뒤이은 긴장감은 이후 수년간 중국에서 도덕성과 통치, 사회에 대한 구상을 구체화했다.

　유가 철학은 관계적 자아라는 독특한 개념을 주장한다. 관계적 자아는 관계에 의해 형성되고 특수한 인간 공동체 내에 자리하며 그 안에서 영향력을 갖는다. 그래서 배움이 위치하는 맥락에 주목한다. 유가 사상가인 맹자와 순자와 관련된 문헌에서 사회제도의 본질과 이 제도를 통해 보급된 관습과 이상은 상당히 중요했다. 『맹자』와 『순자』 사이의 논쟁으로 형성된 유가의 주제는 비교철학의 최근 논쟁에서 주목하는 주제이기도 하다. 인격 형성, 도덕 심리학의 쟁점, 도덕적 삶에서 관계의 중심 역할, 도덕성 개발의 점진적 특성(도덕적 삶의 각기 다른 단계에서 함양되는 도덕 추론의 다양한 요소에 초점을 맞춘), 개인의 발전과 사회정치적 진보의 통합적 특성 등이 그것이다. 이 장에서는 두 문헌의 핵심 주제를 지난 50년 동안 발굴된 동시대 문헌들에서 드러난 다양한 관점에 비추어 탐구하고, 이어서 두 사람의 의견 차이에서 발생하는 통찰력을 논의하겠다.

1
맹자: 선함의 배양

맹자는 공자의 손자인 자사子思(기원전 483-기원전 402)의 가르침을 이은 모범적인 유학자로, 도덕적 가르침의 전형인 맹모삼천孟母三遷이란 일화로 유명하다.✦ 또한 공자의 사상이 자주 언급되는『맹자』의 저자이기도 하다.✦✦ 저자 문제와 맹자 삶의 세부 사항에 대해 의견이 분분하지만, 그럼에도『맹자』는 인간 본성의 선함과 자비로운 통치仁政에 대한 낙관적인 관점에서 유가 철학의 중심을 차지하고 있다. 짧고 간결한 구절이 인간의 선함에 대한 철학을 담아낸다. "인간 본성은 선하다."性善(『맹자』「고자 상」告子上 6) 맹자의 입장을 드러낸 이 진술은 제자인 공도자公都子와의 대화에서 나온다. 여기에서는 세 가지 상충하는 견해가 제시된다.

공도자가 말했다. "고자는 '인간 본성에는 선함도 악함도 없다'고 했습니다. 그러나 어떤 사람은 '인간 본성은 선하게 될 수도 있고 악하게 될 수도 있으니, 문왕과 무왕 같은 성군聖君이 일어나면 백성이 선함을 좋아하고, 유왕과 여왕 같은 폭군이 일어나면 백성이 잔인함을 좋아한다'고 했습니다. 또 어떤 사람

✦ 자사에 대해서는 Wing-tsit Chan, *A Source Book*, 1963a, p. 49 참조. 맹모삼천 일화는 유향(劉向)의『열녀전』(列女傳)에 나온다. Kinney, *Exemplary Women*, 2014, 18-20; Wang, 2006, 96-97 참조. 유학자들과 그들의 견해는 Lo, 2014 참조.
✦✦『맹자』는 유교 경전의 사서(四書) 가운데 하나다. 사서는 신유학자 주희가 수립했으며,『대학』(大學),『논어』(論語),『맹자』(孟子),『중용』(中庸)이 그것으로 과거 시험의 핵심 과목이었다.

은 '선천적으로 선한 사람이 있고 선천적으로 악한 사람이 있다. 그래서 요를 임금으로 두었는데도 동생 상이 나왔고, 고수를 아버지로 두었는데도 순이 나왔으며, 주를 형의 아들로 두고 또 임금으로 두었는데도 미자 계와 왕자 비간이 나왔다'고 했습니다. 그런데 스승님은 인간의 본성이 선하다고 하십니다. 그러면 이 모든 것이 잘못된 것입니까?"

公都子曰, "告子曰, '性無善無不善也.' 或曰, '性可以爲善, 可以爲不善, 是故文武興, 則民好善, 幽厲興, 則民好暴.' 或曰, '有性善, 有性不善, 是故以堯爲君而有象, 以瞽瞍爲父而有舜, 以紂爲兄之子, 且以爲君, 而有微子啓　王子比干.' 今曰'性善', 然則彼皆非與?"

『맹자』의 이 대화와 다른 대화들에는 어떻게 선함이 인간의 본성인가에 대한 근본적인 고찰이 있다. 번역자들은 자주 본성을 '본질적' '내재적' 또는 '타고난'의 의미로 이해하고는 선함을 인간이 타고난 경향이나 성향이라고 말한다. 그러나 여기서는 이 말이 『맹자』에서는 특정적이지 않고 다양하게 쓰인다는 점을 드러내기 위해 '자연적'natural이라는 말을 사용할 것이다. 맹자에게 "인간 본성은 선하다"는 말은 다음을 함축한다. 선함은 일종의 인간 됨이기 때문에 자연적으로 인간 본성이 되고, 아마도 이것이 인간의 독특성이다. 이런 해석은 본질주의를 피하면서 인간 본성의 개발 과정뿐만 아니라 개인이 일관되게 선하지 않을 수도 있다는 사실을 더 잘 받아들이게 해준다. 그렇다면 '본성'性과 '선함'善은 무엇을 의미할까? 세 가지 입장을 면밀하게 검토하면 맹자의 견해와 유가 사상사에서의 그 위치를 잘 이해할 수 있을 것이다.◆ 이 대화에서 제시된 인간 본성에 대한 상충하는 개념은 다음과 같다.

◆세 가지 입장에 대한 그레이엄의 주의 깊은 설명을 참조하라(1967, 13-15).

• 도덕성은 인간 본성에 자연적으로 주어진 부분이 아니다("인간 본성에는 선함도 없고 악함도 없다").

• 인간 본성은 자연적으로 선함을 지향하지 않는다("인간 본성은 선하게 될 수도 있고 악하게 될 수도 있다").

• 모든 인간이 자연적으로 선함을 지향하는 것은 아니다("선천적으로 선한 사람이 있고 선천적으로 악한 사람이 있다").

차례로 각 견해를 검토하고 몇 가지 근본적인 철학적 의미를 이끌어내는 기회를 가져보자.

문헌의 문제:
『맹자』와 『순자』가 나온 비슷한 시기에 편찬되었다고 추측되는 곽점 죽간본에 비추어 볼 때 그 논쟁은 매우 흥미롭다. 이 문헌은 호북성湖北省 곽점郭店 무덤에서 1993년에 발굴되었다. 기원전 300년경의 문헌에는 『노자』와 이전에 알려지지 않은 유가 문헌이 포함되어 있다. 유가 문헌은 공자의 손자이자 맹자의 스승으로 알려진 자사와 연관이 있다고 주장되지만◆◆ 곽점본에서 다뤄진 인간 본성에 대한 논의는 맹자의 견해에 동조하면서도 다른 입장을 보인다.

◆◆ 골딘(Goldin)은 이러한 견해에 도전한다(2000, 115, n. 8 참조). 이 장에서의 논의는 곽점본의 일부 견해가 순자의 견해와 밀접하게 연관된다는 점을 논증할 것이다.

도덕성은 인간 본성에 자연적으로 주어진 부분이 아니다

고자告子(기원전 420-기원전 350)◆와 맹자의 견해 차이는 크게 두 가지 논쟁으로 나눌 수 있다. 첫째, 선함은 인간 본성에 '주어진' 것인가라는 질문이 있다. 여기서 '주어진'이라는 말은 '준 존재'(예를 들어 본성을 창조하거나 부여한 신성한 존재)를 상정하지 않고 쓴 것이다. 여기서 '주어진'은 '주어진 것'으로 여길 수 있는 존재 상태가 있다는 사실을 표현한다. 또한 인간이 선을 행하려는 경향이 있음을 나타내기 위해 단정적으로 사용된 의미를 포함할 수도 있다. 맹자와 고자의 대화는 두 가지 비유를 이끌어낸다(「고자 상」 1-2). 첫 번째로 맹자는 다음과 같이 고자의 입장을 제시한다. 잔과 그릇은 버드나무에 자연적으로 주어져 있지 않지만 버드나무로 만들 수 있다. 유사하게 인자함仁과 도덕적 정의義◆◆도 인간이 형성한 것이지 본성에 부여되지 않았고 본성에 내재해 있는 것이 아니다. 여기서 고자와 맹자는 선함의 근원에 대해 의견을 달리하지만, 그럼에도 고자는 인자함과 도덕적 정의가 인간의 선함을 구성한다는 데에 동의한다. 맹자는 이러한 비유를 일축하고, 토론은 고자가 말한 두 번

◆ 고자의 성장 배경과 인간관계는 거의 알려져 있지 않다. 신광라이는 이에 대해 자신의 철학적 입장과 관련해 논의한다(1997, 123ff). 그는 맹자와 고자의 논쟁에 대한 상세한 분석을 제시한다(Ibid., 87-94). 그레이엄은 『관자』(管子) 「계」(戒)에서 고자의 입장을 더 정확하게 읽을 수 있다고 말한다(우리는 상대방인 맹자의 묘사를 통해서만 인간 본성에 대한 고자의 견해를 알 뿐이다). 전국시대부터 한나라 초기에 걸쳐 수집된 『관자』는 혼합주의적이고 법가적인 성격이 강한 문헌이다. 「계」 편에 관해서는 Rickett, *Guanzi*, 2001, 378-388 참조.

◆◆ '의'는 자주 '올바름'(righteousness)이나 '의무'로 번역된다. 여기에서는 올바른 일을 한다는 의미를 내포한 '정의'(rightness)라는 단어로 사용할 것이다. 예를 들어 맹자와 고자의 대화에서 보이듯이 '의'는 노인을 공경하는 행위에 적용된다. '의무'는 '의'의 의무론 차원을 암시하지만, 로스(W. D. Ross, 2002)의 설명에 따르면 '정의'는 올바름의 개념도 암시한다. 그래서 또한 적절하고 적합하다는 의미도 있다.

째 비유로 넘어간다. 본성은 흐르는 물과 같아서 동쪽으로도 서쪽으로도 흐를 수 있다. 맹자는 이 점에 대해 고자에게 동의하면서도, 물은 아래쪽으로 흐르는 경향이 있다고 비유를 확장한다.✦✦✦ 이런 이유로 인간의 행위와 결정은 외부 조건에 영향을 받을지라도 자연적으로 선함을 향한다. 그래서 도덕적 수양은 이러한 시초의 경향을 발전시키는 데에 있다. 이것이 인간성의 개념에 대한 맹자의 핵심 주장이다.

두 번째 질문은 특히 정의와 그것이 본성에 자연적으로 주어졌는가 아닌가에 주목한다(「고자 상」 4). 고자의 입장은 인자함은 내적內이라는 것이다. 이는 자기 마음에서 우러나는 형제애에서 증명된다. 그러나 정의는 외적外이다. 나이 때문에 노인을 공경하는 것이지 마음에서 우러나 그렇게 하는 것은 아니기 때문이다. '정의'란 말은 의에 대한 고자의 관점에 가장 적합하다. 의는『논어』에서 다양한 의미로 쓰였고,『맹자』와『순자』에서도 다양한 용례를 볼 수 있다. 그러므로 여기서의 논의에선 이 말을 한 가지 용어로 번역하지 않을 작정이다. 대신 여러 사상가가 제시한 다양한 의미에 초점을 맞출 것이다. 맹자가 전하는 고자의 견해에 따르면 노인을 공경하는 것은 선하기 때문이 아니라 단순히 그것이 옳은 일이기 때문이다. 의는 아니고 오직 인만이 자연적으로 주어진 것이라는 주장은 그 시대에 제기된 본성에 대한 관점을 복잡하게 만든다. 이런 주장은 또한 곽점본「어총 1」語叢에서도 표현된다. "인은 인간에게서 생겨났지만 의는 도에서 생겨났다. 하나는 안에서 생겨났고 다른 것은 밖에서 생겨났다."仁生於人, 義生於道, 或生於內, 或生於外 「어총 1」에 나온

✦✦✦ 신광라이는 맹자가 고자의 입장을 잘못 해석했을지도 모른다고 주장한다. 고자는 상대적으로 버드나무와 물이 성(性)과 유사하다고 말할 의도였지만, 맹자는 그 비유가 한편에 버드나무와 물, 다른 한편에 인간을 놓고 둘 사이의 유사성을 주장한다고 해석했다. 대화에서 이러한 불일치는 우리가 그들 각자의 입장을 어떻게 이해하는지에 큰 영향을 미친다(1997, 87-91).

이 말은 『맹자』를 제외하고 고자의 견해를 지지하는 독립된 증거를 제공한다.◆ 본성에 대한 일치하지 않는 견해는 대부분이 맹자와 순자의 논쟁에서만 나왔다고 생각하지만, 그 외에 더 폭넓은 논쟁이 있었다. 이런 배경은 본성에 관한 유가 논쟁에서 논점을 다양화하는 데 도움을 준다.

인만이 인간 조건의 일부로 주어진다는 관점과 달리 『맹자』는 의도 내적이라고 주장한다.◆◆ 곽점본 「성자명출」도 이런 견해를 보여준다. 『맹자』에서는 인과 의 모두 배우기 이전에 모든 인간에게 주어진 것이라고 분명하게 말한다. 부모에 대한 사랑은 자연적으로 주어진 인을 드러내고 연장자에 대한 존중은 의를 드러낸다(「진심 상」盡心上 15). 맹자는 의가 내적이라고 주장하기 때문에 '올바름'으로 번역하는 것이 맞다. 왜냐하면 양심처럼 기능하는 내적 도덕심에 대한 그의 사상을 적절하게 드러내기 때문이다. 이것은 고자와 맹자가 의를 서로 다른 개념으로 생각했을 수도 있음을 시사한다. 본성에 대한 맹자의 견해를 어떻게 이해할 것인가는 그의 철학에서 의의 위치를 어떻게 이해하는지에 달려 있다. 현대의 논의에서 맹자의 의는 다양한 방식으로 해석되어왔다. 올바른 일에 대한 동기부여, 사람의 기질 혹은 도덕적 앎과 밀접하게 얽혀 있는 사람의 기질, 그로 인해 마음의 움직임으로부터 일어난 의에 대한 앎을 포함해서 말이다(Shun, 1997, 94-112).

인간성 형성에 이용할 수 있는 도덕적 근본과 그 근본을 어디

◆ 곽점본의 일부는 고자와 관련된 사람이거나 고자의 견해에 동조했던 사람이 썼다고 주장할 수 있다(Goldin, 2000, 139).
◆◆ 킴충 충(Kim-Chong Chong)은 이것이 내적인 것과 외적인 것에 대한 맹자와 고자의 결정적 차이점이라는 널리 알려진 견해에 도전한다. 충은 맹자가 고자를 반박하는 데에 성공하지 못했다고 주장한다. 왜냐하면 맹자의 내재성에 대한 논의는 관계의 긍정적인 가능성을 개발할 수 있는 잠재력에 초점을 맞추고 있기 때문이다. 반대로 고자는 이 논의를 '사회문화적 구성'에 관한 것으로 보고 있다(2002, 120).

에서 어떻게 찾을지에 대한 문제에서 맹자와 고자는 견해를 달리한다. 「공손추 상」公孫丑上 2장에서 맹자는 고자의 견해를 다음과 같이 말한다.

> 고자가 말했다. "교리적 가르침言에서 얻지 못한 것을 마음心에서 구하지 말라. 마음에서 얻지 못한 것을 기氣에서 구하지 말라."
> 告子曰, "不得於言, 勿求於心, 不得於心, 勿求於氣."

이에 대해 맹자는 다음과 같이 답했다.

> "마음에서 얻지 못한 것을 기에서 구하지 말라고 한 것은 받아들일 수 있다. 그러나 교리적 가르침에서 얻지 못한 것을 마음에서 구하지 말라고 한 것은 받아들일 수 없다."
> "不得於心, 勿求於氣, 可, 不得於言, 勿求於心, 不可."

도덕적 지침의 근본에 대한 고자의 진술에는 두 가지 관련된 주장이 담겨 있다. 첫 번째는 도덕적 지침을 교리적 가르침에서 찾을 수 없다면 마찬가지로 인간 본성 '안'에서도(혹은 '주어진' 능력 안에서도) 찾을 수 없다는 주장이다. 두 번째는 그 지침을 마음에서 찾을 수 없다면 기(생명력 혹은 에너지)에서도 찾을 수 없을 것이라는 주장이다. 맹자는 첫 번째 주장에 동의하지 않는다. 맹자에게 도덕적 지침은 근본적이고 본성적으로 주어진 마음에서 찾을 수 있는 것이다. 그러나 그는 고자의 두 번째 주장에는 동의한다. 마음이 기를 배양하고 통솔해야 한다고 주장하기 때문이다. ◆◆◆ 그러므

◆◆◆ 앨런 찬(Alan Chan)은 동시대의 다른 문헌에서 언급되는 기에 대해 훌륭하게 설명한다. 『맹자』에서 기는 정신적이고 육체적인 행복을 포함한다. 사람의 말과 눈은 기를 반

로 마음에서 도덕적 지침을 찾을 수 없다면 기에도 그것을 둘 자리는 없다.

이 논쟁에서는 두 가지 점이 강조된다. 첫째, 고자는 마음을 배양하는 것보다 교리적 가르침에서 배우는 것을 지지하는 사상가로 제시된다. 둘째, 고자는 자연적으로 주어진 인간의 기질에는 도덕적 지침을 줄 수 있는 것이 아무것도 없다고 믿는다. 맹자는 이 두 가지 모두 받아들일 수 없다고 생각한다.◆ 한편으론 내적인 것을 강조하는 맹자의 견해에 대해 이렇게 생각할 수 있다. 마음은 '윤리적 방향성'을 갖는데 이것이 자기반성을 통해 윤리적 지침을 얻도록 한다'(Shun, 1997, 212). 이 견해는 자연적으로 주어진 선함과 반성 능력을 긴밀하게 연결시킨다. 또 다른 견해는 '내적인 것'을 '타고난 기질'로 여긴다. 이는 맹자 철학을 덕에 근거해 이해하는 것과 일치하는 해석이다(Van Norden, 2014). 고자의 견해를 설명하면서 『맹자』는 "인간 본성은 (원래) 선하다"는 입장을 다듬고 되풀이한다. 두 견해의 차이점은 어떤 도덕적 근본은 인간성에 자연적으로 주어진다는 점을 강조하는 데에 있다. 이러한 관점에서 볼 때 이 논쟁의 핵심은 '본래의' 본성에 대한 단순한 트집 잡기를 넘어서 보다 의미 있는 '윤리적 근본에 대한 탐구'(Heng, 2002, 158)와 그것을 어디서 찾을 것인가에 있다.

인간 행동을 지도하는 데 있어 교리적 가르침의 역할에 대한 또 다른 대화는 맹자와 묵가인 이자夷子 사이에 이루어진 것이다(「등문공 상」藤文公上 5). 대화는 맹자가 이자의 일관되지 못한 행위를 비판하는 것으로 시작된다. 장례를 검소하게 치르라는 묵자의 가르침에

영하고, 사람의 환경은 기를 형성할 수 있다. Chan, 2002, 50-55 참조. 맹자 철학에서 기의 위치와 이런 견해에 대한 다른 해석들의 미묘한 차이는 앞의 책에서 세심하게 설명되었다.

◆ 골딘은 곽점본이 고자와 유사한 견해를 담고 있다고 생각하고, 고자의 견해보다는 맹자의 견해가 비정통적일 수 있다고 주장한다(2000, 139-143).

도 불구하고 이자는 부모의 장례에 돈을 아끼지 않았다. 이자는 자신을 변론하면서 다음과 같이 말한다.

> 이자가 말했다. "유자의 도에 따르면 옛사람이 백성을 대하기를 '어린아이를 돌보듯 한다'고 했으니, 이 말은 무슨 뜻인가? 내가 생각하기에 사랑에는 차등이 없고 베풂은 부모로부터 시작된다는 뜻이다."
> 夷子曰, "儒者之道, 古之人若保赤子, 此言何謂也? 之則以爲愛無差等, 施由親始."

묵자의 가르침의 진정한 대변인일 수도 혹은 아닐 수도 있는♦♦ 이자는 차별이 없는愛無差等 묵자의 사랑을 강조한다. 그는 유가의 신념을 인용하면서까지 두 교리를 일관되게 유지할 수 있다고 주장한다. 그는 부모에 대한 유가적 사랑을 출발점으로 삼아, 그것이 차별 없는 묵가적 사랑으로 번져 나가는 순환적 방식을 취한다. 맹자는 다음과 같이 비판적인 응답을 내놓는다.

> 이자는 진실로 조카를 사랑하는 것이 이웃집 아이를 사랑하는 것과 같다고 생각하는가? (······) 하늘이 모든 것을 낳아 하나의 근본을 가지도록 했는데 이자는 두 근본을 가졌다.
> 夫夷子＿ 信以爲人之親其兄之子, 爲若親其隣之赤子乎? (······) 且天之生物也, 使之一本, 而夷子, 二本故也.

맹자가 두 형태의 사랑은 서로 양립할 수 없다고 주장한 것은 분명하다. 하나는 가까운 가족 구성원에 대한 사랑이고 다른 하나

♦♦ 이 주제에 대한 논의는 Radice, 2011, 148 참조.

는 일반적인 다른 사람들에 대한 사랑이다. 맹자의 반박에서 언급된 두 근본本은 무엇일까? 맹자가 생각하는 근본(혹은 토대)의 개념은 문헌에서 딱히 명확하게 드러나지 않는다. 그래서 그것을 어떻게 생각할 수 있는지에 대해 다양한 의견이 존재한다(Shun, 1997, 128-130). 이자의 두 근본을 그럴듯하게 해석해보면, 도덕적 수양을 위한 두 가지 수단으로 볼 수 있다. 첫째는 부모에 대한 자연적인 사랑이고(이자와 맹자 모두 동의한다), 둘째는 모든 사람을 평등하게 대하는 교리적 가르침을 지키는 것인데, 이는 이자만이 동의한다(Nivison, 1980).◆ 이런 설명에 따르면 맹자는 마음에서 우러나는 부모에 대한 자연적 사랑이 도덕적 수양에 충분한 역할을 한다고 믿는다. 묵자의 교리적 가르침은 필요하지 않다. 이자의 논리는 두 가지 방식으로 진행된다. 교리적 가르침에 충실하면서 차별 없는 사랑을 실현하기 위해 자연적으로 주어진 마음을 끌어온다(Shun, 1997, 132-135). 이 논쟁은 선함이 인간 본성에 자연적으로 주어졌다는 맹자의 믿음을 조명하는 데 도움이 된다. 그것은 모든 인간에게 보편적으로 가능하며 또한 충분하다. 요구되는 것은 수양뿐, 그 근본적 선함을 실현하기 위해 필요한 것은 아무것도 없다(특히 교리적 가르침도). 다음 절에서 우리는 두 번째 질문으로 넘어간다. 맹자의 관점에서 볼 때 자연적으로 주어진 근본이 어떻게 배양될 수 있을까?

◆니비슨은 맹자가 말하는 '하나의 근본'은 마음이고, 마음은 '우리가 실제로 원하는 것'(동기)과 '우리가 해야 하는 것과 그 해야 하는 것을 올바르게 인식할 수 있는 것'(의무로 의식된) 모두의 근원이라고 주장한다(ibid., 742).

인간 본성은 자연적으로 선함을 지향하지 않는다

맹자의 믿음과는 달리 이런 견해는 인간에게 자연적으로 주어진 것의 양면성을 드러낸다(Chen, 2002). 이타주의적 혹은 이기주의적 행위가 서로 다른 설명을 제공하기 때문이다. 즉 외부 환경의 조건만으로 왜 어떤 사람은 좋은 사람이고 어떤 사람은 아닌지 설명할 수 있다. 『맹자』는 이런 양면성을 거부하기 때문에 이런 견해를 언급할 필요가 있었다. 맹자는 인간 본성이 자연적으로 선함을 향하지만, 선함의 씨앗도 배양되어야만 한다고 보았다. 선함은 단순히 좋거나 나쁜 시대 혹은 선하거나 악한 지도자에 의해 우연히 나오는 것이 아니다. 이를 위해 『맹자』는 인간의 본성적 선함의 근본으로 하늘天이라는 더 심오한 토대를 내놓는다. 하늘은 맹자의 주장을 뒷받침하기 위해 끌어온 것이다. 여기서 주된 목적은 우주적이고 영적인 이상을 탐구하는 것이 아니라 하늘이 인간의 능력과 잠재력의 원천임을 확인하는 것이다. 그 시대에 이러한 생각은 이상할 것이 없었다. 예를 들어 다른 유가 경전인 『중용』❖❖도 하늘에 대해 유사한 입장을 취한다(Tu, 1976).

맹자가 보기에 하늘은 마음을 기르기 위한 동기를 제공한다. 자연적으로 선한 마음을 보존하고 기르는 사람은 안정된 사회정치적 질서를 세우기 위해 노력한다는 점에서 하늘을 섬기는 사람이다. 맹자의 철학은 인간의 선함을 마음에 둔다. 여기서 인간 존재의 주체성(형이상학적 주제)과 인간 행동의 본성(윤리적 주제)을 아우르는 방식과 연관된 질문이 제기된다. '사실적인 것과 규범적인 것' 사이의 긴장은 그 당시 사상적 맥락에서 이미 제시된 것이었다

❖❖『중용』은 전통적으로 공자의 손자인 자사가 썼다고 여겨진다. 그러나 최근 학자들은 몇몇 장은 매우 이른 시기에 쓰였지만, 기본적으로 진이나 한나라 초기의 문헌이라고 본다. 드배리와 블룸(Bloom)의 편집본에 주석과 함께 번역된 부분이 있다.

(Graham, 1967, 44). 그레이엄에 따르면 맹자가 말하는 하늘이 부여한 마음心은 하늘에 대한 이 두 가지 차원을 통합한다. "도道는 규범적이면서 동시에 사실적으로도 사물이 발전을 완성할 수 있는 유일한 과정이다. 마치 나무가 비와 이슬을 맞을 때만 성장할 수 있는 것과 같다. 그래서 하늘의 영역에서는 더 이상 사실과 당위 사이에 모순이 없다."(ibid.)

『맹자』에서 심心(마음)과 성性(인간 본성)은 꽤 긴밀한 연관성이 있다. 왜냐하면 한자 性에는 마음忄/心이라는 글자가 포함되기 때문이다. 벤저민 슈워츠Benjamin Schwartz는 "인간을 다루는 맹자의 복잡한 문제의 핵심은 실로 본성性이 아닌 마음心이다"라고 강조한다(Schwartz, 1985, 266, 288ff; Ch'en, 1953; Graham, 1967; Ahern, 1980, 183). 슈워츠가 말하는 요지는 맹자에게 마음은 자연적으로 인간다운 것의 핵심이라는 것이다. 마음에 대해 『맹자』는 이렇게 말한다.

> 마음을 완전하게 실현하는 사람은 그 자신의 본성을 이해할 수 있고, 그 자신의 본성을 아는 사람은 하늘을 알 수 있을 것이다. 그 마음을 유지하고 그 본성을 길러서 하늘을 섬긴다.
> 盡其心者, 知其性也. 知其性, 則知天矣. 存其心, 養其性, 所以事天也. 殀壽不貳, 修身以俟之, 所以立命也. (「진심 상」 1)

마음은 지성, 인지, 판단, 감정, 사랑을 다스리는 능력이다. 「공손추 상」 6장에는 마음의 네 가지 차원인 사단四端을 소개한 내용이 나온다.

- 측은한 마음惻隱之心은 인자함仁의 단서다.
- 부끄러움을 알고 악한 일을 싫어하는 마음羞惡之心은 올바름義

의 단서다.

- 겸손히 사양하는 마음辭讓之心은 행동의 적절함禮의 단서다.
- 옳고 그름을 가릴 줄 아는 마음是非之心은 지혜智의 단서다.

선함의 이 네 가지 단서는 몸에 사지四肢가 있는 것처럼 '주어진' 것이다(「공손추 상」6). 이러한 마음의 차원은 근본적인 도덕 감정이 자 맹자 철학의 핵심 요소다. 흔히 '감정'으로 번역되는 정情은 이러 한 근본적인 도덕 감정을 가리키는 것으로 보인다. 「고자 상」6장 을 보면 정은 사람에게 선함을 실천하도록 자극을 준다. "적절한 감 정情을 따르면 (인간 본성은) 선함을 실천할 수 있다."乃若其情, 則可以爲 善矣◆ 여기서 곽점본이 다시 맹자의 논의에 더 깊은 의미를 더한다. 「성자명출」에서 감정은 또한 인간 본성의 일부이며, 곽점본 전체에 서 정의 구성 요소로 여겨지는 감정의 여러 가지 변형이 나타난다 (Chen 2010, 38-39).

그러나 정은 단지 감정이 아니라 사실과 관련된 '실정'實情이라 는 다른 의미를 가질 수도 있다. 감정과 실정(조건)이라는 두 의미 는 그 시대 문헌에서 서로 바꿔 사용되었고 딱히 모순되지도 않았 다. 만약 정을 실정으로 해석한다면, 앞에서 말한 「고자 상」6장은 다음과 같이 달리 번역될 수 있다. "내재적으로 실정을 따르면 선함 을 실천할 수 있다. 이것이 내가 본성이 선하다고 하는 의미다."乃若 其情, 則可以爲善矣. 乃所謂善也 정에 대한 이러한 해석을 받아들인다면, "인 간 본성은 선하다"고 말하는 이유는 인간성의 실제 조건인 실정이 선하게 될 수 있는 능력이기 때문이라는 결론이 나온다. 그레이엄 은 이러한 정의 의미를 아리스토텔레스의 본질essence과 관련해 설 명한다. "X의 정은 그것을 실제 X로 만드는 것이다. 모든 X가 가진

◆ 주희는 정을 '감정'으로 주석한다(Van Norden, *Mengzi*, 2008, 149 참조). 주희는 유 명한 신유학자로 고전 문헌에 대한 그의 주석은 매우 큰 영향을 끼쳤다.

것이고 그것 없이는 X가 될 수 없다." 여기에서 정은 아리스토텔레스의 '본질'과 놀랍도록 가깝다(1967, 262). 신광라이는 아리스토텔레스의 본질을 굳이 거론하지 않고 『맹자』에서 더 섬세하게 다뤄지는 정을 설명하고자 한다. 신광라이는 정이 "어떤 사물의 실제 있는 방식, 어떤 부류의 사물이 가진 특정한 경향성 그리고 그 부류의 사물이 실제로 유사하게 가진 것"이라고 말한다(1997, 215).

그러나 맹자에 따르면 이러한 본성적 능력은 충분하지 못하다. 그것의 개발이 중요하다. 외적 환경은 마음의 길에 혼란을 줄 수 있다.

> 맹자가 말했다. 풍년에는 대부분의 젊은이가 점잖은데 흉년에는 대부분의 젊은이가 난폭하다. 이것은 하늘이 부여한 자질이 이처럼 달라서가 아니다. 그들의 마음을 빠지게 한 것이 그렇게 만드는 것이다.
> 孟子曰, 富歲, 子弟多賴, 凶歲, 子弟多暴. 非天之降才爾殊也. 其所以陷溺其心者然也. (「고자 상」 7)

이런 견해는 맹자의 대화 상대가 제시하는 내용과 대조된다. 상대의 견해에 따르면 인간 행위(도덕적이든 비도덕적이든 상관없이)의 다양성은 환경 요인으로 온전히 설명된다. 그러나 맹자는 다르게 구별을 짓는다. 선함은 인간 본성에서 발견되는 반면에 외적 조건은 용납할 수 없는 행동을 부추긴다. 그러므로 인간이 자연적으로 선을 행할 잠재력을 지녔음에도 이러한 외적 혼란에 대처하지 못하면 결국 마음을 해칠 수 있다. 이를 설명하기 위해 맹자는 민둥산이 된 우산牛山의 나무를 예로 든다. 산의 나무가 밤새도록 이슬을 맞아 자연적으로 길러지더라도 제대로 배양되지 못하면 나무는 다시 회복하지 못한다(「고자 상」8). 그러므로 자연적으로 주어진 선함의 뿌리를 기르는 것養이 중요하다. 배양은 맹자와 고자의 논의에서 묘사되는 생명력인 기氣를 형성하는 것에서 시작된다. 『맹자』와 법가 전통에 속하는 『관자』 모두에서 기는 '몸을 채우는 것'으로 묘사된다(『맹자』 「공손추 상」 2; 『관자』 「심술 하」心術下). 『맹자』는 기와 사람의 의지志 사이의 밀접한 관계를 다음과 같이 설명한다.

> 의지는 기의 통솔자이고 기는 몸을 가득 채우는 것이다. 의지
> 를 한곳에 고정하면 기가 거기에 모인다. 그래서 "의지를 유지
> 하고 기를 해치지 말라"고 했다.
> 夫志, 氣之帥也, 氣, 體之充也. 夫志至焉, 氣次焉, 故曰, "持其
> 志, 無暴其氣."

의지를 고정하면 기가 모인다는 말은 무슨 뜻일까? 의지를 고정하는 것과 마음을 수양하는 것을 연결시켜 이를 설명할 수 있다.◆ 여기 인용된 구절 앞에는 수양된 마음은 움직이지 않는다는 부동심不動心에 대한 내용이 나온다. 수양된 마음은 움직이지 않는다는 말은 외적 환경의 혼란에 흔들리지 않는다는 의미다. 마찬가지로 기가 이런 식으로 모인다는 말은 기가 적절하게 배양되어 이제 도덕적 중심지를 갖는다는 의미다(Chan, 2002, 43-59; Shun, 1997, 72-76). 8장에서 보겠지만 부동심에 대한 이러한 개념은 도가 사상가인 장자에게서 비판을 받는다. 인간 행위와 삶에 이처럼 접근하는 것은 유연성이 결여된 방식이라고 장자는 우려한다. 사실 앞의

◆ 이 구절은 기의 배양과 의지의 훈련 사이에 밀접한 관련이 있음을 나타낸다(Chan, 2002, 54). 마음이 의지를 조정할 수 있다는 견해에 대해 동시대의 많은 문헌에서 의견이 불일치한다. 예를 들어 곽점본 「성자명출」에서는 이렇게 말한다. "마음은 (고정된) 성향을 갖지 않는다."

구절에서 더 나아간 대화에서 맹자는 자신이 '호연지기'浩然之氣를 기르는 데 뛰어나다고 언급한다. 맹자는 이러한 자질이 선택된 소수에게만 국한된다고 보지 않는다. 모든 사람에게 가능하다고 본다. 그는 자연적으로 주어진 마음의 보편성을 주장한다. 이 마음은 일정한 상황에서 마땅하게 연민을 느낀다. 맹자는 "성인과 우리는 같은 부류다"聖人與我同類者라고 주장한다(「고자 상」 7). 다음 절에서 모든 개인이 공유한 선함과 도덕적 실천에서 이것이 어떻게 확장되는지 살펴보자.

모든 인간이 자연적으로 선함을 지향하는 것은 아니다

모든 인간에게 선함의 단서가 있다는 것이 맹자 철학의 핵심이다. 맹자는 우물에 빠지려는 아이를 보면 모든 사람이 측은해하는 감정을 느낀다는 예를 든다(「공손추 상」 6). 마음은 이 측은함의 근원이다. 맹자는 그 감정이 아이의 부모를 기쁘게 하거나 이웃 혹은 친구에게 칭찬을 받거나 잔인하다는 악명을 피하고자 하는 '외적' 요인에 의해 일어나지 않는다는 점을 강조한다. 다른 대화에서도 측은한 마음이 나온다. 맹자는 제나라 선왕宣王과의 대화에서 왕이 백성을 어떻게 대하는지에 대해 얘기를 나눈다. 맹자는 왕이 도살장으로 끌려가는 소를 보고 측은해했던 일을 말한다.

당상에 앉아 있던 왕이 당상 아래로 소를 끌고 가는 사람을 보았다. 그것을 보고 왕이 말했다. "소를 어디로 데려가는가?" "소의 피를 새로 만든 종에 바르는 흔종釁鍾 의식에 쓰려고 합니다." 왕이 말했다. "놓아주거라. 소가 벌벌 떠는 모습을 차마

볼 수가 없다. 마치 죄도 없이 사지死地로 끌려가는 듯하구나."
"그러면 흔종 의식을 그만둡니까?" 왕이 답했다. "어떻게 그만
두겠는가. 양으로 바꿔라."

王坐於堂上, 有牽牛而過堂下者, 王見之, 曰, '牛何之?' 對曰, '將
以釁鐘.' 王曰, '舍之! 吾不忍其觳觫, 若無罪而就死地.' 對曰, '然
則廢釁鐘與?' 曰, '何可廢也? 以羊易之!'(「양혜왕 상」梁惠王上 7)

이 일을 설명하면서 맹자는 선왕이 소에게 느낀 측은한 마음은
그가 훌륭한 왕이 될 수 있는 충분한 증거라고 지적한다. 맹자는 왕
의 측은한 마음이 "소가 살아 있는 것을 한번 보면 죽는 모습을 차
마 보지 못하며, 그것이 우는 소리를 한번 들으면 그 고기를 차마
먹지 못한다"見其生, 不忍見其死, 聞其聲, 不忍食其肉는 사실에 기초한다고 결
론 내린다(「양혜왕 상」 7). 그러나 이러한 칭찬은 비판으로 바뀐다. 맹
자는 왕이 소에게는 측은한 마음을 가지면서 백성에게는 측은한 마
음을 느끼지 않는 것은 모순이라고 지적한다. "지금 당신의 측은한
마음이 동물에게는 미치는데, 통치의 공이 백성에게는 이르지 못한
다."今恩足以及禽獸, 而功不至於百姓者(「양혜왕 상」 7) 맹자는 왕의 측은한 마음
이 백성에게 미치지 못하는 것은 능력能의 문제가 아니라고 말한다.
왜냐하면 이 능력은 도살장에 가는 소를 보았을 때 즉각적인 반응
으로 드러났기 때문이다. 맹자는 대담하게도 왕의 문제는 의지爲의
문제라고 시사한다. 이 상황을 바로잡기 위해 맹자는 왕에게 이렇
게 말한다.

(……) 이 마음을 백성에게 쓰십시오. 측은한 마음을 넓혀 나
가면 사해의 백성을 돌볼 수 있지만, 그 마음을 넓혀 나가지 못
하면 처자식도 돌볼 수 없습니다. 옛사람들이 남들보다 뛰어

났던 것은 다른 것이 아니라, 그들이 하는 바를 잘 넓혀 나간 것일 뿐이었습니다. 그러면 당신의 측은한 마음이 동물에게는 충분히 미치는데 통치의 공이 백성에게 미치지 않는 까닭은 무엇입니까? 이것은 예외입니까?

(……) 擧斯心加諸彼而已. 故推恩足以保四海, 不推恩無以保妻子. 古之人所以大過人者, 無他焉, 善推其所爲而已矣. 今恩足以及禽獸, 而功不至於百姓者, 獨何與? (「양혜왕 상」7)

선왕은 정확히 무엇을 넓혀 나가야推 했을까? 이 구절에서 확장의 본질을 자세히 설명하지 않기 때문에 그것을 이해할 수 있는 몇 가지 방법을 보겠다. '확장'推은 추론 전략으로 이해될 수 있다. 즉 소의 경우에서 백성의 경우를 유비적으로 추론하는 것이다. 그것은 중요한 질문을 제기한다. 두 경우에서 상관적인 유사성은 무엇이고 무엇이 확장되어야 하는가? 이에 대해 여러 방식으로 답을 찾을 수 있다. 하나의 접근법은 '확장'이 숙고하는 과정에서, 특히 유비적인 도덕 추론에서 발생한다고 주장하는 것이다. 예를 들어 왕은 상황에 대한 판단력과 서로 관련된 유사한 상황에 대한 감수성을 단련하고, 상황이 요구하는 것에 신속하게 대응할 수 있는 준비성을 길러서 그의 도덕 추론을 '확장'해야 한다고 말할 수 있다 (Wong, 2002). 아니면 확장은 유비 추론을 사용해 직관력을 키우는 것과 관련될 수도 있다. 즉 직면하는 모든 상황을 숙고하고 올바르게 대응하는 것을 즐기는 지점까지 나아갈 수 있다(Hutton, 2002).

그러나 유비 추론에 대한 언급이 문제될 수도 있다. 왜냐하면 맹자가 소에 대한 왕의 측은한 마음 자체를 인정하는지 아닌지가 다소 모호하기 때문이다. 맹자는 소에 대한 왕의 측은한 마음에 동의하지 않을 수도 있다. 이 경우 유비 추론을 계속 밀고 나가는 건 올바른 방법이 아니다(McRae, 2011). 그런 이유로 확장에 대한 다른 접근법은 '내적'인 것인 측은한 마음이 왕의 행동에서 드러나야 한다고 주장한다. 이 견해에 따르면 선함은 자연적으로 주어졌지만 사람의 행동으로 실현된다는 보장은 없다. 그러므로 자연적으로 주어진 선함을 확장하기 위해 상황을 신중하게 판단할 수 있는 마음의 수양이 필요하다(Ivanhoe, 2002; McRae, 2011). 이렇게 이해하면 앞의 해석과 관련된 주요한 문제점을 피할 수 있다. 즉 현대 철학적 분석에서 사용하는 논리적 일관성, 유비 추론 혹은 정서적 직관력이 맹자 철학에 들어 있다고 가정하는 문제점 말이다. 확장은 도덕 추론이나 직관력을 확장하는 것이 아니라 자연적으로 주어진 선한 능력을 현실 속에서 실천하고 실현하는 것이다.

인간 본성에 대한 『맹자』의 견해는 보편적이고 자연적으로 주어진 선함을 긍정하는 것에서 시작된다. 그리고 윤리적이고 잘 통치되는 사회에 대한 낙관적 전망에서 극치를 이룬다. 대부분의 구절이 내용상 상세하지 않기 때문에 현대 철학적 분석에서 보면 문제가 있지만, 인자하고 자애로운 통치에 기반한 사상과 유토피아적 사회에 대한 그의 뜻은 그 시대에 계속되었던 불안정한 상황에서 높은 호소력을 가졌다. 그 견해의 몇몇 측면은 현대 논쟁에서도 계속 회자된다. 여기에는 인식하고 평가하고 애정을 느끼는 차원을 한꺼번에 가진 (사실상 도덕성에 대한) 마음의 통합적인 모습, 도덕 감정을 온전히 실현하기 위해 다른 사람을 인간적으로 대하는 능력을 배양하는 것도 포함된다. 『맹자』의 많은 견해가 『순자』와 대비되는 것처럼 보인다. 이제 순자 철학의 주요 주제를 알아보도록 하자.

2
순자: 인성人性의 형성

===========

　순자荀子(본명은 순황荀況)는 고대 유가 사상가 가운데 가장 성실한 사람으로 평가받는다. 왜냐하면 『순자』가 사상을 포괄적으로 종합해 담은 문헌이기 때문이다. 『순자』에 실린 32편은 공자, 묵자, 맹자, 신도愼到, 신불해申不害, 장자, 혜시惠施, 공손룡公孫龍의 견해와 관련되어 있는데, 이런 견해 가운데 일부의 결점을 비판하는 반면 그것의 장점을 끌어내기도 한다. 그 각각의 결론은 다양한 사상가로부터 나온 사상을 종합하기 때문에 『순자』의 견해는 유가 전통의 한계를 극복한다. 예를 들어 『논어』는 통치의 수단으로서 형법法을 거부하는데, 『순자』는 그 억제 효과를 긍정한다.

　맹자가 인간 본성을 긍정적으로 평가했던 것과는 대조적으로 순자는 현저하게 비판적인 견해를 내놓는다. 본성에 대해 그는 "인간 본성은 악하다"性惡라고 주장한다. 순자는 맹자가 제시한 우물에 빠지려는 아이의 사례와 반대되는 사례를 제시한다. 재산 때문에 서로 다투는 형제의 사례가 그것이다. 형제는 각자 자신의 이득을 최대한 꾀한다. 순자는 이러한 이기심이 널리 퍼져 있음에 주목하고, 고도로 규제된 사회정치적 맥락에서 개혁을 해야 한다고 주장한다. 그는 본성에 대해 이렇게 묘사한다.

　　인간 본성은 악하다. 인간의 선함은 의식적 노력에 의해 얻어
　　진다. 지금 인간 본성은 이와 같다. 태어날 때부터 이익을 좋

아하고 그것을 따른다. 그래서 다투고 빼앗는 경향이 생겨나고 사양하고 양보하는 경향은 사라진다. 태어날 때부터 질투하고 미워하는 감정을 가지며 그것에 빠진다. 그래서 폭력과 죄악이 생겨나고 충직과 신뢰는 없어진다. 태어날 때부터 눈과 귀의 욕망(소리와 색채를 좋아하는)을 가지며 그것에 탐닉한다. 그래서 타락하고 방종한 행동이 생겨나고 예의와 문리는 사라진다. (……) 그래서 인간 본성은 스승과 법도에 따라 교화되고 예의에 의해 인도되어야 한다. 오직 그런 뒤에야 공경을 행한다. 이런 자질에 문리가 합치되어 그 결과로 잘 다스려진 시대로 돌아갈 것이다. (……) 그래서 뒤틀린 나무는 반드시 도지개를 씌우거나 증기를 쬐어 반듯하게 해준 뒤에야 곧아진다. 둔중한 쇠는 반드시 숫돌로 간 뒤에야 날카로워진다.

人之性惡, 其善者僞也. 今人之性, 生而有好利焉, 順是, 故爭奪生而辭讓亡焉. 生而有疾惡焉, 順是, 故殘賊生而忠信亡焉, 生而有耳目之欲, 有好聲色焉, 順是, 故淫亂生而禮義文理亡焉. (……) 故必將有師法之化, 禮義之道, 然後出於辭讓, 合於文理而歸於治. (……) 故枸木必將待檃栝烝矯然後直, 鈍金必將待礱厲然後利. (「성악」性惡)

'성악'性惡이라는 말은 자주 "인간 본성은 악하다"라고 번역된다. 그러나 악과 관련된 개념은 주로 악의, 사악함, 잔인함 같은 것인데 「성악」에 그런 내용은 없다. 여기에는 '악'惡의 의미에 대한 묘사가 나온다. 이익을 좋아하고, 질투하고 미워하며, 눈과 귀의 욕망(마음보다는)에 끌려간다. 이것은 본질적으로 악한 행위라기보다는 이기적인 행위처럼 보인다. 본성적으로 주어진 이기적인 경향을 따르면 자신과 사회 모두에 바람직하지 못한 결과를 불러온다는 말이다.

얼핏 모순처럼 보이는 맹자와 순자의 인간 본성에 대한 진술을 어떻게 설명할 수 있을까? 하나의 접근법은 둘 사이의 틈을 좁히는 것이다.『맹자』에서 본성性 개념은 마음을 포함하고 욕망을 배제하지만『순자』에서는 마음을 배제하고 욕망을 포함한다(Ch'en 1953). 이 설명에 따르면 두 견해의 차이는 중요하지 않고, 본성의 범주 차이로 에둘러 설명될 수 있다. 그러나 이런 분석은 수양, 사회제도, 통치의 본질에 대한 견해에서 드러나는 중요한 차이점을 대충 얼버무린다. 다른 설명은 두 견해 사이에 상당한 이견이 존재한다고 주장한다(Graham, 1967, 1989; Munro, 1969, 78-79; Ahern, 1980; Goldin, 2000). 이에 대해서는 그레이엄의 해설이 영향력이 있다. 그에 따르면 순자가 말하는 본성은 태어날 때부터 본래 있는 것이고, 맹자가 말하는 본성은 자연적 경향을 배양하고 발전시키는 것까지 포함한다(1989, 244-251). 이 견해의 중요한 함의는 순자가 실제로 맹자의 관점을 비난하지 않았다는 것이다.

앞에서 말한 맹자와 고자 사이의 불일치에 비추어 보면『순자』의 관점은 고자의 주장과 조화를 이룬다. 본성은 도덕성의 근원이 아니며 도덕적 지침과 수양을 위해 외부의 근원을 찾아야 한다는 점에서. 곽점본에서도 이런 견해가 보인다(예를 들어 「성자명출」 3-4, 9; 「어총 1」 22-23; 「육덕」六德 26). 고자의 근본적인 관점은 본성은 선하지도 악하지도 않다는 것이다. 곽점본 「어총 2」는 더 복잡한 견해를 제시하는데, 인간 본성에서 다양한 모습을 찾을 수 있다고 한다. 감정, 지식, 사랑, 부모의 애정, 기쁨, 악에 대한 혐오, 원한, 공포, 힘, 약함, 욕망 등을 말이다(「어총 2」 1-4, 8-12, 20-37). 그러나『순자』는 인간 본성은 이기적이라고 홀로 주장한다. 유일하게 독특한 입장에서 출발하면서도 『맹자』처럼 마음을 형성하기 위한 공간을 마련해둔다. 그러나 여기에서도 마음心에 관한 두 해설 사이에 사소한 차이가 있다.◆ 『맹자』에서는 마음을 외적 혼란에 흔들리지 않을 만큼 배양하는 것이 우선이다(「고자 상」 11-12). 『순자』에서는 오직 마음만이 중요한 능력은 아니지만 마음이 모든 다른 능력의 통치자다. 다음 구절에서 마음은 살아 있는 군주로 의인화된다.

> 마음은 형체의 군주이고 영적 지성의 주인이다. 명령을 내리지만 명령을 받지는 않는다. 권위를 가지고 금지하거나 명령하고, 거부하거나 선택하고, 주도하거나 멈춘다.
> 心者, 形之君也而神明之主也, 出令而無所受令. 自禁也, 自使也, 自奪也, 自取也, 自行也, 自止也. (「해폐」解蔽)

마음이 다른 능력의 통치자란 견해는 곽점본 「오행」五行에도 나온다. "귀, 눈, 코, 입, 손, 발은 마음의 통치대로 기능한다. 마음이 '그렇다'고 할 때 누구도 감히 '그렇다'라고 말하지 않을 수 없다."耳目鼻口手足六者, 心之役也. 心曰唯, 莫敢不唯(「오행」 28) 「오행」은 맹자와 순자의 논쟁과 관련해 중요한 문헌이다. 왜냐하면 이 문헌은 『맹자』와 『순자』 모두의 요소를 공유하기 때문이다. 앞의 구절은 『순자』의 경우와 마찬가지로 마음을 통치 능력으로 보고 있다. 그러나 또한 행위는 이상적으로 '내적'인 것에서 유래한 인자함仁에서 나와야 한다고 주장한다. 이는 분명하게 맹자의 특징적인 주제다.

마음이 욕망을 조정하는 방식과 관련해 『순자』는 마음을 지도

◆필립 아이반호(Philip Ivanhoe)는 각 철학과 관련된 다양한 학습 전략을 지적한다 (1990). 두 입장 사이의 철학적 거리는 중국 사상사의 발전 과정 내내 지속되었는데, 특히 신유학 사상에서 분명하게 나타난다(Hansen, 1992, 380).

하는 도를 언급하는데, 도는 마음이 반드시 욕망의 올바른 목적을 선택하도록 만든다. 몸의 통치자로서 마음이 도에 적절히 대응할 때 올바른 선택을 할 것이다.

> 타고난 본성에 욕망이 있는 것은 자연스러운 일로, 마음이 그
> 것을 제어하고 조절한다. (……) 대체로 사람이 선택을 할 때
> 그가 얻는 것은 원하는 것만이 아니고, 거절을 할 때 그가 잃는
> 것은 싫어하는 것만이 아니다. 그래서 사람은 행하기 전에 따
> 져보고 헤아린다. (……) 도는 예로부터 지금까지 올바른 헤
> 아림이었다.
> 天性有欲, 心爲之制節 (……) 凡人之取也, 所欲未嘗粹而來也,
> 其去也, 所惡未嘗粹而往也. 故人無動而可以不與權俱. (……)
> 道者, 古今之正權也. (「정명」正名)

마음은 구별을 함으로써 다양한 욕망의 대상을 정확하게 따져 보고 헤아릴 수 있다. 마음이 사소한 문제에 집착하면 혼란이 일어 날 것이다惑其心. 『순자』는 숙고하는 마음에 중점을 둔다. 감각과 달 리 마음은 지식을 다룰 수 있다(「정명」). 의사 결정에 대한 순자의 설 명은 마음의 독특한 능력인 분별력에 무게를 두고 있다. 『순자』에 서는 마음心의 신중한 능력을 강조하고 그것을 지식과 관련시키기 때문에 『맹자』의 마음heart-mind과 구별하기 위해 정신mind으로 번 역해왔다. 그러나 순자도 수양에 적절한 인간 감정의 배양을 포함 시켰다는 점을 간과해서는 안 된다. 다음 절에서는 수양에 관한 『순 자』의 제안을 검토한다. 즉 명칭을 규제함으로써 성인이 정한 규범 을 준수하고, 예의를 실천함으로써 사회적 구분을 인식하고, 마음 을 변형시키는 자연적 원리를 준수한다는 것이다.

명칭名 규제, 예의禮 실천, 본성性 변형

순자는 인간 행동을 규제하기 위한 여러 가지 조치를 제안했다. 이 조치들은 스승과 성인이 시행해야만 했는데, 개인은 스스로 이기적인 경향을 바로잡을 수 없기 때문이다. 또한 「성악」 서두에서 제시했듯이 사람에겐 자연적으로 주어진 도덕적 동기가 없기 때문이기도 하다. 이 절에서는 이러한 조치를 검토한다.

전국시대 문헌의 일반적인 견해에서 볼 때 세상이 불안정하게 된 원인은 가치 혹은 인간 행위와 관련된 표준法이 없기 때문이었다. 『순자』 『장자』 『묵자』 그리고 명가와 관련된 문헌은 이러한 점에 우려를 표명한다. 『순자』를 포함해 몇몇 문헌은 명칭名의 뜻을 정해 인간 행동과 행위에 분명한 표준을 제시하는 것이 중요하다고 주장했다. 『논어』와 『순자』에서는 이런 조치를 정명正名이라고 했다. 물론 이 말은 두 문헌에서 다른 의미로 사용된다. 『논어』에서 정명은 원래 의미론적 문제와 관련되지도 않고 '명칭의 수정'을 가리키지도 않는다.◆ 명칭은 행위의 규범적인 표준을 표현한다. 그래서 특정한 명칭을 가진 사람은 그 명칭에 자신의 행위를 맞출 의무가 있다고 믿는 것이다(「안연」 11, 19, 「자로」 3). 그러나 『순자』에서는 '명칭을 바로잡는다'가 정명의 적절한 번역이다. 「정명」에서는 명칭의 뜻은 단지 관례일 뿐이니 통치자가 행위의 분명한 표준을 세우기 위해 그 뜻을 정해야 한다고 말한다.

명칭에는 정해진 적합성이 없다. 사람들이 어떤 명칭을 쓰고 그 결과를 명령하는 데 동의하며 그 동의가 준수되고 관습의 문제가 되면 그 명칭은 현실에 사용하기 적합하다고 말할 수

◆정명은 더 '공적인' 사회정치적 역할을 가진 사람의 의무에 적용될 뿐만 아니라 개인적이고 사적인 측면이 훨씬 중요한 관계에서의 의무에도 적용된다.

있다. 그러나 사람들이 동의한 점을 준수하지 않으면 명칭은 사용하기에 적합하지 않게 된다. 명칭에는 정해진 실재가 없다. 사람들이 어떤 명칭을 쓰고 어떤 실재에 적용하도록 명령하는 데에 동의하며 그 동의가 준수되고 관습의 문제가 되면 그 명칭은 실재 명칭이라고 할 수 있다.

名無固宜, 約之以命, 約定俗成謂之宜, 異於約則謂之不宜. 名無固實, 約之以命實, 約定俗成謂之實名.

순자는 권력을 가진 사람이 미치는 영향력의 범위를 깊이 의식하고 있었다. 능력 없고 부도덕한 통치자가 이런 방식을 통해 백성을 조작할 가능성은 적지 않았다. 『순자』에서는 무분별하게 새로운 명칭을 만들고 옛것을 버리면서 정치를 악용해 사람들을 착각하게 하고 혼란에 빠뜨리는 권력자는 '끔찍한 악이며 처벌받아야 한다'(「정명」)고 주장하면서 그러한 가능성을 간략히 고려한다. 긍정적인 측면에서 보면 단어의 뜻을 정의함으로써 만들어진 표준은 인간 행동을 규제할 수 있는 강력한 장치다. 순자는 통치의 역할은 사람이 욕망을 갖지 않도록 만드는 것이 아니라 그 욕망을 관리하는 것이라는 통찰력 있는 주장을 했다.◆ 행위의 표준을 사회적 관습에 포함시키는 방법은 의와 함께 행위의 적절한 규범인 예를 증진시킨다. 『순자』에서 이 두 가지는 자주 함께 거론되는데, 예, 의, 예의가 서로 혼동해서 사용된다.◆◆ 행위의 표준은 사회적 구분分과 구별別

◆순자는 이렇게 썼다. "질서 있게 다스릴 수 있다고 말하면서 욕망을 모두 제거해야 한다고 주장하는 사람들은 욕망을 인도할 수 있는지 어떤지에 대해 생각하지 못하고 단지 욕망이 있다는 사실을 개탄할 뿐이다. 질서 있게 다스릴 수 있다고 말하면서 욕망을 감소시켜야 한다고 주장하는 사람들은 욕망을 조절할 수 있는지 어떤지에 대해 생각하지 못하고 단지 욕망이 너무 많다는 사실을 개탄할 뿐이다. 욕망이 있느냐 없느냐는 (……) 잘 다스리느냐 아니냐의 문제와 아무런 관련이 없다."(凡語治而待去欲者,無以道欲而困於有欲者也.凡語治而待寡欲者, 以節欲而困於多欲者也. 有欲無欲, (……) 非治亂也. (「정명」))

을 나타내므로 사람은 다른 사람과의 관계에서 자신이 처한 위치에
따라 행동한다.

> 선왕은 (……) 예와 의를 세워 사람들 사이에 분별을 두었으
> 며 그들의 욕망을 기르고 바라는 것을 만족시켰다. (……) 고
> 기와 곡물, 다섯 가지 맛과 다양한 양념은 입을 기르는 것이다.
> 산초와 난초 등의 향기는 코를 기르는 것이다. (……) 그러므
> 로 예란 기르는 것養을 의미한다. 군자가 이미 기르는 것을 마
> 쳤다면 그 분별을 또한 좋아할 것이다. 분별은 무엇을 의미하
> 는가? 말하길, 귀함과 천함에 적절한 지위가 있고, 연장자와
> 젊은이 사이에 적절한 차등이 있고, 빈부와 사회적 지위의 경
> 중에 적절한 균형이 있다.
> 先王惡其亂也, 故制禮義以分之, 以養人之欲, 給人之求, 使欲必
> 不窮乎物, (……) 芻豢稻粱, 五味調香, 所以養口也, 椒蘭芬苾,
> 所以養鼻也, (……) 故禮者, 養也. 君子旣得其養, 又好其別.
> 曷謂別? 曰, 貴賤有等, 長幼有差, 貧富輕重皆有稱者也. (「예론」
> 禮論)

향기가 코를 기르는 것은 다른 외적 자극이 인간의 여러 능력
을 기르는 것과 같다. 여기에서 유추해보면 예의바른 행위는 올바
른 행위를 기른다. 이 유추는 교훈적이다. 이는 인간 행위를 형성하
는 이런 수단이 인간 본성에서 외적인 것이라는 『순자』의 견해를
보여준다. 고자의 경우에서와 마찬가지로 여기서 의는 본성적으로
주어진 능력, 즉 내적인 것으로 제시되지 않고 '정의'로 적절하게 이

◆◆ "예의는 거의 순자의 상표와 같다. 예를 들어 「성악」에서 수없이 쓰인다. (……) 의와
예는 동의어는 아니지만 의가 예와 밀접한 의미를 갖기 때문에 순자는 「예론」에서처럼 예
와 예의를 딱히 구별하려 하지 않는다"라고 한 니비슨의 해설을 참조하라(2000, 113).

해된다. 이런 사상가에게는 각 상황에서 정의로운 것을 행하는 것이 중요한 고려 사항이었다. 그래서 수양은 순자 철학에서 중심적인 역할을 한다. 왜냐하면 수양은 인간의 행위를 형성하는 데 도움을 주기 때문이다. 수양의 과정은 입, 코, 눈, 귀, 몸뿐만 아니라 신뢰信, 권위威, 안정安, 삶生, 재물財, 감정情에도 적용된다(「예론」). 예의와 정의의 반복 교육은 재산을 놓고 다투는 형제의 경우와 같은 이기적인 행위를 사라지게 해줄 것이다. 또한 순종讓을 장려하는 긍정적인 결과도 낳는다(「영욕」榮辱, 「성악」). ◆

　　이와 같은 구절에서 예의바른 행위를 통한 순종이 이 문헌의 주된 관심사라고 느꼈다면 핵심을 놓친 것이다. 오히려 『순자』는 예 그 자체가 아니라, 인간성을 형성하고 질서를 잡을 도구로서 예에 가치를 두고 있음을 명심해야 한다. 다음 구절에서 예의바른 행위는 사회적 조화를 실현하는 수단이다. 덥스Dubs의 번역은 『순자』에서 예의 미적 차원을 포착한다.

　　　　예는 인간 감정을 표현하게 하고 조화롭게 하고 우아하게 함으로써 모든 것에 모범이 된다. 예는 외양, 목소리, 음식, 옷, 주거지로 감정을 표현하는 데에 각각 적절한 수단을 제공한다. 모범으로서 예는 슬픔을 표현하는 사람이 지나치게 자제하지 않도록 하고 슬픔을 표현하는 사람이 너무 과장하지 않도록 해서 황금률에 이르게 한다. 예라는 수단으로 타락한 자

◆퍼킨스(Perkins)는 의를 '정의'(rightness)로 번역하고, 『순자』와 「성자명출」에서의 교육을 비교하는 데 도움이 된다고 한다. 두 문헌에서 정은 '내적'인 것이고 의는 '외적'인 것이다. 퍼킨스는 「성자명출」에 나오는 구절이 "정을 아는 것은 적절한 형식으로 감정을 외부로 표현할 줄 아는 것을 의미하는 데 반해 정의를 아는 것은 진정한 감정을 외부와 일치시키기 위해 감정을 내면화할 줄 아는 것을 의미한다"는 견해를 표현한다고 설명했다(2010, 23). 예와 음악이 감정을 형성하는 데에 도움이 된다는 견해는 「어총 2」에서도 표현된다(Chan, S., 2011, 71).

식이 짐승처럼 되지 않게 하고 극도로 예민한 자식이 스스로 몸을 해치지 않도록 한다. 예는 저절로 얻을 수 없는 특성을 얻게 해줌으로써 사람들의 본성을 아름답게 한다(Dubs, *Hsüntze*, 1966, 146–147).

이 구절은 예가 수행과 실천을 지향함을 보여준다. 거기에는 미학적 차원이 있다. 또한 예의 중심 역할이 욕망의 조율을 실행하는 것이라고 강조한다. 그러나 무엇이 조율되는 것일까? 『순자』의 교화 기획은 보다 깊고 근본적인 실재를 제안하는 것일까? 이에 대한 답은 우리가 『순자』는 집단적 인간 행동의 효율에 초점을 맞추었다고 주장할 것인가, 아니면 이런 관심이 도道에 대한 더 근본적인 도덕적 신념에 근거한다고 주장할 것인가에 달려 있다. 후자의 견해에 따른다면 『순자』는 단지 실용적이거나 사회정치적인 문제만 고려한 문헌이 아니다. 더 깊은 형이상학적 신념을 담고 있다. 이런 견해는 폴 골딘이 제기한 것이다.

예는 옳다. 왜냐하면 성인이 그것을 명했기 때문이 아니라 그것이 인간의 도를 구현하기 때문이다. 통치자가 만든 법률과 같은 사회 통제 제도는 동일한 결과를 가져오지 못한다. 왜냐하면 도와 반드시 일치하는 건 아니기 때문이다. 학자들이 항상 의식하지 못했던 이런 견해의 결론은 순자에게 중요한 건 도이지 예가 아니라는 점이다. 왜냐하면 예를 결정하는 것이 도이기 때문이다(2000, 125; 또한 Goldin, 1999, 104 참조).

이런 입장을 취하는 사람은 『순자』를 주로 인간 행위에 표준을 제시하는 측면에서만 읽는 것을 망설이게 될 것이다. 이 논쟁은 순자의 견해가 유가에 가까운지 아니면 법가에 가까운지를 묻는 질문에 중요한 영향을 미친다(Lee, 2005, 74-78).

순자 철학의 또 다른 차원은 사회의 윤리미학적 기초인 음악樂이다. 『논어』에서 음악은 예의 불가결한 일부다(「선진」 26, 「자로」 3, 「양화」 11). 그것은 사회의 현 상태를 널리 알리고 반영한다(「위령공」 11). 음악은 예의바른 행위와 함께 다른 존재와 변별되는 인간만이 추구하는 것이다(「팔일」 3, 「술이」 14, 「자한」 15, 「양화」 11). 『순자』는 사회정치적 영역에서 음악에 대한 공자의 이런 견해를 공유하면서 또한 음악이 어떻게 개인의 도덕적 삶과 결합되는지 설명한다.

> 음악은 즐거움이다. 군자는 도를 얻는 것을 즐거워한다. 소인
> 은 욕망을 채우는 것을 즐거워한다. 도를 취하여 욕망을 조절
> 하면 행복하고 혼란스럽지 않게 된다. 욕망 때문에 도를 잊으
> 면 미혹되고 불행하게 된다. (……) 음악이 바르게 연주되면
> 사람들은 올바른 방향으로 향할 것이다. 그러므로 음악은 사
> 람을 다스리는 극치인데, 묵자는 그것을 비난했다. 또한 음악
> 은 변하지 않는 조화이고 예는 바꿀 수 없는 질서다. 음악은 같
> 은 것을 합하고 예는 다른 것을 구별한다. 예와 음악이 결합해
> 사람의 마음을 다스린다.
> 樂者, 樂也. 君子樂得其道. 小人樂得其欲. 以道制欲, 則樂而不
> 亂. 以欲忘道, 則惑而不樂. 故樂者, 所以道樂也. (……) 樂行
> 而民鄉方矣. 故樂者, 治人之盛者也, 而墨子非之. 且樂也者, 和
> 之不可變也, 禮也者, 理之不可易者也. 樂合同, 禮別異. 禮樂之
> 統, 管乎人心矣. (「악론」樂論)

이 구절은 음악의 몇 가지 차원을 강조한다. 음악과 예의바른

행위가 마음을 인도함으로써 사회 질서를 세우는 효과를 가져온다. 이런 견해에는 사람이 음악에 반응하면서 도덕적 태도를 형성한다는 가정이 내포되어 있다. 이 구절에서 명시적으로 언급되지는 않지만, 모든 음악이 허용되는 것은 아니다. 예를 들어 『논어』는 피해야 하는 음악을 강조한다(「위령공」 11). 이 시기의 다른 문헌, 특히 『좌전』左傳처럼 『순자』에 나타난 음악의 개념도 우주론적이고 정신적이고 사회적이고 정치적이고 개인적인 여러 영역에 걸쳐 있으며, 이 모두를 아울러 조화의 틀을 형성한다(Brindley, 2012, 12-21). 예상할 수 있듯이 이런 고대 문헌에서 다뤄지는 논의는 여러 영역에 걸친 인과관계와 상관관계의 본질을 자세하게 설명하지 않는다. 그럼에도 음악은 감정을 자극한다는 「성자명출」의 견해를 포함해 몇몇 흥미로운 가정이 깔려 있다(「성자명출」 23-26; Brindley, 2006 참조). 『순자』에서 음악이 정신적이고 우주적인 질서의 요소를 포함한다고 언급된다는 점을 인정한다면, 이 문헌이 단지 사회정치적 목적을 위해 인간 행동을 교정하는 것에만 관심이 있는 건 아니라는 주장에 무게를 둘 수 있다.

『순자』는 인간 본성에는 선함을 향하는 근원이 없다고 주장하는 동시대 문헌과 유사한 입장을 취함에도, 독특하게 사회정치적 제도와 문화적 형태의 변화 가능성에 상당히 낙관적이다. 모든 사람이 자신을 수양할 수 있다는 점에서 『맹자』와 같은 입장을 취한다. 『맹자』가 본성적으로 주어진 선함의 보편성을 강조한다면 『순자』는 자기 수양이 모든 사람에게 가능하다고 강조한다.

길거리의 모든 사람이 성왕聖王인 우왕처럼 될 수 있다. 이것은 무슨 뜻인가? 우왕이 우왕으로 존경받는 까닭은 인과 의를 실천하고 올바른 법도를 준수했기 때문이다. (……) 길거리의

모든 사람도 인과 의와 올바른 법도를 이해할 수 있는 자질이
있고, 인과 의와 올바른 법도를 실천할 수 있는 능력이 있다.
塗之人可以爲禹, 曷謂也? 曰, 凡禹之所以爲禹者, 以其爲仁義
法正也. (……) 然而塗之人也. 皆有可以知仁義法正之質, 皆有
可以能仁義法正之具. (「성악」)

이 구절은 모든 사람이 자아를 형성하는 수양을 행할 수 있는
능력을 가졌다고 분명하게 말하고 있다. 여기에서 본성에 대한 부
정적인 말보다 더 중요한 것은 예의바른 행위, 음악, 정의, 모범, 스
승, 성인, 도를 포함해 자기 수양에 이용할 수 있는 자원에 주목한
다는 점이다. 버턴 왓슨Burton Watson은 순자가 말하는 본성과 그것
의 차후 개발 사이의 대조에 대해 다음과 같이 평가했다. "본성이
악하다는 의미의 「성악」이라는 암울한 제목의 글에서 순자는 공부
와 도덕적 훈련을 통해 향상될 수 있다는 무한하게 밝은 가능성을
대비시킨다."(1963, 5) 계층과 지위를 상당히 의식해야 하는 사회 환
경에서 보통 사람도 도덕적 완성을 이룰 수 있다고 한 맹자와 순자
의 신념은 매우 진보적으로 보였을 것이다. 모든 인간이 자기 수양
을 할 수 있다는 말은 개인의 평범한 조건을 초월할 수 있는 가능성
을 제시한다.

3
하늘天의 길과 인간人의 길

선진 시기의 적지 않은 문헌에서 하늘天이 인간 본성의 근원이라는 언급이 나온다. 그러나 하늘이 바로 도덕적 선함과 하늘에 대한 인간의 적절한 반응의 유일한 근원인지 아니면 다양한 근원 가운데 하나인지는 중요한 차이가 있다. 예를 들어 의가 인간 본성에 '주어진' 것인지 아닌지에 대해 맹자와 고자의 의견이 일치하지 않았다는 점은 이미 살펴보았다. 이 절에서는 관련된 질문들을 고려해 이 문제를 다루려고 한다. 하늘은 어떤 방식으로 도덕적 선함의 근원이 될까? 하늘이 작용 주체라면 그 주체의 본질은 무엇일까? 세상에서 일어나는 사건과 관련해 하늘이 미치는 영향은 무엇일까? 하늘에 응하는 인간의 책임은 무엇일까? 우리가 살펴보고 있는 전국시대의 논쟁과 문헌의 성격을 고려해, 앞으로 그 시대의 사상에 대한 일반적 견해보다는 구체적인 세부 사항을 탐구할 것이다.

우리는 이미 『맹자』에서 선함을 지향하는 성향을 하늘이 부여했고, 이에 대한 인간의 올바른 반응은 마음을 배양하는 것이라는 주장을 보았다. 말하자면 도덕적 능력이나 성향을 부여받았으니 그에 대한 반응이 필요하다는 것이다. 이런 주장은 하늘이 의도적인 행위 주체intentional agent라고 시사하는 것 같다. 그러나 뭔가 불확실한 점이 남는다. 왜냐하면 전국시대에 하늘은 자연주의적 용어로도 이해되었기 때문이다. 이 견해에 따르면 하늘은 단순히 현재 주어진 상황으로, 생명의 조건, 인간이 이용할 수 있는 것과 그것을 제약하는 것 등을 광범위하게 포괄한다. 명命이라는 말은 흔히 '숙명' 혹은 '운명'으로 번역되는데 천天도 이러한 두 가지 방식으로 해석될 수 있다. 명은 고대 유가에서 다양한 의미를 가진다. 그것은 인간의 숙명과 운명, 사람이나 국가에 대한 하늘의 명령, 더 넓게는 인간의 규범적 이상도 나타낼 수 있다.◆ 개인에게 명은 생명의 조건을 의미할 수 있다. 그것은 환경적 사회적 정치적 맥락뿐만 아니라 신체적 감정적 심리적 기질에서도 비롯되는 조건이다.◆◆ 전국시대 문헌에서 사람의 명은 자신이 받은 '몫'으로 해석된다. 말하자면 생명의 조건으로부터 아니면 신성한 기획을 통해서 받은 것이다. 『맹자』는 하늘天, 본성性, 운명命(하늘의 명령)의 삼자 관계를 표현한다. 본성을 길러 하늘을 섬기고 스스로를 수양하여 천명天命을 세운다(「진심 상」). 그러나 이런 관계의 정확한 본질은 『맹자』에 분명하게 기술되어 있지 않다.◆◆◆

맹자 철학에서 하늘을 우리가 어떻게 이해하는지와 관계없이 본성에 대한 맹자의 견해는 한편으론 하늘이 선함의 근원으로 충분

◆ '내적'인 것과 '외적'인 것 사이의 논쟁에서 명의 다양한 의미와 역할에 대한 논의는 Slingerland, 1996 참조.

◆◆ 명의 개념은 곽점본 「성자명출」에서 핵심 문제다. 그 제목에서 드러나듯 첫 구절에서 다음과 같이 말한다. "인간 본성은 명에서 나온다. 명은 하늘로부터 부여받았다."(性自命出, 命自天降)

◆◆◆ 「어총 2」와 「어총 3」의 논의는 더 복잡하다. 예를 들어 「어총 2」는 욕망은 인간 본성의 일부로 교활한 행동, 욕심, 태만, 탐닉과 불안을 유발한다고 한다. 「어총 3」은 하늘에 모든 것에 대한 원리(理)의 근원이라는 또 다른 차원을 포함시킨다. "하늘은 모범을 제공한다. 인간과 모든 것은 이 모범을 따른다." 셜리 찬(Shirley Chan)은 곽점본에서 리(理)라는 용어를 사용하는 것은 현존하는 문헌에서 지금까지 봐왔던 것보다 더 깊이 형이상학적으로 사고하게 되었음을 의미한다고 주장한다. 찬은 다음과 같이 썼다. "'원칙/원리를 추론하는 것'과 '사물을 원리의 본질과 고유한 원칙에 따라 지배하는 것'으로서의 리(질서 지워진 원리)에 대한 인식이 여기서 소개된다. (……) 하늘은 모든 사물과 현상의 근원이나 원인만이 아니라 사물의 형성 과정에서 (원칙과 추론과 함께) 원리를 구현하는 것으로도 설명된다."(2011, 67)

하지만, 그럼에도 수양을 통해 더욱더 개발해야 한다는 것이다. 예를 들어 이전에 논의된 곽점본에서 표현된 것처럼 일반적인 견해와 달리 맹자는 선함의 근원(자연적으로 주어진 것)과 부도덕한 행동(외적 요인으로 인한 것) 사이에 뚜렷한 선을 긋는다. 맹자의 견해가 소수 견해라는 주장은 왜 맹자가 자신의 입장을 정당화하기 위해 상대방의 견해를 그렇게 길게 늘어놓는지 설명해준다. **** 인간 본성과 하늘의 연관성을 조사한 천라이Chen Lai는 공자의 몇몇 추종자가 다른 견해를 내놓았다는 점에 주목한다. "세석世碩, 칠조자漆雕子, 밀자천密子賤, 공손니자公孫尼子는 모두 '인간 본성은 선하기도 하고 악하기도 하다'고 주장했다. 이것이 선진 시기 유가 본성론의 주류가 되었다."(Chen, 2010, 46) 『맹자』에서 하늘과 도덕적 선함을 긴밀하게 연결시킬 때, 인간에게 닥친 불우한 환경을 어떻게 설명할 것인가라는 독특한 문제가 제기된다. 선함의 씨앗이 하늘에 의해 부여되었다면 '나쁜' 사건 혹은 뭔가 잘못되거나 악화된 상황을 어떻게 설명할 수 있을까? 하늘이 도덕적 규범을 위반했다고 생각할 수 있을까? 『맹자』 「공손추 하」 13장에서는 인간은 하늘을 비난하지 않는다고 말한다. 여기서 특히 하늘은 기아와 고난 등 어떤 사건을 개인에게 일으키는 의도적인 행위 주체로 보인다. *****

**** 인간 본성에 대한 맹자의 견해는 오랫동안 정통적인 견해로 받아들여졌다(예를 들어 Yi, 2015 참조). 천라이는 곽점본의 견해에 비추어 볼 때 『시경』의 시기만큼이나 이전부터 인간 본성에 대한 단일하고 정통적인 유가적 견해가 있었다는 주장은 적절하지 않다고 상당히 중요한 제안을 한다(2010, 43-49). 이것은 인간 본성에 대한 다양한 개념이 중국 역사상 여러 시기에 지배적이었다는 사실과 통한다. 곽점본의 다른 견해에 대한 자세한 내용은 Chan, S., 2011; 2012 참조.

***** 예를 들어 『맹자』 「고자 하」 15장에서는 이렇게 말한다. "하늘은 사람에게 큰 임무를 내리려고 할 때 반드시 먼저 그 결의를 괴롭게 하고 그 근골을 수고롭게 하며 그 몸이 굶주림과 고난을 겪게 하여 그의 노력을 좌절시켜 마음의 게으름을 흔들어 깨우고 본성을 강하게 하고 결점을 고치게 한다."(故天將降大任於是人也, 必先苦其心志, 勞其筋骨, 餓其體膚, 空乏其身, 行拂亂其所爲, 所以動心忍性, 曾益其所不能.) 이런 견해는 곽점본 「궁달이시」

동시대에 하늘과 인간의 방식 사이의 균열을 피하려고 했던 견해가 있었다. 양주가 내놓은 이 주장은 하늘이 부여한 본성과 인간의 규범을 밀접하게 조화시켰다. 선진 시기 문헌에서 양주의 사상은 종종 상대방에 의해 경멸적인 어투로 묘사된다. 『맹자』에서는 양주의 이기적인 태도가 사회에 해롭다고 비판한다. 왜냐하면 자기를 우선시하기 위해 통치자의 권위를 무시하기 때문이다(「등문공하」 9). 마찬가지로 양주의 견해에 부정적인 태도를 보이는 듯한 『열자』列子(기원전 300)에서 양주는 이기적인 인간으로 희화화된다. 여기서 양주는 "다리의 터럭 한 가닥을 지불하여 천하를 도울 수 있다면 그렇게 할 의향이 있습니까?"라는 질문에 곧바로 대답하지 못한다(『맹자』 「진심 상」 26). 이 같은 묘사 때문에 양주의 이론이 학자들 사이에서 무시되는 경우가 많았던 것 같다. 더군다나 양주의 사상을 접하는 데도 한계가 있는데, 다른 문헌에서 간단하게 언급된 것을 통해서만 알 수 있기 때문이다. 그러나 이 문헌들 가운데 하나에서 본래의 성性을 보존하는 더 미묘한 시각을 볼 수 있다. 다양한 견해를 혼합한 『여씨춘추』呂氏春秋(기원전 240)에서는 천수를 누리는 것과 연관된 성에 관한 설명을 제시한다.◆ "가장 좋은 삶은 죽을 때까지 감각의 즐거움을 느끼며 건강하게 사는 것이다. (……) 통치자는 나라에 대한 근심 때문에 개인적 삶의 충족감을 희생시켜서는 안 된다. 개인은 자신의 건강과 안전을 위협하면서까지 나라 자체를 선물로 받아들여서는 안 된다."(Graham, 1967, 13) 여기서 제시된

(窮達以時)에서도 드러난다(「궁달이시」는 또한 긍정적인이건 부정적이건 사건이나 상황의 변화에 대한 복종을 반영한다. Cook, *Bamboo Texts*, 2012, 440; Perkins, 2014, 116-150 참조. 또 하늘의 도덕적 규범 침해에 대한 주석은 Puett, 2002, 144, cited in Perkins, 2014, 118 참조.

◆ 이런 주제는 다섯 편에 걸쳐 나온다. 「본생」(本生), 「중기」(重己), 「귀생」(貴生), 「정욕」(情欲), 「심위」(審爲)가 그것이다. Knoblock and Riegel, *Annals of Lü Buwei*, 2000 참조.

견해는 나라를 위해 희생하지 말라고 권하는 것이 아니다. 오히려 본성을 온전히 유지하려면 탐욕을 피해야 한다고 강조한다. 이 점에서 나라를 얻기 위해 혹은 돕기 위해 터럭을 희생할 수 있는지 물은 『열자』의 원래 구절에 어떤 모호한 점이 있음을 알아차려야 한다.✤✤ 두 번째 대안을 선택한다면 양주 혹은 그와 같은 견해를 가진 사람은 흔히 말하는 '쾌락주의자'나 '이기주의자'가 아니다. 왜냐하면 이 경우 그가 주장하려는 것은 나라를 얻기 위해 본성을 희생해서는 안 된다는 것이기 때문이다. 생명을 온전하게 유지하려면 외적으로 소유하려고 하거나 탐욕에 빠지지 말아야 한다. 소유와 탐욕은 성性에서 외적인 것이다.

양주의 견해를 이렇게 읽는다면 『여씨춘추』에 나온 인간 본성에 대한 양주의 개념, 즉 그것이 무엇이고 무엇이 되어야 하는가에 대한 문제는 하늘天의 문제와 일치한다. 그러나 이런 견해는 유가의 견해와 주요한 차이가 있다. 맹자는 단순히 주어진 것을 보존하는 것만으로는 충분하지 못하다고 본다. 유가 철학은 수양에 중점을 둔다. 여기서 수양은 주로 시대에 걸쳐 개발되고 전통에 입각해 확립된 문화적이고 사회적인 규범과 조화를 이루면서 본성을 형성하는 것이다. 그러나 얼마나 많은 것이 인간의 손에 달려 있을까? 그리고 어디서 하늘의 행위와 인간의 책임 사이에 경계를 그을 수 있을까? 곽점본 「궁달이시」("궁핍과 성공은 시기의 문제")는 질문의

✤✤ 신광라이는 양주의 견해가 『맹자』에서 묘사된 것만큼 부정적이지는 않다고 본 그레이엄의 의견을 검토한다. 『열자』에서의 질문은 양주가 나라를 이롭게 하기 위해 자신의 터럭을 뽑을 수 있겠는지 여부와 관련이 있다. 그러나 "이제일세"(以濟一世)라는 말은 모호해서 "세상을 유익하게 한다" 혹은 "세상을 얻는다"로 이해될 수 있다. 신광라이는 두 번째 이해에 따르면 양주의 입장은 세상을 소유하기 위해 (터럭을 뽑아서) 자신을 상처 입히는 것을 꺼리는 것이라고 주장한다. 이 해석은 공직에 나가 역량을 발휘하길 거절한 양주의 이기심이 아니라 탐욕에 반대되는 것으로서 양주의 삶의 수양 태도에 중점을 둔다고 할 수 있다(1997, 35-37, 45).

범위를 간단명료하게 설정한다. "하늘에 의해 조정되는 것이 있고 사람의 능력 안에 있는 것이 있으니 각각은 분리된 몫을 가진다."有天有人, 天人有分

우리는 앞에서 어떤 행위에 대한 책임을 하늘이 져야 함에도 하늘을 비난하지 못할 때 『맹자』의 논리는 어려움에 빠진다는 점을 살펴보았다. 대조적으로 『순자』「천론」天論에서는 분명하게 하늘에 속하는 것과 분명하게 인간에게 속하는 것이 무엇인지 묘사한다. 『맹자』에 명시된 것과는 다르게 하늘의 권한을 제한하고 인간사에 관여하지 않는다고 규정한다. 『순자』의 견해는 부분적으로는 실용적인 이유를 따른 것으로 보인다. 미신적인 신념을 폭로하며 일식과 기후의 불규칙한 변화는 그저 자연 현상이지 하늘의 탓이 아니라고 딱 잘라 말한다(「천론」). 하늘에 대한 이러한 근거 없는 불안은 인간이 할 수 있는 일의 범위 내에서 국가가 할 일에 대한 신중함으로 대체된다.

하늘의 도에 좋은 정치로 대응하면 행운이 있고 혼란으로 대응하면 불행이 있을 것이다. 근본을 강화하고 비용을 절약하면 하늘은 가난하게 할 수 없다. 몸을 튼튼하게 하고 계절에 맞게 운동을 하면 하늘이 병들게 할 수 없다. 도를 따르고 두 마음을 갖지 않으면 하늘이 재앙을 내릴 수 없다. 그러므로 홍수나 가뭄이 기아의 원인일 수 없고 추위와 더위가 질병의 원인일 수 없고 상서롭지 못하고 괴이한 일들이 불행의 원인일 수 없다.

應之以治則吉, 應之以亂則凶. 彊本而節用, 則天不能貧, 養備而動時, 則不能病, 脩道而不貳, 則天不能禍. 故水旱不能使之飢渴, 寒署不能使之疾, 祅怪不能使之凶. (「천론」)

순자 철학에서 이 구절은 확고한 마음의 중심적 역할을 단언한다. 즉 인간의 조건에 영향을 주는 인간의 능력과 인간 행위의 잠재력에 확고하게 초점을 맞추고 있다. 이 구절은 순자가 말하는 하늘의 개념이 주로 자연주의적이라는 인상을 줄 수 있다.◆ 『맹자』 같은 문헌에서는 어떤 사건이나 일이 일어난 원인을 하늘로 돌리지만 『순자』에서는 그 범위를 설정하는 것처럼 보인다. 이 점에 근거해 어떤 학자는 『순자』에는 종교적 차원이 없다고 주장한다. 그러나 앞의 구절과 『순자』의 다른 구절을 보면 하늘 그 자체를 거부하는 것은 아닐지도 모른다. 『순자』에서는 분명 미신적인 신념과 실천이 잘못된 믿음을 만들어 효율적인 행위를 방해할 수 있다고 본다. 실제로 『순자』에는 "무지를 없앰"(「해폐」解蔽)이라는 편이 있다. 앞 구절의 핵심은 주변 상황을 바꿀 수 있는 인간의 잠재력을 제대로 이해해야만 적절한 행위를 시작할 수 있다는 것이다. 그러나 『순자』에는 하늘이 명백하게 자연주의적인 것은 아니라는 주장을 뒷받침하는 다른 요소도 있다. 예와 음악과 도의 조화에 대한 언급은 그 무엇도 아닌 종교적 요소로 이해되어왔다(Radcliffe-Brown, 1965; Machle, 1993, 2014; Ivanhoe, 2014).

하늘과 인간에게 책임과 행위의 영역을 설정하려는 이러한 시도는 이후의 유가 사상가들에 의해 확대되었다. 한나라 시기에는 하늘天과 땅地과 인간人 사이에 상관관계와 유사성이 형성되었고, 서로 각각 다르지만 의존하는 영역을 개척했다. 예를 들어 『중용』은 균형中과 평범성庸이 어떻게 달성되는지 설명한다. 성실함誠을 실천할 때 천지인 삼자는 일체가 된다.

◆ 노블록(Noblock)은 「천론」이라는 제목을 '자연에 대한 논의'(天論)라고 번역한다. 이는 그가 하늘을 자연주의적 용어로 이해했음을 보여준다. 또한 Perkins, 2014, 184-218 참조.

세상에서 가장 완벽하게 성실한 사람만이 본성을 완전히 개발
할 수 있다. 본성을 완전히 개발할 수 있는 사람은 다른 인간
의 본성을 완전하게 개발할 수 있다. 다른 인간의 본성을 완전
하게 개발할 수 있는 사람은 다른 살아 있는 것들의 본성을 완
전하게 개발할 수 있다. 다른 살아 있는 것들의 본성을 완전하
게 개발할 수 있는 사람은 변화시키고 기르는 하늘과 땅의 힘
에 도움을 줄 수 있다. 하늘과 땅의 힘에 도움을 줄 수 있는 사
람은 비로소 하늘과 땅과 일체가 될 수 있다.

惟天下至誠, 爲能盡其性, 能盡其性, 則能盡人之性, 能盡人之
性, 則能盡物之性, 能盡物之性, 則可以贊天地之化育, 可以贊天
地之化育, 則可以與天地參矣. (『중용』22)

인간이 하늘과 협력한다는 이러한 관점은 하늘과 인간 각각의
영역과 책임에 관한 문제와 직접적으로 관련된다. 이 장을 끝내면
서 다시 맹자와 순자가 수양에 관한 견해를 확립할 때 근거로 삼았
던 인간 본성의 개념으로 돌아가보겠다. 성性을 '인간 본성'으로 번
역하면 그것의 이중적 의미를 포착하지 못한다. 한쪽은 탄생과 관
련된 본성이고 다른 쪽은 성장과 관련된 본성이다. 성의 어원은 탄
생과 성장을 모두 의미하는 생生이라는 글자와 관련된다.◆ 그래서
성은 막 싹튼 능력과 그것의 지속적인 수양 모두를 가리킬 수 있다.
그레이엄은 성의 이중적 의미를 설명하기 위해 중국 사상의 개념이
일반적으로 부정확하다는 점을 언급한다.

◆성(性)은 두 가지 요소로 이루어졌다. ↑/心(마음)과 生(탄생과 성장)이다. 두 번째 요
소인 생은 탄생과 성장 모두를 의미한다. 그래서 성은 타고난 본성을 의미하기도 하고 지
속적인 성장을 의미하기도 하며 둘 모두를 의미하기도 한다. Schwartz, 1985, 266; Ho
Hwang, 1979, 201-209 참조.

맹자는 특히 탄생의 개념을 다룬 적이 없고 언제나 지속적인 성장을 통한 성숙의 개념만 다루었던 듯하다. 이것은 고대 중국 사상의 개념을 차근차근 이해해갈 때 가질 수 있는 일반적인 인상이다. 중국 사상의 개념은 종종 서양의 유사한 개념보다 더 역동적인 의미가 있고 영어로 번역하면 그 역동성이 떨어지고 고정화된다.◆◆

맹자 철학에서 성의 두 가지 요소를 표현하는 한 방법은 생물학적이고 문화적인 측면을 강조하는 것이다. 아이린 블룸은 『맹자』에서 성은 모든 인간이 공통으로 갖고 있는 (생물학적) 특성과 이런 특성이 (문화적으로) 개선된 것을 의미한다고 주장한다. 물론 개선을 이룬 범위와 정도는 개인마다 다를 수 있을 것이다. 맹자의 성에 대한 이러한 설명은 또한 순자의 성과 구별하는 데도 도움을 준다. 후자는 타고난 도덕적 능력이나 생물학적 자질로 정의되지 않고, 개인의 이기적인 경향과 관련해 설명된다. 두 견해 사이에는 중대한 차이가 있음에도 맹자와 순자는 인간의 공동 행복을 장려하고 향상시키는 사회정치적 환경에서 자아를 개발할 것을 제안했다. 인간의 능력과 잠재력에 대한 낙관주의, 그리고 우주적 전망 안에서 번영하는 사회를 만드는 인간의 위치는 수세기 동안 중국 사상사에서 꾸준히 되풀이된 주제였다. 인간이 동기를 부여하고 도덕적으로 성장하는 데 있어 감정과 욕망의 역할에 대한 그들의 시각은 비교철학적 논쟁에 끊임없이 중요한 쟁점을 던져준다. 번성하는 생

◆◆ Graham, 1990b, 7. 『설문해자』(說文解字)에서도 생(生), 즉 성장에서 성(性)이 파생되었다고 강조한다. 그에 더해 성이 심(心)에서 유래했다고도 한다. 이 파생어들이 함께 마음의 수양과 지속적 성장을 암시한다. 이는 『설문해자』의 성에 대한 설명에 맹자 철학이 영향을 미쳤음을 의미한다.

명, 성격과 덕, 행위와 작용 주체와 책임, 도덕적 삶에서 감정의 위
치에 대한 개념을 포함해서(Yu et al., 2010; Angle and Slote, 2013; Bruya,
2015; King, 2015).

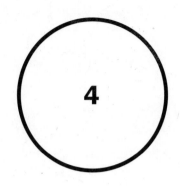

4

고대 묵가 철학

묵가 사상은 창시자 묵자墨子(기원전 480–기원전 390)의 이름을 따
서 명명되었다. 묵자의 삶에 관한 몇몇 일화는 그가 유가에 반대했
다는 믿음에 근거해 구성되었다. 예들 들어 묵자는 문헌과 의례를
연구하고 특권층의 생활양식을 익혔던 학자 관료 집단인 유자들과
교류해왔다고 전해졌다. 이런 설명에 따르면 묵자는 유자의 이런
측면에 반발했고, 공자는 칭찬했지만 그가 만난 다른 유자들은 거
부했다(Schwartz, 1985, 133, 138–139). 그러나 이런 설명은 모두 확실
하지 않으므로 여기서는 주로 묵자를 『묵자』에서 논의된 내용에 기
반해 설명할 것이다. 이런 해석적인 문제를 고려할 때 중요한 방법
론적 문제가 제기된다. 우리는 『묵자』를 "스승이 제자와 경쟁자와
논쟁하면서 나온 문헌"으로 읽을 것인가 아니면 "스승과 제자와 경
쟁자를 묘사하는(그래서 창조하는) 문헌"으로 읽은 것인가?(De-
foort and Standaert, 2013, 4)◆

문헌의 문제:
『묵자』라는 문헌은 묵가 철학의 핵심이다. 현존하는 53편은 한
나라 때 유향劉向(기원전 76–기원전 6)이 편집한 71편짜리 판본에
서 나온 것이다. 각 편은 다음과 같이 구분할 수 있다.

• 1–7 (시작 편)
• 8–37 (핵심 편, 10개의 학설을 설명한다.)
• 40–45 (경經 혹은 논설적인 편)
• 46–50 그리고 38, 39 (대화 혹은 '묵자의 어록')
• 51–71 (군사 편)◆◆

◆디포트와 스탠다트는 후자의 입장을 취한다.
◆◆이것은 『한서』(漢書) 권30 「예문지」(藝文志) 10에 기록되어 있다. 통행본에는 22–
24, 29, 30, 33, 34, 38, 51, 54, 55, 57, 59, 60, 64–67편이 누락되었다. 53편과 71편 문

현존하는 문헌은 이 장에서 다룰 많은 독특한 주제와 함께 고대 묵가 철학의 매우 일관된 모습을 보여준다. 각 부분은 오랜 시간에 걸쳐 쓰였지만 다른 작품에서 확인된 묵가 학파가 실제로 이 문헌과 연관이 있는지는 분명하지 않다. 문헌의 다른 부분이 다른 시기에 다른 지역에서 유통되었을 수도 있다. 『장자』에서 묵가의 세 분파를 확인할 수 있고, 『한비자』韓非子에서도 세 분파를 확인할 수 있다.◆ 『묵자』의 표현이 반복되고 장황하기 때문에 몇몇 구성원이 장인이나 기술자였던 묵가가 『논어』 같은 문헌의 저자보다 사회적 지위가 낮았다는 주장도 있다(Hansen, 1992, 95-8 참조).

묵가 철학의 영향에 관해 몇몇 연구자는 그 사상과 영향력을 상당히 얕보는 방식으로 말한다. 예를 들어 윙칫 찬은 "철학적으로 묵가 사상은 깊이가 없고 중요성이 떨어진다"고 주장했다.◆◆ 이는 명나라(1368-1644)와 청나라(1644-1912) 때부터 묵가가 유가에 적대적이었다고 해석하는 오래된 경향을 반영한다. 그러나 근래에 묵

헌에 대한 논의는 Defoort and Standaert, 2013, 1-2; Knoblock and Riegel, *Mozi*, 2013, 14-16 참조. 노블록과 리겔은 누락된 편이 유향의 판본에 전혀 포함되지 않고 그 목차에만 간단하게 표시되었을 수도 있다고 주장한다(ibid., 15).

◆ 노블록과 리겔은 『묵자』 자체에선 그 정체가 언급되지 않기 때문에 이 분파는 2세대와 3세대 추종자일 거라고 주장한다. 그들은 『묵자』나 『한서』, 『여씨춘추』에서 개별 이름이 언급되는 것을 근거로 1세대 제자들의 목록을 작성한다(ibid., 9-11). 이 논거는 『묵자』 문헌 자체가 주로 1세대 제자 시기에 쓰였다는 점을 인정하는 입장에 서 있다. 문헌의 유통에 대해서는 14쪽에 나온 노블록과 리겔의 논의를 참조하라.

◆◆ Chan, *Way of Lao Tzu*, 1963b, 212. 핸슨(1992, 95-96)이 인용하고 논의했다. 펑유란(Fung Yu-lan)은 그의 유명한 저서 『간명한 중국철학사』(Short History of Chinese Philosophy, 1948)에서 묵가 철학은 유협(遊俠)의 생활방식을 확장한 것으로 유협의 긴밀하게 조직화된 생활의 측면이 반영되었다고 했다.

가 저작의 중요성을 뒷받침하는 더 진지한 학문 성과가 나오기 시작했다. 묵가 철학이 발명, 기하학, 광학, 논쟁을 평가하기 위한 기준 등을 논했다는 점에서 말이다(Knoblock and Riegel, *Mozi*, 2013, 23-26). 벤저민 슈워츠, 앵거스 그레이엄, 채드 핸슨, 카린 디포트, 댄 로빈스Dan Robins는 현대 철학 연구에서 이후 중국철학 발전에 영향을 미친 묵가 철학의 다양한 측면을 설명했다(Graham, 1978, 1989; Schwartz, 1985; Hansen, 1992). 핸슨은 묵자를 "중국 고전 시대 전기의 가장 중요한 철학자"로 여긴다(1992, 95).

　이 장의 논의는 주로 문헌의 '핵심 편'(『묵자』 8-37)에서 다룬 주제에 초점을 맞춘다. 이 글들은 국방 및 전쟁과 관련된 문제뿐만 아니라 윤리적 사회적 경제적 정치적 주제를 다룬다. 앞으로 보겠지만 묵자의 통찰력은 공동 행복을 극대화하기 위한 실천적이고 보편적이며 포괄적인 접근을 보여준다. 즉 모든 사람이 다른 사람을 위해 겸애兼愛를 실천하고, 공평하고 상호적인 관심을 가져야 한다는 것이다. 이 문헌은 또한 세 가지 표준法, 즉 선례(과거 관행), 경험적 정직성(사람들의 경험), 유용성에 근거해 학설을 평가하는 기준을 제시한다. 묵자는 이러한 기준을 주로 윤리적인 주제에 적용했다. 비록 검증 가능성과 정당화에 대한 그의 논의가 특히 인식론과 언어철학이 이후에 발전하는 토대를 마련하는 데 중요한 역할을 했지만 말이다. 이 후자의 주제는 주로 『묵자』 「경」經의 40-45편에서 다루어졌다. 이 주제는 고대 중국의 언어에 관한 논쟁을 조명하는 6장에서 논의될 것이다.

1
10개의 학설

'핵심 편'의 글들은 묵가 철학에서 10개의 학설을 다룬다.[◆] 71 편짜리 판본의 목차에는 각 학설의 세 가지 판본이 상중하로 나뉘어 적혀 있다. 비록 통행본에서는 그 가운데 7편이 누락되었지만. 이렇게 각 학설에 세 가지 판본이 있는 이유는 무엇일까? 이 판본들이 『장자』 혹은 『한비자』에서 확인된 다른 묵가 분파에 속한 사상가가 쓴 것일 수도 있을까? 그레이엄은 이 문헌을 각 분파의 주제에 따라 '정통파' '타협파' '반동파'로 분류하자고 제안한다(1989, 36, 51-52). 이러한 독해는 자세하게 정립하기 쉽지 않은 각 분파와 그들의 견해를 명확하게 드러낼 것을 요구한다. 더 그럴듯한 견해는 이것이 오랜 시간에 걸쳐 누적되어 이루어진 판본이라는 것이다. 이런 설명은 아주 중요하다. 왜냐하면 저자, 작성 기간, 대화 상대에 대한 질문이 이 문헌을 읽는 방식에 영향을 미칠 것이기 때문이다(Watanabe, 1962-1963; cited in Defoort and Standaert, 2013, 4-29). 이런 문제 가운데 몇 가지는 이후 논의에서 드러날 것이다. 10개의 학설은 다음과 같이 짝지을 수 있다.

'현자를 높이다'를 뜻하는 「상현」尚賢 상중하(8-10)와 '상급자의 표준을 따르다'를 뜻하는 「상동」尚同 상중하(11-13).

[◆] 카린 디포트는 『묵자』의 다른 저자와 편집자가 10개의 학설에 참여했다고 주장한다. 이런 견해는 10개의 학설을 묵자의 작품으로 생각하는 지배적인 경향에 도전한다(2016).

기준이 많은 것이 혼란의 근본 원인이다. 묵자는 그 해결책으로 의義(정의)라는 단일한 기준을 실현하자고 주장한다. 의라는 근본 척도는 사회의 이익利에 기반한다. 묵자는 사회적 행복을 나타내는 세 가지 자원을 밝힌다. 부富, 많은 인구, 사회정치적 질서다. 의에 모범적으로 헌신하는 사람들은 국가 통치에 등용되어야 한다. 묵자는 또한 사회에서 의義를 확실하게 실현하기 위해 보상과 처벌을 포함하는 정교한 위계질서 제도의 윤곽을 제시한다. 보통 사람들이 현자의 기준을 따를 때 옳음是과 잘못非이 명확해진다. 이것의 최종 목적은 사회정치적 질서다.

'공평한 관심'을 뜻하는 「겸애」兼愛 상중하(14-16)와 '군사 공격 반대'를 뜻하는 「비공」非攻 상중하(17-19).

모든 사람이 다른 사람에게 공평한 관심을 갖는 겸애는 타인을 공격하고 이용하는 문제의 해결책이다. 이 글들의 논증 가운데 일부는 설득력이 있다. 왜냐하면 그것은 공동 행복에 대한 문헌의 신념에서 비롯한 것처럼 보이기 때문이다. 간단히 표현해 겸애의 실천은 "자신을 아끼듯 다른 사람을 아끼는 것"愛人若愛其身(「겸애」 상)이다. 달리 말하면 자신과 타인을 도덕적으로 동등하게 대하는 것이다. 겸애兼의 반대인 편애別는 자신과 타인을 날카롭게 구분하는 것이다. 군사 공격은 이기심의 한 예다. 결론적으로 명백하게 합리적인 그의 논증에서 묵자는 침략 전쟁에서 얻을 수 있는 것과 지불하기에 지나치게 높은 대가인 생명을 잃는 것을 공명정대하게 비교한다.

'비용 절약'을 뜻하는 「절용」節用 상중(20-21)과 '장례의 간소화'를 뜻하는 「절장」節葬 하(25).

　이로움과 해로움에 근거한 유용성이라는 기준에 따르면 비싸고 복잡한 장례 의식과 긴 애도 기간은 합리적이지 못하다(부모를 위한 애도 기간에는 일뿐만 아니라 일상 활동도 해선 안 되는 삼년상이 포함된다. 예를 들어 『논어』 「양화」 21장에는 재아宰我가 공자에게 삼년상이 너무 기니 줄이자고 했을 때 공자가 암시적으로 삼년상을 주장하는 장면이 나온다). 『묵자』에서는 이러한 의례가 널리 받아들여져 시행되고 있음을 인정하지만, 또한 그 관습의 유래를 다음과 지적한다. "그들은 습관인 것과 적절한 것을, 관습인 것과 올바른 것을 혼동한다."便其習而義其俗(「절장」 하) 이러한 관행이 비효율적이라는 점이 오랫동안 받아들여져 시행되었다는 사실보다 더 중대하다. 『맹자』 「등문공 상」 5장에서 묵가였던 이장을 비판한 내용을 기억해보라. 맹자는 그가 부모의 장례를 사치스럽게 지냈다고 비판한다. 이 문제는 나중에 다시 논의할 것이다.

　'하늘의 의지'를 뜻하는 「천지」天志 상중하(26-28)와 '귀신의 존재를 밝힘'을 뜻하는 「명귀」明鬼 하(31).

　하늘天은 정의인 의의 근원이고 기원이다. 이 글은 하늘의 의에 대한 많은 예를 제시하면서 하늘이 은혜롭다는 점을 논증하는데, 이는 인간의 사회정치적 영역에서 드러난다. 묵자가 보기에 인간은 하늘로부터 도덕적 영감을 이끌어내야 한다. 모범적인 겸애의 행위 주체는 모든 사람의 행복에 관심을 갖는다. 인간을 이롭게 하려는 하늘의 뜻은 객관적이며 검증 가능한 기준이다. 그리고 기능적인 용어로 말하자면 하늘의 의는 원을 그리는 도구인 규規나 네모를 그리는 도구인 구矩처럼 작동해 고정되고 의존할 만한 척도를 제공한다. 모든 인간의 행위와 말은 이런 객관적인 기준에 따라 측정되어야 한다. 이러한 주장을 통해 묵자는 권위적 인물에 의존하는 전통에서 벗어났을 뿐 아니라 고대 중국철학에 공평성과 객관성이라는 개념을 도입했다.

'음악을 비판함'을 뜻하는 「비악」非樂 상(32)과 '운명론을 비판함'을 뜻하는 「비명」非命 상중하(35-37).

음악은 자원이 매우 많이 들고 사람을 방만하게 만든다. 비록 음악은 즐겁지만 더 근본적인 문제인 생계유지 활동에서 멀어지게 한다. 장례와 마찬가지로 음악은 관습이지만 거의 유용하지 않다. 음악은 일반 사람들을 희생시켜 몇몇 사람만 즐기는 사치품이다. 이러한 관점에서 『묵자』에는 인간 생활에서 미적이고 문화적인 것을 추구하는 활동이 갖는 위치와 가치에 대한 사상이 거의 나타나지 않는다. 이 문헌에서 사회와 공동체 생활에 대한 그림은 빈약하고 그것에 필수적인 것은 폄하되며 경제적 생산성에 반하는 모든 활동은 혐오된다. 물론 『묵자』가 전쟁이 만연했던 불안정한 시기에 작성되었기 때문에 이런 관점을 보이는 것일지도 모른다. 같은 맥락에서 『묵자』는 체념을 조장하고 이익을 극대화하도록 격려하지 않는다고 운명론을 비판한다. 이 글들은 고대 유가 문헌보다 더 분명히 검소한 생활과 엄격한 노동 윤리를 추구하는 완고한 신념을 보여준다. 비록 중국 인민의 대부분은 유교의 노동 윤리 때문에 검약하고 열심히 일하지만 말이다.

2
공동 행복의 극대화
===============

묵자는 다른 국가를 병탄하려는 이기적 동기를 우려한다. 전쟁에서 생명을 잃는 일은 비극이자 전쟁의 전리품에서 얻는 이익보다 훨씬 중대한 문제다. 묵자의 주장은 관련된 모든 사람을 위한 선과 악의 총합을 고려해야 올바른 윤리적 평가라는 가정에 근거한다. 비록 많은 개인이 전쟁에서 이득을 보겠지만, 그보다 더 많은 부분에 부정적인 영향이 클 것이다. 묵자는 불공평한 편애와 이기심이 분명 사회정치적 무질서를 일으키는 근본 원인이라고 보았다.

이런 다양한 해악의 원인을 조사할 때 우리는 무엇을 발견할수 있을까? 무엇이 그것을 양산했을까? 그것은 다른 사람을사랑하고 유익하게 하려는 노력에서 나온 것일까? 확실히 그렇지는 않다. 그것은 오히려 다른 사람을 미워하고 상처 입히려는 행동에서 나온다. 그리고 다른 사람을 미워하고 상처 입히는 사람을 분류하여 묘사하고자 할 때 우리는 그들의 행위에 동기를 부여한 것이 보편적인 겸애兼라고 말해야 할까, 아니면 편파적인 편애別라고 말해야 할까? 분명히 편애라고 말해야 한다. 편애로 사람을 대하는 자들은 세상에 거대한 해악을 낳는다. 그러므로 우리는 편애가 잘못되었다는 것을 안다. 姑嘗本原若衆害之所自生, 此胡自生? 此自愛人利人生與? 卽必曰非然也, 必曰從惡人賊人生. 分名乎天下惡人而賊人者, 兼與?

別與? 卽必曰別也. 然卽之交別者, 果生天下之大害者與? 是故
別非也. (「겸애」하)

　　공동 이익을 극대화하고자 한 묵자의 문제의식은 초기 공리
주의 이론의 단순한 형태다. 모든 사람의 행복이 그의 윤리 철학의
주요 원동력이다. 이런 문제의식은 국가와 개인 모두에게 적용될
수 있다. 공동 행복의 극대화라는 묵가의 목표는 양쪽 유형의 이익
이 일치할 것이라고 가정한다. 공동 이익은 다음과 같은 기준을 따
르는 것이 특징이다. 국가를 부유하게 하는 것, 인구를 증가시키는
것, 훌륭한 통치를 이루는 것(「상현」 상). 공동 이익을 실현하기 위한
주된 윤리적 원리는 겸애다. 겸애는 일반적으로 번역되는 '보편적
사랑'보다 더 깊은 의미가 있다. 대부분의 학자가 겸애에서 '애'愛는
사랑과 관련된 일반적 애정을 뜻하지 않는다고 여긴다. 그레이엄은
묵가가 말하는 애는 비감정적 의지로, '보편적 사랑'이라는 번역은
너무 따뜻하고 너무 모호하다고 주장한다. 겸애가 정서적 사랑과
관련된 것이 아니기 때문에 너무 따뜻하고, 겸애라는 말에 함축된
공평성의 의미를 드러내지 못하기 때문에 너무 모호하다는 것이다
(Graham, 1989, 41; 또한 Schwartz, 1985, 148-150 참조). 이 말은 공동 행
복을 달성하기 위해 묵자가 공평성에 집중한다는 뜻을 반영해 번역
해야 한다. 그레이엄은 '모든 사람에 대한 관심'을 제안한다(Graham,
1989, 41-42). '모든 사람에 대한 관심'이란 번역은 사랑보다 관심을
핵심으로 끌어내고 공평성을 그 시대의 견해 가운데에서 변별성을
갖는 개념으로 규정한다.
　　어떻게 겸애를 명백하게 설명할까? 묵자는 바람직하지 못한
상황을 묘사하면서 문제는 사람들 사이의 무관심不相愛이라고 진단
한다. 관료와 그들의 상급자가 그러하듯이 아들과 아버지는 서로

에게 관심이 부족하다(「겸애」 상). 「겸애」 중편과 하편에서는 이를 '공평한 상호 관심과 호혜적인 상호 이익 交相愛, 交相利이라고 표현한다.◆ 묵가 철학에서 이利라는 말은 '이익'으로 번역될 수 있는데, 개인적인 이득을 의미하는 유가의 용례와 대조적이다.◆◆ 또한 『묵자』에서는 인간 행위의 경험적 관찰에 기반해 이런 학설을 원리로 삼는 이유를 설명한다.

> 평범한 관찰에 근거해 나는 (사람은) 다른 사람이 자신의 부모를 사랑하고 이롭게 해주기를 바란다고 주장할 것이다. 그렇다면 나는 이 바람을 완수하기 위해 먼저 무엇을 해야 할까? 일단 내가 다른 사람의 부모를 사랑하고 이롭게 해주어야 나중에 그 보답으로 그가 나의 부모를 사랑하고 이롭게 해주지 않을까? 아니면 일단 다른 사람의 부모를 미워해야 나중에 그 보답으로 그가 나의 부모를 사랑하고 이롭게 해줄까?
>
> 以說觀之. 卽欲人之愛利其親也. 然卽吾惡先從事. 卽得此. 若我先從事乎愛利人之親. 然后人報我愛利吾親乎? 意我先從事乎惡之親, 然后人報我以愛利吾親乎?(「겸애」 하)

이러한 바람과 기대는 서로 간의 선의에 근거한다. 따라서 공평성은 이런 선의를 광범위하고 일반적으로 다른 모든 사람에게 확대하는 올바른 원리다. 이것은 특정한 애정을 수양하는 데 뿌리를 둔 유가의 관계 윤리와 대조를 이룬다. 그러나 그 차이를 지나치게

◆ '교상리'(交相利)를 '호혜적인 상호 이익'으로 번역한 것은 노블록과 리겔(Mozi, 2013, 150)로, 여기서는 그들의 번역을 취한다. '교상애'(交相愛)를 '공평한 상호 관심'으로 번역한 것은 저자 본인이다.
◆◆ 『묵자』와 『맹자』가 이(利)를 해석하는 방식에 근본적인 차이가 있다고 주장하는 치우(Chiu, 2014)의 논의 참조. 그러나 유가가 이득을 추구하는 것을 반대할지라도, 사회 전체의 이득으로서 이(利)를 증진시키는 것이 중요하다는 점에서는 묵가와 일치할 것이다.

과장하지 않도록 주의해야 한다. 왜냐하면 유가가 사회질서와 공동이익에 관심이 없는 것은 아니기 때문이다. 마찬가지로 묵자도 개인의 관계를 무시하지 않으며 상호 관심에 관한 많은 논의에서, 예를 들어 형제간의 우애弟나 부모에 대한 효孝를 언급한다(「겸애」중). '유묵'儒墨(유가와 묵가) 논쟁에서 드러나는 의견 차이는 종종 주요한 가치의 충돌로 규정되고, 묵자는 '반유가주의자'로 풍자되곤 한다. 여기서 나는 동기 부여와 도덕적 수양에 대한 접근법에서 나타나는 유가와 묵가의 차이를 간과해선 안 된다고 제안한다. 차이를 지나치게 단순화하지 않고 중대한 차이점이 어디에 있는지 이해하는 것이 중요하다.

『맹자』「양혜왕 상」 7장에 나오는 일화를 다시 생각해보자. 거기서 맹자는 제나라 선왕이 소에게 측은한 마음을 느꼈지만 그 마음을 백성에게 미루어 '확장'推하지 못했음을 지적했다. 확장은 한편으로 자연적으로 주어진 측은한 마음을 수양을 통해 이끌어내는 것이라고 해석된다. 선왕이 소에게 측은한 마음을 느낀 것은 그가 이 자연적으로 주어진 감정을 가졌다는 증거다. 그러나 그는 그 감정을 개발해 백성과의 관계에서 드러내지는 못했다. 이 확장의 개념을 가지고 논의를 진행해보면, 묵가의 겸애와 유가의 도덕적 수양에 대한 견해 사이에 더 흥미로운 차이점을 보게 된다. 맹자는 측은한 마음이 도덕적 근원으로서 충분하며 적절하게 배양하면 결실을 맺을 수 있다고 믿었다. 묵자에게 도덕적 근원은 감정(타고난 것이든 아니든)이 아니라, 다른 신중한 행위를 더 효과적으로 이끌어낼 수 있는 겸애의 원리나 학설을 고수하는 것이었다. 그래서 유가와 묵가는 기본이 되는 도덕적 근원에 대해 근본적인 차이를 보인다.

이 점에서 또 다른 차이가 발생한다. 유가에게 감정은 애초에 가족 관계에서 길러진다. 부모와 자식 관계는 측은한 마음과 보살핌의 모범 사례다. 그러나 묵자는 이런 접근법에 회의적이다. 어떻게 타인에 대한 공정한 관심이 특정 관계의 애정으로부터 길러질 수 있겠는가? 오히려 특정 관계의 애정을 기르면 편애別를 낳지 않을까? 묵자의 눈에 침략 전쟁은 편애가 현실화된 것이었다.

> 아버지가 오직 자신만 사랑하고 아들을 사랑하지 않아 자식을 해치고 자신만 이롭게 한다. (……) 군주가 오직 자신만 사랑하고 신하를 사랑하지 않아 신하를 해치고 자신만 이롭게 한다. (……) 도둑은 그의 가족만 사랑하고 다른 가족은 사랑하지 않아 다른 가족의 물건을 훔쳐 자신의 가족만 이롭게 한다. (……) 제후가 자기 나라만 사랑하고 다른 나라를 사랑하지 않아 다른 나라를 공격하여 자기 나라만 이롭게 한다. 세상의 모든 혼란은 이와 같은 연유로 발생한다. 이 혼란의 원인을 어디에서 찾을 수 있을까? 모든 혼란은 서로 관심이 없기 때문에 일어난다.
>
> 父自愛也. 不愛子. 故虧子而自利. (……) 君自愛也. 不愛臣. 故虧臣而自利. (……) 盜愛其室. 不愛其異室. 故竊異室以利其室. (……) 諸侯各愛其國. 不愛異國. 故攻異國以利其國. 天下之亂物. 具此而已矣. 察此何自起. 皆起不相愛. (「겸애」 상)

유가에서 인仁은 두 의미를 지닌 독특하고 역동적인 개념이다. 특정 관계의 애정(친족 간의)으로서 인과 모든 사람에 대한 측은한 마음(동정심)으로서 인이다. 유가 철학에서 인(동정심)은 친족 간의 애정에서 나온 결실로 여겨진다. 그래서 자기 수양은 서로 호혜적으로 이익을 주고받는 관계의 영역을 계속해서 넓혀가는 발달 과정이다(『논어』 「옹야」 30). 『묵자』의 견해에 비추어 보면 유가의 인에는 두 가지 요소가 있는데, 친족 간의 불공평한 편애가 모든 사람에 대한 공평한 박애로 발전한다. 묵자는 분명 인을 고려하지만, 그것은 모든 사람에 대한 동정심으로서의 인에 훨씬 가깝다. 따라서 묵자가 사회질서의 확립을 위한 그의 계획에서 친족 간의 애정으로서 인을 인정하는지 아닌지에 대한 질문은 여전히 남는다. 이러한 질문을 해결하기 위해 친족 간의 애정으로서 인이 무엇을 의미하는지 물어야 한다. 유교에서는 부모에게 효도하고 형제간에 우애하는 인을 실현하려면 가족 외부의 사람을 차별하라고 가르치고 아마도 요구한다. 묵자는 친족 간의 애정으로서 인이 모든 사람에 대한 동정심으로서 인으로 성공적으로 발전할 것이라고 확신하지 않는다. 달리 말하면 편애는 단순하게 보편화될 수 없다.

> 유자는 말했다. "친족으로서 친족을 대할 때 살펴야 할 정도가
> 있고 현자를 존중할 때 살펴야 할 등급이 있다." 그들은 멀고
> 가까운 친족들 사이와 존귀하고 천한 것 사이의 차이를 규정
> 한다.
> 儒者曰. 親親有術. 尊賢有等. 言親疏尊卑之異也. (「비유」非儒 하)

정서적 유대감, 특히 부모와 자식 사이의 유대감은 인간 삶의 근간으로 배양되어야 한다는(『맹자』「진심 상」15) 점에서 맹자는 옳다. 그러나 친족 간의 애정으로서 인이 모든 사람에 대한 동정심으로서 인으로 발전할 수 있다는 유가의 주장을 비판한 묵자의 관점도 설득력이 있다. 묵자가 말하는 겸애의 원리와 인간의 동기 부여나 사랑에 대한 입장은 유가적 신념과 그와 관련된 사회정치적 질서를 면밀하게 조사하도록 촉구한다. 유가의 입장을 비판한 논의에서 묵자는 고려해야 할 두 가지를 제시한다. 하나는 편애(즉 친족

간의 애정으로서 인에 대한 논거)이고 하나는 공평한 박애다. 그는 친족 간의 애정으로서 인은 공평한 박애를 넘어서지 못한다고 주장한다.

두 사람이 있다고 가정해보자. 한 사람은 편애를 주장하고 다른 사람은 겸애를 주장한다. 편애를 주장하는 사람이 말했다. 내가 어떻게 나의 친구를 나 자신과 같다고 여기거나 친구의 아버지를 나의 아버지와 같다고 여길 수 있겠는가? (……) (겸애를 주장하는 사람이 말했다.) 내가 듣기로 세상에서 진정 훌륭한 사람은 그의 친구를 자신과 동일하게 보고 친구의 아버지를 자신의 아버지와 동일하게 본다. (……) 이제 감히 묻겠다. 부모를 받들어 모시고 아내와 아이들을 돌보고자 할 때 누구에게 맡기겠는가? 겸애하는 사람에게 맡기겠는가, 아니면 편애하는 사람에게 맡기겠는가? 내 생각에는 이런 경우 세상에 어떤 바보라도, 겸애를 인정하지 않는 자마저도 필시 겸애하는 사람에게 가족을 맡길 것이다.

誰以爲二士. 使其一士者執別, 使其一士者執兼. 是故別士之言曰, 吾豈能爲吾友之身, 若爲吾身. 爲吾友之親, 若爲吾親? (……) 曰, 吾聞爲高士于天下者, 必爲其友之身, 若爲其身, 爲其友之親, 若爲其親. (……) 家室. 奉承親戚. 提挈妻子. 而寄託之不識于兼之有是乎? 于別之有是乎? 我以爲當其于此也. 天下無愚夫愚婦. 雖非兼之人. 必寄托之于兼之有是也. (「겸애」하)

여기서 묵자는 친족 간의 애정으로서 인을 주된 지침 원리로 삼는 것에 반대하는 흥미로운 사고 실험을 한다. 여기서 논점은 무엇이며, 그것은 설득력이 있을까? 핸슨에 따르면 우리는 우선 묵자가 말하지 않은 선택지인 친한 사람에게 부모를 맡기려고 할 것이다. 그러나 모든 조건이 동일하고 이 두 가지가 유일한 선택지라면, "이것은 특정한 관계의 도덕성이 가진 내적 비일관성을 보여주는 사례다"(1992, 113). 대조적으로 브라이언 밴 노든Bryan Van Norden은 이 논점에 한계가 있다고 지적한다. 공평성의 윤리로 통치되는 사회가 모든 조건에서 바람직하다는 것을 입증하지 못했기 때문이다. 그는 또 정직하고 무력한 사람은 아마도 공평한 규범이 잘 지켜지는 사회에서 더 잘 살아갈 수 있을 거라고 주장한다. 왜냐하면 다른 사람의 도움이 필요할 것이기 때문이다. 그러나 "이 논점이 보여주는 것은 교활하고 강하고 공격적이고 다른 사람의 도움을 필요로 하지 않는 사람일지라도 편애를 강조하는 사회를 더 선호해선 안 된다는 점이다"(2007, 184).

묵자의 논점을 이렇게 다르게 분석하는 데에는 여러 이유가 있다. 그중 하나는 『묵자』의 글들이 내용상 명확성이 떨어진다는 점이다. 다른 하나는 동시대의 문헌들이 묵자가 주장하는 것이나 반대하는 것을 확정적으로 기술한다는 점이다. 예를 들어 『맹자』에서 묵가의 입장은 묵가인 이자를 통해 '차별 없는 사랑'愛無差等으로 묘사된다(「등문공 상」). 이것은 묵가의 입장을 타당해 보이지 않게 하기 위한 것일 수도 있다. 『맹자』에서 묵가 철학이 풍자되는 것과는 대조적으로 로빈스는 묵가의 겸애가 친족 간의 관계와 양립할 수 있다고 주장한다. 왜냐하면 『묵자』「겸애」 중편과 하편에 보면 묵가의 도덕 이론이 '교'交(교류하다)'와 '상'相(서로, 상호적으로)이라는 말로 기술되기 때문이다(Robins, 2012b). 이것이 의미하는 바는 "호혜적인 상호 이익"交相利 같은 구절이 모든 사람에 대한 무차별적 관심보다는 상호 호혜성을 강조한다는 것이다. 덧붙여 문헌의 성격 문제가 묵가를 해석하는 데 영향을 미친다. 성립 시기를 포함한 문헌에 관한 논의에서 디포트는 「겸애」의 서로 다른 판본, 즉 상중하上中下 편 각각이 상호 호혜성을 다른 모습으로 제시한다고 주장한다. 「겸애」 상에서 이 개념은 자신을 보살피는 것을 다른 사람을 보살피는 것으로 서로 바꾸는 것이다. 「겸애」 중에서는 가족이나 집단 안에서의 보살핌이 다른 사람을 보살피는 것으로 발전하는 모습을 제시한다. 반면에 「겸애」 하에서는 배타적이지 말고 모든 사람을 포용하라고 한다. 이 견해에 따르면 각 편의 주장은 상호 호혜성을 적용하는 데에 있어 더 넓게 포용하는 방향으로 나아간다(Defoort, 2013).◆ 이런 해석을 따른다면 겸애의 발전 과정은 유가의 인이 발전하는 과정과 크게 다르지 않다.

마지막으로 『묵자』에서 대화 상대가 누구인지 이해하는 것이 그 논점의 해석에 영향을 줄 수 있다. 누가 실제로 편애別를 조장한다고 묵가는 생각했을까? 유가 문헌에서 별別이라는 문자는 딱히 눈에 띄지 않는다. 묵가는 유자를 포함한 통치 집단의 가치와 관습에 도전했던 것이 아닐까? 묵가의 논의는 양주 사상을 지지하는 자들을 겨냥했던 것은 아닐까?(Van Norden, 2007, 184-189) 어쩌면 묵가는 이전 혹은 그 당시 서로 맥락이 통하는 담론들에서 단순히 이끌어내지 않았던 논증의 전제를 설정했던 것은 아닐까?(Robins, 2012a)

이 다양한 고려 사항은 묵가 철학을 이해하는 데에 대안이 되는 방식들을 제공한다. 겸애를 지지하는 묵가의 주된 논쟁 대상이 유가가 아니라고 주장하더라도, 다양한 학설에 대한 그들의 논의는 공동 행복, 도덕적 수양, 사회질서를 세우는 효과적인 방법에 대한 고대의 논쟁을 더욱 빛나게 해준다. 유가와 묵가의 전망 모두 낙관적이고, 아마도 이상적이었을 것이다. 모두 도덕적 지침이 통치

◆ 디포트의 논의의 더 넓은 맥락은 상호 호혜성의 범위가 상중하 편에 걸쳐서 발전한다는 것인데, 실제로 「천지」(天志) 상중하 편에서는 겸애가 공평성과 포용성의 모범인 하늘로 발전한다.

의 주된 과제 가운데 하나라고 믿었으니까. 그러나 인간 행복에 대한 개념에서는 중요한 차이를 보인다. 묵자는 사회적 자원에 미적이고 문화적인 것을 포함시키지 않는다. 그리고 관습적 의례禮와 음악樂을 순수하게 경제적 관점에서 판단한다. 그는 필수적인 것까지도 최소화하는 인간 실존의 관점을 견지했다. 고대 성왕聖王의 방식을 인용하면서 『묵자』는 말한다.

> 그저 배고픔을 채우고 활력을 더하고 팔다리를 강화하고 귀와 눈을 밝히는 데 충분하다면 그 정도에서 그친다. 다섯 가지 맛을 갖추고 향긋한 향기로 조화시키기 위해 특별히 노력하지 않는다. 진귀하고 이국적인 진미와 특이한 것들을 먼 나라에 보내지 않는다.
> 足以充虛繼氣. 强股肱. 耳目聰明則止. 不極五味之調, 芬香之和. 不致遠國珍怪異物. (「절용」 중)

단순한 생존만을 주장하는 것은 기본 생필품조차 조달하기 어려웠던 시대 맥락에서 이해할 만하다. 그러나 이러한 주장에는 다른 목적이 있을 수도 있다. 즉 전체 사회에 부담이 되는 권력 집단의 부당하고 타락한 낭비를 거부하는 것이다. 묵자의 체제에서 소수만이 누리는 특권은 용인되지 않는다. 따라서 묵가 사상을 따르는 상급자는 보상과 처벌 제도를 구현해 상호 호혜적인 공평한 관심을 실현할 것이다(「겸애」 하). 여기서 겸애 원리의 핵심 가정이 작동하지 않을 수도 있다는 점과 처벌이 제도를 유지하는 데 필요하다는 점을 인정하게 된다. 그 가정이란 다른 사람에 대한 관심이 유사하게 다른 사람으로부터 상호 호혜적 반응을 불러일으켜야 한다는 것이다. 그러나 사회정치적 질서를 개선하기 위한 원리로 겸애가 부적절하다는 사실에도 불구하고 공동 행복을 극대화하고자 한 묵자의 노력은 진지하게 고려될 만하다. 겸애의 교리는 단순히 모호한 비폭력을 요구하는 것이 아니라 다른 사람의 행복을 고려하는 것이다. 다음 절에서 묵가가 고대 중국철학에 기여한 다른 측면, 즉 표준에 대한 논의를 할 것이다.

3
표준을 가지고 일하기
===================

묵자는 홉스주의자와 유사하게, 혼돈스러운 다양한 견해가 사회에서 사람들 사이의 불일치와 적개심을 발생시키는 자연의 가설적 상태를 제시한다. 그는 표준의 다양성이 사회정치적 불안정의 주요 원인이라고 주장한다.

> 모든 사람이 독립적인 개인일 때 한 사람에게는 옳고 그름에 대한 하나의 표준이 있고 열 사람에게는 열 개의 표준이, 백 사람에게는 백 개의 표준이, 천 사람에게는 천 개의 표준이 있다. 헤아릴 수 없는 사람에 이르면 그들이 표준이라고 부르는 것은 헤아릴 수 없이 많아진다. 모든 사람이 자신의 표준이 옳다고 판단하고 다른 사람에게 그 표준을 적용한다. 이로 인해 심각하게는 전쟁이 일어나고 가볍게는 다툼이 발생한다.
> 若苟百姓爲人. 是一人一義. 十人十義. 百人百義. 千人千義. 逮至人之衆, 不可勝計也. 則其所謂義者. 亦不可勝計. 此皆是其義. 而非人之義. 是以厚者有鬥. 而薄者有爭. (「상동」하)

묵자에게 불안정의 근본 원인은 가치의 만연이다. 나중에 볼 것처럼 장자도 같은 문제를 걱정했지만, 그의 해결책은 이 표준의 다양성을 어떻게 받아들일지에 초점을 맞추고 있다. 이와 대조적으로 묵자는 통치의 기능이 '전 국가에 걸쳐 도덕성을 통일하고 거기에 동화시키는 것'이라고 믿었다(Graham, 1978, 13). 묵자는 다양한 가치를 단일한 표준인 법法으로 대체해 사람들을 통합하려고 했다. 고대 중국철학에서 법이라는 용어는 표준, 모범, 표준의 사례 혹은 그것을 실현하는 모범적인 사람을 포함하는 다양한 의미를 가졌다. 묵자 철학에서 법은 의義나 인仁을 사용할 때처럼 단순히 윤리적 행위의 규범적인 표준이 아니다. 가장 일반적인 공식에서 법은 인간의 행위에든 장인의 기능에든 혹은 논증에든 특수한 방법으로 적용되는 표준이다. 인간 행위와 관련해 법을 적용하는 방법은 모범을 결정하는 것에서 시작한다. 우선 사람들은 상급자가 정한 표준을 따라야 한다. 그래서 그 학설의 제목이 상동尙同, 즉 '상급자의 표준을 따르다'이다. 현명한 통치자가 옳음是과 그름非의 표준을 정하고 일반 백성이 그것을 따른다.

> 나라의 무수한 사람은 모두 위로 천자天子를 따르고, 아랫사람
> 과 감히 파벌을 형성하려고 해서는 안 된다. 천자가 옳다고 판
> 단한 것을 사람들도 옳다고 확신해야 하고 천자가 그르다고
> 판단한 것을 사람들도 그르다고 확신해야 한다.
> 凡鄕之萬民. 皆上同乎國君. 而不敢下比. 國君之所是. 必亦是
> 之. 國君之所非. 必亦非之. (「상동」 중)

일반 사람은 표준을 결정하는 데 참여하거나 기여할 여지가 없으며 더 나아가 표준에 아주 무지한 사람들과는 협의하지도 않는다. 이런 체제에서 사람들은 개인적으로 가치를 결정하지 않고 옳음과 그름의 판단을 통치자의 단일한 표준에 맡긴다. 묵자는 통일성을 유지하기 위한 정교한 체제를 간단히 설명한다. 일반 사람은 이러한 표준을 매일매일 유지할 책임이 있다. 그들은 표준을 모범

적으로 준수하거나 위반한 사례를 해당 상위 기관에 알려야 한다. 그에 따라 표준을 준수하도록 장려하는 보상이나 처벌이 주어질 것이다(처벌과 보상 체계는 또한 법가 사상가들에게 받아들여져 법가 철학의 중요한 특징이 되었다.)

'상급자의 표준을 따르라'고 사람들에게 요구했음에도 불구하고 인간 행위의 모범적 본보기의 궁극적 근거는 통치자에게 있지 않았다. 『묵자』는 본보기에 대한 두 가지 다른 근거를 제시한다. 어떤 논의에서는 의를, 다른 논의에서는 하늘을 본보기로 제시한다. 「천지」 상편에는 "하늘은 의를 원한다"天欲義고 나온다. 의를 본보기로 하고 하늘을 그것을 적절하게 적용하는 행위 주체로 세우는 것이다. 이 학설의 다른 판본에서는 "의는 하늘로부터 나온다"義果自天出(「천지」 중)라고 하는데, 이는 하늘이 의의 근원이라는 의미다. 각 주장은 플라톤의 에우튀프론 딜레마Euthyphro dilemma[1]에 빠진다. 의가 바람직하기 때문에 하늘이 의를 원하는가? 아니면 의가 하늘에서 나왔기 때문에 바람직한가? 우리가 에우튀프론에게 배웠던 것처럼 두 주장 모두 『묵자』에서 발견되지만, 이 견해는 서로 상충한다. 「천지」 중편에서 의는 하늘과 상관없이 독립적으로 정당화된다. 의는 사회정치적 질서를 위한 중요한 수단이다. "세상에 의가 있을 때는 세상이 잘 다스려지지만 의가 없을 때는 무질서하다."有義則治. 無義則亂(「천지」 상)

인간에게 이러한 하늘의 개념은 무엇을 의미할까? 하늘은 통치자의 표준을 정한다는 점에서 권위적인 역할을 맡을 수 있다. "천자에게 올바른 것을 정하는 것이 하늘이다."天之爲政于天子(「천지」 상) 그러나 여기서 다시 변화한다. 가끔 『묵자』는 하늘을 모든 인간의 개인적 행복을 근심하는 보편적으로 자애로운 행위 주체로 묘사하는 더 인간적인 입장을 취한다. "이제 하늘은 보편적으로 세상을 사랑하며 모든 피조물에게 상호 이익을 주려고 한다. 털끝 하나라도 하늘의 일이 아닌 것이 없다."今夫天兼天下而愛之, 撽遂萬物以利之. 若豪之末, 非天之所爲也(「천지」중) 그러나 다시 공평하게 행동하지 못한 사람에게 형벌이라는 위협을 가한다. 관료만 형벌을 내리는 것이 아니다. 하늘도 보복의 도덕에 따라 작동할 수 있다. "사람이 죄 없는 사람을 죽였을 때 하늘은 그에게 재앙을 내린다."人有殺不辜, 而天予之不祥哉(「천지」하) 모범적인 행위 주체인 하늘은 실제로 다른 사람을 해치는 사람을 처벌하는 이상적인 관찰자다.

『묵자』에서 하늘의 개념은 각 편에 걸쳐 전혀 일관되지 않게 묘사된다. 그리고 이따금 하늘에 대해 딱히 정교하게 설명하지 않는 듯하다. 예를 들어 통치자(천자)와 백성은 하늘, 산, 강 그리고 귀신에게 고기와 곡식 등 제물을 올려야 했다(「천지」하). 하늘이나 귀신에 대한 묵자의 견해 가운데 어떤 것은 그 당시 일반 백성의 종교적 믿음과 관습을 반영한다는 점에 유의해야 한다. 이러한 믿음은 공인된 경로를 통해 전승된 많은 기존 문헌에서 언급된 것과는 다르다. 따라서 『묵자』같은 문헌은 문제가 되는 시기 동안에 각기 다른 각도에서 각기 다른 삶의 견해를 드러내기 때문에 특히 중요하다(Poo, 1998).

학설이나 행동을 평가하기 위한 기준이 이 문헌에서 법이 중요하게 적용되는 또 다른 부분이다. 모든 주장, 관습, 행위를 평가해야 하는 세 가지 표준인 삼법三法이 있다.◆ 그러나 이런 평가가 적용되는 분야를 정확하게 지정하기는 어렵다. 왜냐하면 묵자는 행위나 행동뿐만 아니라 논증에도 이 세 가지 표준을 적용하기 때문이다. 그 삼법은 선례, 경험적 정직성, 유용성이다.

◆ 로이(Loy)는 삼법을 의사 결정 절차보다는 판단 기준으로 이해하는 게 더 맞다고 주장한다(2008).

(1) 선례: 묵자는 이전 성왕의 행위와 그 행위의 결과를 자주 논한다. 이 표준의 중요한 두 가지 측면에 주목할 필요가 있다. 첫째, 선례에 대한 논의는 성왕의 행위가 낳은 결과에 대한 논의로 바뀌는 경우가 많다. 이는 이러한 평가가 셋째 표준인 유용성에 효과적으로 포함된다는 의미다. 둘째, 이 표준은 상당히 자의적인 것처럼 보인다. 왜냐하면 묵자가 사례를 골라서 특정한 핵심을 증명하기 때문이다. 예를 들면 이런 식이다. 이 특별한 왕은 x를 시행해 좋은 결과를 거두었다. 다른 왕은 y를 시행해 부정적인 결과를 낳았다.

(2) 경험적 정직성: 말이나 행위는 일반 사람의 경험인 '다수의 눈과 귀'察衆之耳目之請(「비명」하)에 비추어서 조사된다. 이 표준은 묵자에게 첫째와 셋째 표준보다 중요하지 않다.

(3) 유용성: 이것이 묵자에게 가장 중요한 고려 사항이다. 어떤 항목이 이 평가를 만족시키지 못하면, 첫째와 둘째 표준을 만족시키더라도 묵자는 거부할 것이다. 예를 들어 음악은 첫째와 둘째 표준은 충족시키지만 셋째 표준은 충족시키지 못한다(「비악」상). 따라서 거부되어야 한다. 운명론에 대한 거부가 이 표준이 적용되는 방법을 가장 명확하게 보여주는 예다. 운명론은 유용하지 못한 점이 많다. 그중 하나는 생산성에 대한 신념이 부족하다는 점이다. 유용성은 근본적인 표준이다. 첫째와 둘째 표준을 뛰어넘을 정도다. 묵자가 이 표준에 매달린 것은 고대 중국철학에서 혁신이었다. 묵자는 정당화를 위한 근본 자리에 유용성을 두고서, 고대 중국철학에서 일반적 논증 전략이었던 전통과 권위에 호소하는 방식을 거부했다.

묵자가 장례 문제를 논하는 것을 보면, 그가 유용성이라는 표준에 얼마나 열성적이었는지 알 수 있다. 그는 심지어 유용성에서 다른 가치도 도출한다(장례의 경우 전통 유가의 덕인 인, 의, 효).

내가 생각하기에 원칙을 따르고 화려한 장례와 긴 애도 기간
을 가지려는 사람의 주장을 받아들여 실제로 빈곤층을 풍부하
게 하고 인구를 늘리고 국가에 안정과 질서를 가져올 수 있다
면, 그러한 원칙은 인과 의를 따른 것이고 또한 효의 의무다.
국가를 위해 계획을 세우는 사람은 그것을 권고하지 않을 수
없으며, 세상에 유익한 것을 장려하고자 하는 자비로운 사람
은 그것을 수용해 사람들이 평생 칭찬하고 따르게 하지 않을
수 없을 것이다.
我意若使法其言, 用其謀, 厚葬久喪, 實可以富貧衆寡定危治亂
乎, 此仁也義也, 孝子之事也. 爲人謀者, 不可不勸也, 仁者將興
之天下, 誰賈而使民譽之, 終勿廢也. (「절장」 하)

묵자는 어떤 것이 단순히 그 자체로 추구되어야 한다고 말하는
것은 의미가 없다고 보았다. 이 문제에 대한 흥미로운 논의에서 묵
자는 유가의 관점을 언급한다. 유가는 음악이 그 자체로 추구되어
야 한다고 주장한다. 이것은 '음악'과 '즐거움'이라는 두 가지 의미
를 지닌 악樂이라는 한자에 근거한다. 유가는 '음악은 음악이다', 그
리고 '음악은 즐거움이다'라고 말한다. 묵자는 어떤 것을 정당화하
기 위해 그것 자체에 호소할 수는 없다고 분명하게 주장한다.

묵자가 유자에게 "왜 당신들은 음악을 연주하는가?"라고 물었
다. 유자가 말했다. "즐거움을 위해 음악을 연주한다." 묵자가
말했다. "당신은 아직 나에게 답하지 않았다. 만약 내가 왜 집
을 짓는지 물었다면 당신은 겨울에 추위를 피하고 여름에 더

위를 피하고 남자와 여자를 분리시키기 위해 집을 짓는다고 답할 것이다. 그러면 당신은 나에게 집을 짓는 이유를 말한 것이다. 그러나 지금 내가 왜 음악을 연주하는지 물었을 때 당신은 즐거움을 위해서라고 답했다. 이것은 집을 짓는 이유가 무엇인지 물었는데 집을 짓기 위해서라고 답하는 것과 같다."

子墨子問于儒者, 何故爲樂. 曰, "樂以爲樂也." 子墨子曰, "子未我應也. 今我問曰, 何故爲室. 曰, 冬避寒焉, 夏避暑焉, 室以爲男女之別也. 則子告我爲室之故矣. 今我問曰, 何故爲樂, 曰, 樂以爲樂也. 是猶曰, 何故爲室, 曰室以爲室也." (「공맹」公孟)

세 가지 평가는 묵자 철학 전반의 기본 논증 구조를 구성한다. 사실 10개의 학설도 모두 이 세 가지 평가의 대상이었다. 예를 들어 화려하고 긴 장례 의식을 거부할 때 묵자는 그러한 선례가 있었더라도 그것을 고무하고 실행한다면 사회에 이롭지 않을 것이라고 주장한다(「절장」하). 그러므로 화려하고 긴 장례 의식은 금지해야 한다.

이러한 평가를 적용하는 전략은 간단하게 특정 기준을 가지고 항목들을 측정하는 것이다. 측정 과정은 무엇이 유용하고 유용하지 않은지 분별하는辨 데 도움이 된다. 이를 토대로 어떤 주장이나 관습을 채택해야 할지 결정할 수 있다. 윤리적인 것에서 기술적인 것에 이르기까지 묵자의 다양한 조사 영역은 동일한 검증 방법을 요구한다. 그의 인식론은 단순하다. 다양한 유형의 지식을 구분하지 않는다. 실제로 그는 하늘의 의지를 목수가 원을 그리는 도구인 규나 네모를 그리는 도구인 구와 비교한다(「천지」중). 묵자는 특히 세 가지 평가 기준을 태양의 그림자를 측정하는 천문학 도구인 표表와 비교한다(「비명」하).

이러한 유추를 통해 묵자가 윤리적으로 숙고하는 개념을 알 수 있다. 인간 능력에 대한 그의 구상은 도덕적 수양과 행위 주체에 대한 유가의 시각과 비교할 때 상당히 간소화된 것이다. 묵자는 장인의 기능에서 다소 단순하게 도덕 추론 방식을 이끌어낸 듯이 보인다. 이것의 주요한 함의는 도덕성이 원리를 인식하고 적용하는 기술이 된다는 것이다. 따라서 지식에 대한 묵가의 개념은 정보를 축적하는 것이 아니라 관념을 실제로 적용하는 것이다. 뭔가를 안다는 것은 그것을 다른 것과 구별해辨 뽑아낼 수 있다는 것이다. 흥미롭게도 한자에서 '논쟁'을 의미하는 '변'辯과 '분간하다' 혹은 '구별하다'를 의미하는 '변'辨은 동음어다. '辯'이라는 글자는 가운데에 언言이라는 글자가 있어서 논쟁을 의미하고, '辨'이라는 글자는 가운데에 심心이라는 글자가 있어서 구별하는 데 있어 마음의 쓰임과 관련된다. 『묵자』는 올바르게 구별하면(辨을 사용) 교리적 차이(辯으로 표현)에서 오는 문제를 해결하는 데 도움이 될 것이라 가정하고 두 가지 의미를 융합하자고 제안한다. 변辨(구별하다)의 개념은 묵자 인식론의 본질을 담고 있다. 이 점에서 아는 것은 구별하는 기술을 갖추는 것이다(Hansen, 1992, 104ff). 특정 개념의 탐구는 그것의 적용을 탐구하는 일에 있을 것이다. 『맹자』는 『묵자』의 추론 전략을 합리적으로 파악한 것처럼 보인다. 「진심 하」 5장에서 맹자는 묵자의 변辨(구별하다)이 가지고 있는 명백한 단순성을 비판하면서, 변은 단지 기준을 상황에 기계적으로 즉시 적용하는 것만이 아니라고 지적한다. 맹자에 따르면 표준인 법法을 적용하는 데에는 눈에 보이는 것 이상의 것이 있다. 왜냐하면 숙련된(모범적인) 사람만이 적절하게 적용할 수 있기 때문이다. 맹자는 "목수나 마차 장인이 원을 그리는 도구인 규나 네모를 그리는 도구인 구를 남에게 줄 수는 있지만, 그것을 정교하게 사용하도록 만들 수는 없다"梓匠輪輿,

能與人規矩, 不能使人巧고 **주장한다**(「진심 하」5).

맹자의 이러한 논평은 묵가가 도덕적 결정은 단순히 표준을 적용하는 것이라고 주장할 때 간과한 중요한 실수를 지적한다. 문제와 상황에 기준을 적용하는 묵가의 방법은 예를 들어 이웃의 양을 훔칠지 어떨지 고민하는 간단한 경우에는 적절할 수 있다. 그러나 아버지가 이웃의 양을 훔쳤다고 관아에 신고해야 하는지 여부와 관련해 그 아들이 딜레마에 빠졌을 때 표준은 어떻게 적용될 수 있을까? 장인의 문제로 돌아가보자. 아마도 거의 대부분의 사람에게 자로 직선과 곡선을 그리는 방법을 가르칠 수는 있겠지만, 오직 숙련된 장인만이 전문적인 판단과 재량으로 아름다운 물건이나 효율적인 기계를 만들 수 있다. 이를 좀 다르게 표현하자면 "삼각자에 의존하는 장인은 그 앞에 있는 물건이 사각형인지 아닌지에 대한 사적인 견해를 포기하고 원칙에 따라 다른 사람들이 공개적으로 평가할 수 있는 객관적인 표준의 권위에 복종한다"(Loy, 2008, 468). 아니면 아름다운 물건을 묵가는 보지 못했던 것이 아닐까?

유가는 학식 있는 사람을 기르고 다시 그가 다른 사람을 가르치는 것에 관심을 가졌다. 그러나 묵가는 옳은 행위와 학설의 표준 척도에 관심이 있었다. 묵가의 단순한 기대를 어떻게 그럴듯하게 설명할까? 아마도 장인으로서 묵가는 공직 생활에 몸담았던 사람과 비교했을 때 풍요로운 삶에 대한 경험과 상상력이 부족했던 것 같다. 다른 측면에서 묵가는 권력을 가진 사람에게 도전하는 사명과 관련해 어떤 독창성이 있었다고 인정할 수도 있을 것이다. 특권층에서 배제된 '외부인'으로서 그들은 권력 집단이 승인한 표준과는 독립적인 표준을 세울 필요가 있었다. 프랭클린 퍼킨스는 이를 간결하게 설명한다. "상대적으로 외부인이었던 묵가는 오직 고등교육을 받은 사람만이 접근할 수 있는 전통에 의지하기를 꺼렸으며, 대신 모든 사람이 평등하게 접근할 수 있는 표준을 모색했다."(2014, 67) 이러한 표준은 기본이지만, 그들은 초점을 전통과 권위에서 이익으로 옮겼다. 세 가지 평가는 고대 중국철학에 철학적 논증의 새롭고 중요한 요소를 도입했다. 바로 일관성 또는 불변성이다(ibid., 67). 이 원칙에 따르면 어떤 주장이 군주에 의해 제기되었는지 평민에 의해 제기되었는지는 그 타당성에 있어 중요하지 않다. 묵자가 공자의 사상을 어떻게 인용하는지에 대한 인상적인 사례가 있다. 비록 공자는 묵자의 사상적 경쟁자였지만 말이다. 이 사례는 묵가가 누가 주장했는지와 무관하게 그 사상의 가치를 강조하고 있음을 분명하게 드러내준다.

> 묵자가 정자程子와 논쟁할 때 공자의 어떤 말을 인용했다. 정자가 말했다. 당신은 유가가 아닌데 왜 공자의 말을 인용하는가? 묵자가 말했다. 이것은 죽은 자의 것이지만 옳은 말이고 대체할 것이 없기 때문이다.
> 子墨子與程子辯. 稱于孔子. 程子曰. 非儒. 何故稱于孔子也. 子墨子曰. 是亦當而不可易者也. (「공맹」)

불변성(의 기준)이 왜 중요한지에 대한 또 다른 이유는 누가 평가하든 동일한 결과를 낼 수 있기 때문이다. 이제 이것이 단지 학식 있는 사람만이 아니라 모든 사람을 위한 윤리다. 변辨에 대한 묵가의 논의는 맹자, 도가, 양주, 장자 등 그 당시 사상가와 후대 사상가의 사고에 중요한 영향을 미쳤다(Schwartz, 1985, 169-170). 묵가철학이 유가를 반대했다고 낙인찍히지 않았다면 중국의 철학적 논쟁이 인식론과 철학적 논증과 추론 분야에서 훨씬 더 크게 발전했을 것이라는 주장은 꽤 타당성이 있을지도 모른다.

5

도가와 『도덕경』

'도가'道家는 여러 시대에 걸쳐 사상과 논쟁의 다양한 영역을 지칭하는 데 사용되었다. 영어로 '다오이즘'daoism은 도道(길)의 개념을 어떤 수준에서 통합한 여러 분파, 실천 혹은 학설을 식별하는 데 사용되었다. 그러나 그 기준은 때때로 모호하고 자의적이다. 우리는 기본 문헌인『도덕경』道德經(『노자』老子라고도 한다)의 주된 주제를 논의하기 전에 '다오이즘'의 다양한 의미를 먼저 개괄적으로 살펴보고, 도道, 덕德(효능), 자연自然(자발성), 무위無爲(조건 없는 행위)와 도가 사상의 독특한 특징을 검토할 것이다. 또한 현대 철학 논쟁에서 논의하는 주제와의 관련성을 숙고하는 이런 통찰력을 끌어낼 것이다.

전통 학계에서 도가는 자주 유가와 대조되면서 유가에 부정적으로 반응한 것처럼 묘사된다. 이 둘의 전통과 사상의 차이는 한나라 이전에 처음 표현되었다. 예를 들어『여씨춘추』에는 공자가 노자라고 여겨지는 '노담'老聃으로부터 배웠다고 나온다(Graham, 1998, 28).◆『사기』에 따르면 노자를 존경한 공자는 그를 용龍으로 묘사했다(『사기』 63). 유사한 이야기가『장자』와『예기』禮記에 나온다(Graham, 1998, 25-26).『장자』에서 공자는 때때로 유연하고 노련하게 반

◆ 그레이엄은 노담이 도가의 창시자인 노자와 동일 인물이라는 것은 이 이야기에만 근거한 것이 아니라 단계적으로 확립된 것이라고 주장한다. (1) 유가는 공자가 아마도 수장실(守藏室)의 관리였던 노담에게서 배우려고 했다는 이야기를 퍼트렸을 것이다. 이 이야기는 기원전 4세기경에 통용되었다. (2) 기원전 300년쯤『장자』「내편」(內篇)에서 '장학'(莊學, Chuangism)의 대변인으로 노담이 선택된다. (3) 노담은 노자와 동일시된다. 이것은 독특한 학파로서 '노학'(老學, Laoism)을 규정하는 데 기여한다. (4)『노자』를 진나라가 수용하도록 하기 위해 다양한 이야기가 만들어진다. 여기에는 위대한 역사가로서 기원전 374년에 진나라의 부상을 예상하고 서쪽으로 여행했으며 문지기 윤문(尹文)을 위해 5천 자의 책을 쓴 노담도 포함된다. 이 단계와 이전 단계가 기원전 240년경에 완료되었다. (5)『사기』에서는 현존하는 사상 학파를 여섯 학파로 분류했는데, 이에 따르면 '노학'과 '장학'은 도가라는 한 학파로 분류된다. 노담은 장자 이전 시대 사람이기 때문에 도가의 창시자로 확인된다(1998, 36-37).

응하는 도가의 지혜가 매우 부족하다고 풍자된다.◆ 이후 도가와 관련된 사상을 다룰 때 많은 사상이 시대에 걸쳐 다양한 사상가의 손에 의해 발전하고 진화했으며 때로는 정치적 동기와 얽히기도 했음을 염두에 두어야 한다. 예를 들어 도가와 유가의 적대는 한나라 역사학자들이 그들의 이데올로기를 정당화하고 자신의 위치를 확보하기 위해 두 사상을 소환한 방식 때문에 생겨난 것일 수도 있다 (Loewe, 1999; Lloyd, 2002, 126-147).

◆『장자』다섯 번째 편인 「대종사」(大宗師)에서 노담은 공자가 세속적 관심에서 완전히 자유롭지 못했다고 평가한다. 『장자』의 몇몇 이야기에서 공자는 숙련자(예를 들어 「달생」(達生) 편의 수영하는 사람)에게서 배우기를 아주 좋아한다. 이런 이야기들은 정확한 역사적 일화로 이해해서는 안 된다. 그러나 적어도 특정한 저자의 태도에 대한 정보를 제공한다는 점에서 역사적 중요성을 가진다.

1
도가의 철학과 실천
═══════════

　이 절에서는 도가의 철학과 실천을 황노黃老 도가 사상과 노장老莊 혹은 '철학적 도가'와 함께 살펴보겠다. 다음의 논의는 이 세 부분 각각이 어떻게 문제가 되는지 보여줄 것이다. 우리는 이것이 '도가'의 다양한 측면을 구별하는 유일한 방법은 아니라는 점을 명심해야만 한다.◆◆

　도가는 '도덕'이라고 명명된 사상과 그것을 주장하는 사상가와 수행자를 가리킨다. 한나라의 역사가 사마담은 『사기』에서 도가라는 명칭을 사용한다. 그는 「논육가요지」論六家要旨에서 도가의 견해를 '여섯 학파'六家 가운데 정점에 위치시키며 그 사상과 실천이 다른 학파보다 어떻게 우수한지를 개괄한다.

> 도가는 아무것도 하지 않지만 못하는 것도 없다고 말한다. 그들의 내용은 수행하기 쉽지만 그들의 말은 이해하기 어렵다. 그 학술은 허虛와 무無를 근본으로 삼고, 적응과 순종을 그 활용으로 삼는다. 그들은 제한이 없고 규칙적인 형태가 없으므로 살아 있는 것의 진짜 근본을 관통할 수 있다. 사물을 예상하거나 그 위에 머물지 않기 때문에 모든 생물의 주인이 될 수 있다.

◆◆ 도가를 이해하는 다른 방법은 Michael, 2015, 15-46 참조. 마이클은 "도가 철학으로 알려진 전통의 형성이 (……) 실제로는 유가 지식인 전통을 창조한 것이다"라고 주장한다.

道家無爲, 又曰無不爲, 其實易行, 其辭難知. 其術以虛無爲本,
以因循爲用. 無成, 無常形, 故能究萬物之情. 不爲物先, 不爲物
後, 故能爲萬物主. (「태사공자서」太史公自序)

그러나 사마담이 이렇게 구분한 기준에 대한 단서는 전혀 없
다. 도가에 대한 그의 묘사에는 사상, 실천, 기술, 가치가 포함되어
있지만, 과연 그들은 누구일까? 사마담의 자료 출처는 무엇일까?
그는 문헌, 그러한 수행을 하는 사람, 기술의 실행자 혹은 이것들
의 조합을 기반으로 했을까? 사마담의 분류는 황노 도가 사상의 특
징에 기반한다고 주장하는 사람도 있는데, 이것은 부분적으로 그
가 황노 사상의 스승에게서 배웠다는 사실에 근거한다(Roth, 1991b;
Chen and Sung, 2015, 244).

황노 도가 사상

'황노'黃老는 황제黃帝를 나타내는 '황'과 노자를 나타내는 '노'가
결합된 명칭이다. 황제의 가르침에 대한 직접적인 자료는 없다. 아
마도 '황'은 노자의 사상에 신빙성을 주기 위해서 차용한 듯하다(Gu,
1972).『관자』(법가와 관련이 있다)와 마왕퇴 출토 문서인『황제사
경』같은 문헌은 이 전통과 연관이 있지만, 한나라 이전 문헌에서
'황노'라는 말이 구체적으로 언급된 경우는 없는 듯하다. 어떤 학자
는 황노 사상의 요소를『회남자』와『장자』를 포함한 다른 문헌에서
추적했다(Chen and Sung, 2015, 248-249).◆ 이런 맥락에서 황노 도가

◆『현대 중국 사상』(Contemporary Chinese Thought)이라는 학회지에서 '황노의 수
많은 얼굴'이란 주제로 황노에 대한 논의를 다뤘다(Issue 34.1, 2002). '황노'라는 용어는
항상 주의해서 사용해야 한다. 그 범위가 명확하지 않기 때문이다. 예를 들어 중국 사상사

사상은 도가와 법가의 주제에서 끌어낸 정치 기술을 가리킬 수 있다. 그 주제들은 덕(권력, 미덕), 도, 무위(조건 없는 행위), 법(형법), 술術(정치술, 기술), 형形(형식 또는 형태)에서 명칭名을 확인하는 일, 음양 이원론, 군주와 신하의 상호 번성, 심지어 인과 의와 군자 같은 유가 용어도 포함한다(Graham, 1989, 374; Peerenboom, 1993; Csikszentmihalyi, 1994). 황노가 무엇을 지칭하는지 확인하려는 시도에서 가장 큰 어려움은 그것이 때로는 주제별로 정의되고, 때로는 개성과 관련되고, 때로는 특정 문헌과 연결된다는 점이다(Loewe, 1999, 984-988). 게다가『사기』에서 황노에 대한 언급이 때때로 도가의 정의와 겹치기 때문에 두 용어를 명확하게 이해하기가 쉽지 않다(Chen and Sung, 2015, 249-250).

'황노'는 어쩌면 천사도天師道 전통을 포함할지도 모른다. 천사도는 142년에 창립자 장도릉張道陵을 신령으로서 노자의 화신化身이 방문했을 때 만들어진 집단이다. 이 교파는『노자』 암송을 포함해 도덕적 규범과 수행을 실천하는 게 특징이다. 또한 질병을 치료하기 위해 신을 불러내는 의례의 수행을 포함하는 방향으로『노자』 문헌을 재해석했다. 천사도 전통은 한나라를 거치며 대중성을 얻어 사제직과 사원을 발전시키고 교리를 성문화했다. 그 경전은『도장』道藏이라고 알려진 일종의 도교 총서에 포함되어 전해진다. 도장은 당송명唐宋明 시기에 많은 개정과 편집을 거쳤으며 명대의 경전과 함께 지금까지 가장 큰 영향력을 갖고 있다(Schipper and Verellen, 2004; Boltz, 2008). '철학적' 도가와 비교할 때 도교의 종교적 수행에서 가장 중요한 특징은, 도가 육화되어 그 존재가 신성과 화신으로서 인간 세계에 계속 머문다는 믿음이다(Bokenkamp, 1997, 12-13).

의 대표 학자 가운데 한 명인 슈워츠는 '황노'라는 말과 그것을 정의하는 방식에 신중한 (1985, 237-254) 반면 다른 한 명인 그레이엄은 다른 학설들과 관련해 그 영향력이 미치는 범위를 강조한다(1989, 374-376, 379-410).

노장 혹은 철학적 도가

노장 도가 또는 '철학적 도가'는 전국시대의 주요한 두 문헌인 『노자』와 『장자』에 의해 정의된다. '철학적 도가'는 '종교적 도가'와 대조해서 나온 말이다. 대체로 종교적 도가는 위진魏晉 시기(220-420) 도교의 종교적 수행을 가리킨다(Chan and Lo, 2010). 종교적 도가는 신비한 수행(Creel, 1970; Kirkland, 2004)과 '교리, 의식, 신 그리고 불멸의 천국으로 올라가는 궁극적 목표'에 대한 믿음으로 설명된다(Kohn, 1996, 52; Robinet, 1997). 그러나 이런 이분법은 문제가 있다. 일단 이렇게 구분하는 사람은 도가의 '철학적' 사고와 도교의 '수행'을 명백하게 구별할 수 있으며, 이 차이는 연관된 문헌자료(특히 『노자』)와 명확한 몇몇 방식으로 관련되어 있다고 주장한다. 더욱이 두 역사적 시기의 사상, 즉 전국시대 사상과 위진시대 종교적 수행을 기술할 때 이 시기 사이에 연속성이 없다는 인상을 준다. 이것은 '철학적 도가'가 '도가'道家에 상응하고 '종교적 도가'가 '도교'道教에 상응한다고 자주 혼동되는 바람에 더욱 복잡해진다(Sivin, 1978, 305; Smith, 2003, 147-150; Michael, 2015, 30-31).

또한 어떤 문헌이 '철학적 도가'의 주요 문헌인가에 관한 어려움도 있다. 『노자』와 『장자』는 노장 도가라고 알려진 사상 흐름의 원천으로 받아들여졌다. 두 문헌은 하나의 연속된 사상에 속한다고 전통적으로 주장되었다. 즉 『노자』는 초기 형성 단계의 도가를 대표하고 『장자』는 좀 더 발전되고 성숙한 도가 철학의 경향을 반영한다는 것이다(Chan, *Source Book*, 1963a, 177-179).◆ 이런 설명은 한

◆ 이것은 『후한서』(後漢書)에서 처음 제시되었다. 윙칫 찬 자신은 이 견해에 동의하는 것처럼 보이는데, 장자와 노자의 철학적 관계가 맹자와 공자의 관계와 어떤 면에서 유사하다고 주장하기 때문이다. 다른 곳에서 찬은 '노자와 장자의 차이점은 광범위하게 말하자면 종류의 문제가 아니라 정도의 문제'라는 점에 주목했다(1963b, 22).

나라가 멸망한 후에 제기되었을 수도 있다. 그때는 바로 유가 사상가들이 도가 사상에 흥미를 갖고 관련 문헌에 주석을 달았던 때다. 왕필은 영향력 있는 『노자』 주석서를 썼고 곽상은 『장자』 주석서를 썼다. 현대 학자 대부분은 『장자』의 철학은 『노자』와 크게 다르며 단지 발전된 형태가 아니라고 믿는다. 『노자』의 어떤 부분은 『장자』가 편찬된 이후에 쓰였을 수도 있다(Schwartz, 1985, 186). 두 문헌을 동일하고 서로 이어지는 관점을 가진 것으로 다루려는 경향은 피해야 한다. 왜냐하면 주제, 쟁점을 다루는 방식, 논증 방법론에서 중대한 차이를 보이기 때문이다.

유사한 시기에(기원전 4세기에서 기원후 4세기까지) 넓은 의미에서 '도가'의 문헌으로 볼 수 있는 다른 문헌들이 있었다는 점을 또한 지적해야만 한다. 그중에서도 『열자』 『관자』 『회남자』는 『노자』나 『장자』와 중복되는 사상과 용어를 담고 있다. 이 가운데 『열자』는 더 많은 관심을 기울일 가치가 있다. 비록 그것이 4세기에 완성된 것으로 보이긴 하지만, 『장자』에 있는 몇몇 이야기를 포함해 상당히 초기에 형성된 부분을 담고 있기 때문이다(Graham, 1961). ♦♦

♦♦ 『열자』는 전통적으로 위서(僞書)로 간주되었음에도 이전의 문헌 자료를 베낀 것으로 보인다(Graham, 1961). 『장자』에 나오는 이야기의 일부가 실렸다는 사실은 『장자』가 원본인지 아니면 『장자』와 『열자』가 근거로 삼은 다른 세 번째 원본이 있는지 검토해보게 한다. 더 나아가 "『열자』는 왕필의 『노자』 주석본이나 곽상의 『장자』 주석본에서 찾을 수 있는 것보다 더 확실한 연속성을 찾을 수 있다는 점에서 초기 도가 담론과 이어지는 것으로 받아들여질 수 있다"(Michael, 2011, 108)는 점을 고려하는 것이 중요하다. 로저 에임스는 『열자』 연구에서 지속되는 편견에 주목한다. "『열자』는 그것 자체로 읽히기보다 위서라는 이유로 역사학계에서 사라지진 않았지만 무시되어왔다."(2011b, 1)

2
『도덕경』에서 도와 덕

통행본 『도덕경』은 81장으로 구성되어 있다. 1장에서 37장을 도경 道經이라 하고 38장에서 81장을 덕경 德經이라 한다. 라우와 다른 학자들에 의하면 이 문헌은 한 명의 저자가 쓴 것이 아니라 시대에 걸쳐 편집된 것이다(Lau, *Tao Te Ching*, 1982, 133-141). 가장 널리 통용되는 판본은 250년경에 편집되었다고 알려진 왕필 판본이다. 이것이 우리의 분석에서 검토할 판본이다. 주석가 왕필은 한나라 이후의 주요한 유가 사상가였다.

문헌의 문제:

현재 왕필의 주석과 함께 전해진 『도덕경』은 실제로 하상공 河上公 판본이지 왕필이 실제로 연구한 판본이 아니라고 여겨진다(Wagner, 1989, 2003). 『도덕경』의 두 판본은 매우 유사했을지 모르지만 주석은 아주 달랐다. 왕필 주석본은 형식과 내용 면에서 보다 지적이고 해석적이며 그의 유가적 배경이 반영되어 있다. 하상공 주석본은 정확한 저자가 없으며, 편집 시기가 300년에서 500년 사이에 걸쳐 있어 논쟁의 여지가 많다(Boltz, 1993, 275). 왕필의 주석본과 달리 하상공 판본은 평범한 언어로 쓰였고, 『도덕경』을 종교적 수행과 장생의 기술을 이끌어내는 것과 연관 짓고 있다(Chan, 1991). 이러한 이유로 왕필 판본보다 더 대중적이었다. 또 다른 대중적 판본은 『상이주』想爾注라는 제목으로 유통되었다. 37장으로 끝나는 이 짧은 문헌은 장도릉과 천사도 전통과 관련이 있다(Boltz, 1993, 283). 마지막으로 두 가지 판본의 『노자』 구본舊本이 있는데, 하나는 당나라 때 편집되었고 다른 하나는 송나라 때 편집되었다(ibid., 278).

1973년에 『도덕경』의 두 가지 판본이 포함된 백서본帛書本이 마왕퇴에서 발견되었는데, 기원전 200년 혹은 그 이전의 것이었다. 마왕퇴 『노자』 A와 마왕퇴 『노자』 B는 장 구분이 없지만 통행본의 81장과 비슷한 내용으로 되어 있다. 이는 통행본의 몇몇 판본이 그 시대에 유통되었음을 시사한다. 비록 마왕퇴 판본은 다른 계보에 속했을지도 모르지만 말이다. 중요한 것은 발굴된 문헌은 구성이 다르다는 점이다. 통행본에서 덕경인 뒷부분 44장을 앞에 놓고 이어서 도경인 앞부분 37장을 놓았다. 그래서 로버트 헨릭스Robert Henricks는 자신의 번역에서 마왕퇴 판본을 '덕도경'德道經이라고 명명한다(Lao-tze, 1989). 『노자』 문헌과 함께 마왕퇴 백서본은 전쟁과 통치를 다룬 황노 전통에 속하는 네 가지 문헌도 포함하고 있다.◆ 그 문헌들은 창조적이고 생성적인 도道, 법法(모범), 리理(원리), 형形(형식 또는 형태), 명名(명칭) 등의 주제를 담고 있다. 이런 주제는 통치자가 자기 주변 세계를 관찰하는 방식과 이런 포괄적인 전망을 실현하기 위해 스

◆ 그 문헌은 다음과 같다. 정치술에 관한 「경법」(經法), 고대 전투에서의 교전과 황제와 그 신하들 간의 논의에 초점을 맞춘 「십육경」(十六經), 통행본에서 발견되는 일련의 말들인 「칭」(稱), 우주의 기원에 관한 신비한 운문인 「도원」(道原)(Peerenboom, 1993, 6; van Els, 2013, 21-22). 전쟁에 대한 논의에는 이익(利), 정의(義), 분노(忿) 같은 전쟁의 원인이 포함되는데, 오직 정의만이 전쟁을 정당화해주는 이유라고 주장한다. 또한 '시민의 덕'(文)과 '용맹한 기운'(武)의 적절한 균형을 주장한다(van Els, 2013, 24). 이 네 가지 문헌은 『황제사경』에 속하는 네 권의 책으로 분류되었다(이 문헌은 『한서』 「예문지」에서 언급되었다). 그러나 이 분류를 모든 학자가 받아들이지는 않는다. 『한서』에서 평하는 대상만큼이나 이 문헌의 저자와 계보를 결정하기가 어렵기 때문이다(Peerenboom, 1993, 6-11; Carrozza, 2002 참조).

스로를 수양하는 방법을 설명하는 데 동원된다(Lœwe, 1999, 987). 1993년에 출토된 곽점본에도 『도덕경』의 일부가 들어 있다. 이 문헌을 맹자와 순자의 사상과 관련해 함께 논의했다. 무덤에서 발굴된 내용물의 연대가 대략 기원전 300년인 것으로 보아 이 것이 통행본 『도덕경』의 일부가 포함된 가장 초기 형태로 알려 진 문헌이다. 세 개의 문헌(『노자』 A, 『노자』 B, 『노자』 C) 자료에는 총 71매의 죽간에 통행본의 31개 장에 해당하는 내용이 들어 있 다. 이 장들 가운데 16개는 통행본의 것과 거의 "똑같다"고 할 만큼 유사하지만, 나머지 장들은 다른 곳의 자료를 포함하거나 통행본의 내용과 약간 차이가 있는 죽간을 포함하고 있다(Henricks, 2000; Cook, 2012, 195-322). 『노자』 C와 함께 다발로 묶여 있던 도가 문헌은 「태일생수」太一生水라는 제목으로, 만물의 생성 과 그것이 역동적으로 서로 뒤얽히는 방식을 숙고한 짧은 문헌 이다(Allan, 2003; Cook, 2012, 323-354). 이러한 문헌이 발견되어 통행본과의 관계에 대해 사변적이지만 상당히 흥미로운 논의를 하게 되었고, 더 일반적으로 통행본의 출처를 이해하는 데에 영 향을 미쳤다(Boltz, 1998; Roth, 1998; Shaughnessy, 2005).

일반적으로 '길'path 혹은 '방법'way으로 번역되는 도는 논란의 여지는 있지만 중국철학에서 가장 복잡하고 어렵기로 악명 높은 개 념이다. 왜냐하면 종교, 인문, 자연 영역을 포함해 매우 넓은 영역 에 걸쳐 문헌에서 그리고 수행에서 사용되기 때문이다. 그러므로 『도덕경』의 서로 다른 장들과 판본에서 도가 다양한 의미로 쓰일 것이라는 점을 염두에 두어야 한다. 그 의미를 범주화하기 위한 도 입 단계의 방법은 두 개의 넓은 철학 영역에 따라 분류하는 것이다. 첫 번째는 대체로 실재reality나 실존과 관련된 주제를 다루는 형이상학 영역이다. 두 번째는 윤리학 영역이다. 여기서 도는 전통적 가치와 그것을 추구하는 것에 의문을 던지는 중요한 역할을 한다. 이어지는 세 절에서는 먼저 도의 형이상학적 개념을 논의하고 이어서 두 번째 영역과 밀접하게 관련된 개념인 덕(효능)을 검토한다. 그리고 마지막으로 '길'로서 도에 대한 윤리적 이해를 논한다.

도道: 실재 혹은 우주적 전망

도가 일상적 삶을 초월한 실재를 지칭한다는 견해는 영어 번역에서 특히 두드러진다. 예를 들어 현재와 실재는 일치하지 않는다는 발상은 『도덕경』 첫 구절에 대한 윙칫 찬의 번역에서 잘 드러난다. "말해질 수 있는 도는 영원한 도가 아니다."(Chan, *Way of Lao Tzu*, 1963b, 97) 이것은 한자 여섯 글자를 영어로 옮긴 것이다.

도道	가可	도道	비非	상常	도道
일상적인	가능하다	소통하다	아니다		실재

'도'라는 글자가 세 번 나오지만 모두 의미가 다르다. 두 번째 도는 동사로 '전하다' 혹은 '소통하다'라는 의미다. 첫 번째 도는 명사로 일상적이고 전해지는 도를 가리킨다. 세 번째 도 또한 명사로 상常에 의해 규정된다. 상은 지속하다, 항구적이다, 변하지 않는다, 실재적이다, 절대적이다 등의 의미를 포함해 여러 가지 뜻을 가진다. 이 구절은 '실재'로서 도는 말해질 수 있는 '일상적인' 도의 영역을 넘어서 있다는 뜻이다. 영어의 문법적 요구를 충족시키기 위해 번역자는 '상도'常道 앞에 부정관사 a나 정관사 the를 삽입해야 한다.

만약 정관사 the로 '상도'를 한정한다면, 예를 들어 '그 지속하는 도'the enduring dao라고 하면 오직 하나의 도만 있다는 뜻이다. 그와 달리 부정관사 a로 한정해 '지속하는 도'an enduring dao라고 하면 다른 도를 허용한다는 뜻이다.◆ 윙칫 찬의 번역은 특히 실재로서 도를 도의 단일한 개념으로 밝힌 것이다. "말해질 수 있는 도는 영원한 도가 아니다."The dao that can be told of is not the eternal Dao(*Source Book*, 1963a, 139) 윙칫 찬이 정관사를 사용해 실재로서 도를 구별한 것은 결코 실수가 아니다. 다른 곳에서 그는 이렇게 쓰고 있다. "다른 학파의 경우 도는 제도나 도덕적 진실을 의미하는데, 이 학파의 경우 도는 자연적이고 영구적이고 자발적이고 이름 붙일 수 없고 묘사될 수 없는 단 하나the One다."(ibid., 136)

많은 도가 아닌 단일한 도라는 관념은 언어적 원인에 의해 생겨난 반면 도를 '실재'로 이해하는 것은 철학적이고 역사적인 숙고에서 비롯된 것인데, 이것을 『도덕경』에서 도를 이해하는 유일한 방식으로 보아서는 안 된다. 도가 '실재'를 지칭한다는 발상은 아마도 펑유란의 해석에 의해 형성되었을 것이다. 그는 당시의 사상적 환경에서 '인간사'를 지칭하는 매우 일반화된 방식과는 대조적으로 도를 '형이상학적 의미'를 갖는 것으로 해석했다(Fung, 1952, 177). 펑유란의 발상은 그가 20세기 초 컬럼비아 대학에서 박사과정을 마쳤을 때 대단한 영향력을 끼쳤다. 그는 중국 사상의 본질과 '철학'과의 관계에 대한 논쟁을 불러일으켰다. 이 논쟁을 위해 그는 종종 중국 용어를 서양 철학의 준거 틀에 맞춰 표현했다. 예를 들어 도를 '보편'Universals과 대비해 설명하는 식이다. '보편'은 "형체와 모습을 넘어서 있지만 이름 붙이지 못하는 것은 아니다". 대조적으로 도는 이름 붙일 수 없어서 "분명하게 형체와 모습을 넘어서 있다. 도가의 도는 이런 종류의 개념이다"(Fung, 1948, 94).

◆ 핸슨은 이러한 도의 두 가지 개념 사이의 중요한 차이를 지적한다(1992, 215f).

말로 표현할 수 없는 도의 성질은 그 개념을 이해하려는 시도를 좌절시킨다. 『도덕경』 1장에서는 도는 이름이 없다無名고 한다. "이름 붙일 수 있는 이름은 영원한 이름이 아니다."名可名, 非常名 『도덕경』에서 도는 이름이 없다고 하는 것은 신비玄(『도덕경』 1, 15)와 관련이 있을 수 있다. 『도덕경』의 구절들은 실재로서 도, 아마도 실재의 영원성을 지칭하는 도는 개별 부분의 총합보다 더 위대하다고 시사한다(『도덕경』 14). 그것은 신비하고 천연 그대로라서 다듬지 않은 통나무와 같다(『도덕경』 15, 19, 28, 33, 37, 57). 『도덕경』의 어떤 장에서는 실재로서 도를 원시적이라고 하고(『도덕경』 15) 반면에 다른 장에서는 "선박과 수레를 가지고 있어도 쓸모가 없는"雖有舟輿, 無所乘之(『도덕경』 80) 사회의 이상적 모델을 표현하는 원시주의primitivist의 요소를 제시한다.

여러 장에서 원시적 실재로서 도는 신비하고 말로 표현할 수 없는 것으로 묘사된다. 역동적이고 끊임없이 변하기 때문이다. 도를 구성하는 모든 것, 즉 만물萬物은 다른 것에 작용하며 다시 다른 것에 의해 작용을 받는다. 사물 사이의 관계는 환원될 수 있는 것이 아니기 때문에 도는 단순히 부분의 총합이 아니다. 핵심은 사물 사이의 관계성에 있다. 이 관계성 때문에 독자성과 인과관계에 대한 설명이 복잡해진다. 이것이 도를 복잡하고 말로 표현할 수 없는 것으로 만든다(『도덕경』 14, 16, 39, 42). 여기서 형이상학과 인식론의 경계가 흐려진다. 왜냐하면 관계성은 환원 불가능하기 때문에, 그리고 도는 역동적이기 때문에 그것은 인간의 이해를 초월한다. 도의 인식론적 특징인 말로 표현할 수 없음은 형이상학적 본질인 이름 없음에서 비롯된다. 말로 표현할 수 없는 도와 그것을 이해한다는 것의 의미 사이의 연관성을 찰스 푸Charles Fu는 다음과 같이 묘사한다. "도는 존재론적으로 차별되지 않고 인식론적으로 구별되지 않는다."◆ 만물이 뒤얽히는 역동성과 말로 표현할 수 없음이라는 도의 두 가지 주요 측면은 또한 이 문헌이 만물의 우주적 기원을 암시하고 있음을 드러낸다. 도는 하늘과 땅에 앞서(『도덕경』14, 25) 만물의 어머니母이자 조상宗이다(『도덕경』 52, 54; 또한 1, 25도 참조). 『도덕경』 42장에서 이 기원에 대해 말한다.

> 도는 하나를 낳고, 하나가 둘을 낳고, 둘이 셋을 낳고, 셋은 만
> 물을 낳는다.
> 道生一, 一生二, 二生三, 三生萬物.

'낳는다'고 번역한 생生은 '태어나다' 혹은 '성장하다' 혹은 두 의미 모두를 가리킨다. 생물학적 생성의 동기는 도가 다양성, 만물 혹은 변화를 낳는다고 암시한다. 『도덕경』 32장에서는 도를 물에 비유해 만물을 유지시키는 주요 원천으로 묘사한다. "도가 천하에 있는 것은 개울과 시내가 강과 바다로 흐르는 것과 같다."譬道之在天下, 猶川谷之於江海 이러한 묘사는 만물이 도에 의존한다는 인상을 준다. 한 나라 이전에 가장 상세한 우주생성론의 완전한 모습은 곽점본 「태일생수」에서 찾을 수 있다. 이것은 『노자』 C에 첨부된 짧은 문헌이다. 이 문헌의 전반부에서는 발생에 대해 자세히 설명한다(1-8). 반면 후반부에서는 하늘과 땅 각각의 위치와 도를 따르는 성인을 긍정한다(10-14). 발생에 대한 설명은 다음과 같다.

> 태일太一은 물을 낳고, 물은 다시 태일과 결합해(도와서) 하늘
> 을 형성한다. 하늘은 다시 태일과 결합해 땅을 형성한다. 하늘

◆Fu, 1973, 373. 푸는 도의 여섯 가지 차원을 구분한다. 물질적 실재, 기원, 원리, 기능, 덕, 기술이 그것이다. 푸에게 이 여섯 가지 차원은 도를 효과적으로 개념화하는 다른 방식으로, 서로 딱히 배타적이지 않다.

과 땅은 (다시 서로 결합해) 신명神明을 형성한다. 신과 명은 다시 서로 결합해 음양을 낳는다. 음과 양은 (서로) 결합해 추위와 열기를 형성한다. 추위와 열기는 서로 결합해 습기와 건조함을 형성한다. 습기와 건조함은 다시 결합하고 (그 과정이) 1년을 형성한다.

太一生水, 水反輔太一, 是以成天. 天反輔太一, 是以成地. 天地 (復相輔) 是以成神明. 神明復相輔也, 是以成陰陽. 陰陽復(相) 輔也, 是以成四時. 四時復相輔也, 是以成滄熱. 滄熱復相輔也, 是以成溼燥. 溼燥復相輔也, 成歲而止. (「태일생수」 1-8) ◆◆

'대일'太一 혹은 '태일'太一은 도의 또 다른 이름이라고 주장되어 왔다(Henricks, *Lao Tzu's Tao Te Ching*, 2000, 124). 그러나 우리는 '태일'이 신의 이름이고 그 말이 지시하는 대상들이 서로 밀접하게 관련되었을 수 있다는 점을 명심해야 한다(Cook, *Bamboo Texts*, 2012, 326-327). ◆◆◆ 「태일생수」의 많은 주제가 『도덕경』과 겹친다. 두 문헌 모두 물의 중요성(『도덕경』 8, 78), 비공격성柔(『노자』 C, 9), 되돌림反(『도덕경』 25, 65) 또는 재결합復(『도덕경』 28, 64)을 강조한다. 「태일생수」는 "점술, 우주론, 명상, 철학"(Allan, 2003, 254)과 관련된 사상에 종교적 차원을 포함시킨다. 이러한 요소들은 『도덕경』의 사상과 주제를 특히 신과 우주론과 신화의 개념 그리고 명상과 점술과 다

◆◆ 괄호의 말은 번역자가 추가했다. 첫 번째 괄호는 고대 문자를 사용했기 때문에 의미가 다양할 수 있음을 나타낸다. 두 번째 괄호는 문구를 삽입한 것이다. 세 번째 괄호는 글자를 삽입한 것이다. 마지막 괄호는 의미론적인 이유로 삽입했다.

◆◆◆ 이 구절은 또한 도의 생성 활동을 논의하는 『도덕경』 42장과 관련이 있다(Li, 2000-2001). 그러나 예를 들어 이 문헌이 첨부된 『노자』 C에는 생성적인 도에 관한 장이 없다는 사실에 비추어 볼 때 이런 주장에 대해 약간 망설이게 된다(Cook, *Bamboo Texts*, 2012, 328-341). 더욱이 『노자』 A, B, C에서 기원이나 근원으로서 도라는 주제가 두드러지지 않는다는 점도 흥미롭다.

른 종교적 수행과 관련해 다룰 수 있도록 해준다(Harper, 2001; Allan, 2003; Goldin, 2008 참조).

『도덕경』에서 발생과 지속성의 이미지는 풍부함이라는 다른 차원을 갖는다. 『도덕경』 5장은 하늘과 땅의 작용을 풀무에 비유해 묘사한다.

> 하늘과 땅은 자비롭지 않다. 만물을 짚으로 만든 개처럼 여긴다. (……) 하늘과 땅 사이는 풀무와 같구나! 텅 비었지만 소진되지 않고 움직일수록 더욱더 넘쳐 나온다.
> 天地不仁, 以萬物爲芻狗. (……) 天地之間, 其猶橐籥乎! 虛而不屈, 動而愈出.

왕필은 그의 주석에서 풀무의 특징을 '텅 빔'을 뜻하는 허虛와 관련해 설명한다.

> 풀무 안은 텅 비어 감정도 없고 행위도 없다. 그래서 텅 비었어도 소진될 수 없고 움직일 때(사용될 때) 소비될 수도 없다. 하늘과 땅 사이의 광대한 공간에서 (모든 것은) 홀로 남겨진다. 그래서 천지는 풀무처럼 소진될 수 없다.
> 橐籥之中空洞, 無情無爲. 故虛而不得窮屈, 動而不可竭盡也. 天地之中, 蕩然任自然. 故不可得而窮, 猶若橐籥也.

왕필의 주석에는 한편으로 텅 빔과 다른 한편으로 영원히 소진되지 않는 것 사이에 역설적인 대조가 있다(『도덕경』 1, 45 참조). 이러한 연결은 허虛가 쓸모없다는 관습적인 예상을 뒤집는다. 특히 널리 선호되는 충만함 혹은 완성과 대조할 때 더욱 그러하다. 허는 또한 무無와 연관된다. 무는 일반적으로 '비존재' 혹은 '없음'으로 번역되어 유有, 즉 '있음'과 대조된다(『도덕경』1, 40). 그러나 무를 '비존재'로 번역하면 오해를 불러일으킬 수 있다. 왜냐하면 '비존재'는 서양철학 전통에서 확정된 의미의 범위를 갖기 때문이다. 도가에서 무는 분명하게 유와 대립되는 상대 개념이 아니다. 또한 존재하지 않음이라는 존재론적 개념도 아니다.『도덕경』에서 무와 유는 변증법적이고 상호 의존적인 양극이다. 그리고 그것은 개념적 준거 틀로 이해될 수 있다.

> 노자의 무와 유는 거대한 바다와 파도의 총체에 비유된다. 존재론적으로 차별되지 않는 동일한 '도'를 바라보는 두 가지 방식이다(Fu, 1973, 374).

찰스 푸의 분석은 무와 유를 물질적 존재와 관련해 단순하게 이해하는 오류를 피해간다. 그의 분석은 또한 인간 지각의 인식론적 함축을 강조한다. 예를 들어 사람은 숲을 보거나, 아니면 나무와 동물을 보거나 할 수 있지만 둘 다를 볼 수는 없다. 이러한 독해는 『도덕경』11장에서 묘사된 무의 특성에 근거한다. 여기서 무는 인식론적으로 존재하지 않는, 즉 인간의 눈에 보이지 않는 것으로 이해될 수 있다. 그것이 '없는 것'이거나 '텅 빈 것'인 이유는 그것이 쓸모없는 것으로 보이기 때문이다. 그러나 이 장의 첫머리에서 이런 사고를 뒤집는다.

> 31개의 바퀴살이 모이는 바퀴통은 그 중심이 텅 비어 있다. 그러나 수레의 유용성은 그 텅 빈 무에 달려 있다. 진흙을 이겨서 그릇을 만든다. 그러나 그릇의 유용성은 그 그릇의 텅 빈 무

에 달려 있다. 문과 창문을 내어 방을 만든다. 그러나 방의 유용성은 이 방의 텅 빈 무에 달려 있다. 그러므로 유를 유리하게 활용해 무를 유용하게 한다.

三十輻共一轂. 當其無, 有車之用. 埏埴以爲器. 當其無, 有器之用, 鑿戶牖以爲室. 當其無, 有室之用. 故有之以爲利, 無之以爲用.

우리는 관습에 의해 이미 가치 있는 것을 볼 준비가 되어 있음에도, 『도덕경』은 단순하게 가치 있는 것인 유만 고집하면 가치 없는 것인 무는 보지 못한다고 주장한다. 여기에 주목할 만한 두 가지 요점이 있다. 첫째, 중국어의 어떤 용어는 다양한 개념적 범주와 통사적 범주에서 모두 사용될 수 있다. 즉 앞의 구절처럼 어떤 맥락에서 어떤 용어는 여러 개념적 범주에 걸쳐 다양한 생각을 표현할 수 있다. 무는 존재론적 없음과 인식론적 차이 둘 다를 지칭할 수 있다. 나중에 어떤 경우에는 '본성'으로, 어떤 경우에는 '자발성'으로 번역되는 '자연'에 대해 논의할 때 다른 예를 볼 것이다. 둘째, 유와 무라는 양극 사이의 상호 의존성은 대립보다는 상호 보완을 표현한다. 이것이 도가 철학의 독특한 특성이다. 이는 이 장의 끝에서 논의할 것이다. 도가의 상호 보완이라는 요소는 8장에서 다룰 『장자』의 철학에서도 나타난다. 상호 보완의 정신으로 『도덕경』의 다른 문자인 덕을 논의해보자.

덕德: 영향력 혹은 효능

전통적으로 학계는 『도덕경』에 대해 주로 도에 초점을 맞추고 그 짝인 덕에는 거의 관심을 갖지 않았다(Ames, 1986 참조). 덕은 흔히 '도덕성' '미덕' 또는 '덕목'으로 번역된다(Giles, *Sayings*, 1959; Chan, *Way of Lao Tzu*, 1963b; Lau, *Tao Te Ching*, 1982 참조). 라우는『도 덕경』을 소개하는 글에서 고대 도가 철학에서의 덕을 매혹적으로 해석하면서도, 이런 해석이『도덕경』에서 사용되는 것과 차이가 난 다며 성급하게 배제한다.

> 도가 용법에서 덕은 사물의 미덕을 가리킨다(그것은 도에서
> '얻는' 것이다). 다시 말해 덕은 사물의 본성이다. 왜냐하면 덕
> 때문에 사물이 무엇인지 알게 되기 때문이다. 그러나『노자』
> 에서 이 용어는 특별히 중요하지 않으며 관습적 의미로 더 자
> 주 사용된다(*Lao Tzu*, 1963, 42).

라우는 사물의 독특한 본성에 초점을 맞춰 도가의 덕을 논한 다. 그는 도덕적 선 같은 덕의 '관습적 의미'는 유가적 인상을 준다 고 지적한다. 그러나 이유를 설명하지도 않고 덕의 관습적 의미가 『도덕경』에서 더 두드러진다고 주장한다. 다른 해석자들, 예를 들 면 얀 듀벤다크Jan Duyvendak(*Tao Te Ching*, 1954), 아서 웨일리Arthur Waley(*The Way*, 1958), 막스 칼텐마르크Max Kaltenmark(*Lao Tzu*, 1969) 등은 덕과 인위적으로 꾸며낸 도덕성의 의미를 조심스럽게 구별한 다. 필립 아이반호는『도덕경』을 번역할 때 도가 중심적 규범성을 구체화했다. 덕은 인간의 공동 사회생활 속에 있는 것이 아니라 개 인의 '전반성적prereflective 직관과 기질'에 있다. 이를 위해 윤리적 인 것과 자연적인 것 사이에 일치가 있고 "그 자연적인 상태는 규범 적이다"(Ivanhoe, 2003, xxi, xxii). 요약하면 덕을 미덕으로 설명하려 면『도덕경』에 나타나는 관습적 가치를 의심하고 거부하는 태도를

받아들일 수 있어야 한다는 것이다(『도덕경』5, 18, 19, 20, 38). 덕에 대한 칼텐마르크의 분석은 이 의미의 범위를 고려하면서 효능의 문제를 분명하게 다룬다.

> 덕은 항상 효능과 특수성의 개념을 함축한다. 선천적이든 후천적이든 종류에 상관없이 힘을 가진 모든 생명체는 덕이 있다고 할 수 있다. (……) 덕은 마술적 영향력에서부터 도덕적 덕목에 이르기까지 다양한 의미를 지녔다. 그러나 도덕적 덕목은 파생된 의미다. 원래 덕은 반드시 선하지만은 않았기 때문이다. (……) 그럼에도 덕은 일반적으로 좋은 의미로 사용된다. 그것은 덕을 지닌 사람과 가까이 있는 사람에게 호의적인 영향을 주는 내적 효능이고 이득을 주고 생명을 주는 덕목이다(*Lao Tzu*, 1969, 27-28).

칼텐마르크가 보기에 덕은 본질적으로 개인의 행복과 그것을 실현하는 일과 관련된 개념이다. 그는 이러한 덕의 개념을 뒷받침하는 윤리적 관념을 간결하게 설명한다. 덕을 관습적인 규범적 도덕성과 구별하면서, 칼텐마르크는 덕이 개인의 긍정적 영향력과 효능과 관계가 있다고 시사한다. 영향력에 대한 관념은 다른 방식으로 표현될 수 있다. 웨일리는 이를 고대 그리스의 덕과 비교해 "잠재력, 어떤 것에 내재된 덕"이라고 하며, 또한 인도 전통에서 업보를 가리키는 카르마와도 비교한다(*The Way*, 1958, 31-32; Duyvendak, *Tao Te Ching*, 1954 참조). 이 고전적 덕의 개념은 힘의 개념과 밀접하게 연관되어 있는데, 힘은 웨일리와 칼텐마르크가 덕의 번역어로 선택한 단어다(Waley, *The Way*, 1958; Kaltenmark, *Lao Tzu*, 1969).

어떻게 덕의 이런 의미가 모든 것을 포괄하는 우주적 전망인

도와 어울릴까? 도는 만물, 기운 그리고 끊임없이 변화를 생성하는 역동적 관계를 나타낸다. 덕은 도의 맥락 안에 자리 잡은 개체에 적용되고, 그 각각은 주어진 환경 안의 요소에 의해 강화되거나 악영향을 받는 다양한 효능을 가진다. 도는 개체 각각이 독특한 효능으로서 덕을 이끌어내는 근원이라고 윙칫 찬은 주장한다. 덕에 대한 이러한 해석은 한자 '덕'의 전통적 의미가 동음이의어인 '득'得과 관련된다는 데에서 나온 것이다. '득'은 '얻는다' 혹은 '획득한다'는 의미다.

> 덕은 개체에 부여된 도다. 도는 모든 것에 공통적인 반면 덕은 각 사물이 도에서 얻은 것이거나 그것을 다른 것들과 구별해 주는 것이다. 그래서 덕은 개별화하는 요소이고, 개체에 결정적인 특성 혹은 성질을 주는 명확한 원리가 구체화된 것이다
> (Chan, *Way of Lao Tzu*, 1963b, 11).

윙칫 찬의 견해는 『도덕경』 51장에 나온 사상에 의해 입증된다.

> 도는 낳고, 덕은 그것을 기르고, 물질은 그것에 형상을 부여하고, 그것의 기능은 그것을 완전하게 한다. (……) 도는 모든 것을 낳지만 그것을 소유하지 않고 (……) 그것을 이끌지만 그것을 지배하지 않는다. 이것을 깊은 덕이라 한다.
> 道生之, 德畜之, 物形之, 勢成之. (……) 生而不有, (……) 長而不宰, 是謂玄德.

도는 더 큰 환경이다. 개체와 개체의 행위와 상호 작용이 그 안에 자리 잡는다. '환경'은 불활성 공간(그 안에 사물이 '매달려' 있

는)으로 환원될 수 없고, 단지 모든 사물과 사건의 총합일 수도 없다. 그 안에서 개체가 작동하는 조건을 부여하기 때문에 그 기능은 때로 만물을 '기르고' 그것을 공평하게 행하는 것으로 묘사된다(『도덕경』 23, 25). 청중잉Cheng Chung-ying은 '환경'이라는 피상적 용어를 더 깊은 도가적 의미와 효과적으로 대조한다.

> 그 용어의 피상적 의미에 따르면 환경은 단순히 '주변 환경', 물리적인 주변, 물질적 조건, 일시적 상황을 의미한다. (……) 그러나 환경은 객관적 대상, 물질적 조건, 기계 도구 또는 일시적인 모습으로 취급할 수 없다. 환경은 가시적인 것 이상이고 실제적인 것 이상이고 외부적인 것 이상이며 정량화된 시간이나 공간 이상이다. 도의 개념이 가리키는 것처럼 깊은 과정뿐만 아니라 깊은 구조도 가지고 있다(Cheng, 1986, 353).

도는 개체와 사건을 형성하는 더 넓고 끊임없이 변화하는 환경 조건을 이룬다. 덕은 각 개체가 전체 속에 자리한 위치에서만 실현할 수 있는 효능이다. 맥락 속에서의 자아에 대한 이런 묘사는 과연 개별적 자아가 스스로 결정할 수 있는가라는 질문을 제기한다. 그러나 '효능'은 이론적 범주가 아님을 알아야 한다. 그것은 상황에 조건 지워진 자아를 묘사하는 것이다. 자아는 조건에 의해 제한될 수도 있고 이익을 얻을 수도 있다. 달리 말하면 자아와 타자 혹은 자아와 환경의 경계가 원자론적 자아 개념과 관련된 것과는 매우 다르게 설명된다. 도가의 자아상은 복잡하고, 그래서 인과관계에 대한 견해도 복잡하다. 로저 에임스는 도와 덕 사이의 상보성과 긴장을 설명한다. 즉 각 개체는 "그 특수성의 범위와 매개변수 안에서 조건을 결정한다"(1986, 331). 에임스의 설명에 따르면 도와 덕의 상보성은 개체의 특수성과 조화에 대한 독특한 견해를 낳는다.

> 덕은 존재의 과정적 전망에서 개체가 발생하는 것을 나타낸
> 다. 개체는 그 특수성의 범위와 매개변수 안에서 조건을 포용
> 하고 결정하는 효능의 독특한 초점을 펼쳐 보인다. (……) 스
> 튜 냄비 속의 한 성분이 자신의 맛을 가장 온전하게 표현하려
> 면 다른 모든 성분과 반드시 섞여야 하는 것처럼 개체가 다른
> 주변의 개체들과 조화하는 일은 가장 온전하게 자신을 드러내
> 기 위한 필수 전제 조건이다. (……) 개체는 조화와 일치의 원
> 리를 통해 다른 개체들과 공존할 수 있으며, 자신의 특수성 영
> 역 내에서 '발생하는' 점점 더 넓어지는 영역을 흡수할 수 있
> 다. 이것은 곧 점점 '얻어가는' 혹은 '적합해지는' 덕의 측면이
> 다(ibid.). ◆

요리의 비유는 원자론적 자아와 예속된 자아 사이의 틈을 가로
지르는 협력의 관점을 떠올리게 한다. 개인의 효능은 단순히 개인
의 장점이나 닥쳐오는 요구에 대한 저항으로 측정되지 않고, 상호
의존성, 협력 그리고 상호 호혜적 결과로 측정된다. 이렇게 자아와
세계가 관계하는 모습은 매우 중요한 윤리적 함의를 갖는다. 특히

◆ 에임스가 비유를 통해 언급한 내용은 흥미롭게도 기원전 4세기 유교 문헌인 『좌전』의
'훌륭한 조화는 국과 같다'는 제목의 글에서 나온 것이다. 그 내용은 다음과 같다. "공이 말
했다. '오직 거(據)만이 나와 조화하는구나!' 안자가 대답하여 말했다. '거는 단지 동의하
는 사람인데 어찌 당신과 조화하는 자라고 생각할 수 있는가?' 공이 말했다. '조화와 동의
는 다른가?' 안자가 대답했다. '다르다. 조화는 국과 같다. 물, 불, 식초, 젓갈, 소금, 매실
을 가지고 물고기를 끓여야 한다. 장작으로 불을 때고 요리사가 재료를 혼합하여 조화롭
게 맛을 내니 모자란 것은 더 넣고 과도한 것은 덜어내는 것이다.'"(公曰, "唯據與我和夫!"
晏子對曰, "據亦同也, 焉得爲和?" 公曰, "和與同異乎?" 對曰, "異. 和如羹焉. 水·火·醯·醢·鹽·
梅, 以烹魚肉, 燀之以薪, 宰夫和之, 齊之以味, 濟其不及, 以洩其過.") (「노소공」魯昭公 20년)

개인은 독립적이라고 전제하는 윤리적 틀과는 매우 대조적이다.

• 개인의 자리는 자아에게 없어서는 안 될 부분이다. 환경은 딱히 자아와 상반되는 것이 아니라 개인이 자신을 의미 있게 혹은 다른 방법으로 표현하고 실현하는 장소다.

• 독립적으로 존재하는 자율적인 개인은 없다. 타인의 결정과 행동이 개인에게 영향을 주는 것처럼 개인의 결정과 행위는 다른 사람에게 영향을 미친다. 이런 식으로 개인은 불가피하게 공동체에 참여하게 된다. 참여에 대한 이러한 도가적 관점의 독특한 특징은 공동체의 참여자로서 개인의 취약성과 책임감 모두를 강조한다는 점이다.

• 개체 간의 관계는 근본적이며, 사건 또는 과정은 환원 불가능하다. 도의 우주적 전망은 만물 사이의 관계를 포함한다. 관계성이라는 주제는 환경 윤리에 대한 현대적 논의에 기여할 수 있다. 자연 환경 안의 모든 종과 존재는 환경에 기여하면서 동시에 환경으로부터 영양분을 얻는다. 그들은 다른 존재에게 침략당하는 것처럼 다른 존재를 침략한다. 그들은 동일한 생물권을 공유한다. 그리고 그들의 존재는 깊숙이 섞여 있다(Ames, 1986; Cheng, 1986; Hall, 1987; Lai 2003a 참조).

• 변화는 존재의 뚜렷한 특징이다. 개인 행위의 결과든 다른 사람의 행위의 결과든, 혹은 관계의 변경이든 사회적 정치적 자연적 환경에서의 사건과 과정이든, 변화는 필연적으로 일어날 것이다. 이에 따른 결과로 인과관계, 사건, 과정이 복잡해지고 종종 확실한 대답보다는 열린 질문을 던지게 된다. 어떤 개인도 변화에서 예외일 수 없다. 이것이 상호 변화 이론이다.

이러한 많은 주제가 이후에 논의될 것이다. 이제 도에 대한 다른 중요한 해석, 즉 길로서 도를 탐구하기로 하자.

도道: 길

선진 시대 문헌에서 도는 때로 '가르침' '길' 혹은 '방식'의 의미로 사용된다. 이는 하늘의 도天道(『도덕경』 9, 77; 『논어』 「공야장」 13), 불교의 도 혹은 유가의 도처럼 특정한 교리나 규범적 이상을 가리킨다. 몇몇 전통에서는 미세한 차이가 있다. 『논어』에서는 아버지의 도父道(『논어』 「학이」 11), 선왕의 도先王之道(『논어』 「학이」 12), 공자의 도孔子之道(『논어』 「옹야」 12, 17)가 언급된다. 이런 각도에서 우리는 많은 교리만큼 많은 도가 있다고 말할 수 있다. 그렇다면 『도덕경』의 도는 어떻게 위치 지울 수 있을까? 한대 문헌에서 제기된 것처럼 도가는 유가의 도에 반대할까? 『도덕경』은 단지 하나의 방식, 즉 단일한 도를 주장할까? 문헌 자체는 이러한 질문을 해결해주지 못하며 명확한 답도 없다. 여러 이유가 있을 수 있겠지만 주된 이유는 이 문헌의 많은 판본이 여러 시대에 걸쳐 통용되었다는 것이다. 이것은 문헌에서 얻을 수 있는 '답'에 합리적 의심을 갖는 것이 무엇보다 중요하다는 의미다.

한자 도道는 두 가지 요소로 이루어졌다. 착辶과 수首. 착은 '걷다' 혹은 일반적으로 '여행'을 뜻하고 수는 '따르다'라는 뜻이다. 이런 점에서 도는 사람이 따라야 할 '가르침'을 가리킬 수도 있고 가르침을 따를 때 취하는 '길'을 의미할 수도 있다. 사실 두 가지를 동시에 의미할 수도 있고. 유가의 도는 인, 의, 예, 지의 가르침을 주고 이 가치를 실현하기 위한 적절한 실천과 태도를 수양하게 한다. 다양한 도가적 방식이든 단 하나의 도가적 방식이든 『도덕경』은 전통적 도덕성이 요구하는 바를 면밀히 검토한다. 이런 요구는 전형적으로 규범으로 구현되어 개인을 통치한다. 『도덕경』은 이런 계획이 생명을 제한해 활기를 없앤다고 주장한다. 이에 대한 두 가지 예를 보자.

> 위대한 도가 쇠퇴하면 인과 의가 일어나고 지식과 지혜가 나오니 거대한 위선이 생긴다. 육친의 관계가 조화롭지 못하면 효와 자애가 일어나고 국가가 혼란하면 충신이 나타난다.
> 大道廢有仁義, 慧智出有大僞, 六親不和有孝慈, 國家昏亂有忠臣. (『도덕경』 18)

> 성스러움을 끊고 지혜를 버리면 백성은 백배 이로울 것이다. 인간다움을 끊고 올바름을 버리면 백성은 효와 자애로 돌아갈 것이다. 기교와 이로움을 버리면 도둑과 강도가 없어질 것이다. 이 세 가지는 글만으로는 충분하지 않다.
> 絶聖棄智, 民利百倍, 絶仁棄義, 民復孝慈, 絶巧棄利, 盜賊無有. 此三者, 以爲文不足. (『도덕경』 19)

유가의 근본 원리인 인과 의는 단순히 문제를 개선하는 해결책처럼 보인다. 사실 이것은 효나 자애의 장애물이다. 유가적 통치의 두 기준인 성스러움과 지혜는 나라에 이롭지 않다. 이 구절이 유가를 반대하는 것일까? 19장이 포함된 곽점본 『노자』 A는 유가를 반대하는 어조가 아니다.

지식을 버리고 논쟁을 포기하면 백성은 백배 이로울 것이다. 기

술을 버리고 이익을 포기하면 도둑과 강도가 없어질 것이다. ◆

絕智棄辯, 民利百倍. 絕巧棄利, 盜賊無有.

왜 두 판본은 대상이 다를까? 곽점본이 더 이른 시기의 것이라는 점을 고려하면, 그리고 통행본은 주석가의 손을 거쳐 편집되었다는 점을 고려하면, 후자가 유교를 반대하는 정서를 전파하는 수단으로 사용되었다고 볼 수 있지 않을까? 로버트 헨릭스는 묻는다. "곽점본은 어느 시점에서 더 뚜렷하게 유가를 반대하기 위해 변형된 판본의 원본이 아닐까?"(*Lao Tzu's Tao Te Ching*, 2000, 13) 현재 우리가 '유가'와 '도가'라고 부르는 것 사이의 긴장은, 만약 꾸며낸 게 아니라면 정치적 동기를 가진 사람들에 의해 한나라 때에 조장된 것일 수도 있다. 이런 견해를 지지하는 브룩 지포린Brook Ziporyn은 우리가 곽점본에서 읽게 되는 것은 "원시 도가인데, 그들은 유가의 가치인 인, 의, 예를 아직 비판하지 않았고, 그것을 부정하기보다는 도가의 방법이 그런 덕목을 얻는 가장 좋은 수단이라고 보았던 것 같다"고 주장한다(2012, 132). 두 판본의 차이는 분명하다. 곽점본은 지식과 차별을 비판했고 통행본은 인과 의를 비판했다.

　그러나 『노자』 C 18장에서는 통행본에서와 같은 방식으로 인과 의의 문제점을 지적한다. 따라서 『도덕경』과 곽점본은 유가적 사고의 요소로 인해 서로 긴장 관계에 있을 수도 있다. 혹은 여기서 인과 의의 언급은 그들이 의도한 대상인 유가의 그것을 가리키는 게 아니라 규범을 준수하도록 강제하는 방식에 대한 일반적인 반감을 표현한 것일 수도 있다. ◆◆ 이는 『도덕경』이 더 유연한 삶의 방

◆ 이 구절에서 고대 문자의 표기에 대한 상세한 내용은 Henricks, *Lao Tzu's Tao Te Ching*, 2000, 12–15, 28–29; Cook, *Bamboo Texts*, 2012, 225–230 참조.

◆◆ 쿡은 중요한 몇 가지 고려 사항을 제기한다. 즉 통행본의 원래 내용이 유가를 반대하는 입장을 드러내도록 바뀌었다는 주장을 곽점본에서 이끌어내기에는 증거가 부족하다는 것이다.

식을 지지하면서 규범이 개인을 제약하는 것을 경계했다는 의미다. 『도덕경』의 잘 알려진 구절은 규범 강요를 반대한다. "세상에 금기와 금지가 많을수록 백성은 더 가난해진다."天下多忌諱, 而民彌貧(『도덕경』 57) 이 주장의 이면에 담긴 추론은 이렇다. 사람들을 특정한 방식으로 행동하도록 가르치고 기대한다면 그들은 다른 가능한 행동 방식은 생각하지 못할 것이다. 본래 규범을 따르도록 하는 접근 방식은 의미심장한 결과를 낳는다. 개인을 제한할 뿐만 아니라 다른 가능성을 보지 못하게 한다. 이러한 사회에 사는 개인은 다른 선택지를 스스로 볼 수 있도록 양육되지 못한다. '가르쳐진' 규범은 위험한 영향을 준다. 왜냐하면 그것이 은연중에 언어 안에서 부호화되기 때문이다. 따라서 예를 들어 누군가가 '아름다움'의 의미를 배우면 또한 아름다움을 '추함'과 구별하는 것도 배우게 된다(『도덕경』 2). 무엇이 아름다움인가에 대한 관념은 대부분의 경우 배우는 사람 안에 내재화되어 그들의 태도를 형성한다. 핸슨은 이에 대해 간결하게 논한다.

사회적 구별을 학습하는 것은 전형적으로 사회적 선호도를 내면화하는 것이기도 하다. 소유와 결핍을 구별하면서 우리는 소유를 더 좋아하도록 배운다. 아름다움과 추함을 구별하면서 우리는 아름다운 것을 더 좋아하도록 배운다. 명칭의 학습이 행동 자세와 욕망을 형성한다. 왜냐하면 우리가 일상적 맥락에서 선택을 할 때 명칭을 어떻게 사용하는지를 따라 하면서 명칭을 배우기 때문이다. 우리는 수업 시간에 암송하면서 명칭을 배우지 않는다. 그런 이유로 우리는 사회적 모범이 되는 사람(교사 같은)과 같은 방식으로 선택을 하도록 명칭이 우리를 인도하게 놔두는 것을 배운다. 우리 배움의 목표는 매일 명칭의 체계에 숙달되어가는 것이다. (……) 언어는 우리의 행위 동기를 형성하는 사회적 계획의 도구다(1992, 212-213).

도道라는 특정한 방식의 가르침은 종종 명칭의 사용을 통해 가장 큰 성취를 이룬다. 예를 들어 다시 순자 철학의 정명正名(명칭의 올바른 사용)을 떠올려보자. 그는 사람들이 규범적 행동 예절을 부호화한 '명칭'을 배워야 한다고 주장했다. 사회적 규제는 사람들이 이런 규범을 내면화하고 실천할 때 효과를 발휘한다. 순자는 이렇게 언어 사용을 사회정치적 질서의 도구로 주장한 반면, 『도덕경』 12장에는 그러한 사용을 거부한 내용이 나온다.

다섯 가지 색깔은 사람의 눈을 멀게 하고 다섯 가지 음색은 사람의 귀를 어둡게 하고 다섯 가지 맛은 사람의 입을 썩게 한다.
五色令人目盲, 五音令人耳聾, 五味令人口爽.

배우는 사람에게 다섯 가지 색깔의 용어, 다섯 가지 음색의 용어 혹은 다섯 가지 맛의 용어를 가르치는 것은 일반적으로 생각하는 것처럼 지식을 넓히는 것이 아니다. 배우는 사람에게 다섯 가지 색깔을 가르치는 것은 또한 교사나 사회가 보는 방식으로 세상을 보도록 가르치는 것이다. 음색의 명칭, 색깔의 명칭, 더 넓게는 언어의 모든 명칭에 대해 동일하게 말할 수 있다. 『도덕경』은 역설적으로 사람을 눈멀게 하는 교육의 본질에 주목한다. 이 분석에 따르면 언어를 배우는 것은 사물을 바라보는 특정한 방식을 배우는 것이다. 즉 사람들은 특정한 도를 주입당하는 것이다.

세상 사람이 모두 아름다운 것을 아름다운 것이라 여기지만 그것은 추한 것일 수 있고, 세상 사람이 모두 선한 것을 선한 것이라 여기지만 그것은 선하지 않은 것일 수 있다.

天下皆知美之爲美, 斯惡已. 皆知善之爲善, 斯不善已. (『도덕경』 2)

이 구절에는 인식론적이고 윤리적인 문제가 서로 얽혀 있다. 사람에게 도를 가르치는 일은 동시에 그가 특정한 방식으로 사물을 보도록 주입하는 것이다. 그렇다면 『도덕경』의 방식은 무엇일까? 많은 장에서 도의 불가사의한 성질(『도덕경』 1, 14, 21)과 그에 상응하는 도가적 지식의 모호성(『도덕경』 16, 25, 41)이 선언된다. 모범적인 도가적 생활 방식은 단순성으로 정의되는데, 그것은 무력하고 무의미한 것처럼 보이며 모든 인간성에 대한 직접적이고 집중적인 추구와 모순된다. 도가의 첫 번째 학습 단계는 관습적인 방식을 배우지 않는 것이다.

배움을 버리면 근심이 없을 것이다. '네'와 '아니요' 사이에 얼마나 차이가 있겠는가? (……) 나의 마음은 정말 무지한 사람의 마음인가, 뒤섞이고 흐릿하다! 세상 사람들은 정말로 똑똑한데 나만 홀로 어두운 듯하다. 세상 사람들은 차이를 보고 분간하는데 나만 홀로 구분하지 못한다. 나는 바다처럼 흘러다니고 바람처럼 휘몰아쳐 멈추지 않는 듯하다. 많은 사람이 목적을 가지고 있는데 나만 홀로 완고하고 소박하다.

絶學無憂. 唯之與阿, 相去幾何? (……) 我愚人之心也哉, 沌沌兮! 俗人昭昭, 我獨若昏. 俗人察察, 我獨悶悶. 澹兮其若海, 飂兮若無所止. 衆人皆有以, 而我獨頑似鄙. (『도덕경』 20)

도가가 관습적 규범에 따른 삶을 불만족스럽게 여기는 데에는 두 가지 연관된 이유가 있다. '선함'과 '악함' 같은 구별은 종종 자의적으로 결정된다. 그러나 그러한 자의적 결정은 그 구별의 합당함을 무의식적으로 받아들이게 만드는 방식으로 이루어진다. 간단히 말해 그렇게 완고하게 고수하는 규범이 자의적으로 결정된다는 것은 역설적이다. 이 장은 그 자신의 마음을 주장함으로써 오히려 지배적인 패러다임을 뒤집는다. 즉 사물에 이름 붙이려 하지 않고 사물의 기능이나 유용성을 관습적 견해로 판단하지 않는 순박하고 차별 없는 마음이다. 그래서 『도덕경』48장에서는 그러한 용어가 넘쳐나지 않도록 하자는 그 도의 기획을 제안한다.

> 배움의 추구는 날로 더해가는 것이고 도의 추구는 날로 덜어
> 내는 것이다. 덜어내고 또 덜어내면 무위에 이르게 된다.
> 爲學日益, 爲道日損. 損之又損, 以至於無爲.

　　이 구절은 역설적이다. 지식과 명성같이 세련되고 교양 있는 것으로 여겨지는 관습적 가치는 사실 반복되고 틀에 박힌 방식이다. 이 역설을 이해함으로써 우리는 또 다른 문제에 맞닥뜨리게 된다. 즉 『도덕경』에서 주장하는 단순성樸이 관습적 믿음과 실천의 결함에 대해 인식하는 메타철학적 논제라는 사실이 밝혀진다. 이 구절에서 무위無爲는 배움의 추구와 대비되어 제기된다. 도의 추구는 견고한 지혜를 전파하지 않거나 혹은 더 근본적으로 관습적 삶에서 벗어나는 것일까? 이 질문에 답하기 위해서는 무위에 대한 보다 완전한 이해가 필요하다. 이어서 우리는 『도덕경』이 추구하는 방식의 함의를 살펴보고 무위와 그것과 연관된 개념인 자연을 탐구한다.

3
『도덕경』에서 무위와 자연

무위無爲

무위라는 말의 모호성 때문에 도가 철학을 해석하는 사람들이 많은 어려움을 겪는다. 직역하면 "행위가 없다"인데, 이는 아무런 정보도 주지 않는다. 윙칫 찬의 『도덕경』 48장 번역은 관습적 규범을 따르는 삶과 더 자유롭고 더 단순한 삶을 대조하고 있지만, 문헌이 행위를 전혀 하지 않는 것을, 혹은 어떤 형태의 행위는 하고 다른 형태의 행위는 안 하는 것을, 혹은 사회적 정치적 삶에서 은둔하는 것을 옹호하는지 아닌지는 분명하지 않다. 위爲는 대체로 '행위'로 번역되어왔다. 그러나 사물이나 사건을 어떻게 여기는지와 관련된 사고의 뿌리일 수도 있다. 이것은 무위가 어떤 행위를 취하지 않는 것이나 어떤 특수한 행위와 행동을 하게 된 이면의 동기가 되는 믿음과 관계가 있을 수 있다는 의미다. 무위를 다른 용어, 즉 자연自然과 관련해 더 완전하게 이해할 수 있다. '자연'은 자연, 자연적인 혹은 자발적인spontaneous[1]을 의미한다. 더불어 무위와 자연이라는 용어는 규칙적이거나 규범적이지 않은 삶에 더 가깝다. 이 장의 마지막에서 '자연'에 대한 다른 두 가지 해석에 비추어 무위의 개념이 어떻게 이해될 수 있는지 검토할 것이다. 두 가지 해석이란 자연을 자연계와 연결해 이해하는 것과 자발성spontaneity으로 이해하는 것이다.

동시대인이 추구하고 참여하는 것에서 벗어나라는 권고로 무위를 이해하는 것은 『도덕경』의 몇몇 장에 나온 이미지에 근거한다. 그것은 삶의 근본 방식으로 복귀하라고 제안하는 듯하다. 예를 들어 『도덕경』 80장에서는 수동성과 원시적 삶의 방식을 제안한다.

> 나라를 작게 하고 백성을 적게 하라. 도구가 수십 수백 개 있어도 그것을 쓰지 않게 하라. 백성이 죽음을 중하게 여겨 멀리 떠나지 않게 하라. 배와 마차가 있지만 아무도 그것을 타지 않게 하고 화살과 무기가 있지만 아무도 그것을 쓸 일이 없게 하라. 백성이 다시 노끈을 꼬아 매듭을 지어 문자로 사용하게 하라.
> 小國寡民. 使有什佰之器而不用. 使民重死而不遠徙. 雖有舟輿, 無所乘之, 雖有甲兵, 無所陳之. 使人復結繩而用之.

　　무위를 수동적 용어로 정의하는 경우가 있다. 즉 '흐르는 대로 내버려두라'는 대중적인 의미로 번역해 설명하기도 한다. 이런 정의는 묵묵히 따르는 삶의 방식을 좋아하는 사람에게만 매력적이다. 대조적으로 『도덕경』을 관습적 규범과 실천의 근절을 주장하는 내용으로 이해한다면 무위는 능동적 측면을 가져야 한다. 앵거스 그레이엄은 특정 형태의 행위를 억제하면서 관습적 경계를 없애는 감각을 유지하는 것이 중요하다고 강조한다. 그래서 무위는 역설적으로 "아무것도 하지 않지만 무언가를 하는 것"이다(1989, 232).◆ 그러나 『도덕경』에서 이 두 요소를 다루는 데에는 차이가 있다. 『도

◆ 그레이엄은 '역설적인 힘'이라는 자신의 번역에 대해 이렇게 쓰고 있다. "성인의 행위를 한편으론 '어떤 것도 하지 않지만' 다른 한편으론 '무언가를 하고 있다'고 칭하는 것은 (……) 어떤 말을 해도 완벽하게 맞지는 않을 것이라는 도교의 특성을 떠올리게 하는 듯하다."(ibid.)

덕경』은 피해야 할 행위는 매우 명확하게 제시하지만, 무엇을 해야 하고 이루어야 하는가에 대해서는 상당히 모호하다. 슈워츠는 무위의 긍정적 의미는 '다원적 세계에서 사려 깊고 분석적이고 목표 지향적인 사고와 행위'를 전복시키는 것과 연관된다고 주장한다. 다원적 세계는 (무위와 대립되는) 유위有爲 의식을 신봉하는 세계다 (1985, 190).◆ 이 견해에 따르면 유위 의식은 계획하고 고안하고 행위하고 조작하는 것이다. 유위는 관습적으로 가치를 인정받은 기획과 성공을 의도적으로 추구하는 것이다. 위爲는 사회적으로 정의된 목표에 도전하거나 성취하려는 행위 혹은 특정한 방식으로 사물을 바라보고 판단하는 행위다. 채드 핸슨은 위의 이 두 번째 의미를 '간주하다'라고 번역했다(1992, 212-214). 이 견해에 따르면 위는 어떤 관점을 갖는 것이고 해석적 안경을 쓰고 세계를 보는 것이다. 핸슨은 『도덕경』의 입장이 관습적 가치와 규범으로 모든 것을 '간주하는' 모든 형태의 행위를 거부하는 것이라고 말한다. 무위는 '간주하는' 일 없이, 그리고 관습적 규범과 가치로 제한되거나 조건화되지 않는 방식으로 행하는 것이다.

간주하는 행위인 위는 자유롭거나 합리적이거나 의식적이거나 혹은 의지적인voluntary 의미에서 '의도적'이지는 않다. 반대로 노자에게 위는 사회적으로 유도되고 학습된 대응 원리를 나타낸다. 이는 자율적이고 자발적인 대응과 반대된다(ibid., 212-213).

◆ 슈워츠는 『노자』(『도덕경』)와 『장자』 문헌에 나타나는 무위와 유위의 긴장을 특히 묵가의 목표 지향적 활동에 대한 반작용으로 이해한다. 묵가의 목표 지향적 활동은 "현재 상황과 관계가 있는 요인들에 대한 정확한 분석 지식과 그러한 요인의 정확한 '측정'을 기반으로 한다"(ibid.). 묵가의 목적과 방법에 대한 대응으로 도가 성인은 제국의 통치에 개입하지 않거나 간섭하지 않는 행위를 취한다.

위에 대한 이런 해석은 능동과 수동이라는 이분법을 초월한다. 오히려 무위를 조건화된 행위를 거부한다는 점뿐만 아니라 조건화되지 않고 자발적인 행위가 더욱 긍정적인 효과를 일으킨다는 점과 관련해 이해하게 한다. 에드워드 슬링걸랜드는 『도덕경』 38장에 나온 위의 두 의미, 행동적으로 행위하지 않음無爲과 인지적으로 주의를 기울이지 않음無以爲 모두를 묘사한다(2003, 89ff).

> 최고의 덕을 가진 사람은 행위하지도 않고 무엇엔가 주의를 기울이지도 않는다無爲而無以爲(ibid., 81).

'무위이무이위'無爲而無以爲에 대한 슬링걸랜드의 번역은 행위가 어떻게 그 사람의 세계관에 의해 촉발되는지 효과적으로 보여준다. 그는 또한 핸슨이 '간주하다'라고 번역한 인지적 무이위無以爲는 행동적 무위無爲보다 더 근본적이라고 주장한다. 이 점에서 유위를 거부하고 무위를 주장하는 것은 분리된 두 기획이 아니다. 슬링걸랜드의 분석은 흥미로울 뿐 아니라 통찰력이 있다. 왜냐하면 때때로 무위와 유위의 구별을 설명하는 데 사용했던 능동과 수동이라는 구별을 초월하기 때문이다. 또한 그 분석은 사고와 행위 사이의 연관을 강조한다.

자연自然: 자연계

어떻게 무위를 구현하거나 실현할 수 있을까? 한 가지 접근법은 자연의 방식을 관찰하고 "자연스러운 원리, 반복, 주기, 리듬, 습관"을 이해하는 것이다(Schwartz, 1985, 202). 도가의 성인은 "자연 상태에 있는 모든 것을 뒷받침하지만 어떤 의도적 행동도 취하지 않는다"以輔萬物之自然, 而不敢爲(『도덕경』64). 이 견해에 따르면 자연 환경은 인간 삶의 모범이다. 『도덕경』에서 관습적 가치와 지식을 면밀히 검토하는 것은 관습적 가치관이라곤 찾아볼 수 없는 자연계에 대한 인식을 고양시키는 것과 관련되어 있다. 세상에 제대로 공감하려면 기존에 습득되고 고정된 방식의 렌즈를 벗고 세상을 바라봐야만 한다.

> 하늘과 땅은 자비롭지 않다. 만물을 짚으로 만든 개처럼 여긴다. (……) 하늘과 땅 사이는 풀무와 같구나! 텅 비었지만 소진되지 않고 움직일수록 더욱더 넘쳐 나온다.
> 天地不仁, 以萬物爲芻狗. (……) 天地之間, 其猶槖籥乎! 虛而不屈, 動而愈出. (『도덕경』5)

하늘과 땅은 인간이 하는 방식으로 인仁을 평가하지 않는다. 공명정대하거나 혹은 불공평함이 없다. 왕필은 이 장의 주석에서 인간 규범의 적용 없이 어떻게 과정과 관계가 자연 속에서 기능하는지 강조한다.

> 하늘과 땅은 자연적인 것自然에 전적으로 맡긴다. 아무것도 하지 않고 아무것도 창조하지 않는다. 만물은 스스로 관리하고 질서를 잡는다. 그래서 그들은 자비롭지 않다. 자비로운 사람은 사물을 창조하고 만들고 이익을 베풀고 영향을 미친다. 그는 호의를 베풀고 뭔가를 한다. 그가 창조하고 만들고 이익을 베풀고 영향을 미칠 때 사물은 진정한 존재감을 잃을 것이다. (……) 땅이 동물이 먹으라고 짚을 생산하지는 않았음에도

동물은 짚을 먹는다. (하늘이) 사람이 먹으라고 개를 창조하
지 않았음에도 사람은 개를 먹는다. 만물에 아무 짓도 하지 않
으면 각각은 그 기능을 따를 것이고 그러면 모든 것이 넉넉해
질 것이다.

天地任自然, 無爲無造, 萬物自相治理, 故不仁也. 仁者必造立
施化, 有恩有爲. 造立施化, 則物失其眞. (……) 地不爲獸生蒭,
而獸食蒭, 不爲人生狗, 而人食狗. 無爲於萬物而萬物各適其所
用, 則莫不贍矣.

왕필은 이 5장에 대해 더 많은 얘기를 한다. 하늘과 땅은 "만물
을 짚으로 만든 개처럼 여긴다"는 구절에서 '짚으로 만든 개'蒭狗를
'짚'과 '개'로 이해하는데, 이는 자연계에서 서로 다른 개체와 그 취
약성을 나타낸다. 아무것도 외적인 변화의 힘에서 벗어날 수 없다.
인간도 예외는 아니다. 이런 의미에서 만물은 동등하다. 왕필은 여
기서 중요한 교훈을 던진다. 인간계의 기획은 인위적이지만 자연계
에서 일어나는 일은 자연스럽다. 자연계와 사회적이고 문화적이고
기술적인 성과로 생겨난 세계 사이의 차이는 좁아져야 한다. 라우
는 짚으로 만든 개를 설명하면서 시간과 공간의 의미를 포함시켰는
데, 거기에도 자연주의적 어조가 깔려 있다. 라우에 따르면 "『장자』
「천운」天運에서 짚으로 만든 개는 제사에 올리기 전에는 최고의 존
중을 받지만 제사의 목적이 충족되자마자 폐기되고 짓밟힌다"(Lau
Tzu, 1963, 61). 라우에게 짚으로 만든 개의 운명은 자연스러운 사건
의 전개와 관련해 이해된다. 이 자연스러운 전개 속에서 만물은 존
재하는 순간이 있고 그 순간이 지나가면 사라진다. 자연의 순환에
서 특별하거나 선호되는 존재는 아무것도 없다(Ames and Hall, 2003,
85 참조). 널리 퍼져 있는 인간 중심적 추구나 목적은 중대하게 교정

될 필요가 있고 자연계의 과정과 함께해야 한다. 이러한 분석은 자연계에 대한 이해와 함께 인간중심주의를 신중하게 경계하도록 한다. 이런 우려를『도덕경』23장에서 상징적으로 표현하고 있다.

> 자연은 거의 말이 없다. 그러므로 회오리바람은 아침 내내 불지 않는다. 폭우도 하루 종일 내리지 않는다. 무엇이 그렇게 하는가? 천지(자연)다. 천지조차 오랫동안 지속시킬 수 없는데 어떻게 인간이 할 수 있겠는가?
> 希言自然, 故飄風不終朝, 驟雨不終日, 孰爲此者, 天地, 天地尙不能久, 而況於人乎?

이 구절은 인간에게 자연의 방식을 회복하라고 권고하는 것일까?『도덕경』이 자연 환경을 중요시한다는 가정과 관련해 많은 어려움이 있다. 첫째,『도덕경』의 견해는 자연 환경을 명시적으로 중요시하지는 않는다. 사실 우리가 보았듯이 강조하는 것은 천지의 중립성이다. 벤저민 슈워츠는『도덕경』에 나타나는 이런 긴장에 대해 논의한다.

> 사실 노자의 자연과 18-19세기 서양의 '과학적' 자연주의의 어떤 측면 사이에서 공통점을 지적할 수도 있을 것이다. 자연의 과정은 목적론적 의식에 의해 이루어지지 않는다. 또한 도 道는 자애로운 어머니를 떠올리게 만드는 이미지를 사용하지만 의식적으로 섭리적인 것은 아니다(1985, 201). ◆

◆그의 논의에서 슈워츠는 이 접근법을 이해하는 한 가지 방법은 '평정'(ataraxy)의 관점에서 그것을 보는 것이라고 주장한다(ibid., 202-205). 슈워츠는 중국 과학사가인 조지프 니덤(Joseph Needham)이 도가에서 평정은 과학적 탐구의 접근법에 부합한다고 말한 것에 주목한다. 슈워츠의 경우 '평정'은 "세상의 부침과 공포에 대한 고요한 무관심과 가치판단 없이 자연을 바라보려는 열망"을 의미한다(ibid., 202). 탐구에 대한 이런 식의

두 번째 문제는 환경에 대한 감수성을 지지하는 것과 같은 방식으로 '자연'이라는 용어를 어떻게 해석할 수 있을지에 관한 것이다. '자연'의 어떤 특성을 본받아야 하는지에 관한 어떤 지시 사항도 『도덕경』에는 없다. 자연을 자연계에 대한 혹은 환경에 대한 인식으로 해석하는 경우 다음과 같은 어려운 문제들이 제기된다.

• 자연계의 어떤 측면을 인간 사회가 본받아야 하는가?『도덕경』은 고요함靜, 부드러움柔, 타협弱, 비논쟁不爭, 단순함樸을 말한다(『도덕경』8, 16, 19, 22, 28, 31-32, 36-37, 43, 45, 64, 66, 76, 78). 이것은 환경 속에서 살아가는 인간의 삶을 이해하기에 적절한 용어들인가? 그렇다면 그것의 실천은 무엇을 함의하는가?

• 인간의 삶에서 어떤 측면이 '자연적'이고 어떤 측면이 '인위적'인가?『도덕경』에서는 재생산이나 환경 창조나 사회적이고 정치적인 조직화를 '자연적'이라고 간주하는가?『도덕경』의 메시지를 자연주의적 원시주의에 대한 지지로 해석하는 데에는 문제가 있다. 인간은 자연 영역에 속할 수도, 그래서 어떤 경우에는 도처럼 자연적이라는 언명이 불필요할 수도 있고, 혹은 속하지 않을 수도, 그래서 어떤 경우에는 자연적이라는 언명이 잘못 겨냥된 목표일 수도 있다(Peerenboom, 1991; Liu, 1999 참조). ♦♦

이해는 이전에 도가가 관습적 규범을 거부한다고 논의했던 것과는 다른 도가의 인식론을 보여준다. 이전 견해가 전통과 관습에 대한 반성적 행동과 비판적 거리 두기를 주장했다면, 여기에서 묘사된 견해는 아이의 비유에서 표현된 것처럼(『도덕경』20) 반성을 배제하는 것으로 보인다. 『도덕경』의 다른 구절에서도 이런 설명을 지지하는 것을 볼 수 있을 것이다. 그럼에도『도덕경』이 현대 과학에서 그러한 것처럼 가치로부터 해방된 접근법을 추구한다는 주장에는 주의를 기울일 필요가 있다.

♦♦ 현대 도가 학자 류샤오간(Liu Xiaogan)은 자연을 도가 윤리의 핵심 가치로 생각한다

이런 어려움 때문에 우리는 『도덕경』이 환경적 관심에 대한 논쟁을 뒷받침한다고 할 때 주의를 기울일 필요가 있다(Ip, 1983; Marshall, 1992 참조). 이는 『도덕경』이 현대의 환경 감수성과 일치하는 사상을 전혀 담고 있지 않다는 말이 아니다. 오히려 우리는 단지 『도덕경』에서 자연계의 측면을 언급한 것에만 근거해 논의한다면 환경 문제에 대한 견고한 이론을 만들지 못한다는 점을 알아야 한다. 반성이 없거나 인간 중심적인 견해에 근거한 삶의 붕괴를 우려하는 점에 더 초점을 맞춘다면 보다 유익한 비교 대화를 산출할 수 있을 것이다(Lai, 2003a; Nelson, 2009).

자연: 스스로 그러함

앞 절에서 자연에 대한 번역은 명사로서 '자연계'였다. 여기서는 '자연적인' '자발적인' 혹은 '스스로 그러한'(Waley, *The Way*, 1958, 174)을 의미하는 형용사로 번역해보겠다. 스스로 그러함이라는 발

(1999). 도가 윤리는 사람과 자연의 근본 관계로 환원될 수 있다고 그는 주장한다. "땅, 하늘 그리고 도는 노자 철학에서 매우 중요한 개념이다. (……) 그것은 과도적이거나 매개적인 개념이다. 이것은 해설적이고 수사적인 목적을 위해 꼭 필요하지만, 강조점은 실제로 스펙트럼의 두 끝인 사람과 자연 그리고 이 둘 사이의 관계에 있다. 이것이 드러내는 바는 사람, 특히 통치자는 자연을 모방해야 한다는 것이다."(ibid., 220-221) 류샤오간의 접근법이 지닌 단점, 그리고 '자연'에 근거한 윤리에 호소하는 모든 접근법이 지닌 단점은 모방해야 하는 자연이 무엇인지 밝히지 못한다는 것이다. 자연계에 대조되는 많은 개념이 있는데, 그것을 인간 사회에 대비해 구체화할 때 우리가 따라야 할 특성이 무엇인지, 또 어느 정도까지 모방해야 하는지는 불분명하다. 류샤오간의 설명은 자연에 대해 협의되고 미리 결정된 개념이 있다고 전제한다. 더 나아가 그 특성에 따라 삶을 살아야 한다고 가정한다. 그러나 이것은 당연히 무위(無爲)를 이해하는 데에서 즉각 문제를 일으킨다. 조건화된 행위에서 벗어나 '자연적'인 것을 고수해야 한다는 것은 어떻게 살아야 하는지를 제한하는 것이기 때문이다.

상은 자연이 '자신'을 뜻하는 자自와 '그러함'을 뜻하는 연然으로 이루어졌다는 데에서 나왔다.◆

> 자연의 중요한 측면은 사물이 사물 자체의 내적 생명으로 움직여야지 외적 힘의 수작이나 제한으로 움직여서는 안 된다는 점이다(Cheng, 1986, 356).

자연의 특징은 '자발성'이라는 용어로 자주 설명된다. 실천적 용어로서 이것은 개인이 맥락적 환경에서 던져진 신호에 유연하게 대응하는 것을 의미한다. 자발적 개인은 즉각 대응하지만, 단순하게 반복하거나 습관화된 방식으로는 아니다. 자연에 대한 두 가지 해석 사이의 차이는 『도덕경』 25장의 다른 두 번역을 보면 특히 두드러지게 나타난다.

> 자연계로서 자연:
> 인간은 땅을 모범으로 삼고 땅은 하늘을 모범으로 삼고 하늘은 도를 모범으로 삼고 도는 자연을 모범으로 삼는다(Chan, *Way of Lao Tzu*, 1963b, 144).
> 人法地, 地法天, 天法道, 道法自然.

> 자발성으로서 자연:
> 인간은 땅을 모범으로 삼고 땅은 하늘을 모범으로 삼고 하늘은 도를 모범으로 삼고 도는 저절로 그러한 것을 모범으로 삼는다(저자 번역).

◆연(然)은 두 가지 의미가 있다. 하나는 불과 관련되고 다른 하나는 '그러한 것으로 있다'는 존재 조건과 관련된다. 『설문해자』에서는 '그러함'을 여차(如此)라고 표현한다. 여차는 '단지 이것과 같다'는 의미로 이해될 수 있다.

자발성으로서 자연의 핵심에는 독특한 작용 방식이 있다. 이런 견해에서 보면 자연은 그게 무엇이든 자연계의 규범을 따르라는 규범적 명령이 아니다. 오히려 그것은 맥락적 환경에서 개체의 근본적 관계성과 그들의 내재성을 포함한다. 이것은 개인의 위치에 대한 인식과 그것이 다른 사람에게 영향을 미치고 다시 타인에 의해 영향을 받는 효과를 표현한다. 이런 견해는 효능으로서 덕을 상정했을 때 이미 살펴보았다. 덕이 '얻음'의 요소를 포함한다는 점도 앞에서 이미 보았다. 덕은 개인이 환경에서 얻는 것이다. 이런 설명은 어떠한 환경에든 스스로 그러한 개인의 능력에 영향을 미칠 수 있는 조건적 요소가 있다는 사실을 깨닫게 한다. 예를 들어 『도덕경』에서는 회오리바람과 폭우 같은 현상이 개인의 통제를 벗어난다는 사실을 인지하고 있다. 그러나 추상적으로 결정된 규범은 인간의 구조물이며 스스로 그러함에 반해 작동할 수 있다. 예를 들어 활쏘기 대회에 앞서 상대방에게 경의를 표하는 경우를 생각해보자(『논어』「팔일」 7). 경쟁자가 경의를 표하지 않으면 문제가 될 수 있다. 이를 전혀 설명할 필요가 없다는 것은 이러한 규범의 확고한 성격을 반영한다. 『도덕경』의 몇몇 장은 이런 만들어진 규범은 단지 삶을 황폐하게 할 뿐이라고 주장한다(『도덕경』 19, 57). 그래서 규범으로부터 자유로워지는 것이 중요하다. 왜냐하면 개인은 자발적으로 대응할 수 있을 때 비로소 자신의 효능을 적절하게 실현할 수 있기 때문이다.

　　가능성의 범위를 열어두는 것이 도가가 말하는 자발성의 독특한 특징이다. 활쏘기 예에서 우리는 규범에 맞는 행위와 그렇지 않은 행위 사이의 긴장을 볼 수 있다. 『도덕경』 2장에서 아름다움과 추함의 구별이 이분법적 용어로 인식되는 방식도 살펴보았다. 『도덕경』은 이런 양극성에 대한 긴 목록을 제시한다. 한쪽은 여성성에, 다른 쪽은 남성성에 맞춰져 있다.

여성성	남성성
짧음短	김長
낮음下	높음高
뒤後	앞前
무無	유有
악함惡	선함善
혼탁함沌	선명함昭
굽음曲	곧음直
텅 빔虛	꽉 참實
낡음弊	새로움新
어둠黑	밝음白
차가움寒	뜨거움熱
약함柔弱	강함剛强
주다與	잡다奪
부드러움至柔	단단함至堅
불완전함缺	완전함成
행함이 없음無事	행함事
작음小	큼大

(『도덕경』2, 6, 11, 20, 22, 26, 28, 29, 36, 43, 45, 63)

『도덕경』은 이런 구별에 담긴 이분법적 함의에 도전하며 종종 상호 보완성으로 양극단을 조화시킨다. 두 극단 사이에는 처음에는 수축했다가 펼쳐지고 다시 수축하는 유동적인 의미가 있다. 각 대조 쌍 사이의 상호 작용을 이해하는 여러 방식이 있는데(『도덕경』 7, 22, 26, 36, 40, 41, 45, 58, 63, 66) 앞뒤로의 흔들림, 위아래로의 시소 운동 혹은 흥망성쇠의 순환으로 묘사될 수 있다. 그 관계가 어떻게 이해되든 양극단 사이의 긴장은 필요하며 피하기보다는 받아들여야 한다. 그레이엄은 대조되는 용어 둘 다의 필요성을 강조한다.

> 노자에게서 (……) 전환은 A를 좋아하는 것에서 B를 좋아하는 것으로 바꾸거나, 강함, 단단함, 위 대신 약함, 부드러움, 아래를 지향하는 것이 아니다. 모든 인간의 노력이 B로 향하는 하강의 당김에 저항하기 때문에 그 방향은 먼저 자발적인 과정의 도道로 접근하려고 하는데, 이는 B의 가장 아래에서부터 갱신한 뒤에 상승하려는 충동으로 다시 조정되어야 한다. 전환은 A와 B의 이분법을 분쇄한다. 복종하고자 하는 현자는 강함을 향한 지향을 멈춘 것이 아니다. 왜냐하면 상승하는 힘에 복종해 살아남는 것이 오히려 극한의 절정이 지나면 승리하는 길임을 알기 때문이다(1989, 228-229; 저자 강조).

안토니오 쿠아는 대립하는 양극성 사이의 상보성complementation을 분석했는데, 이 분석에서 도가의 자발성과 개방성이 어떻게 협력하며 작동하는지 자세히 설명한다. 그는 헤르만 헤세의 주인공인 나르치스와 골드문트의 두 극단적인 예를 가져온다. 나르치스는 학자적 정신을 더욱 발전시키려 하고 골드문트는 감각적 만족을 추구한다. 나르치스와 골드문트가 헌신하는 것의 차이는 둘 사이를 대조함으로써 더욱 부각된다. 그러나 그 둘은 서로를 변화시키려고 하지 않는다. "우리가 추구하는 목적은 각자가 상대방처럼 되는 것이 아니다. 그것은 서로를 인정하고, 다른 사람을 배우고 이해하고, 상대를 그 자체로 존중하는 것이다. 서로 반대이지만 상보적이다."(Cua, 1981, 125)

쿠아의 연구는 상보성의 흥미로운 특징을 새롭게 제시한다. 그것은 인정과 수용, 모방이 아닌 상호 수식修飾, 상호 호혜, 그리고 공명을 포함한다.♦ 서로를 환원시키려 하지 않는 상보성에 대한 이런 견해는 중요한 실질적 결과를 가져온다. 즉 "지적인 지평을 넓히고 삶에 대한 시각을 재구성하는 것"에 기반한 태도의 변화를 촉구한다(Cua, 1981, 127). 쿠아의 연구를 확장해 자연과 무위의 관점에서 나르치스와 골드문트의 관계를 특징지을 수 있다. 나르치스와 골드문트는 그들 자신의 이상에 따라 다른 사람을 형성하려고 하지 않는다. 강요하지 않는 무위의 태도는 서로가 자연, 스스로 그러함이 되도록 한다. 여기서 우리는 자연과 무위의 연관성을 통해 밀접한 개인적 인간관계의 몇 가지 요소를 다루었다.♦♦

♦ 이러한 특징의 상세 항목은 다음과 같다. (1) 인정과 수용: 각자는 타인의 개성과 온전함을 인정하고 받아들인다. 타인을 바꾸거나 변형시키려는 욕망이 없다. (2) 모방이 아닌 상호 수식: 각자의 독특성은 상대와의 대조에서 두드러진다. 그런 의미에서 각자는 상대에 의해 풍성해진다. (3) 상호 호혜: 그들의 관계는 공통성이 아니라 각자의 차이에 대한 상호 호혜적 평가에 기초한다. (4) 공명: 이 측면은 감응(感應, 상호 공조)이라는 개념으로 묘사된다. 이 이론에 따르면 어떤 것도 절연된 맥락에서 존재하지 않고, 다른 것에서 분리되어 존재하지도 않는다. 다른 개인들과 환경 속에서의 변화는 개인의 행위가 다른 사람과 그들을 둘러싼 환경에 영향을 미치듯이 특수한 개인을 형성한다. 자세한 논의는 Lai, 2000, 143과 감응에 대해 논의한 주 32번을 참조.

♦♦ 개인적 인간관계에 적용해 자연과 무위를 해석한 것은 규범 윤리와 현격하게 다르다. 왜냐하면 규범 윤리는 자기 인식과 상대방의 평가에 의존하기 때문이다. 이런 접근법은 다른 사람에게 관습적 규범을 부과하거나 그것에 복종해야 한다고 요구하기보다는 오히려 개방적 태도를 취한다. 자연-무위 원형은 도덕적 감수성, 상대에 대한 대응에 중점을 두고 이것을 도덕의 기본으로 이해한다. 근본적인 것에 대한 이런 견해는 공평성, 객관성, 보편성을 포함하는 전통적 서양 도덕철학의 기준과 완전히 대조를 이룬다. 간략한 설명은 Williams and Smart, 1973; Kekes, 1981 참조. 자연과 무위를 중심으로 한 윤리에 대한

상보성을 이렇게 이해하면 각 쌍의 종속 관계에 주목하게 된다. 『도덕경』의 몇몇 장은 고요함, 어둠, 여성, 열등감 같은 항목을 옹호하면서 이것이 대응하는 짝의 근본적 극성이라고 시사한다(『도덕경』 16, 26, 28, 39). 이와 관련해 슈워츠는 라우가 제기한 『도덕경』에서 가치의 '비대칭성'을 확신한다.

> 라우는 여성과 남성, 약함과 강함, 부드러움과 단단함, 수동성과 능동성에 관한 『노자』의 견해에서 명백하고 분명한 '비대칭성'을 지적했다. 모든 경우에서 두 쌍 가운데 첫 번째 것이 분명하게 '선호된다'. 물이 돌보다 더 선호되는 것처럼 그것은 더 높은 '존재론적' 지위를 누린다. 심오한 의미에서 그것은 돌보다 더 강하다(Schwartz, 1985, 203). ◆

여기서 『도덕경』에서 여성성의 위치를 생각해보는 것이 적절하겠다. 앞에서 보았듯이 여성성을 선호하는 것은 분명하다. 또한 『도덕경』 28장에는 "남성성을 알면서 여성성을 지킨다"知其雄, 守其雌라는 표현이 나온다. 덧붙여 우리는 또한 생성 과정과 관련해 모성의 은유를 보았다. 그러나 『도덕경』에서 여성성은 비폭력성을 포함한 몇 가지 특성과 관련되어 있음을 명심해야 한다. 따라서 지금 우리와 연관될 수 있는 여성성에 대한 『도덕경』의 관점이 무엇인지 신중하게 살펴볼 필요가 있다. 두 전통에 걸쳐 유사한 용어를 식별하고 모으는 것은 단순하다. 아마도 『도덕경』에 나타난 여성성에 대한 인식을 살피기보다는 지배적인 규범과 접근법을 면밀히 검토

자세한 내용은 Lai, 2007 참조.

◆ 라우도 대조되는 두 쌍 사이의 연관성은 청룡열차에 비유해 특징지어질 수 있다고 주장한다. "힘들게 꼭대기에 오르지만, 일단 꼭대기를 넘어서면 아래로 향하는 운동은 갑작스럽고 불가피하며 완전하다."(*Lao Tzu*, 1963, 27)

하는 것이 현대 페미니스트 논쟁에 더 큰 공헌을 할 것이다(Lai, 2000 참조).

마지막으로 『도덕경』에서 무위는 통치에 대한 논의에서 가장 두드러지게 나타난다는 사실에 주목해야 한다. 무위는 전형적으로 통치 방식, 조직 구조, 통치 목표, 통치가 인간 생활에 미치는 영향을 비롯한 일련의 행정적 문제와 관련해 해석된다. 『도덕경』은 사회적 지위, 부와 명성을 포함한 관습적 목적을 추구하도록 백성을 장려하는 지도자를 비웃는다. 왜냐하면 이러한 추구를 궁극적으로 억압적이고 위협적인 것으로 보기 때문이다. 즉 이런 추구가 궁극적으로 혼란, 질투, 범죄를 낳는다(『도덕경』 3, 4, 30, 31, 42, 53, 69, 72, 74). 또한 부패에 대해 분노하는 것도 분명하다(『도덕경』 53, 75).

보다 긍정적인 시각에서 무위는 불필요하게 제한적이지 않은 통치나 행정 조치들로 설명될 수 있다(『도덕경』 57, 58). 『도덕경』 49장에서는 성인을 "고정된 마음이 없어 백성의 마음을 그의 마음으로 삼는"聖人無常心, 以百姓心爲心 사람으로 묘사한다. 여기서 통치자의 목적과 백성의 목적이 서로 적대하기보다는 일치한다는 점이 인상적이다. "오직 통치자가 백성을 충분히 믿지 못할 때에만 백성은 통치자를 믿지 못한다."信不足焉, 有不信焉(『도덕경』 17; 『도덕경』 23장에 다시 나온다) ❖❖ 통치에 대한 이런 견해는 그저 현존하는 제도에 대한 환멸을 반영하는 데 그치지 않는다. 또한 인간 본성을 예(적절함)와 법(형법) 같은 기준과 관련시키거나 그것을 사용하는 근거라고 가정하는 것을 심각하게 의심한다. 이러한 불만의 근원에서 우리는 인간 행복의 개념을 고정화하고 표준화하는 것에 대한 저항을 읽을

❖❖ 이 두 구절은 유가의 『논어』 「태백」 9장과 음색에서 대조를 이룬다. 『논어』에서는 일반 백성이 통치와 인간 사회의 목적을 이해할 수 있다고 믿지 않는다. "공자가 말했다. '백성은 따라오게 만들 수는 있지만 그것을 이해하게 할 수는 없다.'"(子曰, "民可使由之, 不可使知之.")

수 있다.

　그러나 『도덕경』은 또한 이러한 관습적 추구를 어디까지 거부해야 하는지는 말하지 않는다는 점을 알 필요가 있다. 『도덕경』 80장에 묘사된 것처럼 이 문헌을 원시적 무정부주의에 대한 문헌으로 이해한다면 현대와 거의 관련지을 수 없을 것이다. 어쩌면 기술 발전을 포함한 문명화의 기획을 완전히는 아닐지라도 최소한으로 줄일 수 있는 통치에 대한 충고는 있을지 모른다. 그러나 『도덕경』에는 때를 아는 것이 중요하다는 말 이외에는 어디에서 멈춰야 하는지에 대한 실제적인 충고가 거의 없다. "처음에 제도가 생기니 명칭이 생긴다. 명칭이 생기니 멈추어야 할 때를 안다. 멈추어야 할 때를 알면 위험에서 벗어날 수 있다." 始制有名. 名亦旣有, 夫亦將知止. 知止, 不殆 (『도덕경』 32)

　『도덕경』에서 정치적 교훈을 이끌어내려는 사람에게 다른 중요한 문제는 이 문헌이 통치를 거의 혹은 아예 하지 않는 통치 기구의 실현을 주장할 때, 그 자신의 방안과는 모순되는 것처럼 보이지만 오히려 도가적 지도력을 장려한다는 점이다. 도가 성인이 해야 할 일은 무엇일까? 벤저민 슈워츠는 도가의 지도력에 대한 관념에 불안감을 표현한다.

　　성인 통치자의 행위는 해결되지 않은 모순을 수반하는 것처럼 보인다. 그는 세상이 도의 단순성으로 돌아가게 할 유토피아를 신중하게 창조하는 듯하다. 그러나 원시주의의 복원은 의식적인 기획이어야 한다. 여기서 다시 도덕적 모순의 문제가 발생한다. 이는 『노자』의 전체 전망에 근본적인 불일치를 야기한다. 선호도 없고 거부도 없고 신중한 선택도 없는 인간의 도덕성은 존재할 수 없다. 성인 통치자가 문명을 부정하는 '정치'는 그 자체가 유위有爲의 한 예처럼 보인다. 모순은 해결되지 않고 남는다(1985, 213).

더 나아가 몇몇 장은 어느 정도 백성을 교묘히 조종할 것을 제안하는 듯 보이기도 한다. 『도덕경』의 전망이 단순한 삶의 방식을 포함한다는 점을 인정한다 할지라도, 그것은 백성을 단순하게 하라고 제안하는 또 다른 조치다. 예를 들어 3장을 보자.

> 그러므로 성인의 통치는 마음을 비우고 배를 채우고 의지를
> 약하게 하고 (……)
> 是以聖人之治, 虛其心, 實其腹, 弱其志 (……)

학자들은 허虛의 의미가 전혀 분명하지 않다는 점을 알아야 했다.◆ 그러나 사람을 더 큰 사회정치적 질서에 복종하도록 만드는 전략으로 무위를 성급하게 해석할 수는 없다(Graham, 1989, 289). 이 견해가 『도덕경』에서 제시된다면 "이기기 위해 몸을 굽히는" 전략을 받아들인 것이라고 말하는 게 맞다(Schwartz, 1985, 210-215). 예를 들어 무위를 "흐르는 대로 내버려두다"로 해석하는 것과 같은 도가 철학의 교리는 보상과 처벌이라는 법가의 제도와 함께 시행될 수 있다. 여기에서 요점은 무위의 모호성이다. 즉 전혀 다른 통치 형태를 지지하는 것으로도 해석될 수 있다는 의미다. 무위를 실천하는 것은 누구인가? 백성인가, 지도자인가? 그것은 사람의 성격이나 사건이 벌어진 상황의 특성인가? 무위라는 삶의 방식의 특징

◆ 예를 들어 찬은 "문자적으로 텅 빈 허는 절대적인 평화와 마음의 순수함, 근심과 이기적 욕망으로부터의 자유를 의미한다"고 주장한다(Way of Lao Tzu, 1963b, 141). 슈워츠는 이 구절에서 "배는 기본적인 생물학적 욕구를 단순히 만족시키는 것을 의미한다. 그러나 눈은 '세련된' 쾌락에 꼭 필요한 사물의 외부 감각 특성을 신중하게 구별하는 것을 가리킨다"고 논한다(1985, 205).

은 무엇인가?『도덕경』은 개념이 어떻게 사용되는지에 대한 지침을 거의 주지 않는다.『도덕경』자체가 권위적 논평을 하지 않음으로써 무위의 접근법을 제시하는 것일까?

이 장에서는 다양한 시기의 사상가들에 의해 도가로 분류된 여러 사상과 실천을 간략하게 살펴보았다. 주요 문헌인『도덕경』혹은『노자』의 다른 판본이 몇몇 집단과 전통의 핵심이라는 점을 지적했다.『도덕경』은 매우 흥미로운 문헌이다. 특히 다양한 방식으로 현 상황에 의도적으로 도전하는 것처럼 보이기 때문이다. 이 장의 주요 논점은 왕필이 주석한 통행본의 주제에 관한 것이었다. 도, 덕, 무위, 자연이라는 용어는 관습적으로 열등한 용어를 면밀히 검토할 때의 일반적인 어조만큼이나 반문화적 시각이 있는 곳이라면 어디든지 관련이 있는 것처럼 보인다. 따라서『도덕경』은 페미니스트의 관심, 환경에 대한 감수성, 사회적 경제적 정치적 불평등 문제와 쉽게 연결될 수 있을 것 같다. 그러나 그 언어의 수수께끼 같은 성격 때문에, 그리고 특정 용어가 사용 맥락에서 무엇을 의미하는지 명확하지 않기 때문에 그 문헌의 철학적 신념을 확실하게 말하기는 어렵다. 여기에서는 단순하게 자기 입맛에 맞는 용어만『도덕경』에서 골라내는 접근법은 오히려 앞에서 언급한 현대의 문제 영역을 충분히 만족시킬 견고한 이론을 제공하지 못한다는 사실을 강조하고자 했다. 그러나 다시 한 번 말하건대, 이 문헌은 중국 사상사에서의 위치 때문만이 아니라 관습에 대한 면밀한 검토 때문에도 매우 중요한 의미를 가진다.『도덕경』의 주요한 논점 가운데 하나는 언어의 습득이 어떻게 인간을 제한하는지에 관한 것이다. 왜냐하면 그것은 그 언어 안의 명칭(단어)에 함축된 가치를 받아들이도록 배우는 것이기 때문이다. 다음 장에서 명칭을 매우 다른 각도에서 바라보는 사상가를 만나는데, 그들 대부분은 명칭을 정하고 그것이 견고히 자리 잡도록 하려고 애썼다. 그러한 관습에 따라 사회 생활이 더욱더 안정될 것이라고 여겼기 때문이다.

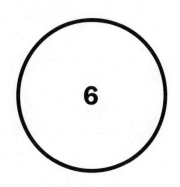

6

명가와
후기 묵가

기원전 4세기 동안 언어가 그 자체의 세계에서 움직이는 사태가 중국인에게 벌어지기 시작했다. 그 영역은 가장 우발적이고 불확실한 방법으로만 실제 세계와 관련을 맺었다. (……) 거기에는 중국어뿐만 아니라 그 역사와 문자와 관련된 특별한 이유가 있었다. 이는 언어와 실제 사이의 균열을 단지 철학적 탐구의 주제일 뿐 아니라 (……) 그 당시 가장 뜨거운 문제로 만들었다(Waley, *The Way*, 1958, 59-60).

아서 웨일리는 이런 현상을 '언어 위기'라고 부른다. 그의 묘사는 그것이 마치 어떤 의식의 물결이 중국 사상가들 사이에 퍼져 나갔던 것인 양 시사한다. 고대 사상가들은 언어의 본질, 그리고 언어와 세계의 연관성에 의문을 제기했다. 이 현상에 대한 웨일리의 묘사가 정확한지 아닌지는 제쳐놓더라도, 중국 언어에 언어와 세계의 상응성 문제를 복잡하게 만드는 특성이 있음을 지적했다는 점은 주목할 만하다. 많은 고대 사상가가 한자의 각 글자(혹은 명칭名)가 사물 혹은 현상, 혹은 세계의 양상을 어떻게 드러내는지 숙고했다는 사실은 매우 중요하다. 사상가들은 또한 두 글자가 결합해 복합어를 형성했을 때 어떻게 복합어의 정확한 대상을 가려내는 것이 체계적으로 가능한지의 문제로 당혹스러워했다. 예를 들어 '狗'(구, 개)와 '小'(소, 작다)는 무엇을 가리키고 小狗(소구)는 무엇을 가리킬까? 이러한 변화에는 규칙 혹은 원리가 있을까? 명칭을 바로잡는 정명正名에 대한 유가 이론과 표준法에 대한 묵가의 집착은 모두 명칭의 올바른 적용이 어떻게 규범을 수립하고 사회적 질서를 가져오는 데 도움이 될 수 있을까 하는 생각과 관련이 있었다. 반대로 『도덕경』과 관련된 사상가들은 언어의 관습성과 잠재적으로 교묘히 조종할 수 있는 언어의 권력에 주의를 기울일 것을 주장했다. 명칭에 대한 논쟁은 철학적 영역으로 확대되었다. 이 영역은 형이상학, 인식론, 언어철학과 느슨하게 연관된다고 생각할 수 있다. 명가名家 (명칭을 숙고한 논쟁자들)와 후기 묵가 사상가의 논의는 전국시대 사상가와 그 이후 사상가에 의해 제대로 평가되지 않았다.

사마담은 중국 사상사에 대한 글에서 일군의 학파를 '명가'라고 칭했다. 영어권 연구에서는 다양하게 결합된 이 사상가들을 논의 주제나 논쟁 형식에 근거해 논리학자, 소피스트, 변증가, 용어학자, 유명론자라고 불렀다. '명가'라는 명칭은 현대 독자에게 쉽게 이해되지 않는다. 왜냐하면 이 집단의 정의와 경계가 명확하지 못하기 때문이다. 그럼에도 적어도 고대 중국에서의 몇몇 논의가 어떤 식으로 명칭名과 세계의 관계에 중점을 두었는지 관심을 가지게 한다. 전국시대 동안 논쟁 자체와 부분적으로 명칭에 주목한 사상가는 변자辯者(논쟁자) 혹은 변사辯士(논쟁의 달인)로 알려졌다. 그들은 논쟁辯에 대한 전문 지식으로 유명해졌고, 몇몇은 논쟁의 불일치를 해결하려 한 반면 몇몇은 자신의 궤변을 과시하기만 했다. 『사기』에서는 떠돌아다니는 박식한 논쟁자游說之士가 76명이 있다고 했다(『사기』「전경중완세가」田敬仲完世家). 이 논쟁자들은 아마도 조정 관리였을 것 같지만, 최소한 몇 사람은 어떤 조정과도 애초에 관련이 없었다. 그러나 조정과 관계하면서 설득하고說 논쟁했을辯 것이다. 외교관이나 사절단의 지위에서 설득하는 임무를 수행했던 사람도 있고, 논쟁이 구별을 명확히 하는 데 도움이 되고 다시 이런 구별이 불일치를 해결할 수 있다고 믿고서 논쟁을 했던 사람도 있다.◆ 또한 말솜씨가 뛰어났던 조정의 만담가와 달변가滑稽도 있다. 그들 가운데 일부는 국가의 일을 간접적으로 비판하기도 했다(Kroll, 1987, 126). 이러한 논쟁의 기술은 여러 가지 다른 목적을 위해 사용되었

◆ 유리 크롤(Yury Kroll)은 전국시대와 한대에 거쳐 특히 관료 생활의 사회문화적 환경 속에서 논쟁에 대해 연구한다(1987, 126-134 참조).

지만, 변자는 그 당시 사람들에게 수사학적이고 궤변을 좋아하는 존재로 간주되었다. 『순자』는 변자의 사상에 윤리적 의미와 실천적 함축이 얼마나 부족한지·비판한다.

> 이런 사람들은 선왕을 본받지 않고 예와 의를 옳다고 여기지 않는다. 괴이한 논증을 일삼기 좋아하고 이상한 표현을 가지고 논다. 매우 날카로운 방식으로 사물을 탐구하지만 쓸모 있는 내용은 없고 논쟁을 일삼지만 유용한 결과는 없다. 많은 일에 관여하지만 성과는 없다. (……) 자신의 견해를 주장할 때 논거를 제시할 줄 알고 설명이 합리적이어서 어리석은 대중을 속이고 혼란하게 하기에 충분하다. 바로 혜시와 등석이 이런 인물이다.
>
> 不法先王, 不是禮義. 而好治怪說, 玩琦辭. 甚察而不惠, 辯而無用, 多事而寡功. (……) 然而其持之有故, 其言之成理, 足以欺惑愚衆. 是惠施鄧析也. (「비십이자」非十二子)

『순자』는 변자의 기술은 인상적이지만 그 결론이 실천적으로, 특히 윤리적으로 의미가 없다고 평가한다. 이 논평은 논쟁자의 주된 관심은 논쟁에서 이기는 것으로 그 실질적 성과에는 무심해 보인다는 순자의 믿음을 반영한다. 이것은 가치가 동기가 되어야 한다는 『순자』의 핵심과 대조되는 입장이다.♦♦ 그러나 단순히 순자의 평가에만 근거해 논쟁자들의 기획을 포기한다면, 그것은 근시안적 태도다. 예를 들어 윔 드루Wim de Reu는 고대 중국철학에서의 역설을 공들여 연구하면서 반의성, 동일성, 함축을 포함하는 논증의 중요한 요소를 밝혀냈고, 또 무엇보다 지배적인 용어에 도전해 그것

♦♦『순자』에서는 이런 방법 자체를 반대하지는 않았을 것이다. 왜냐하면 이 문헌의 논증에서 그런 방법을 사용하기 때문이다(Graham, *Later Mohist Logic*, 2003, 21).

을 다시 정의하려고 시도했다(De Reu, 2006). 고대 중국의 역설에 단지 수사학적 기능만 있고 실용적 함축은 없다는 가정은 지나친 단순화일 것이다. 이런 논쟁 가운데 일부는 공식적으로 승인된 일련의 사상에 도전하지 않았을까? 만약 그렇다면 단지 수사학적이라고만 치부할 수 있을까? 예를 들어 앞의 구절에서 순자가 혜시와 등석 같은 인물은 사람들을 혼란스럽게 한다고 근심한 것처럼 말이다.

명가가 논의한 많은 주제는 후기 묵가에서도 논의되었다. 우리는 이 묵가의 인물들은 알지 못하지만 『묵자』의 마지막 여섯 편인 40-45편을 통해 그들의 사상은 알 수 있다. 후기 묵가 사상가와 명가는 유사한 주제를 숙고했고 각 학파는 비교 가능한 논증 양식을 사용해 그들의 견해를 발전시켰다. 비록 결론은 서로 달랐지만. 명가의 논쟁과 마찬가지로 후기 묵가 철학은 잘 알려지지도, 제대로 전해지지도 않았다. 시간이 흐르면서, 아마도 현재까지 선진 시기에 관한 논쟁은 과장되게 말하자면 유가 정통 교리가 지배했고, 그다음은 도가의 윤리와 통치에 대한 견해가 주류를 이루었다. 명가와 후기 묵가의 논의와 논증 장치가 소멸된 것은 중국 사상사와 철학에서 헤아릴 수 없는 손실이다. 윤리적이고 정치적인 문제 외에도 후기 묵가는 실용 과학이라고 부를 만한 수많은 쟁점에 대해 논쟁했다. 예를 들면 기하학, 역학, 인과율, 공간, 시간, 광학, 심지어 경제학까지(Fraser, 2003, xvii). 그들의 사상과 철학적 방법은 중국 사상사에서 종종 감지되는 어떤 결핍을 채워준다. 명가와 후기 묵가는 주로 지식과 검증, 세계를 이해하고 그것을 언어로 표현하는 것의 타당성, 사고와 실재의 관계에서 언어의 구조 문제에 관심을 가졌다. 고대 중국철학에서 유가와 도가가 과대평가되고 논리, 추론과 논증, 과학적 추론, 언어철학과 인식론이 과소평가되면서 중국 사상 연구에 결점이 생겼다. 이런 문헌과 사상이 적절하고 충실하게 전해지지 못한 것을 포함한 이러한 방치가 중국철학을 이해하는 방식에 부정적인 영향을 미치고 있다.

1
명가
===

문헌의 문제:

『전한서』前漢書◆에 따르면 7권의 명가 문헌이 있다. 모두 저자의 이름으로 되어 있으며 그 가운데 4권, 『성공생』成公生, 『황공』黃公, 『모공』毛公, 『혜자』惠子는 더 이상 전해지지 않는다. 혜시惠施(혜자)의 사상은 『장자』나 『순자』에 인용되어 있다. 나머지 2권은 『등석』鄧析과 『윤문자』尹文子인데 온전하지 못하고 위서僞書일 가능성이 높다(Makeham, 2003b, 492–493; Johnston, 2004, 271).『공손룡자』公孫龍子는 온전하지만 문헌 절반 이상의 저자가 의문시된다. 만약 이 문헌들이 한때 존재했다면, 이를 보존하고 전하는 데 소홀했다는 사실이 아마도 이 사상가들과 견해를 일반적으로 도외시했다는 증거일 것이다.

명가는 상식에 도전하고 상대방을 당황하게 하는 역설적이고 수사적인 효과를 즐기는 것처럼 보였다. 그래서 논쟁에서 이기는 것에만 관심이 있다는 인상을 주었다. 장자는 혜시(기원전 370–기원전 310?)를 이렇게 평가한다. "논쟁에서 이겨 자신의 이름을 남기기를 바랐다. 이것이 그가 평판이 좋지 않은 이유다."欲以勝人爲名, 是以與

◆『전한서』는 반표(班彪, 3–54)가 쓰기 시작해 아들 반고(班固, 32–92)와 딸 반소(班昭, 35–100)가 완성했다. 문헌은 기원전 206년부터 25년까지 한나라 시기를 다루고 있다.

衆不適也(『장자』「천하」) 대조적으로 윙칫 찬은 그들의 작업을 긍정적으로 표현한다. "그들은 존재, 상대성, 공간, 시간, 질, 실상과 원인 문제에 집중한 유일한 학파였다. (……) 오직 그들만이 고대 중국에서 지식 그 자체를 위한 주지주의 경향을 보여줬다."(Source Book, 1963a, 232)

등석(기원전 501)은 정나라에서 고위 관료로 형법 관련 법규를 제정하고 법률 소송과 관련된 일을 했다고 알려졌다(Makeham, 2003b, 492). 법률 해석과 용어 정의에 관한 그의 논쟁은 다른 사람들이 그렇게 멸시했던 수사학적 방식과 궤변의 특징을 잘 보여준다(ibid.; Harbsmeier, 1998, 2). 그는 궤변에 매우 정통해 가능한 것可으로 여겨지는 것을 가능하지 않은 것不可으로 만들 수 있었다. 등석의 수사적 명민함은 현존하는 다른 문헌에서 주목을 받았다. 그래서 그가 이러한 기술을 성공적으로 구사했거나 혹은 그렇다고 인식되었을 것이다. 이제 명칭, 복합어, 언어와 실제의 관계에 대한 명가의 논의로 돌아가보자.

혜시

위나라 혜왕惠王(기원전 370-기원전 319) 아래에서 일했던 관료로서 혜시의 모습은 『장자』『여씨춘추』『순자』『회남자』를 비롯해 다른 현존하는 문헌에서 다양하게 묘사된다. 이 문헌들에서 혜시는 전체적으로 부정적인 모습으로 그려진다. 그는 논쟁 능력으로 평판이 좋은 것처럼 보이지만 공적인 일을 처리하는 데는 재능이 부족하다고 평가된다. 이후(기원전 1세기경)의 몇몇 문헌은 그의 능력에 대해 더 긍정적이다. 예를 들어 『설원』說苑에서는 혜시를 자신의 논

증 방법에 대해 스스로 인식한 사람으로 묘사한다.◆ 이 문헌에 나
온 일화에서 위나라 왕은 유비 추론에 의지한다며 혜시를 비판하는
데, 혜시는 자신의 방법을 설득력 있게 옹호한다. 왕은 혜시에게 간
단하게 말하라고 요구한다.

> "선생은 어떤 일을 설명할 때 직접 말씀해주시오. 유비는 사용
> 하지 마시고."
> "탄彈을 알지 못하는 사람이 있다고 해보지요." 혜시가 말했다.
> "'탄의 특성은 무엇이냐?'고 물었을 때 '탄과 같은 것이다'라고
> 답한다면 소통이 되겠습니까?"
> "되지 않소."
> "대신에 '탄은 특성이 활과 같지만 대나무로 만든 줄이 달려 있
> 습니다'라고 답한다면 알겠습니까?"
> "알 수 있소."
> 혜시가 계속 말했다. "설명할 때는 당연히 상대가 아는 것을
> 가지고 상대가 알지 못하는 것을 일깨워 상대가 알도록 해야
> 합니다. 그런데 폐하께서 유비를 사용하지 말라 하시니 그것
> 은 불가능합니다."
> 謂惠子曰, "願先生言事則直言耳, 無譬也." 惠子曰, "今有人於
> 此而不知彈者, 曰'彈之狀何若?' 應曰'彈之狀如彈.' 諭乎?" 王曰.
> "未諭也." "於是更應曰, '彈之狀如弓而以竹爲弦.則知乎?" 王曰,
> "可知矣." 惠子曰, "夫說者固以其所知, 論其所不知, 而使人知
> 之. 今王曰無譬則不可矣." (『설원』「선설」善說)

◆ 혜시가 고대 중국 문헌에서 어떻게 묘사되었는지에 대한 논의는 리사 래팔스(Lisa Ra-
phals)를 참조하라. 혜시와 그의 능력, 공직 생활에서 그의 역할에 대해『설원』은 꽤 긍정
적인데『순자』는 매우 부정적이다(Raphals, 1998).

혜시는 유비를 사용해 이 논증 전략의 효과를 설명한다. 혜시는 활과 유사한 기구인 탄이 현재 없는 상황에서 그 대상의 구체적 특성을 설명하는 것은 그것을 알지 못하는 사람에게 그것이 무엇인지 이해시키는 효과적인 방법이 아니라고 주장한다. 대신에 잘 알려진 것(활)과 알려지지 않은 것(탄) 사이의 상응성과 유사성에 의존해 설명해야 하는 것이다.

혜시의 사상이나 저작에 대한 기록은 거의 남아 있지 않다. 그것이 언젠가 존재했었다면 말이지만. 혜시의 역설은 『순자』와 『장자』에서 짧게 언급된다. 몇몇 역설은 두 문헌에서 겹치고 어떤 것은 전혀 역설처럼 보이지 않고 어떤 것은 해독하기 어렵다. 우리가 혜시에 대해 말할 수 있는 대부분은 『장자』에 언급된 역설에서 나온 것이다. 여기서 혜시는 장자와 가까운 논쟁 상대로 등장하며, 혜시가 죽은 후에 장자가 매우 그리워했다고 묘사된다.♦♦ 『장자』의 마지막 편(「천하」)에 혜시의 것으로 여겨지는 10개의 역설이 나온다(변자들이 논쟁한 21개의 다른 목록도). 이 혼합적인 장에서 혜시가 상당히 높이 평가되는 듯 보이지는 않는다.♦♦♦ 그러나 「천하」에

♦♦ 『장자』 「서무귀」(徐無鬼)에 이렇게 나온다. "장자는 장례식에 갔다가 혜시의 무덤을 지나갔다. 그는 제자들을 보고 말했다. '영(郢)에 한 남자가 있었는데 파리의 날개처럼 얇게 백토를 코에 발라놓자 목수 석(石)이 바람 소리를 내며 도끼를 휘둘러 정확하게 백토만 깎아내 코는 상하지 않았고 그 남자는 선 채로 안색 하나 변하지 않았다. 송나라 원군이 이 얘기를 듣고 목수 석을 불러 말했다. "내 앞에서 한번 해보시오." 목수 석이 말했다. "내가 백토를 한번에 깎을 수 있는 것은 사실입니다. 그러나 나의 상대는 오래전에 죽었습니다." 혜시가 죽은 후로 나 또한 공을 들일 상대가 없어졌다. 더 이상 진실로 함께 얘기를 나눌 사람이 없다.'"

♦♦♦ 「천하」에서는 혜시에 대해 이렇게 묘사한다. "혜시는 주저하지 않고 대답하고, 생각하지 않고 대응하고, 만물을 두루 설명함에 있어 설명을 그칠 줄 몰랐다. 말을 하고 또 하면서도 충분히 말하지 못했다고 생각해 괴이한 말을 더 했다. (……) 혜시는 이것만으로 만족하지 못하고 (한 방향으로 밀고 나가) 만물에 정신이 빼앗겨 지칠 줄 모르더니 마침내 논쟁을 잘하는 사람으로 이름이 났다. 애석하다. 혜시의 재능이 소비되고도 이룬 것이 하나 없고 만물을 좇아가서는 돌아올 줄 모른다. 목소리가 메아리보다 더 오래 지속되려

서 혜시를 진지하게 다루지 않았다면 10개의 역설은 아무런 의미도 없었을 것이다. 이 역설은 마치 정교한 논쟁을 거친 후의 결론처럼 보인다. 이 역설은 판단과 측정 기준을 신뢰할 수 없다는 점을 강조한다.

1. 가장 큰 것은 밖이 없으니 대일이라 한다. 가장 작은 것은 안이 없으니 소일이라고 한다至大无外, 謂之大一. 至小无內, 謂之小一.

2. 두께가 없는 것은 부피를 가질 수 없지만 그 범위는 천리를 덮는다无厚, 不可積也, 其大千里.

3. 하늘은 땅만큼 낮고 산과 연못은 평평하다天與地卑, 山與澤平.

4. 태양은 중천에 이르자마자 기울고 사물은 태어나자마자 죽어간다日方中方睨, 物方生方死.

5. 크게 보면 같지만 작게 보면 다른 것을 작은 동일성과 차이라고 한다. 만물이 서로 같으면서도 서로 다른 것을 큰 동일성과 차이라고 한다大同而與小同異, 此之謂小同異. 萬物畢同畢異, 此之謂大同異.

6. 남쪽은 끝이 없으면서도 끝이 있다南方无窮而有窮.

7. 오늘 월나라에 갔는데 어제 거기에 도착했다今日適越而昔來.

8. 연결된 고리는 분리할 수 있다連環可解也.

9. 나는 천하의 중심을 안다. (북쪽에서) 연나라의 북쪽과 (남쪽에서) 월나라의 남쪽이다我知天下之中央, 燕之北越之南是也.

10. 만물을 두루 사랑하면 하늘과 땅도 하나가 된다氾愛萬物, 天地一體也.

이러한 역설은 뭔가를 측정하는 것에 회의적인 태도를 보인다.

하고 몸이 그림자를 앞서려고 하니 슬프도다."(惠施不辭而應, 不慮而對, 徧爲萬物說, 說而不休, 多而无已, 猶以爲寡, 益之以怪. (……) 惠施不能以此自寧, 散於萬物而不厭, 卒以善辯爲名. 惜乎! 惠施之才, 駘蕩而不得, 逐萬物而不反, 是窮響以聲, 形與影競走也. 悲夫.)

즉 이는 묵가, 유가, 법가가 인간 행위를 규제하기 위해 명칭名의 지시 대상을 정하고 표준화하려 한 시도에 대한 응답으로 총괄해 이해할 수 있다. 그들은 크기, 부피, 높이, 방향, 위치, 시간에서 측정과 표준의 상대성을 주장한다. 역설 3과 5는 관찰자의 위치에 따라 측정치가 어떻게 변하는지에 초점을 맞추고 있다. 그래서 '지표적'이다(Hansen, 1992, 262). 역설 4와 6은 제논Zeno의 역설에서 볼 수 있는 것과는 달리 공간과 시간의 무한 분할을 지적한다(Graham, 1989, 79). 학자들은 이런 역설을 특정한 논쟁의 맥락에 위치시키려 했다. 예를 들어 장폴 레딩Jean-Paul Reding은 그 당시 정치적 논의와 관련이 있다고 주장했다.◆ 그러나 펑유란은 이 역설의 파편들을 위치 지우려는 노력에 불만을 토로한다.

> 이 역설은 변증론자가 도달한 마지막 결론을 나타낼 뿐이라 그 결론에 도달한 추론의 단계는 알 방법이 없다. 논리적으로 말하면 같은 결론이라도 다른 전제에서 도출되었을 수 있으므로, 만약 결론만 안다면 그 결론에 도달한 수많은 전제 가운데 어떤 전제가 맞는지 알 길이 없다. 따라서 혜시와 다른 변증론자의 역설에 대한 정확한 역사적 연구는 불가능하다. 왜냐하면 이들 결론에 실제로 사용된 것과 전혀 무관하게 우리 자신의 전제와 설명을 가지고 자의적으로 추론할 수 있기 때문이다(1952, vol. 1, 192).

펑유란은 10개의 역설이 논증의 결론이라고 믿는다. 앞에 인용된 말에서 주저하는 것을 볼 수 있음에도 그는 장자와 혜시 사이의 상상적 대화를 기반으로 혜시의 견해를 철학적으로 구성한다.

◆Reding, 1985; Graham, 1989, 78에서 인용.

평유란은 혜시가 경험에 기반해 사물 간의 상대성을 묘사하는 반면 실재에 대해서는 일원론적으로 설명한다고 주장한다. 이 견해에 따르면 처음 9개의 역설은 측정의 상대성(그리고 측정을 묘사하는 데 사용되는 명칭들)에 주의하는 반면 마지막 역설은 절대적인 것을 단언하기 위해 되돌아가기를 취한다(Fung, 1948, 85). 평유란은 '대일'大一과 '소일'小一이라는 명칭을 분석함으로써 혜시가 절대적이고 변하지 않는 것의 개념에 도달했다고 말한다(ibid., 85). 평유란은 혜시의 역설을 실제적 경험은 보다 심오하고 통일된 개념적 일원론을 이해하기에 부적합하다는 사실에 대한 논증으로 받아들이는 듯하다.

혜시의 역설에 대한 평유란의 설명은 단지 혜시를 일원론자로 규정하려는 시도만은 아니다. 평유란과 동시대 학자인 후스Hu Shi(1891-1962)(평유란은 많은 쟁점에서 그에게 동의하지 않는다)는 혜시를 윤리적 일원론자라고 주장했다. 평유란은 혜시의 역설을 장자의 견해와 일치시키는 데 반해 후스는 혜시의 사상을 후기 묵가 사상과 관련시킨다. 후스가 보기에 마지막 역설은 사실 결론이고 '도덕적' 명제다. "9개의 역설은 모두 '우주는 하나'라는 점과 우리는 '모든 것을 공평하게 사랑해야 한다'는 점을 보여주려는 것이다."(Hu, 1928, 113)◆ 후스는 이런 진술이 묵자의 겸애사상에 형이상학적 기반을 제공한다고 주장한다.

이것은 물론 역설을 흥미롭게 재구성한 것이다. 하지만 둘 다 혜시를 특정 사상가와 연결시켜 특정 논지에 크게 의존하고 있다는 사실을 알아야 한다. 또한 10개의 역설이 수수께끼와 같기 때문에 그 의미를 확고하게 단정 지을 수 없다. 예를 들어 평유란과 마찬가

◆후스는 혜시의 진술이 "모든 측정은 환상이다"라는 것을 논증하기 위한 것이라고 논한다. 이 점에서 보면 '가장 큰 것'과 '가장 작은 것' 사이에는 실제적 차이가 없다(ibid., 112).

지로 그레이엄도 장자의 견해에 비추어 혜시의 견해를 해석하지만 그의 결론은 완전히 다를 수 있다. 그레이엄은 혜시가 진짜 역설보다는 역설적 '방법'을 사용하는 다원론자라고 주장한다. "'가장 큰 것은 밖이 없다'는 관점을 통해 모든 것은 제한적이고 상대적이라는 것을 늘 보여주려고" 했다는 것이다(Graham, 1989, 201). 요약하면 이러한 모든 해석은 다른 사상가와 연관 지어 이 역설의 파편들에 대한 이해를 이끌어냈다. 비록 역설을 철학적으로 흥미롭게 재구성했지만, 믿을 만한 자료가 없기 때문에 어느 견해도 지지하기는 어렵다.

공손룡

문헌의 문제:

『공손룡자』公孫龍子는 6편으로 구성된 문헌으로 아마도 저자인 공손룡公孫龍(기원전 380)의 이름을 붙인 것 같다. 이 문헌에는 공손룡의 삶을 짧게 소개한 글, 그리고 언어와 세계의 관계를 논의한 글이 포함되어 있다. 두 번째와 세 번째 편인 「백마론」白馬論과 「지물론」指物論은 한대 이전에 쓰였을 가능성이 있다. 그러나 후기 묵가 문헌에도 보이는 자료가 내용에 반영된 「변통론」變通論과 「견백론」堅白論, 「명실론」名實論은 나중에 쓰인 것 같다 (Graham, 1990a, 125-166). 『공손룡자』의 언어는 수수께끼 같고 그 논의가 적용될 수 있는 더 넓은 철학적 틀에 대한 단서는 거의 없다. 형이상학, 언어철학, 논리와 궤변 등 다양한 관점에서 공손룡의 견해에 대한 수많은 해석이 이루어졌다. 이런 설명 가

운데 몇몇은 술어, 속성, 추상적 보편성, 정신적 실체 또는 논리
적 범주에 관련된 해결책을 제시한다.♦ 그러나 이런 해석은 신
중하게 다룰 필요가 있다. 왜냐하면 이 문헌에서 집중하는 영역
을 간단하게 식별하기는 여의치 않기 때문이다.♦♦

　백마白馬 논쟁은『공손룡자』에서 흥미로운 주제다. "흰 말은 말
이 아니다"라는 논지를 옹호하기 위해 다섯 가지 논거를 제시하기
때문이다.『여씨춘추』의 기록에 따른다면 공손룡은 공자의 후손인
공천孔穿과 논쟁을 벌인다고 알려져 있다. 그 대화는 상대가 회의적
으로 던지는 질문으로 시작한다. "흰 말은 말이 아니다. 이것이 옳
은가?"白馬非馬, 可乎? 공손룡은 "흰 말은 말이 아니다"라는 명제가 옳
다고 주장한다.♦♦♦
　「백마론」을 이해하는 한 가지 방법은 이를 언어에 대한 논쟁
으로 고려하는 것이다. 예를 들어 채드 핸슨은 이 논쟁이 주로 고대
중국 언어에서 명사로서 명칭名의 사용에 관한 것이라고 주장한다.
그의 관점에서 명칭은 '고양이'보다는 '물'에 가까운 기능을 하는
'불가산 명사'의 문법적 구조를 갖는다. '고양이'는 셀 수 있는 명사

♦ 예를 들어 펑유란은 공손룡이 보편적인 '백마'와 '말'의 정체성을 부인한다고 주장한다
(1952, vol. 1, 203-205). 분리된 보편성으로서 '흼'과 '말됨'은 '견고함'과 '흼'처럼 동일
한 범주에 속하지 않는다(다른 범위를 가진다)(「견백론」). 보편성은 세계에서 특수하고
실제적인 것을 지칭한다(指)(「명실론」). 메이(Mei)는 공손룡이 속성과 이것이 언어에서
표현되는 방식에 대해 논의한다고 주장한다(Mei, *Ethical and Political Works*, 1953,
436, n.7). 후스는 보편성과 관련해 말됨과 흼을, 그리고 술어를 설명한다(1928, 127).
츠미엘레브스키(Chmielewski)는 그것이 논리적 집합이거나 단위라고 주장한다(Han-
sen, 1983a, 143에서 인용).
♦♦ 핸슨은 "중국철학 이론에는 서양 철학에서의 의미, 개념, 인식 혹은 관념과 같은 용어
가 맡은 역할이 없다"고 주장한다(ibid., 31).
♦♦♦ 대화 상대가 공손룡의 입장을 직접 반대하는 입장이라면, 그의 견해는 아마도 "흰 말
은 말이다"(白馬, 馬也)로 구성될 것이다.

('한 마리 고양이' 혹은 '많은 고양이')지만 불가산 명사는 셀 수 없고 부정사를 붙일 수도 없다(우리는 '여섯 개의 물' 혹은 '하나의 물'이라고 하지 않는다). 고대 중국에서 '말'馬은 불가산 명사처럼 기능하고 '구체적인 종 혹은 어떤 부분, 특정한 무리, 상황에 따라 집단 혹은 개별 말'을 지칭할 수 있다(Hansen, 1983a, 36). 핸슨의 논지에서 불가산 명사는 '말'이 앞에서 열거한 것 중 하나를 지칭하는 방식으로 세상의 '물질'을 지칭한다. 유사하게 '붉음'과 같은 색깔을 나타내는 용어는 붉은 사과나 해질녘의 하늘이라는 구체적인 상황에서 드러날 수 있다(ibid., 35). 이에 따라 '흼'은 어떤 흰 물질에서 드러나고 '말'은 어떤 말이라는 물질에서 드러나며 '흰 말'는 흰 물질과 말이라는 물질의 어떤 결합물에서 드러난다. 이런 이유로 '말'과 '흰 말'이라는 명칭은 동일하지 않다. ◆◆◆◆

그레이엄은 핸슨과 마찬가지로 언어에 관한 논지로 논쟁을 다룬다. 그레이엄은 「백마론」을 재배열하면서 『공손룡자』의 중심 과제는 부분과 전체를 구별하는 것이라고 설정한다(1990a). ◆◆◆◆ 핸슨의 논지에서 그랬듯이 그레이엄도 전체 복합어인 '흰 말'은 한 부분인 '말'과 다른 부분인 '흼'이 결합된 것이라고 주장한다. '말'은 '흰 말'의 부분일 뿐이며 전체 복합어인 '흰 말'을 대신하기에는 불충분하다. 그레이엄의 설명에 따르면 이것은 영어의 제유법提喻法과 유사하다. 제유법은 부분의 단어로 전체를 지칭하는 화법을 말한다. 예를 들어 '칼' 대신에 '나의 믿음직한 칼날'이라고 말하는 것이다(ibid., 201). 그러나 '칼'로 지칭된 전체는 '칼날'로 지칭된 부분 가운데 하나가 아니다. 그러니까 유비적으로 '흰 말'로 지칭된 전체는 '말'로

◆◆◆◆ 핸슨은 "만약 이름이 두 가지 용어로 구성된다면 복합 명칭은 각 이름과 그것의 각 물질과의 관계를 유지해야 한다. 복합어는 항상 더 일반적이어야 한다(혹은 복합어 이외의 다른 것으로 다뤄져야 한다). 모든 진정한 복합어는 각 구성 용어로 명명된 물질의 총합을 명명한다"고 논한다(ibid., 159-160).
◆◆◆◆ 그레이엄의 독해는 공손룡과 혜시의 논의 사이에서 긴밀한 연관성을 이끌어낸다.

지칭된 부분 가운데 하나가 아니라는 점은 분명하다.

"흰 말은 말이 아니다"를 지지하는 다섯 가지 논증을 검토하는 동안 우리는 그 논증이 의심스럽게도 두 가지 담론 사이를 오간다는 점을 염두에 두어야 한다. 첫 번째는 언어의 본질에 대한 것으로 '흰 말'이라는 명칭은 '말'이라는 명칭이 아니라는 주장이다. 두 번째는 그 특성을 고려해 사물의 본질을 깊이 숙고하는 것이다. 이 경우 그 문장은 흰 말은 말이 아니라는 것을 의미할 수 있다(Harbsmeier, 1998, 298-311 참조). 이 대화가 언어와 사물이라는 두 영역의 논의를 넘나든다는 점에 근거해 리사 인드라콜로Lisa Indraccolo는 그 논쟁에 대한 설득력 있는 분석을 제시한다. 즉 그것은 단순히 말해질 수 있거나 말해질 수 없는 것에 관한 것이 아니라 오히려 "말해질 수 있는 것과 실재로 검증 가능한 것 사이의 관계"에 관한 것이라고 주장한다(2010, 122, 112-123). 여기에서 "흰 말은 말이 아니다"라는 주장을 뒷받침하는 공손룡의 다섯 가지 논증을 검토해보자.

> §1. '말'은 형태를 명명한 것이고 '흼'은 색을 명명한 것이다. 색을 명명한 것은 형태를 명명한 것이 아니다. 그러므로 나는 "흰 말은 말이 아니다"라고 말한다.
> 馬者, 所以命形也, 白者, 所以命色也. 命色者, 非命形也. 故曰 白馬非馬.

공손룡의 대답은 우리를 어리둥절하게 만든다. 왜냐하면 그는 동일성과 유개념의 의미를 파악하지 못한 것처럼 보이기 때문이다(Graham, 1989, 82). 분명히 '흰 말'의 범주는 '말'의 범주보다 좁고, 따라서 정말로 '말'의 하위 범주다. 그런 이유로 '흰 말'은 '말'이다. 그러나 최소한 공손룡의 대답을 더 의미 있게 이해할 수 있는 두 가지 방식이 있다. 첫째, 논증은 속성의 본질에 대한 견해를 표현할 수도 있다. 색은 색이고 형태는 다른 것이다. 「견백론」도 속성에 대한 논의로 본다면 이것은 그럴듯한 해석이다. 그게 아니라면 언어가 세계와 관계하는 방식을 고려해볼 수도 있다. 여기서는 한편으로 '흰' '말', '흰 말'이라는 명칭과 다른 한편으로 실제로 존재하는 말 사이를 구별해서 이해한다. 이런 방식은 명칭과 실제 사물 사이의 관계를 다룬 「명실론」에 근거해 이해할 수 있다.

§2. 말을 찾는 사람은 노란 말이나 검은 말에 모두 만족할 것이다. 흰 말을 찾는 사람은 노란 말이나 검은 말에 만족하지 못할 것이다. 흰 말이 어쨌든 말이라고 생각했다면 찾는 것은 하나이고 같은 것일 것이다. 흼은 말과 다르지 않기 때문에 찾는 것은 하나이고 같은 것일 것이다. 찾는 것이 다르지 않다면 노란 말과 검은 말 같은 말은 왜 전자의 경우에는 허용되면서 후자의 경우에는 허용되지 않는가? 허용과 허용 불가는 분명히 모순된다. 그래서 노란 말과 검은 말은 하나이고 같은 것이니 "말을 가졌다"고 대답할 수 있지만 "흰 말을 가졌다"고는 대답할 수 없다. 이것이 흰 말은 말이 아니라는 확정적인 증거다.
求馬, 黃黑馬皆可致, 求白馬, 黃黑馬不可致. 使白馬乃馬也, 是所求一也. 所求一者, 白者不異馬也. 所求不異, 如黃黑馬有可有不可, 何也? 可與不可, 其相非明. 故黃黑馬一也, 而可以應有馬, 而不可以應有白馬. 是白馬之非馬, 審矣!

공손룡의 두 번째 대답은 언어의 성격에 초점을 맞춘다. '흰 말'과 '말'이라는 용어는 만약 그 지시 대상이 다르다면 동일한 범주에 속하지 않는다. '말'의 범위는 더 넓고 '흰 말'의 범위는 더 제한적이다. 물론 흰색인 말이 우연히 나타나 두 용어를 동시에 만족시킬 수도 있다. 그러나 그것은 단지 우연에 기댄 것일 뿐이다. 흰색이 아닌 말이 나타날 기회도 얼마든지 있기 때문이다. '흰 말' '검은 말' 혹은 '노란 말'의 지시 대상은 서로 다르고, '말'의 지시 대상은 '흰 말' '검은 말' 혹은 '노란 말' 모두를 충족시키지 못한다. 그래서 '흰 말'은 '말'이 아니다. 이 대답은 「지물론」과 관련된다. 여기서 지칭指은 어떤 것 혹은 지시 대상物을 언급하는 행위를 의미한다. 그레이엄은 지칭하는 행위를 살펴본다면 지칭이 세상의 어떤 부분을 드러내는 행위라고 말할 수 있다고 시사한다(1990a, 210-215). 덧붙여 '흰 말' 혹은 '말'이라는 명칭과 그것이 실제 흰 말 혹은 말과 맺는 관계 사이의 연관을 이해하는 것이 중요하다. 말이라는 명칭을 진술하는 것은 어떤 색깔의 말을 언급하고 지시하는 행위다. 만약 흰 말을 찾는다면 단순히 '말'이라고 진술하는 것으로는 '흰 말'을 온전히 지칭하지 못한다非指.◆

§3. 분명히 말은 색이 있어서 흰 말이 있다. 만약 말이 색이 없고 단순하게 말만 있다면 어떻게 흰 말을 선택할 수 있겠는가? 그러므로 흼은 말이 아니다. 흰 말은 말과 흼이 결합된 것이거나 흼과 말이 결합된 것이다. 그러므로 나는 "흰 말은 말이 아니다"라고 말한다.

馬固有色, 故有白馬. 使馬無色, 有馬如已耳. 安取白馬? 故白者非馬也. 白馬者, 馬與白也, 白與馬也也. 故曰白馬非馬也.

여기에는 말과 흼의 분리에 대한 암시가 있다. 말이 하나고 흼이 다른 하나이고 아마도 흰 말이 세 번째 것이다. 이 견해는 「견백

◆「지물론」에 대한 또 다른 흥미로운 견해는 그 구절을 거짓된 지칭으로 이해하는 것이다. 즉 존재하지 않는 사물을 지칭하는 것은 잘못된 지칭이다. Reding, 2002 참조.

론」의 주제와 관련이 있을 수 있다. 견고함堅과 흼白은 한 개체에서 분리된 속성이다. 3절에서는 사용된 명칭에 근거해 객체를 선택하거나 끄집어내는 것에 주목한다. 이 경우 '흰 말'이라는 명칭에 근거해 흰 말을 선택하는 것은 '말'이라는 명칭에 근거해 말을 선택하는 것과는 다르다.

§4. 말을 가졌다는 것을 노란 말을 가졌다는 것과 다르다고 간주하는 것은 노란 말을 말과 다르게 여기는 것이다. 노란 말을 말과 다르게 여기는 것은 노란 말은 말이 아니라고 간주하는 것이다. 노란 말을 말이 아니라고 간주하면서 흰 말을 말이라고 간주하는 것은 '파리가 물속으로 들어가고 관棺과 관 덮개가 다른 곳에 있는 것'과 같다. 이것은 세상에서 가장 잘못된 오류이고 모순이다.

以有馬爲異有黃馬, 是異黃馬於馬也. 異黃馬於馬, 是以黃馬爲非馬. 以黃馬爲非馬, 而以白馬爲有馬, 此飛者入池而棺槨異處, 此天下之悖言亂辭也.

앞의 세 논증과 달리 이 대답은 인식론에 초점을 맞추어 사람이 다른 것異을 어떻게 간주하는지爲 검토한다. '노란 말'을 '말'과 다르다고 간주하는 것은 그 둘 사이를 구별하는 것이다. 그러나 이 부분의 논의는 "흰 말은 말이 아니다"라는 논쟁에서 벗어나 사람이 일관되게 올바른 구별을 하는지 아닌지(예를 들어 흰 말과 노란 말을)에 초점을 맞추는 것처럼 보인다. 강조점은 차이를 드러내는 일관성에 있다. 나중에 보겠지만 동일성과 차이同異에 대한 이해는 후기 묵가 인식론에서 중요한 부분이다.

§5. '흼'은 어떤 것도 흼으로 고정하지 않는다. 그것은 무시될 수 있다. '흰 말'은 흼이 어떤 것을 흼으로 고정한 것을 말한다. 어떤 것을 흼으로 고정한 것은 흼이 아니다. '말'은 어떤 색도 선택하거나 배제하지 않기 때문에 노란 말이나 검은 말이라고 대답할 수 있다. '흰 말'은 어떤 색을 선택하고 다른 색을 배제하기 때문에 노란색과 검은색도 색의 영역에서 배제된다. 그래서 오직 흰 말이라고만 대답할 수 있다. 아무것도 배제하지 않는 것은 어떤 것도 배제하지 않는 것이다. 그러므로 나는 "흰 말은 말이 아니다"라고 말한다.

白者不定所白, 忘之而可也. 白馬者, 言白定所白也. 定所白者, 非白也. 馬者, 無去取於色, 故黃黑皆所以應. 白馬者, 有去取於色, 黃黑馬皆所以色去. 故惟白馬獨可以應耳. 無去者, 非有去也. 故曰白馬非馬.

이 논의는 '흼'과 같은 속성을 언급하는 경우 언어의 본질과 흼이 실제 사물에 구현되는 방식 사이를 오가는 것처럼 보인다. 이것은 또한 '흰 말' 같은 복합어를 다루면서 그 지시 대상의 범주를 논의한다. 여기서 단일어('흼')와 복합어('흰 말') 사이의 명확한 해명이 행위를 이끄는 중요한 함의를 갖는다는 점을 알 수 있다. 다음 절에서 후기 묵가 철학을 논하면서 복합어의 성격을 검토할 것이다.

요약하면 여기에서 우리는 명칭, 그 범주와 지시 대상 그리고 명칭이 세상의 실제 사물과 관계를 맺는 방식에 대한 논의를 보았다. 『공손룡자』에서 단 하나의 입장만 표현된 것은 아닐 것이다. 여러 견해가 있었을 것이고, 그건 한나라 이전에 언어가 어떻게 작동했는지에 대한 다양한 입장을 저자가 파악한 혹은 거기에 대응한 결과로 표현된 것일 수 있다. 그것이 나타난 순서에 따라 논증은 다음의 문제들에 초점을 맞춘다. 명칭이 실제 사물에 내재된 다른 속성을 드러내는 방식, 단순어와 복합어의 범위와 지시 대상, 명칭에 근거해 실제 사물을 드러내는 문제, 동일성과 차이의 이해, 선택을 유도하기 위해 명칭이 지시 대상과 관계를 맺는 방식. 종합적으로 이 모든 것은 명가 논쟁에서 중요한 의미를 가지며 그들의 관심이 단지 궤변을 통해 우위를 차지하려는 것이 아니었음을 보여준다.

2
후기 묵가 사상

후가 묵가 사상◆은『묵자』40-45편에서 드러난다. 이 6편에 담긴 사상은 묵자 초기 저작에서 논의된 것과는 다른 주제를 다루는 것처럼 보인다. 그러나 둘 사이에는 중요하게 중첩되는 부분과 연결되는 부분이 있다. 6편은 다음과 같다.

40-41편「경」經: 이 2편은 경을 모아놓은 내용이다. 각 경은 한두 문장으로 되어 있다. 주로 "기술, 윤리, 과학, 논리의 절차"를 다룬다(Graham, *Later Mohist Logic*, 2003, 24).

42-43편「경설」經說: 경의 설명이나 해설은 경 자체보다 약간 길다. 설명은 경에 담긴 사유를 정교하게 하거나 논증을 제공하는 식으로 이루어진다.

44-45편「대취」大取(큰 선택)와「소취」小取(작은 선택): 앵거스 그레이엄에 따르면,「대취」와「소취」는「어경」語經과「명실론」에 나온 단편을 포함한다(ibid., 101-110).「대취」와「소취」의 주제는 윤리학, 의미론, 논리학에 걸쳐 있다.「소취」는 주로 내용이 일관된 반면「대취」는 여러 단편으로 구성되어 있다.

◆『장자』와『한비자』에 후기 묵가에 대한 간략한 언급이 나온다(Graham, *Later Mohist Logic*, 2003, 22-23).

문헌의 문제:

『묵자』의 이 마지막 여섯 편이 상당한 우여곡절을 겪고도 여전히 존재한다는 사실은 놀랍다. 전체 문헌은 진나라 초기인 기원전 221년경에 사라졌다. 그러나 한나라 때 다시 등장해 한나라 제국 도서관 소장품에 포함되었다. 논쟁과 궤변에 흥미가 많았던 신도가新道家가 3–4세기에 걸쳐 이 문헌에 대해 언급하기도 했다. 그러나 그것이 전승되던 초창기에 후기 묵가의 편들이 두 가지 필사 실수로 손상되었다. 초기 판본은 글자가 위아래 반으로 나뉜 죽간에 세로로 적혀 있었다. 따라서 독자는 죽간의 윗부분을 먼저 세로로 읽고 다시 아랫부분을 세로로 읽어야 했다. 불행하게도 필사자는 이렇게 두 부분으로 나뉜 것을 모른 채 문헌을 읽고 각각의 죽간을 위에서 아래로 곧장 필사해버렸다.❖❖ 이 때문에 이미 모호해져버린 문헌은 읽을 수 없게 되었다. 두 번째 필사 실수는 상호 참조 관계인 「경」(40–41편)과 「경설」(42–43편)이 섞이면서 일어났다. 원래 판본에는 「경」에 실린 경의 각 첫 문자를 상응하는 「경설」의 죽간 옆에 기록해두었다. 그러나 필사 과정에서 기준이 되는 문자가 본문의 일부로 포함되어 내용의 문법적이고 의미론적인 구조를 혼란스럽게 만들었다. 수나라(581–618)가 끝나기 전에 이러한 필사 실수가 더해져 일부가 제거된 『묵자』(1–13장만 포함)가 유통되는 바람에 완전한 문헌은 유통되지 못하게 되었다. 다행히 우리가 알고 있는 후기 묵가의 편들은 『도장』에 보존되었다. 그 전체 문헌은 명나라 정통제 통치 때인 1445년에 출판되었다(Boltz, 2008; Boltz and Schemmel, 2013, 65–69).

18세기부터 학자들은 후기 묵자의 편들을 중요한 통찰이 담

❖❖ Hansen, 1992, 236–237. 그레이엄은 필사 오류가 한나라 이전에 있었다고 여긴다 (Graham, *Later Mohist Logic*, 2003, 65). Boltz and Schemmel, 2013도 참조.

긴 문헌으로 읽기 시작했다. 그들은 이것이 『묵자』의 이전 편들보다 후대에 쓰였다고 주장했고 변자辨者들이 논의한 사상에 비추어 해석하고자 했다. 그들은 각 구절을 재구성하고 「경설」을 「경」에 붙였다. 19세기 초에 후기 묵가 자료는 수학, 기하학, 천문학, 광학, 기계와 관련된 주제를 다루는 문헌으로 가치 평가되었다(Graham, *Later Mohist Logic*, 2003, 70-72). 이 시기에 서구화에 대한 관심의 물결이 일어나 이 문헌에 더 큰 관심을 불러일으켰는데 서구적 사고와 매우 유사하다고 여겨졌기 때문이다. 량치차오Liang Qichao(1873-1929)와 후스를 포함해 많은 근대 학자들이 여전히 중국철학 사상에 근거해 중서中西 연계를 구축하기를 바랐다. 후스의 영문 저작인 『고대 중국의 논리적 방법의 발전』The Development of Logical Method in Ancient China의 기초가 되었던 것이 바로 묵가의 혁신적 논증이었다. 이 책에서 후스는 그동안 유가 교리가 지배했던 점을 유감으로 생각하면서 묵가 철학을 진보와 상호 문화 이해를 위한 수단으로 격찬했다.

> 나는 유가가 아닌 학파들의 복권이 절대적으로 필요하다고 생각한다. 왜냐하면 바로 이런 학파에서 서구적 철학과 과학을 가장 잘 생산할 가장 적합한 토양을 찾을 수 있기 때문이다. 이것은 특히 방법의 문제를 고려할 때 더욱더 그러하다(Hu, 1928, 8).

1978년 앵거스 그레이엄은 후기 묵가 문헌에 관한 선구적인 책을 출간했다. 대부분의 연구가 분산된 부분들에 초점을 맞추었지만 그레이엄은 전체를 광범위하게 연구했다. 그의 연구는 중국어에 대한 문법적이고 구조적인 상세한 분석, 언어학적 분석,

각 편의 성립 시기, 일부 편의 재배치와 문헌적 교정을 포함한다. 모든 학자가 후기 묵가 사상에 대한 그레이엄의 해설에 동의하지는 않는다(Geaney, 1999; Robins, 2010 참조). 그러나 이 문헌에 대해 학문적으로 엄격하고 자신의 견해를 표하는 데에 현재까지 이보다 더 훌륭하게 이용할 만한 성과는 없다.

구별하기와 유사성 인식하기

변자는 여러 가지 다른 이유로 논쟁을 했던 것처럼 보인다. 등석은 경쟁으로서 '변'辯, 辨에 참여한 대표 인물이다. 즉 그는 경쟁에서 이기기 위해 논쟁한다. 『장자』「제물론」齊物論은 우위를 차지하려는 유가와 묵가의 논쟁에 대한 실망을 드러낸다. 전국시대 문헌에서 변은 단지 토론에서 이기기 위한 논쟁을 의미하지 않는다. 두 번째로 변을 사용하는 의미는 더 포괄적이며 문제를 명확하게 하려는 의도로 논쟁하는 것을 가리킨다. 『묵자』에서 변은 윤리학, 정치철학, 자연과학 등 광범위한 주제 영역에서 파악하고 이해할 수 있는 것을 분명히 하기 위해 사용된다. 세 번째는 보다 독특한 변의 적용이다. 그것은 묵가의 논의에서 독특한 특징으로, 사람들이 예상했던 것에 대한 이해를 명확하게 하기 위해 법, 즉 표준을 결정하는 수단으로 논쟁을 사용했다는 것이다. 『묵자』의 이전 장에서 우리는 공평한 관심, 즉 겸애의 근거로서 하늘의 의義의 본질과 범위를 세우려 했던 것을 보았다. 후기 묵가는 이런 과정을 계속해서 발전시켜 '단언할 수 있는지 혹은 없는지'可不可, '동일한지 혹은 다른지'同異, '이것인지 아닌지'是非, '그러한지 혹은 그러하지 않은지'然不然를 구별하려고 했다.◆ 우리는 4장에서 변辯(논쟁)과 변辨(구별)이라

◆ 우리는 그들이 이러한 구별을 위한 기준을 세우는 것을 목표로 했다고 주장할 수 있다.

는 한자는 의미론적 이형異形이라는 점을 보았다. 후기 묵가가 변을 사용하는 독특한 방식은 이 두 의미를 모두 끌어냈다.

「경」에서 변을 어떻게 적용하는지 보면 동일성과 차이의 본질을 이해하는 데 도움이 될 것이다. 「경」 A86-87◆은 동일성과 차이를 각각 네 가지 유형으로 설정한다.

동일성同

(S1) 두 가지 명칭이 있지만 대상이 하나인 것은 '일치'의 동일성이다二名一實, 重同也.

(S2) 전체의 밖에 있지 않은 것은 '일체'로서의 동일성이다不外於兼, 體同也.

(S3) 방을 같이 차지하는 것은 '함께' 있는 동일성이다俱處於室, 合同也.

(S4) 어떤 면에서 동일한 것은 '종류'로서의 동일성이다以同, 類同也.

차이異

(D1) 두 가지 명칭이 반드시 다른 대상은 '둘'이다二必異, 二也.

(D2) 연결되지도 소속되지도 않은 것은 '일체'가 아니다不連屬, 不體也.

(D3) 같은 장소에 있지 않은 것은 '함께'가 아니다不同所, 不合也.

(D4) 어떤 면에서 동일하지 않은 것은 '한 종류'가 아니다不有同, 不類也.

그러나 이 장의 뒷부분에서 볼 수 있듯이 이 목표를 정말 가지고 있었다면 그들은 그것을 얻는 데에 성공하지 못했다.

◆이 장에서 사용된 후기 묵가의 편들에 대한 언급은 Graham, *Later Mohist Logic*, 2003을 따랐다.

동일성과 차이를 특징짓는 방식에는 엄격함이라는 요소가 있다. 이런 세부 사항이 동일성과 차이의 모든 의미를 담지는 못한다. 그러나 그 검증의 수준과 방법의 신중함은 그 시기 다른 문헌에서는 볼 수 없다. 물론 공유된 담론과 논증 방식의 요소가 몇몇 문헌에서 언급되기는 했다(예를 들어 『순자』「비상」非相). (S1)-(S4)의 동일성에 대한 발상을 더 검토해보자. 사물이 서로 비슷하다고 할 때 다음을 의미할 수 있다.

동일성

(S1) 그것은 명칭이 둘일지라도 동일하다(예를 들어 어린 개와 강아지).

(S2) 그것은 전체에 속하는 각 부분이거나 한 부류의 개체다(예를 들어 한 무리의 부분인 소 각각의 머리).

(S3) 그것은 한 사물의 다른 측면이거나 속성이다(예를 들어 흰색에 말의 형태를 가진 것은 흰 말의 속성이다).

(S4) 그것은 같은 유형類에 속한다(예를 들어 말과 소는 동물이다).

이 논의는 『공손룡자』의 논증과 관련이 있다. 예를 들어 (S3)은 연관성을 근거로 한 동일성을 나타낸다. 이것은 『공손룡자』§1에서 '흰색'과 '형태'를 구별한 것을 분명히 하는 데 도움을 줄 수 있다. '흰색'과 '형태'는 특정한 말의 속성으로 함께 말에 속해 있는 것이다. 그러나 그것은 모두 말의 속성이지만 말의 다른 모습을 드러낸다.

한 종류가 아니라는 (D4)는 §3과 관련이 있다. 흰 말을 선택하는 것은 말을 선택하거나 흰색을 선택하는 것과 다르다. 왜냐하면 흰 말, 말, 흼은 관련된 측면들이 서로 다르기 때문이다. 「경」에서도 논쟁을 통해 선택의 과정을 어떻게 이끌어내는지 제시한다. 「경」A73에서는 배타적인 '혹'或의 사용을 논의한다. 이것은 어떤 것이 x인지 x가 아닌지를 선택하는 데 도움이 된다. 「경」A74에서는 변의 조건이 제시된다. 선택된 것이 무엇이든 그것은 사실에 부합해야當 한다.

「경」A73 반仮(서로 반대되는 것)이 허용될 수 없다면 양쪽 모두 허용될 수 없다仮不可, 兩不可也.

「경설」모든 소와 무리로 구별된 소 아닌 것은 양쪽이다. 소를 구별하는 것이 없는 것은 소 아닌 것이 된다彼凡牛樞非牛, 兩也, 無以非也.

「경」A74 변辯(논쟁)은 서로 반대되는 주장을 두고 겨루는 것이다. 논쟁에서 이기는 쪽이 사실에 부합하는 것이다辯, 爭彼也, 辯勝, 當也.

「경설」어떤 이는 '소'라고 하고 어떤 이는 '소가 아니'라고 하는 것은 서로 반대되는 주장을 두고 논쟁하는 것이다. 이러한 경우 둘 모두 사실에 부합하지 않는다. 만약 모두 사실에 부합하지 않는다면 반드시 어느 하나는 사실에 부합하지 않아야 한다或謂之牛. 謂之非牛. 是爭彼也. 是不俱當. 不俱當. 必或不當.

「경」A73은 배타적 논리합[1]에 근거해 x와 x가 아닌 것을 구별한다. 「경」A74는 상호 배타성의 측면에서 논쟁을 이해한다. 논쟁이 있을 경우 해결책은 단순히 사실에 부합하는지를 확인하는 것이다. 이 기준은 법, 표준, 모범을 정하는 데에도 사용될 수 있다. 묵가 사상에서 법은 사물의 관념 혹은 개념이나 그것에 대한 실례를 의미할 수 있다. 묵가는 개념적 지식을 실용적 지식보다 우선시하지 않는다. 법의 예를 제시할 때 원을 언급하는데, 여기에는 세 가지 다른 법이 있다. "관념, 나침반, 원, 이 세 가지 모두가 표준으로 사용될 수 있다."意規圓, 三也, 俱可以爲法(A70) 이런 방식으로 묵자의 인식론은 사물의 정의 또는 본질적 특성을 구성하는 광범위한 기준 일체를 고려한다. 어떤 것이 특정한 일련의 특성을 갖는다면 그 유형 혹은 종류에 부합한다고 말할 수 있다.

그러나 어떻게 종류를 결정하고 정해야 하는가? 형이상학적이고 인식론적으로 고려하는 첫 번째 과제는 두 개 혹은 그 이상의 것을 비교할 때 서로 관련지어 동일한 측면을 식별하는 것이다. 예를 들어 자연종을 비교할 때 '네 발을 가진 것'을 기준으로 선택할까 아니면 '생명을 가진 것'을 기준으로 선택할까?(B2) '네 발을 가진 것'이라는 기준은 말과 소를 구별해주지 못하지만 말과 새는 구별해줄 것이다. 물론 문제는 비교 대상에 따라 관련 기준이 변경된다는 점이다. 후기 묵가와 혜시는 모두 표준의 다양성과 가변성을 우려했다. 그러나 혜시와 달리 후기 묵가는 구별에 있어 명백한 상대주의를 기꺼이 받아들이지는 않았다. 그들은 자의성을 근심했다. 두 종류, 즉 소와 말을 구별하는 기준으로 우리가 뿔을 선택한 근거는 무엇인가?(B66) 후기 묵가는 비교와 분류의 예민한 문제를 잘 알고 있었다. 어떻게 "종류에서 종류로 확장해나갈"推類 수 있을까? 그레이엄은 추推가 추론이 아니라 유비적 논증의 형식이라는 점을 설득력 있게 논한다.

묵가는 아는 것에서 모르는 것을 추론하는 것이 아니라 일관된 서술에 관심이 있다. 동물의 얼굴에 있는 구멍이 실제로 눈인지 아닌지는 그들에게 전혀 관심의 대상이 아니다. 요점은 만약 네 개의 눈을 가진 사슴에 대해 말했다면 모든 사슴에 대해 동일하게 말해야 한다는 사실이다(*Later Mohist Logic*, 2003, 351).

문제는 속성을 뽑아내서 그것을 동일한 종류의 모든 예에 일관되게 적용하는 것이다. 이 어려움은 비교에서 비교로 옮겨가는 상대적으로 정의된 특성을 묘사할 때 더 복잡해진다. 후기 묵가는 신뢰할 수 있는 구별 방법을 말하지 않았거나 어쩌면 말할 수 없었을 것이다. 구별을 이끌어내는 방법에 대한 그들의 기술은 엉터리에 비논리적인 것처럼 보이고, 때로는 논쟁의 논리나 원리에 대한 체계적 분석보다는 논쟁의 목록처럼 읽힌다.◆ 예를 들어 그레이엄은 그들이 기하학을 명백하고 확실한 사고의 모범으로 취했을지라도, 기하학적 모범에 의해 얻는 어떤 관계와 규칙성을 보여줄 뿐이지 (1989, 60) 기학학적 증명을 통해 학문을 발전시키지는 않았다고 주장한다. 중국철학 학파에서 독특한 영역인 인식론 문제를 의식적으로 개괄했음에도 불구하고 그들은 대답보다는 질문을 더 많이 던졌다. 이런 질문에 대한 대답은 귀납적 추론과 관련된 과정을 이해하기 위한 일정 수준의 개념적 복잡성과 정교함을 필요로 한다. 다음 절에서 복합어에 대한 논의와 언어가 행위를 유도하는 방식에 대해 그들이 직면한 어려움을 검토해보자.

◆ 그레이엄은 묵가의 학문적 집대성은 일종의 설명서라고 주장한다. "충분히 교육받은 묵가가 되기 위해서는 명칭을 일관되게 적용하는 방법, 행동 방침 가운데에서 선택하는 방법, 물리적 현상의 원인을 탐구하는 방법, 명칭의 정의로부터 '선험적인 것'을 추론하는 방법을 배워야만 한다."(ibid., 31)

명칭, 명제, 지식

후기 묵가는 명칭, 복합어와 구句 혹은 명제辭를 고려하면서 언어의 본질을 탐구했다. 그레이엄은 「소취」**에 나오는 명제에 대한 논의를 중요하고 독창적인 혁신으로 일컫는다. 「소취」에서는 그레이엄이 '문장/명제'라고 번역한 사辭를 명칭과 구별하고 있다. 명칭은 주장을 만들지 않지만 명제는 만든다. 이 논의에서 우리는 주장은 만들어진다는 사실을 포착하기 위해 그레이엄의 '명제'라는 용어를 사용한다. '문장'이라는 용어는 피해야 한다. 왜냐하면 여기에 나오는 구절들이 영어에서 볼 수 있는 문장의 구조를 보이는지 분명하지 않기 때문이다. *** 이러한 명제는 무엇일까? 「소취」에서는 명제가 언어의 다른 기능뿐만 아니라 논증에서 그들의 위치와도 어떻게 다른지 제시한다.

> (A) 명칭名으로 대상을 지칭하고, (B) 명제辭로 생각을 끌어내고, (C) 설명說으로 근거를 드러내고, (D) 종류類에 따라 받아들이고 종류에 따라 제안한다. 자신의 경우에 있는 것을 다른 사람의 경우에 부정해서는 안 되고, 자신의 경우에 없는 것을 다른 사람의 경우에 요구해서는 안 된다.

** 그레이엄은 「소취」가 「명실론」이라는 문헌에 속한다고 주장한다. 로빈스(2010)는 「소취」와 후기 묵가 문헌에 비추어 「명실론」을 더 일반적으로 분류하는 그레이엄의 견해에 동의하지 않는다.

*** Graham, *Later Mohist Logic*, 2003, 471. 또한 24쪽도 참조하라. 고대 문헌에서 사(辭)라는 말을 개괄하면서 그레이엄은 "철학 영역 밖에서 사는 의례적이거나 미학적이거나 또는 설득력 있는 효과를 위해 의도적으로 구성된 발언의 일반적 용어. 철학 문헌에서 사는 생각이 말로 표현된 형식이라 오해의 소지가 있을 때는 면밀히 조사되어야 한다"고 말한다. 그레이엄과 합스마이어(Harbsmeier)의 해석에 반대하는 로빈스의 사에 대한 논의도 참조하라(2010, 263–266).

'예시'辟는 어떤 경우를 명확하게 하기 위해 다른 것을 언급한다.

'병렬'侔은 명제를 비교하여 모두 '진행'시킨다.

'인용'援은 "당신의 경우에 그렇다면 왜 나의 경우엔 그렇지 않은가?"라고 말하는 것이다.

'추론'推은 상대가 받아들이기를 거부하는 것을 제안하기 위해 거부하는 것과 받아들이는 것에서 동일한 것을 사용하는 것이다.

以名擧實. 以辭抒意. 以說出故, 以類取以類予. 有諸已不非諸人. 無諸已不求諸人.

辟也者. 擧也物而以明之也.

侔也者. 比辭而俱行也.

援也者. 曰子然. 我奚獨不可以然也.

推也者. 以其所不取之, 同于其所取者. 予之也.

이 네 가지 논증 형식을 살펴보자. 벽辟은 비교하기 위해 예시를 사용하는 것으로, 직접 표현할 때 입장이 명확하지 않은 경우 유용하다. 모侔는 곧 병렬 명제를 포함하는데, 뒤에 그것을 간단하게 탐구할 것이다. 원援은 y를 뒷받침하기 위해 x를 덧붙이는 것이다. 추推는 y를 x와 비교함으로써 y를 결론으로 이끌어내는 것이다.◆

◆「소취」에서는 명제를 사용할 때 주의해야 할 사항을 계속해서 상세히 설명한다. "(A) 일반적으로 사물의 어떤 점이 동일하다고 해서 그것의 모든 것이 동일한 것은 아니다. (B) 명제의 병렬은 그것이 일치할 때까지만 타당하다. (C) 무엇인가 그러한 것이 있다면 그것이 그러한 이유가 있다. 그러나 그러한 것이 동일할지라도 그러한 이유는 반드시 동일하지는 않다. (D) 우리가 주장을 받아들였다면 받아들인 이유가 있다. 그러나 그것을 동일하게 받아들였더라도 그것을 받아들인 이유는 반드시 동일하지는 않다. 그러므로 설명하고 병렬하고 인용하고 추론하는 명제는 그것이 계속해서 이어질 때 다른 것이 되고, 방향을 바꿀 때 위험해지고, 너무 멀리 나아갈 때 실패하고, 내버려두었을 때 근간에서 떨어져

댄 로빈스는 마지막 두 논증 형식에는 인신공격적 요소가 있다고 주장한다. 원의 경우 x를 상대방의 경우에서 주장한다면, 왜 그것을 논자의 경우에서 주장하면 안 되는 것일까? 추에서 상대는 논자의 견해를 받아들일 것을 요구받는다. 왜냐하면 그 견해는 상대가 이미 믿는 것과 유사하기 때문이다(Robins, 2010, 261-262).

명제에 대한 논의를 계속하기 위해 병렬 명제인 모侔에 초점을 맞춰보자. 모는 「소취」에 열거된 예에 함축되어 있다.

흰 말은 말이다. 흰 말을 탄 것은 말을 탄 것이다.
획은 사람이다. 획을 사랑하는 것은 사람을 사랑하는 것이다.
장은 사람이다. 장을 사랑하는 것은 사람을 사랑하는 것이다.
白馬, 馬也. 乘白馬, 乘馬也.
獲人也. 愛獲愛人也.
臧人也. 愛臧愛人也.

그녀의 동생은 잘생긴 사람이다. 그러나 그녀의 동생을 사랑하는 것이 잘생긴 사람을 사랑하는 것은 아니다.
도둑은 사람이다.
그러나 도둑을 사랑하는 것이 사람을 사랑하는 것은 아니다.
도둑을 사랑하지 않는 것이 사람을 사랑하지 않는 것은 아니다.

나가기 때문에 그것에 소홀하지 않아야 하고 또한 너무 엄격하게 사용하지 않아야 한다. 그러므로 말하는 데에는 여러 가지 방법, 구분된 종류, 여러 이유가 있으니 한 면만 봐서는 안 된다."(夫物有以同而不. 率遂同. 辭之侔也, 有所止而正. 其然也. 有所以然也. 其然也同, 其所以然不必同. 其取之也, 有所以取之. 其取之也同, 其所以取之不必同. 是故闢侔援推之辭, 行而異, 轉而危, 遠而失, 流而離本則不可不審也. 不可常用也. 故言多方, 殊類異故, 則不可偏觀也) 후스는 「귀납」이라는 장에서 이러한 기준을 유비적이고 다른 귀납적인 추론에 비추어 상세하게 설명한다(1928, 99-108).

도둑을 죽이는 것이 사람을 죽이는 것은 아니다.

其弟, 美人也. 愛弟, 非愛美人也.

盜人, 人也.

愛盜非愛人也.

不愛盜非不愛人也.

殺盜人非殺人也.

이와 같은 「소취」의 예는 '이것이고 그렇다'是而然의 추론 구조를 사용한다. 이 다음에 나오는 명제는 '이것이지만 그렇지는 않다' 是而不然의 구조를 갖는다. 간단히 말하자면, 이러한 구조는 계속해서 동사가 의미 있는 새로운 명제를 허용하는 명사구를 덧붙일 수 있는지 탐색한다. 만약 이것이 다른 많은 예에서도 통용되면 우리는 이를 보고 구문이 진행될 수 있다行고 말한다(「소취」). 구문이 진행된다는 것은 첫째로 다른 경우에서도 일관되게 받아들일 수 있는 병렬 명제를 이끌어내고, 둘째로 이제는 그것이 새로운 경우에도 적용될 수 있다는 말이다.

이 간단한 설명은 병렬 명제에 대한 후기 묵가의 논의에서 여러 가지 문제점을 드러낸다. 우리는 병렬 명제 '이것이고 그렇다'는 예를 가지고 시작했다. 흰 말의 병렬 명제는 '흰 말' 논리가 작동하는 것처럼 보인다. 하지만 획獲과 장臧의 예가 갖는 강력한 효력은 오직 묵가의 겸애에 비추어 이해해야만 한다. 획과 장은 노예를 지칭하는 경멸적인 이름이다. 획과 장같이 신분이 낮은 사람을 사랑하는 것은 분명히 인류를 사랑하는 것이다. 그러나 그것은 이 결론을 끌어낼 수 있는 명제 구조에서 나온 병렬 명제인가? 획과 장의 예는 두 가지 결론을 도출하는 것처럼 보이지만, 그중 어느 것도 후기 묵가의 입장에서는 만족스럽지 않다. 첫째, 획과 장의 명제 구조가 병렬 명제를 이끌어낸다는 견해에는 동의할 수 있다. '사랑한다'는 말은 여기서 흰 말을 '탄다'는 경우와 똑같은 논리로 작동한다. 그러나 이 견해를 취하면 묵자의 공평한 관심인 겸애의 심오한 뜻을 잃지 않을까? '사람을 사랑하라'는 의미론적이고 윤리적인 취지가 '이것이고 그렇다'는 병렬 명제와 무관하다는 점은 분명하다. 분명히 후기 묵가는 '사람을 사랑하라'의 중요성은 '탄다'와 같은 다른 동사와는 달리 그 내용에 있다고 주장했을 것이다. 둘째 대안은 묵가 윤리에서 겸애의 중요성을 유지하는 것처럼 보인다. 즉 획을 사랑하는 것이 '사람을 사랑하는 것'인 것처럼, 심지어 획과 장 같은 사람까지 모든 사람을 사랑하는 것으로 확장하는 것이다. 하지만 이렇게 하면 명제 구조에서 더는 병렬 명제에 초점을 둘 수 없다.

이런 문제는 '이것이지만 그렇지는 않다' 구조에서 더 두드러진다. 여자가 남동생을 사랑하는 것愛弟은 잘생긴 사람을 사랑하는 것愛美人이 아니다. 그러나 이는 병렬 구조를 잘 적용했기 때문이 아니라 복합어의 다른 의미 때문에 도달한 결론이다. 애제愛弟는 남동생을 사랑하는 것이지만 애미인愛美人은 성적인 매력을 함축하기 때문에 분명히 동생과 관련해서는 부적절한 것이다. 마찬가지로 의미론적 내용은 "도둑은 사람이지만 도둑을 죽이는 것殺盜은 사람을 죽이는 것殺人이 아니다"라는 병렬 명제를 이끌어낸다. 도둑을 죽이는 것은 사람을 죽이는 것이 아니다. 왜냐하면 살도殺盜는 "도둑을 처형하는 것"이지만 살인殺人은 '살인자'를 의미하기 때문이다. 이러한 예는 명제 구조에 적합한 것처럼 보이지만 병렬 명제가 작동한다는 잘못된 인상을 준다. 그러나 각 주장은 적합하다. 왜냐하면 각 경우에 중국어의 복합어(잘생긴 사람을 사랑한다, 사람을 죽인다)는 다른 의미를 산출하기 때문이다. 사실 이 논의는 수용될 수 있다. 일상 언어를 사용하는 데 있어 복합어의 의미론적 측면을 부각시키기 때문이다. 이것은 논쟁이 의미 있는 관습을 정착시키는 것과 관련됨을 함축한다. 순자는 후기 묵가가 "명칭을 혼란스럽게 사용하여 백성을 무질서하게 만든다"亂正名, 使民疑惑고 비난했다(Graham, *Later Mohist Logic*, 2003, 43). 사실 이런 명제를 수용할 수 있게 하려면 오직 관습적 언어를 사용하기만 하면 된다. "동생을 사랑하는 것은 잘 생긴 사람을 사랑하는 것이 아니다" 혹은 "도둑을 죽이는 것은 사람을 죽이는 것이 아니다"라는 결론에 도달하기 위해 병렬 명제가 필요한 것은 아니다. 후기 묵가는 왜 언어의 구조에서, 특히 병렬 명제侔의 사용에서 의미를 확립하려고 했을까? 로빈스는 후기 묵가가 모侔를 신뢰할 수 없다는 점을 알았지만 왜 그것이 잘못될 수 있는지는 알지 못했다고 주장한다(2010, 261).

이제 후기 묵가 문헌에서 지식에 대한 논의의 맥락에 이런 숙고를 놓아보자. 「경」A80은 지식의 네 가지 대상을 명명한다.

- 명칭名
- (실제) 사물實(존재와 사건을 포함)
- 명칭을 사물에 대응合
- 행위爲

앞의 두 가지, 즉 명칭과 사물에 대한 지식은 뒤의 두 가지, 즉 지식의 실제 적용과 비교해 더 이론적이다. 명칭을 사물과 대응시킬 수 있으려면 다층적인 과정이 필요하다. 사물을 구별하는 방법을 알고 특정한 특성에 따라 어떤 종류類에 포함되는지 이해하고 명칭을 그것에 적용하는 방법을 알아야 한다. 명칭을 사물에 대응시키는 것은 일종의 능력才이다(A3, A25). 네 번째 지식의 종류인 행위는 특정 명칭으로 지칭되는 것에 적절하게 반응할 수 있는 능력을 포함한다. 묵가는 이론적이거나 담론적인 지식보다 실제적인 지식을 중시했다. 논쟁을 하는 이유는 사람이 적절한 항목을 선택할 수 있게 하기 위함이다. 그들은 맹인의 곤란한 처지를 언급하면서 방법을 아는 것의 중요성을 설명한다.

> 이제 맹인은 "광채로 빛나는 것은 하얗고 그을음 같은 것은 검다"라고 말할 수 있다. 볼 수 있는 사람조차 그 정의를 거부할 수는 없다. 그러나 맹인 앞에 흰색과 검은색 물건을 놓고 하나를 선택하도록 요구하면 그는 선택하지 못한다. 그러므로 나는 "맹인은 검은색과 흰색을 아는 것이 아니다"라고 말한다. 그는 그것을 명명할 수 없는 것이 아니라 그것을 선택할 수 없는 것이기 때문이다.
>
> 今瞽曰, "鉅者白也. 黔者黑也." 雖明目者無以易之. 兼白黑, 使瞽取焉, 不能知也. 故我曰, "瞽不知白黑者." 非以其名也. 以其取也. (『묵자』「귀의」貴義)

맹인은 명칭은 이해할 수 있지만 명칭을 사용해 구별할 줄은 모른다. 후기 묵가에서 명칭은 궁극적으로 행위를 지도하는 것이다. 그들은 언어의 본질, 논쟁 전략, 지식의 원천을 설명하는 데 많은 주의를 기울였다. 비유적 사고, 유사성, 설명에 대한 면밀한 검토를 통해 중국어가 명칭, 명제, 세계를 확실하게 연결할 수 있는 안정적이고 일관된 구조를 제공하지 못했다는 점을 드러냈다. 언어를 통해 불일치를 해결하는 논쟁이 사회적 불안정을 해결하는 열쇠라고 믿었던 그들은 인간의 독창성과 창조성도 과소평가했을까? 그들은 인간의 본성에 대해 단순하게 가정했을까? 예를 들어 사람들의 행동은 겸애를 통해 표준화될 수 있다고 기대한 것은 아닐까?

「경」에도 유사한 가정이, 즉 측정, 역학, 정밀성에 적절한 절차가 인간 행동에도 직접적으로 적용될 수 있다는 가정이 있었을까?

과학적 논의

「경」은 기하학, 광학, 역학 등의 영역에서 다양한 주제를 논의한다. 그 주제는 부피, 정렬, 원형, 측정(A52-69), 공간, 시간, 지속(B14-16), 빛, 그림자, 거울, 이미지(B17-24), 무게, 힘, 경사, 도르래, 바퀴(B25-29) 등이다. 그들은 세계의 사건과 현상에 주의를 기울였다. 예를 들면 그림자에 대한 논의에서처럼.

> 「경」 그림자의 크기. 경사와 거리로 설명景之大小. 說在植正, 遠近.
> 「경설」 기둥이 기울어질 때 그림자는 짧고 크다. 기둥이 똑바를 때 그림자는 길고 작다. 빛이 기둥보다 작으면 그림자는 기둥보다 크다. 작기 때문만이 아니라 거리 때문이기도 하다木植.
>
> 景短大. 木正. 景長小. 大小于木. 則景大于木. 非獨小也. 遠近.

세계에 대한 관찰과 묘사에서 후기 묵가는 다른 종류의 원인故을 구별한다. 「경」 A1에서는 필요한 조건('부차적 원인'이라고 함)과 필요충분조건('주요 원인'이라고 함)의 차이를 구별한다.

> 「경」 어떤 것의 고故(원인/이유)는 일어나기 전에 알아야 한다.故所得而後成也.
> 「경설」 '부차적 원인', 이것이 있으면 반드시 그러하지는 않을 것이다. 이것이 없으면 반드시 그러하지는 않을 것이다.

(……) '주요 원인', 이것이 있으면 반드시 그러할 것이다. 이
것이 없으면 반드시 그러하지 않을 것이다 小故. 有之不必然. 無之必不
然. (……) 大故. 有之必(然), 無(之必不)然. ◆

후기 묵가는 세계를 관찰하면서 인과관계를 이해하는 데 있
어 그들의 한계를 깨달았다. "싸우는 자의 실책이 술을 마셨기 때문
인지 정오의 태양 때문인지 알지 못한다. 우연한 상황이다."鬪者之敝
也, 以飮酒, 若以日中, 是不可智也. 遇也(B10) 이 경우 여러 가지 원인이 가능하
며 실제 원인을 결정하기는 어렵다. 흥미롭게도 「경」에는 질병에
대한 많은 언급이 나오지만(A76, 77, 85; B9, 10, 34) 확실성을 고려했
던 후기 묵가는 질병을 강조하지는 않았다. 왜냐하면 질병을 유발
하는 원인의 수많은 인과관계를 이해하거나 확정할 수 없었기 때문
이다. 대신에 그들은 광학과 역학 사례에 의존했다. 거기서 원인을
더욱 잘 예측하고 쉽게 식별할 수 있는 현상을 이끌어낼 수 있었다
(Graham, *Later Mohist Logic*, 2003, 56) ◆◆ 이러한 관심사를 염두에 두고
우리는 또한 '끝나지 않는 것'不已으로서 필연성, 즉 필必에 대한 그
들의 견해를 엿볼 수 있다. 필연적인 것은 시간에 따라 변해서는 안
된다.

후기 묵가에서 가장 심오하고 가장 까다로운 문제는 지식과
시간적 변화 사이의 관계다. (……) 그들은 고대의 권위가
더 이상 행동의 적합한 지침이 될 수 없는 급속한 사회적 격
변기에 살았다. 그들은 묵자의 도덕적 가르침을 권위가 아니

◆ 현존 문헌에서 문자와 문자 행이 읽기 어렵기 때문에 그레이엄에 따라 괄호에 글자를
삽입했다.
◆◆ 그레이엄은 다음과 같이 덧붙인다. "논쟁에서 명칭에 대한 설명에 부합하는 대상을 설
명하는 경우 원인이 쉽게 드러나고 명백하게 논증될 수 있는 현상이 필요하다."(ibid.)

라 논쟁의 절차로 정당화된 정교한 윤리적 체계로 발전시켰다. 또한 성인 가운데 오직 묵자만이 필연성必의 원리를, 그래서 시간과 무관하게 확고한 원리를 가르쳤다고 믿었다. "성인의 판단은 이용하되 필연성으로 다루지 않는다. '필연성'은 받아들이되 의심하지 않는다."聖者, 用而勿必. (必)也者, 可(而)勿疑(A83) (……) "세상에 사람이 한 명도 없더라도 묵자가 말한 것은 여전히 존재할 것이다."天下無人. 子墨子之言也. 猶在(Graham, *Later Mohist Logic*, 2003, 33)

언어에 대한 접근 방식에서 봤던 것과 마찬가지로, 확실성과 필연성을 추구했던 그들에게 세상의 다양성과 차이를 관찰하는 일은 불편했다. 후기 묵가는 다양하고 변화하는 세계에서 안정성을 세우려고 했지만 이것을 무엇에 세울 수 있단 말인가? 그들이 숙고했던 내용은 세계에 대한 엄청난 양의 자세한 정보를 제공한다. 아마도 그것이 언어와 세계의 관계를 체계화하려는 시도가 많은 어려움에 부딪힌 이유일 것이다. 과학과 관련한 그들의 논의는 관찰의 범위를 기술하는 정도로만 보인다. 즉 그들은 관찰 가능한 세계에서 특정한 현상을 분류하는 체계는 제공하지만, 상대적으로 유사한 상황에 적용할 수 있는 일반적 원리는 도출하지 못했거나 혹은 도출할 수 없었다. 벤저민 슈워츠는 다음과 같이 그들의 숙고를 설명한다.

광학, 역학, 물리학에 대한 탐구는 실제로 이루어졌다. 기하학적 정의와 광학 현상의 수학적 해결에 대한 관심도 있었다. (……) 그들은 개별 효과에 대한 개별 원인을 찾는 데 힘썼다 (1985, 168).

그들은 다른 과학 분야에서 실제적인 초점을 가지고 열정적으로 탐구했다. 이런 탐구는 그들이 보기에 추상화, 범주화, 보편화, 그리고 특히 언어로 부호화된 것들을 거부하는 복수성에 대한 몰두와 관련이 있었다. 이러한 열망을 이해한다면 언어에 대한 그들의 논의가 왜 삼단논법 공식으로 귀결되지 못하고, 명제에 대한 논의가 추론의 기준으로 발전하지 못했으며, 과학 현상에 대한 논의가 일반적 원리를 형성하는 데로 나아가지 못했는지 파악할 수 있다.◆ 복수성과 차이의 문제를 다뤘던 헤시와 달리 후기 묵가는 다양성을 궁극적인 단일성으로 환원하는 것을 거부했거나 혹은 그렇게 할 수 없었다.

> 세상의 모든 다양성이 설명될 수 있도록 질량과 운동을 최소한의 궁극적 특성인 '물질'로 설명하려고 하는 '환원주의'적인 충동이 없었다. (……) 그들은 단호한 다원론자로 남았다 (Schwartz, 1985, 168).

논쟁과 문제 해결에 접근하는 방식에서 보면 후기 묵가는 실재에 대해 상식적인 견해를 가졌던 것 같다. 이러한 측면에서 언어와 논쟁에 대한 그들의 논의 방식은 자연계의 현상을 관찰하는 방식과 동일하다. 논쟁에서 시비是非를 확인해주는 것(예를 들어 흰 말이 말인지 여부)은 관습적 언어 사용이다. 마치 경험적 관찰이 인과관

◆그레이엄은 이런 방식으로 후기 묵가가 보편에 반감을 가지게 된 것을 설명한다. "묵가는 그 안에서 각 이름이 그 자신의 대응 상대를 갖는 보편의 영역과 관련해 사고하지 않는다. 그들은 하나의 변경 가능한 대상에 부합하는 것으로서 많은 이름을 생각한다. 그것의 이름('돌'), 지속적으로 그러한 것의 이름('흰색') 혹은 순간적으로 그러한 것의 이름(돌이 깨지기 이전의 '큰') 등이다."(Later Mohist Logic, 2003, 35)

계를 확인해주는 것처럼 말이다. 그들은 음과 양을 포함해 질병과 우주론을 다룰 때 규정하기 어려운 관념을 피하도록 주의를 기울였다. 오행五行 사상을 논의할 때는 신비한 요소를 제거하고 순전히 인과적 용어로 설명했다(B43). 그들은 모든 복수성 속에서 관찰 가능한 세계에 깊이 관계했다.

겸애의 실천: 공리주의 도덕

윤리에 초점을 둔 후기 묵가의 글인 「대취」는 심하게 훼손되었다. 그러나 『묵자』의 이전 편들에서 발견할 수 있는 겸애, 공평한 관심은 여전히 찾아볼 수 있다. 「대취」에서는 겸애의 실천이 어떻게 이루어질 수 있는지 한층 더 숙고한다. 이익利을 정의하는 방식도 상당히 변해 더 현실적이고 복잡해졌다. 『묵자』의 이전 편들은 이익을 전체 행복, 인구, 사회질서와 관련해 정의했던 반면 「경」은 개인의 행복과 싫음과 관련해 정의한다.

> 이익은 얻어서 기쁜 것이다利, 所得而喜也(A26).
> 해로움은 얻어서 싫은 것이다害, 所得而惡也(A27).

이것은 쾌락주의로 보인다. 그러나 동시에 행복의 척도가 작동하는 방식은 더 발전했다. 묵가는 권權(무게를 재다)을 공리주의의 실제적 추론에 포함된 '계산' 과정과 관련해 해석한다. 흔히 우리는 어떤 요소를 '가볍다' 혹은 '무겁다'라고 평가하는데, 그러한 판단은 맥락에 맞게 내려질 필요가 있다. 이것은 우리가 대안들 가운데서 결정해야만 할 때 무게 측정이 시행되는 곳이다. "무게를 잴 경우 잘못된 것이 옳은 것으로 드러나는 것은 (……) 무게를 잰 뒤의 판단이다."(「경설」) 그 예로 싸우기를 거부하면 목숨을 잃고, 싸우면 팔을 잃는 두 가지 대안 가운데 선택해야만 하는 상황을 든다. 일반적으로야 팔을 잃는 것을 원할 리 없지만 전체 상황에 비추어 볼 때 선택은 명백하다. 이것은 대안 사이에서 선택하는 과정에 대한 깊은 통찰력을 보여준다. 왜냐하면 이익과 해로움뿐만 아니라 제한된 상황에서 더 나은 것을 고려하기 때문이다.

후기 묵가 논의는 또한 자신에게 이익이 되는 이기적 행위를 허용한다. 심지어 적절한 자기애도 제안한다. "자신을 사랑하는 것은 자신을 유용하게 만드는 것이 아니다(말을 사랑하는 것과는 다르다)."愛己者, 非爲用己也. 不若愛馬(「경설」) 이런 생각을 어느 정도까지 확장할 것인지에 대해서는 신중해야 한다. 왜냐하면 그것이 현대적 사고에서 자기 존중과 같은 의미인지 분명하지 않기 때문이다. "누구의 행복인가?"라는 더 광범위한 질문에 대해 후기 묵가는 그들을 비판하는 사람들에게 신중한 대답을 제공한다. 그들은 친소 관계倫列를 의무 관념에 통합한다. "의무가 더 많은 사람을 위해 더 많은 것을 하고 의무가 더 적은 사람을 위해 더 적게 한다."義可厚厚之, 義可薄薄之(「대취」) 채권자, 군주, 상사, 연장자, 형제, 친족을 포함해 특정한 다른 사람들을 위해 더 많은 일을 하는 것이다. 부모에 대한 의무는 특별한 경우로, 그 의무는 할당되는 것分이다. "다른 사람보다 부모를 위해 더 많은 것을 하는 것은 당신의 몫이다."(Graham, *Later Mohist Logic*, 2003, 256) 그러나 이것은 겸애에 대한 강조와 균형을 이룬다. 따라서 이것은 한 사람이 부모에게 더 큰 의무를 지는 반면에 "다른 사람의 부모에게도 자신의 부모와 마찬가지로 많은 관심을 가져야 한다"愛人之親, 若愛其親(「대취」)는 뜻인 듯하다.

겸애에 대한 좀 더 완화된 접근 방식은 그 복잡성을 강조한다.

일반적인 관습에 공감하지 않기 때문에 겸애를 요구하는 것은 아니다. 어떻게 이 둘의 균형을 맞출 것인지에 대한 질문은 여전히 남는다. 어떻게 특정 개인을 위해 더 많은 일을 하면서 동시에 다른 모든 사람에게 공평한 관심인 겸애를 다할 수 있는지. 고대 유가는 친밀한 관계를 우선시해야 한다고 강하게 주장했다. 후기 묵가는 자기애와 행복을 수용하면서 도덕성의 가치를 개인이 사회적 행복을 넓히는 데에 기여한 바에 두려고 했다. 그레이엄은 도덕성에 관한 고대 논쟁에서 묵가가 공헌한 점을 다음과 같이 표현한다. "후기 묵가 윤리의 두드러진 혁신은 아버지와 아들, 통치자와 신민 사이의 고정된 사회적 관계가 아니라 자신과 다른 사람과 세상을 이롭게 하는 개인과 관련해 도덕성을 찾으려고 했다는 점이다."(Graham, *Later Mohist Logic*, 2003, 51)

3
중국 전국시대의 논쟁

변자는 그 시대에 공식적 논쟁과 관련해 그리 성공적이지 못했다. 그들 논쟁의 어떤 양상 때문이기도 하고, 사실 이기기 위해 논쟁을 벌였기 때문이기도 하다. 왜 그들의 교리와 실천은 그토록 거부당했을까? 일부 변자는 궤변에 관심이 없었고 당시의 철학적이고 사회적이고 윤리적인 주제에 관심이 있었다. 그들은 인간 사회에서 언어와 그 기능에 대해 논쟁했다. 그들은 엄청나게 복잡하고 근본적인 문제를 연구했는데, 이것들은 당시 통치 계급과는 전혀 무관한 것처럼 보였을지 모른다(Schwartz, 1985, 170-171).

그들이 논쟁에 참여한 것은 실제 세계와 어떻게 언어가 그것을 적절하게 포착할 수 있는지에 관심이 있었기 때문이다. 명칭과 실제 사이의 관계는 무엇일까? 언어는 다른 종류의 세계를 어떻게 드러낼까? 맥락과 관련된 것에 근거해 무슨 범주에 속하는지類를 결정할 수 있을까? 후기 묵가에서 논쟁은 올바른 구별을 해내는 것과 관련되었다. 이것인지 이것이 아닌지, 동일한지 다른지, 그러한지 그러하지 않은지 등. 혜시는 이 논쟁에서 극단적 입장을 취했으며 그런 구별을 이끌어낼 근거는 없다고 주장했다. 그가 보기에 명칭의 선택은 자의적인 것이었다.♦ 공손룡은 사물의 세계(물질)에 집중했고, 복합어를 포함해 명칭이 적절하게 사물을 드러낼 수 있는

♦8장의 장자 철학에 관한 논의에서 보게 되겠지만 혜시의 관점은 아마도 장자의 사상에 대한 반응일 것이다.

방법에 초점을 맞추었다. 공손룡의 철학에 대한 우리의 지식은 불완전하다. 그의 논의는 불필요하게 공을 들인 것처럼 보이지만, 그는 고대 중국 언어의 특성을 잘 알았던, 그리고 그것에 대한 상식적인 가정에 도전한 고대 사상가 가운데 한 사람이었다.

후기 묵가는 더 나아가 복합어뿐 아니라 명제(주장)도 숙고하며 논의를 펼쳤다. 언어에 관한 그들의 논의는 선진 시기 철학에서 가장 발전했고 가장 구체적이었다. 다른 명가와 마찬가지로 언어의 사용과 명칭의 적용에 관심을 가졌다. 그들은 적절하고 확실하게 구별할 수 있는 방법을 모색했다. 후기 묵가 문헌에서 우리는 사회적 삶을 용이하게 해주지만 세상의 다양성을 지나치게 단순화시키지 않는 기능적인 언어를 고안하는 것에 대한 복잡성에 주목해야 한다. 그들에게 논쟁과 올바른 구별은 장인 정신뿐만 아니라 윤리적이고 정치적인 논의에도 영향을 미치는 것이었다. 순자는 명칭을 정해 규범을 시행하려는 시도에 적대적이었다. 그는 그들이 정확한 용어를 혼란하게 한다고 비난하고 그것이 범죄 행위라고 주장했다.

> 진정한 왕이 명칭을 정하는 방식이다. 고정된 명칭은 대상을 구별하게 하기 때문에, 그리고 그의 도가 실천될 때 그의 목적이 보편적으로 이해되기 때문에 그는 백성들 사이에 (명칭과 도와 관련해) 통일성을 이루기 위해 신중하게 애쓴다. 명제를 일일이 따지고 자신의 권위로 명칭을 만들면 올바르게 명칭을 사용하는 데에 혼란이 일어나고 백성들이 의심해 논쟁과 소송이 크게 증가할 수 있기 때문에 진정한 왕은 그것을 '큰 악'이라고 하여 자격을 위조하거나 무게와 척도를 조작하는 범죄처럼 엄중하게 처벌한다.
> 故王者之制名, 名定而實辨, 道行而志通, 則愼率民而一焉. 故析

辭擅作名以亂正名, 使民疑惑, 人多辨訟, 則謂之大姦, 其罪猶爲
符節, 度量之罪也. (『순자』「정명」)

　　순자는 명칭에 대한 논쟁을 못마땅해했다. 왜냐하면 혼란을
야기하기 때문이다. 그 적대감의 원인은 논쟁 자체의 목표나 그 과
정의 결함에 있지 않았다. 실제로 순자는 인간 사회에서 언어의 중
심적 역할과 관련한 후기 묵가의 입장에 동의했다. 그들 모두 사회
에서 작동하는 규범적 역할 언어를 이해했다. 순자는 무게와 척도
를 조작하는 것과 명칭을 고정하는 과정 사이의 비유를 통찰력 있
게 끌어낸다. 이 비유는 기존의 관습과 규범을 불안정하게 만들려
는 시도로서 두 활동 모두의 중대한 함의를 보여준다. 순자에게 쟁
점은 변자가 선을 넘어서 오직 진정한 통치자의 특권이었던 과정에
개입했다는 것이다. 간단히 말해 명가는 정치적 과정에 허가받지도
않고 뛰어들었던 것이다.
　　후기 묵가가 '이것인지 이것이 아닌지' 혹은 '그러한지 그러하
지 않은지'의 경우를 결정해 문제를 해결하려 했을 때 그들은 권위
에 호소하는 지배적인 가정에 도전했던 것이다. 대신에 그들은 견
해의 신뢰성, 즉 허용할 수 있는지 혹은 그렇지 않은지可不可에 근거
해 정당화를 추구했다. 그래서 주장과 논쟁을 평가하기 위한 새로
운 기준을 수립했다. 놀랍게도 삶의 다른 영역에 표준을 적용하는
것에 대한 그들의 기본적인 가정은 '누구나' 그것을 적용할 수 있다
는 것이었다. 암묵적으로 그들은 규범을 결정하는 정당한 방법으로
성인이나 하늘의 권위에 호소하는 견고한 신념에 도전했던 것이다.
후기 묵가 문헌의 논의는 권위에 호소하지 않고 묵가 자신의 이념
을 보급하지도 않았다. 문헌의 논증은 오직 특정한 교리만을 언급
하고 상대 철학자의 이름을 언급하는 것은 자제했다. 그들의 관점

에서 의심할 만한 것은 교리이지 그 옹호자는 아니었다. 그레이엄은 이 문헌이 그 시기 문헌 가운데 보기 드문 것이라고 주장한다.

> 공자에서 한비자에 이르기까지 다른 사상가는 모두 철학의 실천을 도덕적이고 실제적인 설득과 분리하지 못하거나 그렇게 하기를 거부했다. 그러나 후기 묵가는 결코 설교하지 않았다. 도덕에 대해 말해야 하는 모든 것은 순수한 윤리다. (……) 이러한 비인격화는 선진 시기 철학에서 매우 드물고, 당시 가장 흥미로운 논쟁의 사례는 맹자와 고자, 혜시와 장자가 실제로 (혹은 극화된 것일지라도) 대면해 벌인 논쟁이었다(*Later Mohist Logic*, 2003, 24-25).

불행하게도 중국 사상사에서 이러한 논쟁은 진나라 이후 오랫동안 중단되었다. 지배적인 사회정치적 세력은 논쟁에 대한 변자의 관심, 그리고 언어와 언어가 삶에서 지도적 역할을 한다는 사상에 대한 명가의 관심에 반대했다. 아마도 현상 유지 관점에서 볼 때 이런 문제들은 너무 복잡하고 너무 대립적이었을 것이다. 명가 사상가들은 논쟁을 삶의 실용성과 연결시키는 데 실패했을지도 모른다. 아니면 권력 계층의 문화에 도전하는 것을 주저했을 수도 있다.

7

법가 철학

전국시대의 논쟁들은 현상을 유지하려는 신념과 관습에 도전했다. 유가는 전통적 삶의 많은 측면을 지지했지만 자발적 성취의 가능성에 대한 질문도 제기했다. 특히 공직에 있는 사람에게 말이다. 도가는 많은 부분에서 관습적 삶과 실천을 거부했지만 백성을 위한 좋은 삶에 대한 전망을 가지고 있었다. 법가의 사상은 근본적인 인도주의적 가치를 부정한다는 점에서 단순했다. 그리고 관계의 중요성, 윤리적 인식과 행동의 제도적 수양, 어쩌면 무엇보다도 백성의 이익을 돌보는 자비로운 통치에 대한 발상을 거부했다. 중국 사상사학자 헐리 크릴Herrlee Creel은 법가 철학이 "상당한 수위의 반혁명 철학"(1953, 135)이라고 논했다. 법가는 백성을 위한 통치라는 점점 인기를 더해가는 견해를 거부하고, 대신에 통치자의 권력 유지에 초점을 맞추었다고 크릴은 주장했다.

『사기』에서 사마담이 법가 철학을 하나의 '학파', 즉 법가法家(형법학파)로 분류한 것은 여러 가지 면에서 오해의 소지가 있다. 첫째, 법가 사상의 창시자를 확인할 수는 없지만 한비자(기원전 280-기원전 233)가 가장 체계적인 제안자로 보인다. 그 대표 문헌의 제목이 그의 이름에서 나왔기 때문이다. 그러나 『한비자』의 저자 문제는 문헌의 불일치 등 여러 가지 문제로 가득 차 있다.◆ 둘째, 법가로 간주되는 모든 사상가가 실제로 법(형법)을 근본 주제로 논의하지는 않았다.◆◆ 셋째, 무엇이 법가 사상가의 이념을 가장 잘 특징지을 수 있는 사상이나 주제인지가 분명하지 않다. 선진 시기 동안

◆ 저자 문제와 관련해 Goldin, 2013 참조. 한비자의 저작을 영어로 가장 종합적으로 번역한 것은 W. K. Liao, *The Complete Works of Han Fei Tzu: A Classic of Chinese Political Science*, vols. 1-2, 1939, London: Arthur Probsthain다.

◆◆ 예를 들어 신불해는 법가 사상의 주된 지지자로 널리 알려졌지만, 신불해 철학을 광범위하게 연구한 크릴은 "신불해는 법가가 아니다. 왜냐하면 (……) 행정 관리에 진지한 관심을 가진 사람은 정부 운영에서 법의 위치를 의심할 수 없기 때문이다"라고 주장했다(1974, 135).

법가 사상과 관련되거나 중대한 영향을 미친 사람은 관중管仲(기원전 645), 상앙商鞅(기원전 338), 신불해(기원전 337), 신도(기원전 350-기원전 275)와 한비자다.

법가 문헌을 읽으면 그들이 법에 대해 생생하게 논쟁하고 신중하게 고려했다는 인상을 받는다. 그 법은 '표준'을 의미할 수도 있고, 넓게 읽으면 형법과 그것의 사용을 의미할 수도 있다.◆ 당시의 기존 사상과 주제는 법가 철학이 성장한 배경을 제공해준다. 모범적 지도력에 대한 유가의 강조, 묵가의 표준에 대한 논의,◆◆ 몇몇 주목할 만한 사상가 사이의 언어에 관한 논쟁, 인간 본성과 통치의 역할에 대한 견해, 정치적 권위와 관료제의 역할 등이 그것이다. 여기에는 많은 상호 교차가 있었다. 예를 들어 법가는 격렬하게 유가를 거부했지만 유가 사상가인 순자는 한비자와 이사李斯(기원전 280-기원전 208)의 스승이었다. 이사는 법가적 통치를 했던 진나라의 재상이자 정치 전략가였다. 우리는 또한『한비자』에서 법가의 전략과 도가의 무위無爲를 혼합하려 한 시도를 볼 수 있다. 두 철학은 어떤 점에서 깊이 모순됨에도 불구하고 황노 사상은 도가의 무위를 법가 통치자의 통치 전략에 통합시켰다(de Bary and Bloom, *Sources*, 1999, 241-256; Nivison, 1999, 801). 나중에 보겠지만『한비자』에서는 이렇게 말한다. 질서는 법에 의해 유지되고 관료는 필요한 곳에 형벌을 내리지만, 군주는 법과 형벌의 체계 뒤에 숨어 있다. 이런 방식으로 법가의 군주는 그늘진 곳에 숨어 헤아리기 어려운 존재로 아무것도 하지 않는 것無爲처럼 보인다. 그러나 사실상 막강한 권력을 가지고 있으며 그의 신하들을 효과적이고 효율적으로 관리해 관료와 백성

◆ 골딘은 법이 지칭하는 다양한 대상을 논의한다. 특히『관자』「칠법」(七法)에 대한 논의 참조(2011, 93).

◆◆ 슈워츠는 묵자 사상(예의 적절성과 내적 동기를 거부하고 유용성과 상벌의 역할을 강조)의 어떤 요소가 법가 철학의 근거를 마련했을지도 모른다고 지적했다. 물론 두 전통 사이의 차이는 과소평가되어서는 안 된다(1985, 329).

을 통제한다.

법가 사상의 흥미로운 측면은 그 당시 통치 집단이 상당수의 법가 사상가에게 자문했다는 점이다. 상앙은 진나라 대신大臣이었고 신불해도 전국시대 말기 한나라의 대신이었다(Bodde, 1986, 74). 한비자는 기원전 221년 진나라가 한나라를 병합하기 직전에 한나라의 자문관이었다. 이러한 정치적 전략가들이 통치에 관한 글을 썼다는 것은 놀랄 일이 아니다. 특히 주제를 다루는 방식은 윤리적 반성보다는 정치적 야망에 좌우된 것처럼 보인다. 그래서 예를 들어 벤저민 슈워츠는 법가 철학을 '행동과학' 혹은 '사회정치적 조직화의 과학'으로 설명한다. 헐리 크릴은 이를 '관료제 이론'으로 묘사하고, 앵거스 그레이엄은 '정치 기술의 비도덕적 과학'이라고 표현한다.◆◆◆ 법가 문헌에 담긴 사상은 전략가의 관점에서 형성되었으며 그중 일부는 통치자의 권력을 유지하는 데 특히 관심을 가졌다. 폴 골딘은 『한비자』가 서로 다른 청자에게 다른 말을 건네려는 한비자의 시도를 표현한다고 제시한다. 예를 들면 어떤 지점에서는 의심의 여지 없는 통치자의 권위를 주장하고 어떤 지점에서는 군주의 약점을 이용하려는 관료를 지지한다는 것이다. "한비자의 견해는 누가 듣느냐에 따라 바뀐다."(2013, 13) ◆◆◆◆ 이 점에서 법가 사상과 그 적용과 궁극적인 실패는 전국시대와 진나라 시기 동안 권력을 잡았던 이들이 취한 몇몇 조치에 비추어 보면 더 잘 이해할 수 있다. 예를 들어 사소한 범죄에 대한 가혹한 처벌, 그리고 공포와 억압의 분위기가 진나라의 통치 방식이었다. 이러한 세부 사항은 진나라 때와 그 이후에 중국에서 법가 철학을 이해하고 해석하는 데 계속 영향을 미쳤을 것이다.

◆◆◆Schwartz, 1985, 321, 335; Creel, cited in ibid., 336; Graham, 1989, 267.
◆◆◆◆ 골딘의 전체 논의(1-18)를 참조하라. 또한 도의 우월성과 관련해 16쪽도 참조.

1
세 가지 근본 주제: 형법, 기술, 권력

『한비자』는 이전 문헌에 나타난 주요 개념을 한데 모아 사회 질서, 정치 권위, 관료의 효율성이라는 철학으로 통합했다.◆ 그 철학은 세 가지 주제, 즉 형법法, 정치 전략 혹은 기술術, 권력勢을 효율적인 통치를 위한 제안으로 내놓는다. 이는 상앙의 법에 대한 개념, 신불해의 기술에 대한 논의, 신도의 권력에 대한 의견에 근거한다. 이 세 가지 주요 주제를 토대로 『한비자』의 추정 저자인 한비자가 법가 사상의 집대성자로 간주된다. 다음에서 이 세 주제를 살펴보자.

법法: 표준과 형법

법가의 용법에서 법의 개념과 관련해 두 가지 중요한 분류가 이루어져야 한다. 첫째, 다양한 학파의 사상가들이 논한 법은 '표준'standard을 의미했다. 예를 들어 묵자의 철학에서 본 것처럼 말이다. 묵자는 장인匠人 정신에서 사용된 표준을 논의하고 그것을 다른 모든 사람에 대한 공평한 관심인 겸애를 포함하는 모범적 행위에 적용해 확장했다. 『논어』에서도 표준에 대한 언급을 찾을 수 있다. 공자는 70세에 (목수가 사용하는) 곱자矩의 기준을 넘어서지 않고

◆Fung, 1948, 157; Chan, *Source Book*, 1963a, 252; Schwartz, 1985, 339-343.

서 자신의 마음을 따를 수 있었다고 했다(『논어』「위정」 4). 한비자도 이렇게 법을 표준으로서 넓게 이해했다. 그는 묵자와 마찬가지로 일상적 삶부터 인간 행위까지 표준을 확대 적용한다. 자기 나침반, 곱자, 저울, 수평계, 먹줄, 그리고 인간 행위의 옳고 그름에까지(『한비자』「유도」有度). 「유도」에서 한비자는 법의 두 가지 의미를 논한다. 넓은 의미로서 측정의 방법, 그리고 좁은 의미로서, 즉 법가적 의미에서 형법이 그것이다. 법은 옳고 그름을 판단하는 제도다. "법으로 국가를 다스리는 것은 옳은 것에 상을 주고 그른 것에 벌을 주는 것이다."以法治國, 刑過賞善而已(「유도」) 우리는 법가 문헌에서 표준으로서의 법과 형법으로서의 법 사이의 이동을 자주 보게 될 것이다.

둘째, 형법은 법가가 형법으로서의 법을 논하기 이전에 이미 시행되었다. 형벌의 집행에 대한 언급은 기원전 513년 이전 진나라에서도 나타난다.◆◆ 상앙은 진나라 효공孝公(기원전 381-기원전 338) 밑에 있던 대신이었는데 수많은 개혁을 실행한 것으로 유명하다. 이 개혁을 통해 작은 나라였던 진나라는 군사 강국으로 발전했다. 그는 열정적으로 형법을 연구했다고 알려졌다(Duyvendak, *Book of Lord Shang*, 1928, 1-40). 『논어』(「팔일」 22, 「헌문」 9, 16, 17)에서 논의되는 관중은 다른 법가 사상가들이 이후에 제기한 조치들을 지지했다. 예를 들자면 권력의 중앙집중화, 관료제 설립, 사회경제적 영역에 단일한 규범 부과 등이다(Schwartz, 1985, 324-325). 잔혹하고 공포스러운 형법과 관련된 처벌의 기록도 있다. 여기에는 다리 절단刖, 코 절단劓, 낙인黥, 거세闢 같은 신체적 처벌이 포함되었다. 형벌을 의미하는 한자 형刑은 도刂, 刀라는 한자를 한 부분으로 해서 만들어졌다. 형법의 체계로서 법은 이미 사용되고 있었다(Bodde, 1963, 379; Schwartz, 1985, 323).

◆◆『좌전』의 기원전 513년(노소공29년) 기록에서 공자는 형법과 형벌을 제도화하는 것에 유감을 표한다. 슈워츠는 법을 예견한 고대 문헌 자료를 논한다(1985, 323ff).

형법으로서의 법에 대한 상앙의 학설은 각 범죄에 과도한 형벌을 내리는 가혹한 법을 포함하고 있다. 상앙은 범죄에 대한 처벌이 어느 정도 불공평해야 가볍고 무거운 죄 모두를 막을 수 있고, 따라서 통치자가 백성을 통제할 수 있다고 강조했다.

> 형벌을 적용할 때 가벼운 죄는 무겁게 벌해야 한다. 가벼운 죄가 없으면 무거운 죄도 생기지 않을 것이다. 이것을 형벌이라는 수단을 써서 형벌을 없애는 것이라고 한다. 형벌이 없어지면 성공하는 것이다.
>
> 行罰, 重其輕者, 輕者不至, 重者不來, 此謂以刑去刑, 刑去事成.
>
> (『상군서』商君書「근령」靳令)

학자들은 상앙의 체계에서 형법으로서 법의 위치를 과장하면서 『한비자』를 따르는 경향이 있다. 사실 형법으로서의 법은 사회정치적 변화에 대한 상앙의 더 완전한 기획의 일부분일 뿐이라는 점을 명심해야 한다. 『상군서』는 상앙 사상의 원천이다. 물론 이 문헌을 영어로 가장 철저하게 번역한 얀 듀벤다크는 상앙이 쓴 것이 있더라도 거의 남은 부분이 없을 거라고 믿지만(*Book of Lord Shang*, 1928, 144-146). 그러나 이 문헌에 관한 연구는 진지한 학문적 위치를 점한다. 왜냐하면 몇몇 구절이 맞춤하게 더 발전된 주제를 다루기 때문이다. 상앙◆은 농업과 경제 개발, 군대 강화와 전쟁 참여, 정치 행정과 제도 변화를 포함한 사회정치 개혁을 위한 완전한 계획을 제안했다.

『상군서』는 백성을 통제하는 접근 방식에 있어서 철저하다. 사회적 경제적 정치적 삶에서 세세한 부분을 규제하는 데 몰두한다.

◆『사기』에서 사마천은 상앙의 삶과 업적을 자세히 설명한다. 듀벤다크(ibid., 1-40)는 다른 역사적 문헌에 나온 상앙에 대한 언급을 소개한다.

농작물의 수확량과 품질, 곡물 가격, 곡물 매매, 상업 활동과 시장 운영 등. 심지어 음식 가격 책정도 논의한다(ibid., 176-184). 통치 규제의 이런 측면이 지나친 간섭으로 여겨진다면 군인에 대한 무자비한 처우에는 더욱더 당황할 것이다.

> 전쟁에서 다섯 사람이 대오伍를 조직한다. 만약 그중 한 명이 죽으면 다른 네 명을 참수한다. 만약 포로를 잡을 수 있으면 세금을 면제해준다.
> 其戰也, 五人來簿爲伍, 一人羽而輕其四人, 能人得一首則復.
> (『상군서』「경내」境內)

국정은 표준으로서의 법에 따라 수행된다. 통치자가 완전히 통제한다는 것은 예기치 않은 변화를 허용하지 않겠다는 뜻이다. 어떤 것이든 우연을 허용하게 되면 약점이 생긴다. 『상군서』「착법」錯法에서는 "척도와 수치가 수립되었을 때 법을 지킬 수 있다"度數已立而法可修고 말한다. 삶의 모든 영역에서 표준을 정하고 적용하는 것은 단순한 측정의 과정이다. 즉 적절한 측정 표준에 따라 행위와 사태를 평가하는 것이다. 그러고 나서 필요하다면 형법을 적용한다.

한비자는 상앙의 접근 방식이 매우 꼼꼼하다는 점에 감명을 받았다. 그는 이 접근 방식을 '표준을 정함'定法이라고 칭했다. 『한비자』「정법」定法에서 이 주제를 다룬다. 통치자는 백성을 통제하기 위해 반드시 표준을 정해야 했다. 이것은 중대한 문제였다. 왜냐하면 중국의 인구 때문이었는데, 기원전 2세기에 약 5천 7백만에 이른 것으로 보인다. ❖❖ 인구 조사를 실시하기 수십 세기 이전에 상앙은 이 문제를 먼저 이해했다. "나라를 다스리는 데 있어 문제는 백

❖❖ 이는 한스 빌렌슈타인(Hans Bielenstein, 1947)이 연구한 가장 빠른 시기의 완벽한 인구 조사 수치로, 크릴(1974, 116)이 인용했다.

성이 흩어질 때와 그들을 통합하지 못할 때다."凡治國者, 患民之散而不可
搏也(『상군서』「농전」農戰) 한비자 또한 백성을 통제하는 일의 중요성
을 파악했다. 법에 의한 통치를 주장하는 글에서 한비자는 처음으
로 인구 증가를 언급한다. "먼 고대에는 새와 짐승은 많았지만 사람
은 적었다. (……) 지금은 사람이 무수히 많아졌는데 재화 공급은
부족하다. (……) 사람들은 그래서 싸운다. (……) 무질서는 피할
수 없다."上古之世, 人民少而禽獸衆. (……) 是以人民衆而貨財寡. (……) 故民爭, 雖倍賞
累罰而不免於亂(『한비자』「오두」五蠹) 인구의 증가는 유가가 제안한 것과는
다른 종류의 통치를 필요하게 만든다고 한비자는 주장한다. 많은
사람이 모두 덕이 있다고 믿을 수는 없으니까. 나중에 신불해의 정
치 전략에 대한 논의에서 볼 것처럼, 한비자가 인구수에 초점을 맞
춘 것은 그 당시 정치적 사고에서 평범치 않은 일이었다.

　　상앙의 표준화 기획에는 사상 통제의 시도도 포함되었다. 그는
통치자가 허가한 것만 추구하도록 사람들을 세뇌하는 일에 대해 논
의했다. 『한비자』「정법」定法의 아홉 번째 문단은 보상과 처벌을 통
한 형법의 시행으로 사람의 심리를 조작하는 내용을 담고 있다.◆
한비자는 "백성을 하나로 통일하기"一民 위해 형법을 사용하도록 장
려한다(「유도」). 정치적 통제보다 더 효과적인 것은 아무것도 없다.

　　백성의 통제는 『상군서』에서 가장 주요한 관심사다. 이러한 사
상은 통치자를 백성과 대립되는 관계에 두기 때문에 자비로운 통치
를 주장하는 유가의 견해, 특히 맹자 철학의 왕도王道 정치와 극명한
대조를 이룬다. 한비자는 상앙의 기획이 형법으로 대중을 통제하기
에 충분하다고 평가한다. 그러나 또한 군주가 관료제를 통제해 그

◆처벌과 보상은 통치의 두 '자루'(二柄)다. 한비자는 정치적 규율을 주입하는 유용한 도
구를 논의한다(『한비자』「이병」(二柄)). 처벌과 보상은 어떤 행동과 행위를 저지하거나
장려하는 데 사용되었다. 특히 보상은 통치자에 대한 충성심을 입증하는 행위를 장려하는
데 사용되었다.

것을 보완할 필요가 있었다. 『한비자』에서는 관료의 임명과 그들을 효과적으로 관리하는 과정을 명확하게 논의하기 위해 신불해의 사상을 끌어들였다.

術: 관료를 관리하기 위한 기술

신불해는 성공적인 관료였다. 역사 기록에 따르면 그는 소후昭侯가 권력을 잡았을 때(기원전 361-기원전 333) 한나라의 재상이었다 (Creel, 1974, 21-24).◆◆ 많은 역사 기록과 『한비자』에 따르면 신불해 학설의 핵심은 정치 기술이었다.

> 術은 책임에 따라 관직을 맡기고 그 관직에 따라 책임 있는 업무를 수행케 하여 생사여탈권을 행사하며 관료의 능력을 시험하는 수단이다. 군주는 그것을 장악해야만 한다.
> 術者, 因任而授官, 循名而責實, 操殺生之柄, 課群臣之能者也, 此人主之所執也. (『한비자』「정법」)

신불해는 전국시대 동안 많은 군주가 신하의 단순한 꼭두각시가 되어버리는 것을 보고, 군주는 신하를 완벽하게 통제하는 것이 중요하다고 생각했다. 그는 바람직한 결과를 이끌어낼 수 있는 정치 기술을 논의했다. 그것은 왕이나 성인의 권위에 호소하는 과거로 돌아가는 것이 아니라, 관료의 능력과 업적을 계량화해 군주가 통제권을 유지할 수 있도록 하는 체계를 갖추는 것이었다. 신불해

◆◆ 크릴(1974)은 현재까지 신불해의 사상에 대해 가장 포괄적인 논의를 펼쳐왔다. 비록 그의 번역 일부는 오래되긴 했지만. 그의 저작은 신불해와 관련된 단편들의 분석도 포함하고 있다.

의 계획은 관료의 권한을 제한하는 제도적 장치를 확립하는 것이었다. 비록 제멋대로인 통치자의 권위를 그대로 두었다는 점에서 부족한 면이 있지만, 신불해의 사상은 대인 관계와 세습적 관료주의에 의존하지 않고 제도적 기반을 구축하려 했다는 점에서 근대적이다. 그런 이유로 슈워츠는 신불해의 관료주의 이론을 "사회 사상사에서 가장 중요한 사건"이라고 묘사한다(1985, 336). 그러나 그의 제도적 개혁이 사회정치적 안정과 책임을 오직 간접적인 목표로만 삼기 때문에 우리는 신불해의 사상에 신중하게 접근하고자 한다. 그의 궁극적 관심은 통치자의 권력을 유지하는 것이었다. 신불해는 관료제를 깊이 의심했다. 그는 내부에 있는 적의 위험성을 강조했다.

군주가 내벽과 외벽을 높이 세우고 문과 통로가 잠겼는지 주의 깊게 살피는 이유는 침략자와 도둑에 대비하기 위해서다. 그러나 군주를 죽이고 나라를 빼앗는 자는 반드시 높은 담을 넘고 닫힌 문과 통로를 통과해 오지 않는다. 그는 통치자 자신의 신하 가운데 한 사람일 수 있다. 그들은 점차로 군주가 볼 수 있는 것을 제한하고 들을 수 있는 것을 제한한다. 결국 신하가 그의 통치권을 빼앗고 명령 권한을 독점해 백성을 소유하고 나라를 취할 때까지 그렇게 한다.

今人君之所以高爲城郭而謹門閭之閉者, 爲寇戎盜賊之至也. 今夫弑君而取國者, 非必逾城郭之險而犯門閭之閉也. 蔽君之明, 塞君之聽, 奪之政而專其令, 有其民而取其國矣. (「신불해잔편」申不害殘篇)

신불해는 두 편을 썼다고 알려졌다. 그러나 지금은 모두 유실

되었다. 우리는 주로 그 시대의 다른 사상가들이 인용한 내용을 통해 그의 사상에 접근한다. 이런 단편들을 읽으면 우리는 신불해가 정치 행정에 이해가 깊었음을 파악하게 된다. 군주는 신하의 전문성에 의존하지만, 그것에 의존함을 인정하거나 드러내는 것은 위험하다. 신불해는 군주의 지위를 딱히 부러울 것 없는 것으로 묘사한다. 본질적으로 관료에게 의존하지만 겉으로는 독립적이고 우월하게 보여야 하는 매우 소외된 입장이다. 『한비자』는 신불해의 핵심 개념을 술術, 즉 기술로 설명한다. 단편들에는 이 용어를 언급한 내용이 없지만, 남아 있는 단편이 매우 적다는 점에서 볼 때 그것이 신불해가 술을 논하지 않았다는 증거가 되지는 않는다.

군주의 기술인 술은 기밀이다. 군주가 신하에게 의존한다는 사실을 드러내는 것은 단지 자신의 약점을 늘리고 폭로하는 일일 뿐이다. 술에 대한 논의는 종종 군주는 신하의 접근을 막아야 한다는 점과 관련해 설명된다. 그러나 여기에는 근본적인 이유가 있을 것이다. 극비 기술이라는 발상은 군주가 방어적이어야 하는 정당한 이유가 있다면 필수일 것이다. 어째서 그러할까? 유리 파인스Yuri Pines는 『한비자』에 따르면 당시의 군주는 능력이 부족했다고 주장한다. 사실상 이는 훌륭한 통치에 가장 큰 위협이었다. 군주는 자신의 약점으로 인해 책잡혀선 안 되었으므로 이 약점을 신하에게 숨겨야 했다. 이런 견해에서 법과 처벌의 전체 체계는 군주의 재량권을 최소한으로 줄이는 방향으로 나아갔다. 그런 이유로 또한 무위에 호소하는 것도 설명된다. 파인스는 "군주의 자질을 낮게 평가했기 때문에 한비자는 질서와 안정을 보장하는 최선의 방법으로 공평한 '법과 제도'를 주장한 것이다"라고 말한다(2013, 78).

이것이 『한비자』의 숙고에 대한 타당한 해석이라면, 당연히 군주는 신하가 직위에 맞게 일을 수행하는지 확인하는 '검증' 체계를 마련해야 한다. 『한비자』에서는 관료들이 지명된 직책에 맞는 책무를 수행하도록 직책의 명칭을 정하는 과정인 '형명'刑名을 제안한다. 잘 알고 있듯이 명칭에 대한 담론과 그것을 사용해 표준을 세우는 전략은 전혀 새롭지 않다. 형명의 목적은 관료를 선발하고 각 직책에서 그들의 효율성을 평가하기 위한 '직무 보고'를 시행하는 것이었다(Schwartz, 1985, 338). 형명은 평가 방법(책무 목록에 대응하는 업무 수행을 측정)으로 사용되었는데, 이는 상앙의 정법定法에도 적용된다. 평가 방법은 특히 법가의 정책에서 중요했다. 왜냐하면 그 목적이 신하들 사이의 의견 차이를 없애는 것이었기 때문이다.◆

크릴은 기술을 의미하는 술術과 동음이의어인 숫자를 의미하는 수數 사이의 상관관계를 통찰력 있게 제시한다. 이 견해에 따르면 통계를 이해하는 것과 명칭을 정하는 과정 사이에는 깊은 연관이 있다. "단지 얼마나 많은가가 아니라 '무엇'이 얼마나 많은가를 알아야 할 필요가 있다. '무엇'이라는 질문의 답은 명칭, 즉 명名이다. 이러한 명칭들은 범주화하는 것을 뜻한다."(Creel, 1974, 133)◆◆ 통제권을 얻기 위해 숫자를 이해하는 것에 관해 면밀하게 숙고한 것이 법가 사상의 특징이다. 그러나 신불해의 글로 여겨지는 단편들에서 도가의 무위에 대한 언급이 나오기도 한다. 어떤 구절에는 사상의 혼합이 매우 유창하게 표현되어 있어 심지어 법가-도가 군주가 자비롭게 보일 정도다.

◆ 표준으로서의 법을 시행하는 것은 차이를 없애려는 시도다. 마찬가지로 형법으로서 법의 목적은 행위의 순종을 보장하는 것이다. 법의 시행은 두 의미 모두에서 군주가 수많은 사람을 통제할 수 있는 방법이었다.
◆◆ 수에 대한 크릴의 확장된 논의는 125-128쪽을 참조. 분명히 수는 춘추시대 동안 일반적으로 "'수' '수치' '자주' '빈번히' '열거하다' '꾸짖다'(즉 잘못을 열거하다)라는 의미로 사용되었다"(1974, 126). 같은 글자가 또한 전국시대에는 기술을 의미하는 데 사용되었다. 그러나 전국시대에는 술(術)이 더 빈번하고 두드러지게 사용되어 전적으로 정치 전략을 의미하게 되었다.

군주는 거울과 같아서 단지 비추는 것을 반영할 뿐 그 자체로
는 아무것도 하지 않는다. 그러나 단순한 존재이기 때문에 아
름다움과 추함을 그 자체로 본다. (······) 군주의 방법은 완전
한 묵인이다. 그는 개인적 관심과 공적 선을 결합한다. 그래서
개인으로서는 아무것도 하지 않는다. 그는 아무것도 하지 않
지만 그 무위의 결과로 세상은 그 자체로 완전한 질서를 이룬
상태가 된다.

鏡設, 精, 無爲而美惡自備. (······) 凡因之道, 身與公無事, 無
事而天下自極也. (「신불해잔편」)

이 구절은 신불해 철학의 핵심 요소와 합치하지 않는 것처럼
보인다. 군주가 "개인적 관심과 공적 선을 결합한다"는 발상은 신
불해의 관점에서 지금까지 보았던 것과 관련된 정치적 관리 기술에
비해서 눈에 띄게 두드러진다. 그러나 이것보다 더한 것이 있을 수
있다. 군주의 기술의 비밀스러운 속성은 성공적인 권력 유지에 중
요한 사항이다. 형명은 신하를 선택하고 평가하는 데 도움을 주지
만 비밀 유지는 그를 관료제로부터 독립시켜준다. 이 점을 고려할
때 신불해는 정치 행정의 중요한 쟁점을 다루는 데 있어 빈틈이 없
다. 크릴은 이러한 통찰력을 다음과 같이 설명한다.

신불해가 군주는 완전히 독립적이어야 한다고 주장했을 때 그
는 중국 전통 정치철학에서 가장 오래되고 가장 신성한 원칙
가운데 하나를 쟁점으로 제기했던 것이다. (······) 군주가 신
하의 충고를 정중하게 받아들여야 하고 그것을 신중하게 따라
야 한다는 사상은 분명히 있었다. (······) 아마 주나라 이전까

지도 있었을 것이다. (……) 모든 군주가 신하의 충고에 주의
를 기울이지는 않았지만 거의 대부분이 그렇게 하는 척하는
게 적절하다고 생각했다(1974, 64-65).

형법과 정치 기술을 신도愼到의 세勢, 즉 권력과 함께 논의할 때
법가가 이루고자 했던 통제 수준의 예리한 의미를 더욱 잘 포착할
수 있다.

세勢: 권력

신도는 신불해보다 더 광범위하게 도가 철학에 관여했고 '성숙
한 도가'의 선구자로 평가되어왔다(Hansen, 1992, 204-210). 그의 교
리는 도가와 법가의 사상을 통합했기 때문에 황노 사상과 관련이
있다고 여겨진다. 신도의 글은 단편만 남아 있는데 『한비자』와 『장
자』에서 그의 사상이 광범위하게 논의된다.◆ 한비자는 신도를 세
勢, 즉 정치적 권력의 주요한 제안자로 칭한다. 그러나 신도와 관련
된 단편은 실제로 세를 논하기보다도 법을 더 광범위하게 논한다
(Yang, 2013 참조). 세의 의미는 용법에 따라 달라지며, '지위' '권력 기
반' '카리스마' '권위' '정치적 강점' 같은 관념을 아우르기도 한다.
일반적으로 말해 세는 군주가 어떻게 권위를 유지하는가를 가리킨
다. 즉 백성을 상대로 그의 정치적 지배력을 어떻게 지키는가 하는
문제다. 그것은 긍정적으로는 '대중의 지지'로, 부정적으로는 '대

◆이 단편들은 톰슨(P. M. Thompson)이 『신도 단편집』(The Shen Tzu Fragments,
1979)으로 정리했는데, 신도 자신이 책을 저술했는지 여부를 포함해 저자에 대한 신중한
고려 사항과 고대 문헌에서 조사한 사상 등을 주로 검토했다. 순자 또한 신도의 교리를 논
의했지만 신불해와 신도의 교리를 혼동한 듯하다. 그래서 신불해를 세의 주요한 제안자로
평가했다(Graham, 1989, 268).

중의 복종'으로 표현된다(『한비자』 「난세」難勢). 신도의 세는 도에 대한 그의 개념을 어떻게 이해하느냐에 따라 다르게 이해될 수 있다. 그의 도는 신비하고 초월적인 실재일까? 아니면 개인이 바뀔 수 없는 것을 받아들여야 하는 실제적이고 역사적인 실재일까?(Hansen, 1992, 206-209)◆◆ 슈워츠는 법가 통치자가 가진 권위의 아우라를 강조하면서 세의 개념을 제시한다.

> 권위가 없다면 군주는 전체 사회 질서를 유지하는 비인간적 규범과 통제 메커니즘의 궁극적 근원이 될 수 없다. 물론 시스템이 작동할 때 시스템 자체가 군주의 모습을 둘러싼 신비로운 분위기를 높여주지만, 그것은 결국 군주의 모습을 둘러싼 권위의 상징적 아우라이고 그것이 시스템의 완성을 가능하게 한다는 것은 진실이다. (……) 사회적 행위의 근원으로서 개인의 주도권을 제거할 수 있는 시스템에서는 모든 것이 상징적인 사람에게 달려 있다(1985, 340).

한비자는 신도의 세 개념에 비판적이었다. 그는 신도가 덕에 의한 통치와 근본적으로 구별되는 것으로서 세를 주장한다고 설명한다. "권세와 지위는 충분히 의존할 만한 것이고 (……) 덕과 지혜는 흠모할 가치가 없는 것이다."勢位之足恃, (……) 而賢智之不足慕(「난세」) 한비자는 당시에 지배적인 모범이었던 덕에 의한 통치를 거부하는 법가의 입장을 취했다. ◆◆◆ 『한비자』에서 신도는 덕을 단순하게 신

◆◆ 양(Yang)은 신도의 도에 대한 대부분의 언급이 도에 대한 형이상학적 인식보다는 통치나 관직의 직무와 관련된다고 주장한다. 이것은 법에 대한 실증주의적 접근과 더 밀접하게 연결된다(2013, 52-57).

◆◆◆ 『관자』(법가로 분류되는 문헌)에는 표준을 엄격하게 적용하는 것과 일치하는 덕에 의한 통치를 암시하는 대목이 있다. 『관자』 「목민」(牧民)의 '네 가지 기본 미덕'에 관한 절을 참조하라(Rickett, *Guanzi*, 2001, 54). 이 네 가지 미덕을 리킷은 이렇게 말한다. "도

뢰할 수는 없다고 주장한다. 왜냐하면 서로 다른 사람들이 서로 다른 능력을 가졌기 때문이다. 즉 '용'龍(덕의 상징)뿐만 아니라 '지렁이'(악하고 부패함)도 있다. 그러므로 권력 기반은 특히 질서를 위해 필요하다. 군주 개인의 덕과 능력에만 의존할 수 없기 때문이다.

이 점에서 대화 상대인 유가는 덕이 있는 사람이 이 권력 기반 위에 있는 것이 바람직한지 아닌지 묻는다. 유가의 시각에서 권력 기반은 중요할 수 있지만 권력을 성공적으로 사용할 줄 아는 개인의 능력과 윤리적 헌신만큼 중요하지는 않다. 이에 대해 한비자는 유가가 추구하는 성스러움과 지혜賢智는 권력 기반과 양립할 수 없다고 강조한다. 한비자는 이것을 일반적으로 잘 알려진 '모순'矛盾(창과 방패) 이야기로 논증한다.

> 창과 방패를 파는 사람이 있었다. 그는 그의 방패가 어떤 것도 뚫을 수 없을 만큼 견고하다고 칭찬했다. 동시에 그는 창도 칭찬하며 말했다. "나의 창은 어떤 것도 뚫을 수 있을 만큼 날카롭다." 그의 말에 응대해 사람들이 물었다. "당신의 창을 사용해 당신의 방패를 뚫어보면 어떨까요?" 이에 그 사람은 아무 대답도 할 수 없었다.
>
> 人有鬻矛與楯者, 譽其楯之堅, 物莫能陷也, 俄而又譽其矛曰, "吾矛之利, 物無不陷也." 人應之曰, "以子之矛, 陷子之楯, 何如?" 其人弗能應也. (「난세」)

덕에 의한 통치와 세에 의한 통치가 양립 불가능하다고 논하면서 한비자는 세의 중요성을 옹호한다. 물론 그것을 실행하는 데에

덕의 중요성은 국가를 지원하는 사유(四維) 개념으로 표현된다. 이 사유를 '기본 미덕'이라고 번역했는데 예(禮, 적절함), 의(義, 옳음), 염(廉, 성실성), 치(恥, 부끄러움)로 구성된다. 그것은 관중 사상의 특별한 특징으로 후기 저자들에 의해 자주 언급된다."

실제적인 제한이 있음을 지적하긴 하지만 말이다. 첫째, 대부분의 군주는 보통 사람이므로 세가 필수라고 한비자는 지적한다. 이것은 질서를 유지하는 데에 세는 필수이지만 충분하지는 않다는 의미다.

> 내가 세를 말하는 이유는 평범한 군주 때문이다. 평범한 군주 는 요순堯舜의 선함에 미치지 못하지만 또한 걸주桀紂의 악함에 도 이르지 않는다. 만약 법을 주장하고 세를 사용한다면 질서 를 얻을 것이다. 그러나 법을 폐기하고 세를 포기한다면 혼란 이 가득할 것이다. 이제 세를 포기하고 법에 반하여 행하면서 요순을 기다리고, 요순이 이른 뒤에 질서를 이루기를 생각한 다면, 천년 동안 혼란을 겪은 뒤에야 한 차례 질서를 얻을 것 이다.
> 吾所以爲言勢者, 中也. 中者, 上不及堯舜, 而下亦不爲桀紂. 抱 法處勢, 則治, 背法去勢, 則亂. 今廢勢背法而待堯舜, 堯舜至乃 治, 是千世亂而一治也. (「난세」)

이를 통해 우리는 한비자가 더 관심을 갖는 것처럼 보이는 문 제에 이른다. 그것은 법가의 정책 안에서 세의 역할이 가진 함의다. 그는 형법으로서의 법이 군주의 권력을 받쳐주는 중요한 요소라고 주장한다. "법을 포용하여 권력 기반을 채울 때 질서를 이루고, 법 을 거부하여 권력 기반을 잃을 때 혼란해진다." 抱法處勢則治, 背法去勢則亂 (「난세」) 한비자는 신도의 세 개념을 아마도 잘못 표현했을 것이다. 왜냐하면 특히 신도의 단편들에는 법이 두드러지게 나타나기 때문 이다.◆ 그럼에도 한비의 입장은 분명하다. 정치적 권위를 이해하는 것도 중요하지만, 그것의 근원을 이해하는 것이 더욱더 중요하다.

◆ 이것은 한비자가 스승인 순자의 편을 들어야 한다고 생각했기 때문일 수 있다. 왜냐하 면 신도는 순자의 라이벌이었기 때문이다(Graham, 1989, 268, 279).

한비자에게는 법이 세보다 더 중요한 것이었다.

'위대한 집대성자' 한비자

한비자는 그의 사상을 한나라 왕인 환혜왕桓惠王(기원전 272-기원전 239) 혹은 한왕 안韓王安(기원전 238-기원전 230)을 위해 구상했다고 알려졌다(Watson, *Basic Writings*, 1964, 2). 그러나 역설적이게도 경쟁국인 진나라(기원전 260-기원전 210)의 악명 높은 군주 진시황이 한비자의 사상을 가장 광범위하게 시행한 것으로 보인다. 『한비자』는 세 가지 주제인 법, 술, 세를 집대성해 정치적 통제의 철학으로 통합했다. 그러나 한비자가 일반적으로 '위대한 집대성자'로 알려졌다는 사실이 반드시 축하받을 일은 아니다. 골딘에 따르면 한비자를 이렇게 특징짓는 것은 한대 이전 법가 사상을 어떻게 이해하는가에 부정적인 영향을 미쳐왔다. "한비자를 위대한 집대성자로 격찬하고 다른 고대 중국 정치철학자들을 깎아내리면서 『한비자』에 초점을 맞추는 경향이 있는데, 이는 단일한 정치적 개념의 입안자로서 신도, 신불해, 상앙에 대한 한비자의 자의적 묘사에 기원을 두고 있다. 그것은 오직 한비자 자신이 일관된 철학으로 결합한 것이다."(2011, 95).

문헌의 문제:
골딘은 『한비자』가 근본적이고 일관된 논의를 담고 있다는 견해를 지지하지 않는다. 그가 보기에 이 문헌은 한비자가 듣는 이에 따라 다양하게 대응했음을 보여준다(ibid.). 앞에서 논의했듯이 파인스는 『한비자』에 다른 시각을 던지면서 이 문헌이 군주

가, 특히 약삭빠르지 못한 군주가 신하로부터 자신을 보호할 필요성이 있음을 보여주었다고 주장한다(2013, 67). 알레한드로 바르세나스Alejandro Bárcenas는 비슷한 입장을 취하면서『한비자』는 단순히 제멋대로인 군주의 권력을 유지하려 한 것이 아니라고 주장한다. 오히려 이 문헌은 신하를 통제하지 못하는 군주의 무능력에 관심이 있었고(2013, 247) 동시에 지식계급儒者을 억제하고자 했다. 몇몇 유자는 그저 약삭빠른 개인으로 오직 공동 행복을 위한 그들의 헌신에 대해 입으로만 떠들어댔다(ibid., 242-245). 이전에 논의했듯이 슈워츠(1985)와 그레이엄(1989)은 이 문헌을 다양한 방식으로 읽을 수 있다고 주장했는데, 정치 기술에 관한 논문이나 군주의 권력을 유지하려는 시도 등으로 읽는 것이다. 이 문헌에서 주요 동기에 대한, 혹은 그것이 정말로 하나인지 여부에 대한 해석은 많이 바뀌는 듯하다(Goldin, 2013). 근본적 의미에 대한 해석이 이렇게 다양하다는 것은 문헌이 내적으로 일치하지 않고, 어떤 용어가 더 주요한지 또는 특정한 개념 틀 안에서 그것들이 어떻게 통합되는지 명확하지 않다는 의미다.

『한비자』는 형법과 관료제 운영을 법가 사상의 핵심으로 제시한다. 그 각각의 중요성을 평가해보라고 물었을 때 한비자는 옷과 음식처럼 필수불가결한 것이라고 말한다(『한비자』「정법」). 그러나 그는 상앙의 법과 신불해의 술을 불완전하다고 비판하면서도 그 세 가지 주제를 통합하기 위해 시도한다. 세 번째 주제인 권력勢은 한비자의 사상에서 다소 모호한 위치에 있다. 이전에 보았듯이 한비자는 그것이 중요하다고 주장하지는 않는다. 오히려 세가 효과적으로 작동하기 위해서는 법에 적절하게 그 근거를 둬야 한다(「난세」).

앞의 세에 관한 절에서 우리는 통치가 카리스마, 동정 혹은 도덕적 재능에 의존해서는 안 된다는 점을 『한비자』에서 어떻게 입증하는지 보았다. 또한 『한비자』는 자비로운 인仁과 형법으로서 법法의 방법 사이에 명확한 선을 긋는다.

> 군주가 눈물을 흘리며 형벌을 내리지 못하는 것은 인이고 형벌을 가할 수밖에 없는 것은 법이다. (……) 상은 후하고 확실하게 해서 백성이 그것을 이롭게 여기도록 하고, 벌은 무겁고 명백하게 해서 백성이 그것을 두렵게 여기도록 한다. 법은 통일되고 확고하게 해서 백성이 그것을 이해하도록 한다.
> 夫垂泣不欲刑者, 仁也, 然而不可不刑者, 法也. (……) 是以賞莫如厚而信, 使民利之. 罰莫如重而必, 使民畏之. 法莫如一而固, 使民知之. (『한비자』「오두」)

한비자는 또한 도가 사상을 염두에 두고 법가 교리에 대한 논의를 분명히 하기 위해 광범위하게 『도덕경』의 구절들을 논평한다. 예를 들어 『도덕경』에서는 나라를 통치하는 것을 물고기 굽는 것에 비유하며 물고기를 너무 자주 뒤집어서는 안 된다고 한다. 한비자는 이 비유를 군주가 법을 자주 바꿔서는 안 된다는 경고로 해석한다(『한비자』「해노」解老). 그러나 한비자의 통치에 관한 교리를 가장 잘 요약한 편은 「오두」다. 이 편에서는 책이나 옷에 기생하는 '좀먹는 벌레' 다섯 마리를 다루는데, 이들은 통치에 위협이 되는 벌레다.◆ 한비자가 밝힌 다섯 가지 위협과 그것이 통치에 미치는 영향은 그

◆ 상앙 또한 '이'를 의미하는 '슬'(虱)이라는 용어를 사용해 통치를 위협하는 것에 대해 논의하는데, 듀벤다크는 이 용어를 '기생충'으로 번역한다. 상앙은 이러한 것을 다음과 같이 나열한다. 자비심, 문학, 의례, 음악, 미덕, 궤변, 정의, 나라를 위해 싸우고 싶지 않음 (Duyvendak, *Book of Lord Shang*, 1928, 85, 210).

의 교리의 중요한 측면을 보여준다.

1. 고대 성왕의 도를 따르라고 주장하며 인의仁義를 증진시키려는 사상가. 이런 학설은 법과 양립할 수 없고 군주를 혼란스럽게 만든다.

2. 적국의 힘을 빌리고 오직 개인적인 이득을 채우며 경솔하게 계획을 세우는 신하. 이들은 나라의 이익을 해친다.

3. 엄격한 규범과 규율로 연합해 설립된 검객 무리. 이들은 국가의 군대에 도전한다.

4. 병역을 피하기 위해 영향력 있는 사람에게 뇌물을 제공하는 자. 이들은 국가의 군사력을 약화시킨다.

5. 쓸모없는 상품이나 사치품을 퍼뜨리는 상인과 장인. 이들은 사적인 부를 축적하고, 사람들에게 욕망을 불러일으키며, 강건한 국가의 필수불가결한 존재인 농부를 착취한다.

여기서 통제력 상실에 대한 두려움에 사로잡힌 사상가의 집착을 볼 수 있다. 두 가지 쟁점이 한비자가 가장 우려한 부분으로 보인다. 상당히 늘어난 인구 규모와 이기심만으로 행동하는 백성에 대한 불신. 이런 근심에 한비자는 순응성을 확보하고 계획된 결과를 보장하는 제도와 척도를 도입하는 것으로 대응했다. 그러나 법과 같은 식별 가능한 척도가 법가 사상의 구별되는 유일한 특성은 아니다. 무엇보다 법가 철학은 군주를 백성과 관료와 대립되는 위치에 놓았다.

2
법가 철학의 논쟁

인간 본성

유가는 인간 본성에 대해 논쟁했다. 왜냐하면 "인간 본성이란 원래 무엇인가?"라는 존재론적 질문이 인간의 선함과 사회의 교화라는 윤리적 문제를 해결하는 데 도움이 될 것이라고 믿었기 때문이다. 예를 들어 곽점본에서는 맹자의 인간 본성에 대한 견해에 반대했던 사상가조차 인의仁義가 중요하다고 주장한다. 그들은 단지 도덕적 삶의 근원에 대한 의견이 맹자와 달랐던 것뿐이다. 순자는 인간 본성은 본래 이기적이라고 선포하면서 이러한 믿음과 다른 입장을 취했다. 이것은 회의주의의 표현으로, 그는 다수가 공동의 선을 평화롭게 실현하기 위해 힘쓸 수 있다는 점을 의심했다. 순자의 관점에서 자비로운 통치는 올바른 행위를 고무하기에 충분하지 못했다. 법과 정명正名(올바른 명칭을 제도화하는 것)이 사회질서를 위한 중요한 도구였다. 그럼에도 순자는 문명화된 사회를 건설할 수 있도록 사람들이 적절한 예의를 수양해야 한다고 여겼다.

순자의 제자였던 한비자는 더 이상 인간성을 믿지 않았다. 그는 인간 본성의 문제보다는 인간의 나약함을 다루는 전략을 실행하는 데 관심이 있었다. 『한비자』는 삶의 실존적 조건과 그것이 통치에 미치는 영향에 초점을 맞춘다.

옛사람들이 재물을 가볍게 여긴 것은 그들이 자비롭기 때문이 아니라 재물이 많았기 때문이다. 지금 사람들이 다투는 것은 그들이 잔인하기 때문이 아니라 재물이 적기 때문이다.

是以古之易財, 非仁也, 財多也. 今之爭奪, 非鄙也, 財寡也.

(「오두」)

가치의 다양성이 무질서의 근본 원인이라고 본 묵자와 달리 한비자는 희소성이 실존적 요인이라고 본다. 그는 논쟁을 가치 이론에서 사회과학으로 전환시킨다. 이런 의미에서 그의 초점은 유가와 묵가의 논쟁보다 더 현실적이다. 법가 사상은 이 점에서 유가와 비교되었다.

유가 사상은 이상주의적인 반면 법가 사상은 현실적이다. 그것이 중국 역사에서 유가가 항상 법가를 비열하고 통속적이라고 비난해온 이유다. 반면 법가는 유가를 탁상공론만 일삼을 뿐 실용적이지 못하다고 비난했다(Fung, 1948, 165).

법가와 유가의 인간 본성에 대한 개념은 통치의 본질과 목적, 그리고 궁극적으로는 삶의 본질과 목적에 대한 각각의 견해와 깊게 얽혀 있다. 유가의 교리와 법가의 교리는 정반대로 보인다.

백성

유가는 능력, 신념, 태도가 올바른 사람만 백성을 이끌어야 한다고 신중하게 생각했다(『논어』「태백」9). 묵가 역시 궁극적으로 하늘의 표준인 의義에 기반해 최고의 권위를 확립한다는 데에서 의견을 같이했다. 법가 사상의 냉소주의는 백성에 대한 견해에서 가장 두드러진다. 한비자는 백성의 지능을 어린아이의 지능에 비유했다. "백성의 지능에 의존할 수 없는 것은 어린아이의 정신과 같아서다." 民智之不可用, 猶嬰兒之心也(『한비자』「현학」顯學) 더 나아가 백성이 군주의 이익을 마음속에 품고 있다고 군주가 생각한다면 착각일 뿐이다.

> 성인은 나라를 다스릴 때 백성이 자신을 위해 선을 행한다고
> 믿지 않는다. 그러나 잘못을 저지를 수밖에 없는 그들의 나약
> 함을 활용한다.
> 夫聖人之治國, 不恃人之爲吾善也, 而用其不得爲非也. (「현학」)

'백성의 힘을 제거'(『상군서』「거강」去彊)하고 '백성을 약화'(「약민」弱民)시키는 것과 같은 주제를 고려한 상앙도 유사한 태도를 보였다. 그는 백성을 통제하는 방안도 고안했다. 상앙은 군주는 백성에게 농업과 전쟁이라는 두 가지 주요 임무(「농전」農戰)를 강요해야 한다고 주장했다. 이렇게 하면 국가는 강해질 것이다. 다수의 사람을 농업 생산으로 조직하는 것은 중요하다. 그들을 '단순하게' 만들어줄 것이기 때문이다(Duyvendak, *Book of Lord Shang*, 1928, 186).

법가는 백성의 세 가지 특성을 우려했다. 첫 번째는 능력 부족이고, 두 번째는 신뢰할 수 없음이며, 세 번째는 방대한 인구수다. 법가에서 인구는 고려해야 할 위협적인 요인이었다. 이 수치는 정

치적 권위에 위협이 되었는데, 특히 군주가 백성을 믿을 수 없을 경우 더 그러했다. 유가 철학은 백성이 사회정치적 과정에 참여할 것이라고, 적어도 모범적인 지도력에 반응할 것이라고 기대한 반면, 법가 철학은 군주와 백성 사이에 적대감을 심어놓았다. 슈워츠는 이런 유가와 법가의 차이를 다음과 같이 표현한다.

> 유가는 일반 사람이라는 작용 주체(비록 선진적인 엘리트라는 작용 주체지만)가 사회를 형성하는 데 주도적인 역할을 할 수 있다고 생각한다. (……) 법가는 '행위'를 통제하는 '객관적' 메커니즘이 사회정치적 목적을 성취하기 위한 자동적 기구가 된다고 생각한다. 이 관점에서 볼 때 『논어』는 어쩌면 나중에 법가라고 칭해지는 경향을 예측했지만 동시에 그것을 의심하면서 저항했다고 볼 수 있다. 이 경향은 공자 살아생전에 이미 진행되고 있었다(1985, 328).

　유가의 정치적 위계질서는 비록 백성의 참여를 제한적으로만 허용했다고 할지라도, 훌륭한 통치에 대한 전망에서 통치자와 백성의 상호 의존적 성격을 띠고 있다(『논어』 「위정」 21). 백성이 중요하다는 점은 통치에 대한 법가 이론에서 분명하게 빠진 부분이다. 듀벤다크는 이러한 이념의 전환에 대한 역사적 관점을 보여준다. 전국시대의 혼란과 갈등은 사람들이 어느 정도 권력을 추구하도록 만들었다. "실제적이고 구체적인 권력은 이러한 군주가 무엇보다도 관심을 갖는 것이다. 권력은 그들의 권위의 새로운 근원이 되었다."(Duyvendak, *Book of Lord Shang*, 1928, 80) 법가 사상에서 국가의 이익은 군주의 이익과 동일하다.

가장 좋은 사람인가 아니면 가장 좋은 시스템인가?

한비자는 자비로운 성왕의 시대는 이미 지나갔다고 생각한다. 새로운 상황은 전통의 타파를 요구한다.

> 성인은 많고 적음을 고려하고 부족함과 풍부함을 숙고해 그것
> 에 따라 다스린다. 그래서 가벼운 형벌을 내린다고 자비로운
> 것도 아니고, 엄격한 형벌을 내린다고 잔인한 것도 아니다. 단
> 지 그 시대의 관습에 따라 행한다. 그래서 시대에 따라 환경이
> 변하면 환경에 따라 척도도 변한다.
> 故聖人議多少·論薄厚爲之政. 故罰薄不爲慈, 誅嚴不爲戾. 稱俗
> 而行也. 故事因於世, 而備適於事. (「오두」)

『한비자』에서는 훌륭한 통치에 대한 논쟁에서 계산적이고 합리적으로 접근하는 방식을 이보다 더 명확하게 할 수는 없었을 것이다. 그것은 관습과 전통을 지키고 사회정치적 위기에 대해 역사적인 접근을 주장하는 이들의 경직성을 거부한다. 한비자는 비유를 사용해 변화한 현실에 적응하지 못한 결과를 경고한다.

> 송나라에 거대한 나무가 서 있는 밭을 경작하는 사람이 있었
> 다. 한번은 산토끼가 달려가다 나무에 부딪혀 목이 부러져 죽
> 었다. 그래서 그 사람은 쟁기를 옆으로 치우고 나무를 보면서
> 다른 산토끼를 또 얻을 수 있으리라 기대했다. 다른 산토끼를
> 잡지 못하자 송나라 사람들이 그를 비웃었다.
> 宋人有耕田者, 田中有株. 兎走觸株, 折頸而死. 因釋其耒而守
> 株, 冀復得兎, 兎不可復得, 而身爲宋國笑. (「오두」)

변화된 상황에는 새로운 정치적 제도 기반이 필요하다. 앞서 보았듯이 한비자가 신도의 교리를 논한 부분에서 정치권력의 본질에 대한 가장 명확한 설명이 이루어진다(「난세」). 그는 세勢를 위한 공간을 만들지만, 또한 법가 통치에서 그것만으로 충분한지 의문을 제기한다. 한비자에 따르면 신도는 권력이 권력 자체를 보증한다고 가정했다는 점에서 어리석었다. 권력을 보증하는 것은 카리스마가 아니라 검증 체계다. 상앙과 한비자는 권력을 유지하는 데 있어 카리스마의 비효율성을 지적했다. 그들 주장의 강점은 통치에서 모범적인 사람을 강조하는 유가의 시각에 반감을 드러냈다는 점이다. 유가의 자비로운 통치는 덕의 수양을 고취하고자 한다. "군자의 덕은 바람이고 소인의 덕은 풀이다. 바람이 불면 풀은 반드시 눕는다."君子之德風, 小人之德草. 草上之風必偃(『논어』「안연」) 이와 대조적으로 상앙은 유가의 자비로운 통치와 관련된 두 가지 쟁점을 거부한다. 첫째는 개인적 능력이고 둘째는 덕의 영향력이다. 그는 형법 제정을 지지하는 단일한 논증에서 이 두 가지를 모두 거부한다.

> 그래서 말했다. "인한 사람은 다른 사람에게 자비로울 수 있지만 다른 사람이 자비롭게 행하도록 할 수는 없다. 정의로운 사람은 다른 사람을 사랑할 수 있지만 다른 사람이 사랑하도록 만들 수는 없다." 이 점에서 나는 자비로움과 정의가 제국을 통치하기에 충분하지 않다는 것을 안다. (……) 성인은 의로움을 가치 있게 생각하지 않고 법을 가치 있게 생각했다.
> 故曰, "仁者能仁於人, 而不能使人仁, 義者能愛於人, 而不能使人愛." 是以知仁義之不足以治天下也. (……) 聖王者不貴義而貴法. (『상군서』「획책」畫策)

자비로운 통치에 대한 한비자의 입장은 더욱 단호하다. 그는 자비로운 통치는 궁극적으로 형법 체계를 훼손하고, 따라서 국가 권력을 위협한다고 주장한다(『한비자』「이병」, 「식사」飾邪). 자비로운 통치德治는 근본적으로 법의 통치法治와 대립한다. 슈워츠는 두 시스템의 양립 불가능성을 이렇게 표현한다.

> 어떻게 그 많은 백성이 군주의 명령을 받아들이는지는 권위에 대한 궁극적 수수께끼로 남아 있다. (……) 사회적 행위의 근원으로서 개인의 주도권을 제거할 수 있는 시스템에서는 모든 것이 상징적인 사람에게 달려 있다. (……) 법가 시스템에서 권위는 궁극적으로 수립된 권위여야지 '카리스마'적 권위여선 안 된다. 왜냐하면 '카리스마'는 개개인의 고귀한 역할을 역설적으로 강조하게 만들기 때문이다(1985, 340).

법가 사상은 정치적 제도 기반을 강조한다. 이는 모범적인 성인 군주의 능력을 근본으로 여기는 유가 철학과 전혀 다른 것이다. 번영하는 사회는 권력을 가진 유능한 사람만이 세울 수 있다. 아마도 법가는 주변에 과연 그런 사람이 있을까 회의적이었을 것이다. 아니면 사회정치적 기반이 전반적으로 더 신뢰할 만하다고 믿었던가. 그러나 이것이 그들의 유일한 우려였다면, 우리는 군주의 행위를 면밀히 조사하기 위해 그들이 세운 대비책에 대해 물어야 한다. 몇몇 법가 문헌에 보면, 특히 도가 사상(『회남자』같은)에 영향을 받은 저자의 경우 검증 체계를 정치적 제도 기반에 통합해 군주와 관료가 서로 성실하고 비판적으로 개입할 수 있게 했다. 그러나 이와 같은 견해는 한대 이전 법가 문헌에서는 거의 나타나지 않는다.

관료제

신하의 직책은 매우 중요했다. 신하는 군주와 일반 백성 사이를 중재하는 과업을 수행했다. 『논어』 「자장」을 보면 이것이 쉬운 일은 아니었음을 알 수 있다.

> 자하가 말했다. "오직 군자가 백성에게 신뢰를 얻은 뒤에야 백성이 힘써 일하고, 신뢰를 얻지 못하면 백성은 착취당한다고 생각할 것이다. 오직 군주의 신뢰를 얻은 뒤에야 신하는 그에게 충고할 수 있고, 신뢰를 얻지 못하면 헐뜯는다고 생각할 것이다."
> 子夏曰, "君子信而後勞其民, 未信, 則以爲厲己也. 信而後諫, 未信, 則以爲謗己也."

대부분이 사士(학자 관료) 계급에 속해 관직을 맡았던 유가는 어떻게 하면 자신의 책무를 가장 잘 수행할 수 있을지 고민했다. 법가 사상가는 신하의 의도와 동기에 대해 회의적이었다. 앞에서 살펴본 바처럼 신불해는 신하가 군주에게 권력을 행사하는 것을 우려해 신하를 검증하도록 형명刑名(명칭을 정함)의 시행을 제안했다. 실제 상황이 그러했기 때문에 이런 우려가 나왔을 것이다. 듀벤다크는 전국시대 동안 군주가 절대적인 통제를 주장해야만 할 정도로 막강해진 신하의 권력을 묘사한다.

> (……) 군주는 오래된 관습과 먼 옛날의 제도가, 그리고 거의 손쓸 수 없는 귀족 계급의 특권이 자신의 처신을 방해한다고 느꼈다. 이 모든 것은 이미 지나간 낡은 질서에 속했다. 그래

서 어쩔 수 없이 상앙과 같은 강한 정치가가 귀족의 특권을 축
소하려 했던 것이다(*Book of Lord Shang*, 1928, 80).

상앙의 실제 관심사는 이런 것이었다. 신하의 특권을 옹호하
면 점점 더 많은 사람이 귀족 생활에 매료되어 그것을 추구하게 될
것이다. 이는 전혀 바람직하지 않은 상황을 초래할 수 있다. 농부조
차 농업을 포기하고 관직을 추구하게 되는 상황 말이다. 물론 신하
는 국가의 지원을 받았는데, 상앙은 다소 경멸적인 어조로 그들을
"다른 사람에게 기식寄食하는 자들"(『상군서』「갱법」更法, 「농전」)이라고
묘사한다. 그들은 나라를 위협하는 '좀 벌레' 중 하나다. 군주와 신
하 사이의 상호 의존성을 논의한 신불해도 이와 유사한 의심을 가
졌다. 신하는 군주가 자신들에게 어느 정도나 의존하는지 전혀 알
지 못했으니까.『한비자』에서는 상앙과 신불해의 교리를 통합해 군
주의 권력을 위협하는 존재로 백성과 관료를 동일하게 특징짓는다
(「정법」). 그러므로 군주가 속임을 당하지 않는 시스템을 세우는 것
이 중요했다. 이것은 주로 '공적 이익'으로 번역되는 공公과 '사적 이
익'으로 번역되는 사私의 구별로 표현되었다.

따라서 오늘날 이기적인 행위私를 추방하고 공公과 법을 유지
할 수 있는 군주는 백성의 안전과 국가 질서를 모색한다. 이기
적인 행위를 없애고 공과 법을 시행하면 군사력은 강해지고
적은 약해진다. 그래서 법과 규정을 따르는 사람을 찾아 관료
자리에 앉히면 군주는 거짓과 사기에 능한 사람에게 속임을
당할 일이 없다. 또한 일의 경중을 헤아릴 줄 아는 사람을 찾아
먼 곳의 일을 담당하게 하면 군주는 세상의 정치적인 일에서
속임을 당하지 않는다.

故當今之時, 能去私曲就公法者, 民安而國治. 能去私行行公法
者, 則兵强而敵弱. 故審得失有法度之制者, 加以群臣之上, 則主
不可欺以詐僞. 審得失有權衡之稱者, 以聽遠事, 則主不可欺以
天下之輕重. (「유도」)

군주는 항상 신하를 경계해야만 한다. 왜냐하면 그들은 이기적일 수 있기 때문이다. 사私와 공公의 대조는 흔히 사적인 것과 공적인 것의 구별과 관련해 설명된다. 이렇게 이해한다면 군주의 임무는 공, 즉 나라의 이익을 위해 일할 신하를 임명하는 것이다. 그러나 공적 이익으로서 공의 개념은 나중에 개발되었다. 골딘은『한비자』에서 공은 군주의 이익을 가리킨다고 주장한다. 어쨌든 공은 본래 공작公에게 이익이 되는 것을 의미했다.◆ 이런 추론을 따른다면 앞의 구절은 이기적이지 않고 군주의 이익을 염두에 두는 신하를 군주가 임명하도록 권고하는 것이다. 이를 위해서 군주는 엄격한 형벌을 가할 수도 있다. "상과 벌은 국가의 날카로운 도구다. 군주가 이를 손에 쥔다면 신하를 통제할 수 있다. 신하가 이를 손에 쥔다면 군주를 통제할 수 있다."賞罰者, 利器也, 君操之以制臣, 臣得之以擁主(『한비자』「내저설 하」內儲說下 육미六微) 군주와 신하 각각의 개인적 능력과 성향에 대한 법가의 현실주의는 정치적 재능을 다시 숙고해보게 만들었다. 그것은 카리스마 혹은 올바른 윤리적 헌신으로 충분하다는 주장에 내재한 이상주의에 대한 도전이었다. 불행하게도 군주가 관료제를 자유롭게 통치하도록 승인함으로써 통치에 대한 법가의 구상은 정치적 책무를 근본부터 다시 생각하도록 만들었다.

◆ Goldin, 2013, 2-8. 그래서 나는 이 구절에서 '공법'(公法)을 '공과 법'으로 번역해 공을 이렇게 이해할 수 있도록 했다. 이것은 리아오가 '공적인 법'으로 번역한 것을 바꾼 것이다(Liao, *Complete Works*, 1939, vol.1, 38). 골딘의 공 개념을 이 구절에 적용한다면 '공법'은 "형법을 시행함으로써 군주의 이익을 지키는 것"으로 이해될 수 있다.

기밀, 권력, 지식 통제

백성과 신하에 대한 군주의 권력은 공개적으로 선포된 형법을 통해 유지되었다. 이러한 전략은 비밀리에 유지되어야 했다. 군주의 권력은 법이 가능한 한 널리 선포될 때 가장 안전한 반면 전략, 즉 술術은 철저하게 비밀에 부쳐졌다. 상앙과 신불해도 비밀 유지가 정치권력에 필수 요소라고 확신했다. 한비자는 법의 공개성과 술의 비밀성 사이의 반비례 관계를 다음과 같이 설명했다.

> 법은 책으로 성문화되어 행정 관청에 보관되며 백성에게 선포된다. 전략은 가슴에 숨긴 채 인간 행동의 다양한 동기 요인을 비교하고 관료 조직을 비밀리에 조종하는 데 유용하다. 그러므로 법은 공개적일수록 좋고 전략은 보이지 않을수록 좋다.
> 法者, 編著之圖籍, 設之於官府, 而布之於百姓者也. 術者, 藏之於胸中, 以偶衆端而潛御群臣者也. 故法莫如顯, 而術不欲見.
> (「난삼」難三)

이런 비밀성은 엄격한 통제로 강화되었다. 상앙은 관료들의 토론을 제한하자고 주장했다.

> 교육 단일화가 의미하는 바는 이러하다. 학식이 풍부하고 논변이 능하고 지혜롭고 성실하고 청렴하고 예악에 정통하고 덕을 수양하고 붕당을 결성하고 평판이 좋거나 나쁜 사람들이 이러한 이유로 부귀해지거나 명망을 얻어선 안 되고, 형벌을 논해서도 안 되며, 사적인 견해를 독립적으로 구상해 군주에게 진언해서도 안 된다.

所謂壹敎者, 博聞·辯慧·信廉·禮樂·修行·群黨·任譽·淸濁, 不
可以富貴, 不可以評刑, 不可獨立私議以陳其上. (『상군서』「상형」
賞刑)

한비자는 군주의 당혹스러운 모습을 그린다. 한비자의 전략은
백성을 면밀하게 관찰함으로써 강화된다. "군주의 현명함이 드러나
면 백성은 그것에 대비할 것이다. 군주의 어리석음이 드러나면 백
성은 그를 당황하게 할 것이다. (……) 오직 아무것도 하지 않음으
로써 나는 그들을 볼 수 있다." 上明見, 人備之. 其不明見, 人惑之. (……) 惟無爲可
以規之(「외저설」外儲說 우상右上) 누구든 독립적으로 자기에게 유리한 관
점에서 나라의 일이나 군주의 행위를 판단할 수 있게 허용하면 국
가는 약화될 것이다. 군주에의 충성에 맞섰던 관습이나 전통은 금
지되었다. "아버지에게 있어서 효자는 군주에게 있어선 배신자다."
夫父之孝子, 君之背臣也(「오두」) 지식을 통제하는 가장 철저한 방법은 독립
적으로 사고하는 능력을 제한하는 것이었다. 한비자는 냉혹한 목소
리로 이것에 주의를 기울이라고 한다.

현명한 군주가 있는 나라에서는 죽간에 쓰인 문헌 없이 법으
로 가르치고, 선왕의 말씀 없이 관료를 스승으로 삼는다.
故明主之國, 無書簡之文, 以法爲敎. 無先王之語, 以吏爲師.
(「오두」)

통치와 인간의 행복

법가 이념은 여러 가지를 감소시켰다. 정치권력 문제를 근본 관심사로 제한하면서 인간 본성과 인간의 성취에 대한 기대를 감소시켰다. 백성은 국가 권력의 도구로, 두 가지 주요 기능을 가질 뿐이었다. 양식 생산과 군대 확장. 사유재산의 축적은 금지되었다. 문화, 전통, 교육, 덕의 측면에서도 마찬가지였다. 관계를 매우 중시한 유가 덕목은 법가 철학의 주된 공격 대상이었다.

형법에 수반되는 잔혹한 형벌은 백성이 정치적 권위에 도전하지 못하도록 하기 위해 고안되었다. 끔찍한 처벌에는 사람을 둘로 자르는 형벌도 포함되었다(Duyvendak, *Book of Lord Shang*, 1928, 14). 역설적이게도 끔찍한 죽음은 법가 사상가들의 삶의 특징처럼 보인다. 상앙의 시신은 4개의 수레에 묶여 찢어졌다. 한비자는 진시황의 재상이었던 이사의 모함을 받자 옥에서 자살했다. 이사는 진이세秦二世(기원전 230-기원전 207) 때 환관이었던 조고趙高(기원전?-기원전 207)의 선동으로 몸이 두 동강 나는 공개 처형을 당했다.

아마도 법가 철학의 최악은 많은 교리가 실제로 진나라에서, 특히 진시황 재위 기간 동안 시행되었다는 사실일 것이다. 순자는 기원전 300년 이후에 진나라를 방문했을 때 분명히 보았다.

백성들이 단순하고 소박해 관리들을 두려워하고 복종하는 모습을. 관리들은 지나칠 정도로 엄격하게 공무에 집중하며 집에서 집무실로, 집무실에서 곧장 집으로 갈 뿐 개인적 관심사라곤 없었다. 순자는 백성과 관리 모두 '고리타분했지만' 당시의 어리석은 기풍은 없었다고 말했다(Creel, 1953, 137).

백성은 "관리를 두려워하고 복종했다"(ibid., 133). 단순히 군주의 권위를 유지하기 위해 일반 백성이 겪게 되는 잔인한 위협들은 할 말이 없게 만든다. 사상 논쟁의 다양성과 질은 상당히 격하되었다. 법가 사상의 부정적 요소는 몇몇 혁신적 조치를 후퇴시켰다. 예를 들어 성인은 무위無爲를 행하고 신하는 할당된 업무에 힘쓰라는 제안 같은 것 말이다(Schwartz, 1985, 249-250). 그리고 표준과 형법 모두를 뜻하는 법이 군주와 신하를 서로 믿지 못하게 만들었을 뿐 아니라 군주와 백성 사이에 적대감을 심었다는 사실은 분명 불행한 일이었다.

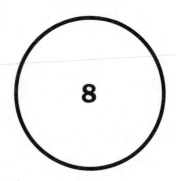

8

장자

장자莊子(기원전 399-기원전 295) 철학의 주요 주제와 논쟁 전략은
『도덕경』에 나타나는 철학과 꽤 유사하다. 『장자』는 그 제목이 저
자의 이름이지만 『도덕경』과 마찬가지로 몇 편은 다른 저자에 의
해 구성되었고 현존하는 문헌은 일정 시기를 거쳐 편집되었다. 『도
덕경』의 주제와 겹치는 부분이 있지만 그 형식은 매우 다르다. 질
문을 분명히 하기 위해 원숭이, 물고기, 매미, 개구리, 여름 곤충 등
자연계에서 많은 예를 가져와 사용하며 장난기가 넘치는 동시에 비
판적이고 호기심을 자극한다. 또한 해결되지 않은 문제를 그대로
남겨두는데, 이는 마치 독자가 자신만의 결론을 이끌어내도록 초대
하는 듯하다. 이런 문헌의 특성은 몇몇 편의 제목에 반영되어 있다.
예를 들어 첫째 편 「소요유」逍遙遊는 '목적지 없이 소요하다'란 뜻이
고 넷째 편 「인간세」人間世는 '사람들 사이의 세속적인 일'이란 뜻이
다(Graham, *Chuang-Tzu*, 2001). 이 문헌이 던지는 질문들은 한편 가
볍게 보임에도 불구하고 독자는 항상 그 질문들이 중대하게 다뤄지
고 있다는 사실을 깨닫는다.

『장자』는 기원전 4세기에서 2세기 사이에 편찬된 문헌이다.
특정 부분이 언제 누구에 의해 쓰였는지에 관한 논쟁은 아직도 계
속되고 있다(Graham, 2003a, 58). 전통적으로 『도덕경』과 『장자』는
노장老莊 전통에 속한다고 분류되었다.◆ 또한 『도덕경』은 『장자』보
다 일찍 편찬된 데다 그다지 정교하지 못하지만, 『장자』는 성숙하
고 발전된 도가를 반영한다는 점에 대체로 동의한다. 예를 들어 윙
칫 찬은 이렇게 말한다.

『노자』에서의 도는 여전히 언어적인 데 반해 『장자』에서 그
것은 초월적이 되었다. 『노자』에서는 영광과 치욕, 강함과 약

◆ 윙칫 찬은 『후한서』에 보면 5세기경에 편집되었던 부분과 이것을 연결시킨다고 주장한
다(*Source Book*, 1963a, 178).

함 등 둘 사이의 차이를 강조하면서 연약한 쪽의 가치를 주장하지만, 『장자』에서는 그 모든 것을 동일화시킨다. 노자는 개혁을 목표로 하지만, 장자는 '세속의 세계를 넘어 소요하기'를 선호한다. (……) 어쨌든 『노자』와 『장자』를 하나로 묶는 것은 잘못된 게 아니다. 물론 장자가 분명히 도가를 새로운 경지로 이끌었다는 점은 명심해야 하지만(Chan, *Source Book*, 1963a, 178).◆

두 문헌에 대한 이런 전통적 분류는 문제가 있다. 적어도 『도덕경』의 몇 부분, 특히 명칭名을 다루는 부분은 혜시나 공손룡 같은 명가名家의 명칭에 대한 논쟁과 관련되거나 그에 대응해 구성되었을 가능성이 크다. 이것은 사소한 문제가 아니다. 왜냐하면 두 문헌의 시기를 정하는 일은 각 문헌의 주제를 어떻게 이해할 것인지, 두 문헌의 관계는 어떠한지, 그 주제가 특정 시기의 논쟁과 어떻게 관련되는지 등을 이해하는 데 영향을 미치기 때문이다. 두 문헌을 이해하는 또 다른 방법은 그것을 주제별로 범주화하는 것이다. 예를 들어 벤저민 슈워츠는 도가를 주요하게 연결된 세 가지 '흐름' 속에서 이해할 수 있다고 주장한다(1985, 186-254). 그중 첫 번째는 주로 『도덕경』에 기반한 도의 철학과 그것의 개념적이고 실천적인 함의다. 『장자』와 본질적으로 관련된 두 번째는 명가 논쟁과 함께 제기되는 인식론적 주제로 특징지을 수 있다. 세 번째 흐름은 도가 철학의 정치적 적용에 초점을 맞춘다. 예를 들어 법가 사상가가 주장하는 무위와 같은 것이다. 이런 분류 또한 이전의 시도와 마찬가지로

◆윙칫 찬이 『장자』를 『도덕경』의 사상이 발전해 나온 문헌으로 여기는 유일한 학자는 아니다. 펑유란은 고대 도가 철학은 양주의 도가, 노자의 도가, 장자의 도가라는 3단계 발전 과정으로 특징지을 수 있다고 생각한다. 그는 도가 철학이 각 단계에서 이전 단계보다 더 정교하게 발전했다고 주장한다(1948, 65-66).

문제가 없진 않지만, 그 문헌들이 연관되는 방식과 각각의 논의 주제에 관한 논지를 문헌에서 다시 읽어내도록 해준다.

문헌의 문제:

현존하는 『장자』는 곽상이 52편이었던 문헌을 편집해 33편으로 구성한 판본이다. 곽상은 여러 가지 이유로 그 문헌에서 19편을 삭제했던 것으로 보인다. 그의 견해에서 보자면 그중 일부는 가짜이고 다른 일부는 장자 철학과 거의 관계가 없었다. 그는 남은 편을 내편內篇(1-7), 외편外篇(8-22), 잡편雜篇(23-33) 세 부분으로 나눴다. 내편은 주로 장자의 견해를 반영했던 반면 외편과 잡편은 주로 장자의 논의에 정통한 다른 사람이 썼다고 곽상은 주장했다. 외편과 잡편에서는 장자 자신이 직접 논쟁에 참여한다. 또한 『도덕경』의 구절을 언급하고 인용한 부분도 있고, 『도덕경』의 저자로 여겨지는 노담의 흔적도 보인다. 「내편」에는 이런 양상이 없다. 곽상이 이 문헌을 어느 정도나 편집했는지는 가벼운 문제가 아니며 『장자』의 철학을 숙고할 때 명심해야 할 점이다. ❖❖

현존하는 『장자』 33편의 분류와 묶음은 여전히 논쟁거리다. 1952년에 학자 관펑Guan Feng은 『장자』에 관한 획기적인 책을 출간했는데, 전국시대 다른 학설의 특징을 이루는 주제와 문체 요소에 근거해 『장자』의 글들을 더 세분화할 수 있다고 제안했다. 관펑에 이어 앵거스 그레이엄도 광범위한 문헌, 문제, 주제 연구를 바탕으로 『장자』를 재배열한 영향력 있는 성과를 영어로 출간했다(2003a). 그레이엄은 첫 7편이 사상과 문체 면에서 동질적이라 보고 주로 장자가 쓴 것이라고 믿었다(*Chuang-Tzu*, 2001,

---

❖❖ 이 문제에 대한 명확한 설명은 Knaul, 1985 참조. 내편이 가장 이른 시기에 쓰였다는 견해에 의문을 던진 Kline, 2010도 참조.

27). 그리고 나머지 25편은 네 부분으로 구분해 묶었다.

1. '장자 학파' 계열(17-22): 다른 사람이 장자의 문체로 쓴 글들로 구성되었다. 이 편들은 내편의 주제와 함께 『도덕경』에서도 언급된 다른 사상을 논한다. 장자에 관한 이야기도 포함되어 있다.

2. 원시주의 계열(8-10, 그리고 11, 12, 14의 일부): 『도덕경』의 어떤 구절, 예를 들어 80장에 나오는 구절에서 표현된 것과 유사한 소박한 원시주의를 이상화한다. 『장자』에서 이 편들은 무위에 의한 통치를 지지한다. 이것은 더 소박하고 자연스러운 삶의 형태, 즉 관습적 규범에 제한되지 않는 삶을 증진시키는 통치다.

3. 양주 계열(28-31): 정치적이고 도덕적인 세속적 야망을 비난한다. 왜냐하면 이는 진정한 자아의 보존保眞과 상충하기 때문이다. 생명을 기르는 것養生에 관한 양주의 교리는 장생長生에 대한 관심도 포함한다. 장생을 실현하는 한 가지 방법은 감각적 자극을 제한하는 것이다. 결과적으로 양주 학파는 오래 살 수 있는 가능성을 위협하는 어떠한 일도 결코 하지 않았을 것이다. 유가처럼 양주 학파도 자기 수양을 생각했지만, 그들이 주목한 주제는 더 좁은 의미로 육체적 필요를 포함해 자아를 보존하는 것에 그쳤다. 그런 이유로 맹자는 양주의 교리를 엄격히 비판했다. 이 편들에서 흥미로운 부분은 공자가 그의 몇몇 제자와 함께 내성적이고 견문이 좁은 인물로 등장해 진정성眞의 수양을 위협하는 체계를 주장한다는 것이다.

4. 혼합주의 계열(15, 33, 그리고 11-14의 일부): 유가의 관습적 도덕의 요소와 도가의 틀 안에서의 법가의 행정 관행을 결

합한다. 고대 혼합주의는 인간 사회가 적절하게 우주적 원리에 부합할 수 있도록 하는 하늘의 도를 제대로 실현하는 통치가 이루어져야 한다고 믿었다. 이 주제는 황노의 견해와 관련이 있으며 특히 한나라 초기에 인기가 있었다. 그레이엄에 따르면 33편인 「천하」('제국의 질서 아래')에서 "그것이 속한 통치적 위계질서 아래에서" 상이한 학설인 도道를 논한다(2003a, 93). 장자 철학은 모순된 학설로 평가되고 장자는 실제적인 문제에 관심이 부족하다고 비판을 받는다. 그레이엄은 이 혼합주의 계열이 결론으로서 문헌의 끝에 놓였을 수 있다고, 그리고 이것은 혼합주의자가 『장자』 문헌을 편집했음을 의미할 수 있다고 추측한다(2003a, 94, 99–101; 2001, 28).

그레이엄은 16편을 이 분류에 넣지 않는다. 나머지 6편(23–27, 32)은 잡다한 부분들을 포함하고 있는데, 심하게 훼손된 단편들은 몇 가지로 분류해 넣을 수 있다. 그레이엄은 이것을 '짝이 맞지 않는 조각들'이라고 부른다(1989, 173). 해럴드 로스Harold Roth는 특히 『관자』와 『회남자』 같은 그 당시 다른 문헌들과 혼합주의 계열 글들의 더 광범위한 연결 관계에 기반해 문헌의 다양한 단편들에 대한 그레이엄의 분류법에 도전했다(Roth, 1991a, 2003). 류샤오간은 『장자』의 글을 구분하는 다른 틀을 제안했다. 그는 『장자』의 성립 연대를 진대 이전으로 보고 그레이엄의 네 계열 대신에 세 계열을 제시했다(Liu, 1994). 로스와 류의 연구는 『장자』 문헌 연구의 중요한 성과였다. 『장자』 첫 7편인 내편을 이해하는 데에도 이와 유사한 골치 아픈 문제가 발생한다.◆ 이러한 문체와 문헌 문제를 여기서 상세하게 다루는 것이 우리의

◆ 밴 노든(Van Norden, 1996)은 1990년대 중반까지 내편의 다양한 해석에 대한 간략한 요약을 제시한다.

과제는 아니지만, 『장자』의 편들에 대한 다양한 이론이 있다는 점을 이해하는 것은 중요하다. 이는 장자 철학을 다른 학설과의 상호 작용이라는 맥락에서 어떻게 설득력 있게 해석할 수 있는지 파악하는 데 도움을 줄 수 있다.

1
장자의 회의주의

『장자』는 인간이 추구하는 바와 가치에 대해 회의적이다. 그래서 학설이 논해지고 가치가 결정되고 관습이 시행되는 방식을 면밀하게 검토한다. 어떤 논의에서든 눈에 띌 정도로 회의주의가 있다. 그러나 『장자』에서 보이는 탐구의 성격 때문에 『장자』의 저자 혹은 저자들이 특별한 질문을 해야만 했던 근본적 이유를 이끌어내기가 어렵다. 따라서 이 절에서는 『장자』의 회의적인 질문들을 이해할 수 있는 대안적 방법을 제시할 것이다. 여러 가지 질문을 던지면서 또한 그다음 절에서 다룰 주제를 예상하고 전망할 것이다. 여기서 우리는 세 가지 논의를 살펴본다. 첫째, 지식을 전달하는 말의 위치에 관한 논의는 그 당시 사상가들 사이에서 일어난 언어적 논쟁에서 『장자』가 동떨어져 있었음을 보여준다. 두 번째 논의는 서로 다른 종들이 가진 다양한 선호를 따져 묻는다. 이를 통해 우리는 『장자』의 회의주의가 상대주의적 신념에 근거하는지 여부를 탐색한다. 세 번째 논의는 '행복한 물고기 논쟁'이다. 장자가 강에서 헤엄치는 물고기에 대해 한 말이 촉발시킨 혜시와의 매혹적인 논쟁이 그것이다. 현대 학자들이 이 대화를 해석하는 다양한 방식을 검토하고, 장자의 회의주의의 그럴 법한 동기를 밝혀낸다.

'만물이 서로 같음을 논함'이라는 뜻인 「제물론」齊物論에서는 말로 앎知을 전달하려는 시도를 검토한다. 이 논의는 일상생활에서의 성취成(또한 완성을 의미)에 관한 세 가지 예를 들어 말로 이러한 성취를 전달하는 것은 불가능하다고 지적한다.

소문이 거문고를 연주했고 사광(유명한 악사)이 북채를 잡고 장단을 이끌었고 혜자는 오동나무에 기대어 담론을 나누었다. 세 사람의 앎은 그 분야에서 거의 완벽했다. 그래서 그들은 죽을 때까지 그것을 행했다. 그들은 그것을 좋아했다. 왜냐하면 다른 사람의 것과 다르기 때문이었다. 그들은 그것을 좋아했고 그것을 다른 사람에게 알리고자 했다. 그러나 그들의 앎은 명백히 할 수 없는 것이었기 때문에, 명백히 하려고 했음에도 불구하고 '견고함'과 '흼'에 대한 불분명한 논쟁으로 끝나고 말았다. 더군다나 아버지 뒤를 이었던 그들의 아들은 모두 말년에 이르기까지 성공하지 못했다. 이들이 성공을 이루었다고 할 수 있다면 나도 성공한 것이다. 그들이 성공했다고 말할 수 없다면 나 또한 다른 어떤 것도 성공하지 못한 것이다.
昭文之鼓琴也, 師曠之枝策也, 惠子之據梧也. 三子之知, 幾乎皆其盛者也, 故載之末年. 唯其好之也, 以異於彼. 其好之也, 欲以明之. 彼非所明而明之, 故以堅白之昧終. 而其子又以文之綸終, 終身無成. 若是而可謂成乎, 雖我無成, 亦可謂成矣. 若是而不可謂成乎, 物與我無成也. (「제물론」)

이 예는 대가들이 열정적으로 자기 일을 하면서 그들의 앎을 전수하려고 하지만 제대로 이루어지지 않는 것에 대한 회의론을 드러낸다. 『장자』에서는 성취의 가치보다 그들이 어떻게 기술을 전달하려고 했는지를 문제 삼는다. 이것이 '견고함'과 '흼'의 논쟁으로 끝난다는 것은 구어口語가 그들이 선택한 전달 수단이었다는 단

서를 제공한다. 마지막 진술은 무엇을 의미할까? 두 가지 선택지가
제시되는데 각각이 조건부 형식이다. 첫 번째 선택지(세 대가는 말
로 그들의 기술을 전수하는 데 성공했다)는 이미 이 논의에서 배제
되었다. 두 번째 선택지는 장자의 경우를 진술한 것으로 말의 한계
를 강조한다. 말의 한계에 대한 신중한 태도는 몇 가지 우려에서 비
롯된 것일지 모른다. 첫째, 의견 차이가 토론으로 해결될 수 있다고
믿는 다른 사상가들 사이의 논쟁에 회의적이었을 수 있다. 둘째, 관
직에서 요구되는 전문 기술이 어떻게 말로 완전히 전달될 수 없는
지 (비유를 통해) 이야기한 것일 수 있다. 이 두 문제는 각각 다른
논의에서 다뤄지며 그 상세한 내용은 다음의 논의들에서 밝혀질 것
이다.

회의주의와 관련한 두 번째 논의는 같은 편에서 찾을 수 있다.
이전의 것과 마찬가지로 관련된 많은 문제를 드러낸다. 다른 종이
선호하는 바를 언급하면서 미각과 심미안에 대해 묻고, 어떻게 그
것을 비교하고 평가하는지 묻는다.

> 사람은 건초와 곡물을 먹인 고기를 먹고 사슴은 풀을 먹고 지
> 네는 뱀을 맛있다 하고 올빼미와 까마귀는 쥐를 즐겨 먹는다.
> 네 가지 가운데 어느 것이 올바른 맛을 아는가? 암컷 원숭이는
> 긴팔원숭이를 짝으로 삼고 고라니는 사슴과 교미하며 미꾸라
> 지는 물고기와 노닌다. 모장과 여희는 사람들이 미인이라 하
> 지만 물고기가 보면 물속으로 숨고 새가 보면 하늘 높이 날아
> 오르며 고라니나 사슴이 보면 달아난다. 이 네 가지 가운데 어
> 느 것이 세상의 진정한 아름다움을 아는가? 내가 보기에 인의
> 의 단서와 옳고 그름의 길은 매우 혼란스럽다. 어떻게 내가 이
> 것들을 구별하는 방법을 알겠는가?

民食芻豢, 麋鹿食薦, 蝍蛆甘帶, 鴟鴉嗜鼠, 四者孰知正味? 猨猵
狙以爲雌, 麋與鹿交, 鰌與魚游. 毛嬙·西施, 人之所美也, 魚見
之深入, 鳥見之高飛, 麋鹿見之決驟. 四者孰知天下之正色哉?
自我觀之, 仁義之端, 是非之塗, 樊然殽亂, 吾惡能知其辯? (「제
물론」)

　『장자』에서는 이런 선호를 다양하게 관찰하고 나서 어떤 종의
선호가 옳은지 그른지를 말로 전달할 때 그 구별의 근거가 되는 것
을 회의한다. 글에서 이 이야기의 구체적인 결론을 이끌어낼 내용
이 뒤따르지 않기 때문에, 이 논의에서 판단을 중지한 것은 세 가지
방식으로 이해될 수 있다. 첫째, 세계의 (형이상학적) 복수성에 대
한 신념에 기반한 것일 수 있다. 둘째, 구별이 될 수 있는지 여부에
대해 (인식론적) 의심을 표현한 것일 수 있다. 셋째, 구별을 이끌어
내서는 안 된다는 근본적인 (윤리적) 믿음을 드러낸 것일 수 있다.
이 해석적 논제는 각각 분리해 논의할 수도 혹은 통합해 논의할 수
도 있다. 「제물론」의 나머지 부분에서의 분석은 이 문헌을 이해하
는 이러한 다른 방식들을 시사할 것이다.
　　이 논의와 이전 논의는 언어로 다양한 것을 포착하고 모든 분
야를 지도하기 위해 언어를 사용하려고 하는 명가에 대한 대응으
로 이해될 수 있다. 이미 『도덕경』이 이런 문제를 어떻게 다뤘는
지 보았다. 이 두 논의와 다른 곳에서 『장자』는 고정된 의미의 결
정이 어떻게 의미를 제한해 표준화되지 않은 관점과 추구를 무의미
하게 만들어버리는지에 우려를 표현한다. 『장자』는 우리가 이해하
는 바처럼 언어 사용을 포기하거나 앎을 추구하지 말라고 주장하는
가? 리사 래팔스는 「제물론」에서는 논증에 회의주의적 방법을 사
용하지만 이것이 단지 앎의 부정을 함의하지는 않는다고 주장한다

(Raphals, 1996). 이 견해에 따르면 장자는 모든 앎이나 그에 대한 추구를 의심하는 극단적 회의론자가 아니다. 오히려 이 문헌이 우려하는 점은 앎과 그것을 추구하는 방법에 대한 가정이 잘못되었다는 것이다. 다음 절에서 이것과 다른 인식론적 문제들을 깊이 있게 다룰 것이다.

앞의 논의는 또한 상대주의를 암시하는 듯하다. 이렇게 해석하는 이유는 이 문헌이 많은 관점을 설명할 때 한 가지 입장을 취하지 않고 제기된 모든 관점이 각각 그 자체로 옳다고 주장하는 것처럼 보이기 때문이다. 채드 핸슨은 『장자』에서 상대주의의 다른 형태를 제시한다고 주장한다. 그 목적은 다양한 관점으로 세상을 봄으로써 더 유연하고 관용적인 태도를 갖는 것이다(1992, 283-284). 그러나 핸슨의 견해에 따르면 장자의 논의는 상대주의 문제를 회피하고 있다. 왜냐하면 어떤 학설에 대해 '메타 시각'을 제공해 "사물에 관한 모든 담론을 동등하게 하기" 때문이다(ibid., 283). 핸슨은 "장자의 메타 시각은 관점이 제거된 사물에 대한 지식으로 이어지지 않는다. 그것은 사물 그 자체를 바라보는 창이 아니라 다양한 가능성의 범위를 혼란스럽게 만드는 창이다"라고 말한다.◆

핸슨의 제안은 논쟁의 여지가 있지만 흥미롭다. 『장자』에서는 이따금 「양생주」養生主에 나오는 포정庖丁의 소를 잡는 기술과 같이 직관적 앎과 실천의 본보기를 매우 적극적으로 긍정한다. 핸슨의

◆ Ibid, 284-285. 핸슨은 또한 그의 설명이 장자 철학을 신비주의적으로 해석하는 경우와 회의적으로 해석하는 경우 사이의 다리 역할을 해줄 것이라 주장한다. 핸슨에 따르면 "회의론자는 비판적으로 눈살을 찌푸리고 절대적 지식을 얻지 못하는 경험에 실망한다. 신비주의자는 매우 이해하기 힘든 것에 심취한다. 감정적인 언어를 쓰면서 언어의 제한에 대해 똑같이 깨닫고는 회의주의자는 '음……' 하고, 신비주의자는 '아!' 하고 반응한다. (……) 실체나 양에는 차이가 없지만 감정적 반응에는 큰 차이가 있다"(ibid.). 그러나 핸슨이 주장한 것처럼 그 차이가 각 주의자의 서로 다른 심리적 상태에서만 존재하는지 의문을 제기해야 한다.

논지에 대응해『장자』가 규범적 견해를 제안한다고 주장하는 입장도 있다. 예를 들어 필립 아이반호는 자신의 논의에서 설득력 있는 사례를 제시하는데, 포정과 그의 숙련된 솜씨, 멋진 종 틀을 만드는 조각가 경慶, '형언할 수 없는 기술로 수레바퀴를 만드는' 윤편輪扁과 같이 장자의 도에 대한 긍정적 시각을 보여주는 인물들이다. 아이반호는 "숙련된 개인들의 사례에서 장자는 관점주의자의 논쟁을 완전히 포기하고 그의 규범적 전망의 근거를 드러낸다"고 언급한다(1993, 652). 숙련 문제에 집중하는 다음 절에서 기술과 그것의 연마에 관한 쟁점을 다시 다룰 것이다.

　　장자의 회의주의와 관련해 지금까지 제기된 문제는 장자와 혜시의 대화에서 다시 볼 수 있다. 명가에 대한 논의에서 보았듯이 혜시는 궤변으로 명성을 얻었다. 많은 학자가 혜시의 역설을 여러 가지로 다르게 이해했지만, 우리는 혜시의 역설이 대부분 상대주의적이라고 지적했다.◆『장자』에서 이 대화는 여러 가지 이유로 흥미롭다. 문헌에 나오는 이야기에 따르면 장자는 혜시의 무덤을 지나칠 때 논쟁 상대를 잃은 것에 슬퍼했다. "혜시 선생이 죽은 후로 상대할 사람이 아무도 없었고 얘기를 나눌 사람도 없었다."自夫子之死也, 吾無以爲質矣, 吾無與言之矣(「서무귀」) 그들의 철학적 친화력이나 긴장감의 본질은 무엇이었을까? 「추수」秋水에 잘 알려진 이야기가 나온다.

　　　　장자와 혜시가 호숫가 둑 위를 걷다가 장자가 말했다. "물고기
　　　　가 나와서 유유히 노닐고 있는 것을 보라! 이것이 물고기의 진
　　　　짜 즐거움이다."
　　　　혜시가 말했다. "당신은 물고기가 아닌데 어떻게 물고기가 즐

◆여기서 펑유란이 혜시와 장자의 사상을 비교하며 혜시를 일원론자라고 주장했음을 상기하라(1948, 85). 펑유란은 혜시의 역설과 장자 사상의 유사점을 간략하게 설명한다(1952, 196-197).

거운지 아는가?"

장자가 말했다. "당신은 내가 아닌데 어떻게 내가 물고기가 즐거운지 모르는 것을 아는가?"

혜시가 말했다. "나는 당신이 아니다. 그래서 나는 분명히 당신이 아는 것을 알지 못한다. 그렇다면 당신은 분명히 물고기가 아니다. 이로써 당신이 물고기가 즐거워하는지 알지 못한다는 것이 증명된다."

장자가 말했다. "다시 당신의 원래 질문으로 돌아가보자. 당신은 나에게 물고기가 즐거운지 어떻게 아느냐 물었다. 그러면 당신은 그 질문을 할 때 이미 내가 그것을 안다는 것을 알았다. 나는 그것을 여기 호숫가에 서서 알았다."

莊子與惠子遊於濠梁之上. 莊子曰 , "儵魚出遊從容, 是魚之樂也." 惠子曰, "子非魚, 安知魚之樂?" 莊子曰, "子非我, 安知我不知魚之樂?" 惠子曰, "我非子, 固不知子矣. 子固非魚也, 子之不知魚之樂, 全矣." 莊子曰, "請循其本. 子曰'汝安知魚樂'云者, 旣已知吾知之而問我, 我知之濠上也."

장자가 이 논쟁에서 칼자루를 쥐었던 것 같다. 그러나 서로에게 장난스러운 그들의 반응은 더 중요한 질문을 제기한다.◆◆ 첫째, 주고받는 대화는 앎의 한계에 대한 견해를 드러낸 것일 수 있다. 특히 다른 사람의 문제와 관련된 앎은 더욱 그러하다. 혜시나 장자 모두 물고기의 즐거움을 어떻게 알 수 있으며 다른 사람이 아는 것을 어떻게 알 수 있겠는가? 이것은 주관주의의 기초를 세우는 논증인가? 핸슨은 오류가 있는 혜시의 논리가 드러나는 이 논쟁이 관점의

◆◆ 이 대화는 단순히 논쟁의 무의미함을 논증하는 논쟁일 수 있다는 견해가 있다. 이런 설명에 의하면 장자는 그저 혜시의 질문을 파악하지 못한 서투른 논리학자일 뿐일지 모른다. 채드 핸슨에 따르면 거의 대부분이 이 대화를 이렇게 이해한다(2003, 145, 147).

주관성을 옹호한다고 주장한다. 이런 관점에서 혜시의 주장은 충분치가 않다. 왜냐하면 만약 그가 물고기의 즐거움에 대한 장자의 주장에 회의적이었다면, 동일한 논거를 적용해 장자가 물고기의 즐거움을 안다는 것에 대해 스스로 주장할 수가 없기 때문이다(Hansen, 2003).

둘째, 대화는 앎의 본질에 대한 인식을 표현한 것일 수 있다. 로저 에임스는 대화의 목적이 앎의 본질은 경험과 참여에 있다는 장자의 통찰력을 보여주는 것이라고 주장한다(1998b). 이 견해에 따르면, 물고기가 스스로 즐기고 있다는 사실을 장자가 어떻게 알았는지 혜시는 이해하지 못했다. 오히려 알려질 수 있는 것에 근거해 주로 논쟁을 진행시키고, 그에 따라 장자의 주장이 진리 조건을 충족했는지 여부를 평가한다. 혜시가 그 대신에 초점을 맞춰야 했던 것은 '방법을 아는 것'knowing-how과 더 밀접하게 연관된다. 장자는 '어떻게' 물고기가 즐거운지 알았을까?

『장자』에서 앎의 본질과 관련된 질문은 숙련, 수양, 성인의 개념과 밀접하게 연관되어 있다. 수양을 쌓은 '진정한 인물'인 진인眞人은 다른 사람이 그러하듯 교리적 논쟁에 관여하지 않기 때문에 그의 삶에는 논쟁에서 이길지 아닐지에 대한 불안이 없다(「제물론」). 진인의 개념은 윤리적 종교적 정치적 사회적 심리적 차원을 통합한다. 그러나 무엇보다도 그는 더 '높은' 수준의 능력으로 문제에 접근한다. 그것은 방법을 아는 것으로서 사람이 오직 직관적으로 반응할 때만 가능한 능력이다. 따라서 그는 효과적으로 과제에 즉시 몰두한다. 왜냐하면 주어진 과제와 상관없는 어떤 기대에 방해받지 않기 때문이다(Yearley, 1996, 175; Roth, 1999 참조).◆ 다음 절에서 『장자』에 나타나는 인식론적 고찰을 더 체계적인 방식으로 탐구해보

◆ 에임스와 나카지마(Nakajima)는 물고기의 즐거움에 대한 대화에서 제기된 질문들을 더 자세하게 탐구한다(2015).

자. 우리는 앎을 얻을 수 있을까? 만약 그렇다면 앎의 본질은 무엇일까?

2
인식론적 질문
===========

「제물론」은 장자의 인식론적 문제에 초점을 맞춘다. 이 편은
내편에서 철학적으로 가장 논리 정연하다. 여기서 장자는 그 당시
논쟁에서 제기된 주장의 근거를 의심한다.◆ 그는 절대주의적 가정
을 비판한다. 그런 가정을 하는 사람들은 그들의 이론이 기존의 사
회정치적 불안정을 해결할 수 있는 보편적이고 비역사적인 해독제
라고 여긴다. 물론 각 이론이 다른 모든 이론을 거부한다면 그들이
모두 옳을 수는 없다. 장자는 이러한 갈등을 환기시키려고 유가와
묵가의 논쟁을 묘사한다.

> 유가와 묵가의 옳음과 그름이 있다. 그것에 의해 한편에서 옳
> 은 것이 다른 편에서는 그르고, 한편에서 그른 것이 다른 편에
> 서는 옳다.
> 故有儒墨之是非, 以是其所非而非其所是. (「제물론」)

장자의 관점에서 논쟁은 시작부터 막힌다. 논쟁에서 논쟁자는
상대가 자신의 견해를 받아들이도록 설득하는 것을 목표로 한다.

◆ 명가와 후기 묵가 사상가의 언어에 대한 논쟁에 비추어 장자 철학을 연구해 큰 영향력
을 끼친 그레이엄은 「제물론」이 가장 중요한 편이라고 생각한다(2003b, 104).. 그의 분
석은 이 논쟁들, 특히 혜시와 공손룡의 논쟁에 대한 대응으로서 장자의 고찰에 초점을 맞
춘다.

묵가와 유가는 각자 자신들의 견해가 옳다고 굳게 믿는다. 각각은 자신의 견해의 객관성과 보편성을 가정한다. 유가는 그들의 해결책이 그 당시 사회의 불안정을 개선할 가장 최선의, 아마도 유일한 해결책이라 믿었고, 묵가도 마찬가지였다. 그러나 당연히 둘 다 옳을 수는 없다. 그들의 논쟁은 무엇이 옳고 무엇이 그른가是非에 관해 불일치했다. 장자가 주목한 것처럼 한편에서 옳은 것은 다른 편에서는 그르다. 어느 것이 옳은지 어떻게 결정할 수 있는가? 『장자』에서는 이 문제를 더 구체적인 두 가지 문제로 재정리했다. 누구에게 판결을 내려달라고 할까? 그리고 무슨 기준으로 그 판결을 내릴까? 첫 번째 문제와 관련해 장자는 공평한 판결을 선택하는 문제를 장황하게 논한다.

> 당신과 내가 논쟁辯을 한다고 가정해보자. 내가 당신을 이기는 대신 당신이 나를 이겼다면 당신은 정말 옳고 나는 정말 그른가? 당신이 나를 이기는 대신 내가 당신을 이겼다면 나는 정말 옳고 당신은 정말 그른가? 혹은 우리 둘 다 부분적으로 옳고 부분적으로 그른가? 혹은 우리 둘 다 전부 옳고 전부 그른가? 우리 가운데 당신도 나도 어느 것이 옳은지 모른다면 다른 사람도 당연히 모른다. 누구에게 중재해달라고 해야 하는가? 당신에게 동의하는 사람에게 부탁한다면 그는 이미 당신에게 동의했는데 어떻게 중재할 수 있겠는가? 나에게 동의하는 사람에게 부탁한다면 그는 이미 나에게 동의했는데 어떻게 중재할 수 있겠는가? 당신과 나 모두에게 동의하는 사람에게 부탁한다면 그는 이미 당신과 나 모두에게 동의했는데 어떻게 중재할 수 있겠는가?
>
> 旣使我與若辯矣, 若勝我, 我不若勝, 若果是也, 我果非也邪? 我

勝若, 若不吾勝, 我果是也, 而果非也邪? 其或是也, 其或非也邪? 其俱是也, 其俱非也邪? 我與若不能相知也, 則人固受黮闇, 吾誰使正之? 使同乎若者正之? 既與若同矣, 惡能正之! 使同乎我者正之? 既同乎我矣, 惡能正之! 使異乎我與若者正之? 既異乎我與若矣, 惡能正之! 使同乎我與若者正之? 既同乎我與若矣, 惡能正之! 然則我與若與人俱不能相知也, 而待彼也邪? (「제물론」)

장자는 공평한 판결이 드물다고 말하려는 것이 아니다. 사실 그는 그런 사람이 있는지에 대해서도 회의적이다. 또한 중재할 때 공평성을 기대하는 것에도 회의적이다. 다른 말로 하면 장자는 "중립적 견해", 천사 같은 시각 혹은 신의 관점 같은 입장은 없다고 생각한다. 심지어 장자는 「소요유」에서 모든 것을 포괄하는 '새의 관점'조차 비난한다. 장자는 한편에 매미와 비둘기, 다른 한편에 거대한 새인 붕鵬을 두고 서로 대조한다. 매미와 비둘기는 붕을 비웃는다. 왜냐하면 거대한 새의 차원과 능력을 그들은 이해하지 못하기 때문이다.

매미와 비둘기는 비웃으면서 말했다. "우리가 힘들게 높이 올라봐야 느릅나무나 박달나무 꼭대기에 이를 뿐이고, 때때로 그나마도 못 미쳐 땅에 떨어지고 만다. 그런데 무엇 때문에 남쪽으로 구만리나 가는가!"
蜩與學鳩笑之曰, "我決起而飛, 搶楡枋而止, 時則不至而控於地而已矣, 奚以之九萬里而南爲?" (「소요유」)

이 작은 생명체들이 이해력이 부족하다고 해서 하찮다고 할 수 있을까? 자신의 한계를 드러냈다는 것은 어느 정도 자신을 파악했다는 것이다. 그러나 세상에 대한 그들의 인식은 개인적 경험을 넘어서는 가능성을 생각하지 못하는 그들의 무능력으로 인해 제한된다. 매미와 비둘기와 유사한 인간은 누구인가? 장자는 매미와 비둘기처럼 교리에 갇힌 다른 사상가를 고려하는 것일까? 만약 그렇다면 우리는 그 대신에 붕이 되어야 할까?

> 붕이 남쪽의 큰 바다로 날아갈 때면 물보라가 삼천리까지 솟구친다. 그 새는 회오리바람을 타고 구만리까지 날아오르고 반년에 한 번 쉰다. 아지랑이와 먼지는 생물이 내뿜는 입김이다. 하늘은 매우 푸르다. 그것은 진짜 색일까 아니면 멀리 있고 끝이 없기 때문일까? 하늘에서 새가 아래를 내려다볼 때도 모든 것이 푸르다. (……) 바람이 두텁게 쌓이지 않으면 큰 날개를 지탱할 힘을 얻지 못한다. 그래서 붕이 구만리를 날아오를 때 바람이 이처럼 받쳐주어야 한다. 그래야 푸른 하늘을 등지고 바람을 탈 수 있다. 아무것도 그를 가로막을 수 없다.
> 鵬之徙於南冥也, 水擊三千里, 搏扶搖而上者九萬里. 去以六月息者也. 野馬也, 塵埃也, 生物之以息相吹也. 天之蒼蒼, 其正色邪? 其遠而無所至極邪? 其視下也, 亦若是則已矣. (……) 風之積也不厚, 則其負大翼也無力. 故九萬里, 則風斯在下矣, 而後乃今培風, 背負靑天而莫之夭閼者. (「소요유」)

붕은 거대하고 장엄한 데 비해 매미와 비둘기는 하찮고 작다. 그러나 붕은 오직 넓은 시야로만 볼 수 있어 더 세세한 것들은 구별하지 못한다. 그도 편파적인 시각만 가지고 있다. 마찬가지로 물리적 제약도 받는다. 작은 생명체는 멀리 날 수 없는 데 반하여 붕은 바람의 조건이 날 수 있을 만큼 충분하게 강하지 않으면 날아오를 수 없다. 특권을 가진 관찰자도 없고 이상적인 판단자도 없다. 장자는 가치에서 자유로운 관점을 가질 수 있는 개인의 능력에 회의적이다. 혹은 어쩌면 가치에서 자유로운 관점은 없는지도 모른다. 이 이야기는 자신만의 올바른 견해가 있다고 확신하는 논쟁자들에게 교훈을 준다. 장자는 논쟁辯과 관련된 기대에 메타철학적인 공격을 가한다. 사실 '옳은' 견해를 선택하는 방법에 대한 질문은 잘못 겨냥된 것이다. 꼭 하나를 선택해야만 한다고 전제하기 때문이다. 또한 세계의 풍성함과 다양성에 대한 우려도 있는데, 선택의 과정과 결과가 이러한 다양성을 반영하지 못할 수도 있기 때문이다. 회의론자인 왕예王倪는 세계의 다양성에 직면했을 때 무력감을 느낀다.

> 내가 안다고 하는 것이 알지 못하는 것이 아닌지 어떻게 알겠는가? 내가 알지 못한다고 하는 것이 아는 것이 아닌지 어떻게 알겠는가? (……) 사람이 습한 데서 자면 허리에 병이 생기고 관절이 뻣뻣해진다. 그러나 미꾸라지도 그러한가? 사람이 나무 위에 앉아 있으면 벌벌 떨고 무서워한다. 그러나 원숭이도 그러한가? 이 셋 가운데 어느 쪽이 살아가기에 올바른 장소를 아는가?
> 庸詎知吾所謂知之非不知邪? 庸詎知吾所謂不知之非知邪? (……) 民濕寢則腰疾偏死, 鰌然乎哉? 木處則惴慄恂懼, 猨猴然乎哉? 三者孰知正處? (「제물론」)

왕예의 견해는 맛과 교미 상대에 대한 선호를 언급하면서 이미 보았는데, 이는 극단적인 회의론자의 영향을 받은 것으로 보인다. 이런 비유의 중심에 옳은 견해를 선택하는 방법에 대한『장자』

의 대답이 있다. 여러 가지 가운데 하나의 견해를 선택하고 그것이 '올바르다'고 하는 것은 잘못된 것이다. 이러한 관점에서 보면, 경쟁하는 학설들은 주어진 위치와 처한 상황에 따른 본질을 갖는다는 사실을 장자가 인식하고 있었다고 생각된다. 행복의 다양한 척도에 관한 이 논의는 그저 다양한 세계에 직면한 인식론적 어려움을 말하려는 것이 아니다. 그것은 또한 언어와 실재의 관계에 대한 관심이기도 하다. 장자가 후기 묵가 사상가와 공유한 관심이기도 하고. 물론 그들은 매우 다른 결론을 내렸지만 말이다.

궁극적으로 『장자』에서 이 두 가지 관심은 이런 믿음에 근거하고 있다. 즉 하나의 올바른 표준을 정하고자 하는 욕망은 다면적인 우주 안에 인간의 위치와 방향성을 적절하게 세우는 것에 실패한 데에서 기인한다는 믿음이다. 왕예의 질문은 앎의 내용이 아니라 주로 언어와 명명에 초점을 맞추고 있다. "내가 안다고 하는謂 것이 알지 못하는 것이 아닌지 어떻게 알겠는가?" 앞에서 왕예가 사람을 당황하게 만드는 세상의 다양성에 관한 예를 들면서 이런 질문을 던지는 것을 보았다. "'옳고 그름'의 길은 매우 혼란스럽다. 어떻게 내가 이것들을 구별하는 방법을 알겠는가?"(「제물론」) 왕예는 특히 옳은 것과 긍정해야 하는 것是, 그리고 그른 것과 부정해야 하는 것非을 구별하는 과제로 주의를 돌린다. 나중에 보겠지만 시비是非는 한번 결정해 선언하면 다신 바꿀 수 없다. 그것이 견고해지면 인간의 사고와 지각을 좁아지게 한다. 의미는 말(언言은 더 정확하게는 '말'이다)에 고정된다. 장자는 주장의 효력과 그것의 함의를 명확히 한다.

말言은 숨을 쉬는 것이 아니다. 말은 무언가를 말하는 것이다. 유일한 문제는 말하는 것은 결코 고정되지 않는다는 점이다.

정말로 우리는 무언가를 말하는 것일까? 아니면 어떤 것도 말한 적이 없는 것일까? 새의 지저귐과 다르다고 생각한다면 구별할辨 근거가 있는가? 아니면 근거가 없는가? (……) 말이 무엇에 가려져 때때로 옳고 때때로 그른가? (……) 입장이 무엇이든지 어떻게 말이 받아들여지지 않을 수 있겠는가?

夫言非吹也, 言者有言, 其所言者特未定也. 果有言邪? 其未嘗有言邪? 其以爲異於鷇音, 亦有辨乎, 其無辨乎? (……) 言惡乎隱而有是非? (……) 言惡乎存而不可? (「제물론」)

장자가 말과 새의 지저귐을 비교한 것은 단순한 수사학적 표현이 아니다. 그는 말이 무언가를 의미한다고 믿지만, 또한 언어가 세상을 정확하게 그리고 남김없이 나타낸다는 가정에 문제가 있음을 알았다. 한 가지 문제는 언어가 실재와 고정된 관계를 맺고 심지어 일대일로 대응한다는 가정과 관련이 있다. 우리는 이런 문제를 예를 들자면 유가의 기획에서 보았다. 특히 공자의 정명正名 이론에서. 여기에서 공자는 사람의 신념과 행위가 그의 직책名과 일치해야 한다고 주장했다. 이런 예측 가능하고 정확한 일치를 명가와 후기 묵가는 삶에서 언어가 차지하는 위치를 논할 때 그 전제로 삼았다. 장자는 명가가 취한 접근법에 동의하지 않는다. 명가는 불일치를 해결하기 위해 용어 심사에 의존한다. 명가의 접근법은 다양한 가정을 설정하는 것이다. 명칭의 의미는 객관적이다, 세계와 고정된 관계를 맺는다, 그 의미를 정확하게 이해함으로써 불일치를 해결할 수 있다 등등.

『장자』는 언어에 대한 이런 가정 가운데 몇 가지는 문제가 있다고 본다. 『장자』라는 문헌 자체가 권고하는 바는 무엇일까? 그 숙고를 해석하는 여러 가지 방법이 있다. 하나의 접근법은 형이상학적 관점에서 세계의 다양성을 강조하고 포용하는 것이다. 이것은 개인마다 서로 다른 표준이 있다는 왕예의 묘사에서 볼 수 있다. 언어가 세계의 복잡성과 다양성을 어떻게 적절하게 포착할 수 있을까?◆ 용어를 명확하게 하면 정말로 실재를 더 정확하거나 더 진실하게 보여줄 수 있을까? 만약 세상의 다양성은 환원 불가능하다고 믿는다면, 언어에는 이 다양성을 완벽하게 포착할 수 있는 능력이 있다고 일관되게 주장할 수 없을 것이다.

두 번째 접근법은 언어의 의미가 객관적이라는 가정을 부정하는 것이다. 우리는 『공손룡자』에서 의미를 결정하는 과정을 묘사할 때 어떻게 이런 가정을 세우는지 보았다. 예를 들어 '소'와 '소 아닌 것' 둘 다 사실에 부합할 수는 없고, 사실에 부합하는 경우 논쟁에서 이긴다. 언어의 본질에 대한 『장자』의 입장은 『순자』의 그것과 유사한데, 모두 명칭의 자의성을 인지했다. 『순자』「정명」에는 "명칭은 본질적 정합성이 없다"名無固宜는 실용적인 언급이 나온다. 이와 유사하게 『장자』에서는 명명 과정의 자의성을 강조한다.

> 사람들이 '그렇다'고 말하면 사물은 그렇다. 사람들이 '그렇지 않다'고 말하면 사물은 그렇지 않다. 길은 사람이 걸어갈 때 생긴다. 사물은 사람이 그러하다고 말하기 때문에 그러하게 된다. 어떻게 그것은 그러하게 되는가? 사람이 그것을 그러하다고 말하기 때문에 그러하게 된다. 어떻게 그것은 그러하지 않게 되는가? 사람이 그러하지 않다고 말하기 때문에 그러하지 않게 된다.
>
> 可乎可, 不可乎不可. 道行之而成 物謂之而然. 惡乎然? 然於然. 惡乎不然? 不然於不然. (「제물론」)

◆ 이 의문은 『도덕경』 1장과 5장에서도 제기된다.

이 논의는 말의 의미의 자의성과 관습성을 강조한다. 또한 고정된 의미에 대한 『순자』와 『장자』의 관점 사이의 주된 차이에 주목하게 한다. 『순자』의 요점은 이미 결정된 혹은 고유한 의미가 있는지 여부에 대한 우려 없이 의미를 정하는 것이지만, 『장자』는 이 과정을 삼가려고 한다. 실제로 의미를 정하려는 시도가 이 논의에서 반대하려는 것이다. '그렇다'可와 '그러하다'然는 후기 묵가 논쟁에서 중요한 자리를 차지한다. 언어는 그러한 것然을 포착하고 가능한 것可을 주장하고 그 경우에 해당하는 것是을 긍정하는 한에서 의미가 있다. 그러나 『장자』에서 논하듯이 이러한 전환은 사실 의미가 자의적으로 결정될 때 언어에 객관성과 절대성을 부여한다. 그런데 자의적으로 결정된 무언가가 어떻게 우리 삶에 그런 중대한 의미를 가져올 수 있는가? 그레이엄은 장자도 알았을 후기 묵가의 문제를 명쾌하게 제기한다. "언어가 의미를 가진다는 가정하에 언어를 사용하지 않으면서 어떻게 언어가 의미가 있다는 것을 증명할 수 있는가?"(1989, 200)

세 번째 대응은 인식론적 관점에서 언어에 관한 문제가 되는 가정을 이해하는 것이다. 『장자』의 인식론적 입장은 중요한 주제로 이 절의 나머지 부분에서 주요하게 다룰 것이다. 이 문헌에 실린 이야기들은 다양한 관점이 있다는 것뿐만 아니라 개인이 자신의 관점을 초월하여 사물을 보기는 어렵다는 점을 지적한다. 제한된 관점을 시사하는 비유적 묘사가 『장자』에는 넘쳐난다. 구만리를 날아오르는 붕을 이해하지 못하는 매미와 비둘기(「소요유」), 봄과 가을을 이해하지 못하는 여름 벌레, 자신이 사는 공간 때문에 비좁은 시각을 가진 우물 안 개구리, 우물에 다리 하나를 넣는 데도 큰 어려움을 겪는 거대한 거북이(「추수」) 등이다. 이 모든 예에서 등장 동물들은 물리적 조건과 환경에 제약을 받는다. 「추수」에서 우물 안 개구리나 여름 벌레의 제한된 시각은 논쟁자의 좁은 견해를 반영한다.

> 우물 안 개구리와는 바다를 논할 수 없다. 개구리는 자신이 사
> 는 공간에 제한되어 있다. 여름 벌레와는 얼음을 논할 수 없다.
> 그는 한 계절에 묶여 있다. 협애한 학자와는 도를 논할 수 없
> 다. 그는 그의 학설에 묶여 있다.
> 井 不可以語於海者. 拘於虛也. 夏蟲不可以語於氷者. 篤於時
> 也. 曲士不可以語於道者. 束於敎也. (「추수」)

　　이 우화들은 각 시각이 '고정된' 시각임을 시사한다. 이 글은
여름 벌레와 우물 안 개구리에 비유해 각 개인은 자신의 위치에서
만 세상을 이해할 수 있음을 논증한다. 「우언」寓言에서는 '은유적 언
어'로 번역되는 논쟁 전략인 '우언'에 대해 논한다. 여름 벌레 비유
는 '협애한 학자'가 세계를 보는 방법, 즉 제한된 관점에서 보는 것
을 논증하는 데 사용된다. 여름 벌레의 시각이 한정되어 있는 한 협
애한 학자의 관점도 마찬가지다. 이 논쟁 전략에는 그 이상의 것이
있는데, 대인논증對人論證[1]으로 개인의 관점에서 드러나는 결함을 지
적하는 것이다(Raphals, 1993, 93). 이런 설명에 따르면 개인은 말할
때 '고정된 위치에서 말하고 있는' 것이다(Graham, *Chuang-Tzu*, 2001,
25-26)◆ 이런 세부적인 것을 어떻게 앞의 우화에 적용할까?『장자』
에서 어떤 개인은 고정된 관점을 가졌다고 하는 주장은 두 가지 측
면에서 작동할 수 있다. 첫 번째 측면에서 개구리, 여름 벌레 그리
고 협애한 학자는 단지 일시적으로만 고정된 것이 아니다. 그들은
각자의 위치에 영구적으로 고정되어 다른 입장을 받아들이지 못하

◆그레이엄은 세 가지 논증 전략을 「제물론」에 나오는 논의들에 적용한다. 다른 두 형태
의 논증은 '중언'(重言)과 '치언'(巵言)이다(ibid.; Morrow, 2016도 참조).『장자』「우언」
에서는 우언이 열 번 중에 아홉 번은 사용된다고 주장한다.

는 것처럼 보인다. 두 번째 측면에서 독자는 제약의 성격을 이해하고 그것을 경험하기 위해 이런 견해에 일시적으로 고정되길 요구받는다. 그러나 독자는 협애한 학자와 다를 것이라고 『장자』는 가정하는가? 아니면 모든 관점은 어떤 식으로든 협애할까? 이 관점주의적 논쟁의 극단적 공식에서 장자는 모든 관점은 사방이 막혀 있다고 주장한다. 본문에서는 지표적 용어인 '이것'과 '저것'을 써서 그와 같은 관점의 편협함을 강조한다.

> 저것이 아닌 것은 아무것도 없고 이것이 아닌 것은 아무것도 없다. 사물들은 자신이 다른 사물의 저것이라는 것을 알지 못하고 오직 그들 자신만을 알 뿐이다.
> 物无非彼, 物无非是. 自彼則不見, 自是則知之. (「제물론」)

지표적 용어인 '저것'彼은 자신의 외부에 있는 것을 가리킨다. 개인의 관점에서 '이것'是은 '저것' 이외의 모든 것이다. 이것은 우물 안 개구리, 여름 곤충, 협애한 학자들이 빠지는 곤경이다. 그들은 '저것'의 관점이 있다는 점을 알지 못하는 '이것'의 관점만 가지고 있다. 이 생명체들과 협애한 학자들이 가진 이해의 비극적인 본질은 그들 자신의 지표적 관점을 깨닫지 못하고 아마도 거기에서 빠져나갈 수 없다는 점이다. 『장자』「경상초」庚桑楚에서 명가의 어떤 사상가가 그들의 지표적 관점에 제대로 주목하지 못하는 것이 인상적으로 명확하게 설명된다.

> '옳다'라고 간주되는 것은 그것이 바뀜에 따라 선택된다. 그것이 바뀜에 따라 그것을 말할 때 무슨 일이 일어나는지를 보도록 하자. 이것은 '생명'을 너의 뿌리로 삼고 '지혜'를 너의 스승

으로 삼고 그것을 사용하여 '옳다, 그르다'를 셈하게 된다. 그
것은 실로 이름과 실체를 위해 존재하고 그것을 사용하여 자
신을 볼모로 삼는다.

爲是擧移是. 請常言移是. 是以生爲本, 以知爲師, 因以乘是非.
果有名實, 因以己爲質.

개별 관점을 넘어서 탐색할 수 없기 때문에 이런 사상가들은
갇혀 있다. 그들은 각자 자신의 견해를 영속시키려고 한다. 유가에
겐 그들의 시비가 있고, 묵가에겐 그들의 시비가 있다. 각각의 사람
은 객관적이고 보편화할 수 있는 표준으로서 지표적인 것(각각의
옳음과 그름)을 취한다. 그들이 시비를 말하면 선입견이 된다. "활
에서 발사된 화살처럼 떠들어대는 사람들이 있다. 그들은 옳고 그
름을 표명하는 것을 책임으로 느끼는 자들이다. 언약에 의해 인도
되는 것처럼 극복하기로 결심한 사람들이 있다."(「제물론」)◆ 그들
의 견해에 대한 확신과 반대 견해에 대한 거부가 그들의 주된 선입
견이다. 대조적으로 『장자』에서 성인은 '이것'과 '저것'을 모두 보
았다.

> 성인은 '이것'을 깨닫지만 '이것'은 또한 '저것'이고 '저것'은 또
> 한 '이것'이다. (……) '이것'과 '저것'이 더 이상 그 짝을 찾지
> 못하는 상태를 도의 회전축인 도추道樞라고 부른다. 회전축이
> 고리에 잘 맞으면 끝없이 반응할 수 있다. 옳은 것은 끝이 없고
> 그른 것도 끝이 없다. 그래서 쓰기에 가장 좋은 것을 밝음이라
> 한다.
>
> 是亦彼也, 彼亦是也. (……) 彼是莫得其偶, 謂之道樞. 樞始得

◆ 데이비드 웡(David Wong, 2005)은 적절하게도 이 현상을 '권리를 가진 집착'이라고
부른다. 논쟁과 제시된 관점에 대한 상세한 논의는 Lai, 2006b 참조.

其環中, 以應无窮. 是亦一无窮, 非亦一无窮也. 故曰莫若以明.

(「제물론」)

여러 가지 우화에 나온 생명체들과 달리 성인은 하나의 단일한 관점에 얽매이지 않는다. 그는 무한하게 다양한 관점을 가진다. 왜 냐하면 어떤 하나의 관점에 영원히 고정되지 않기 때문이다. 그의 관점은 밝다. 그것은 제한된 관점의 한계를 비춘다. 그는 다른 관점에 대응할應 때 고정되고 협애한 방식에 얽매이지 않는다. 회전축에 있으면서 각 관점이 제한되어 있음을 이해한다. 이런 점에서 모든 관점은 동등하다(Lai and Chiu, 2013). 협애한 학자들은 각자 자신의 견해를 유일하게 옳은 것으로 보지만 『장자』에서 성인은 그것들이 동등하다는 점을 이해한다. 견해의 동등함에 대한 이런 해석은 '만물이 서로 같음을 논함'이라는 뜻의 「제물론」을 시사한다. 얽매이지 않는 대응은 '자유롭고 가벼운 산책'이라는 뜻의 제목 「소요유」를 떠올리게 한다(Watson, *Complete Works*, 1968).

밝은 관점은 또한 「소요유」에서 거대한 새인 붕과 작은 생명체의 이야기를 논하는 부분에 나오는 '큰 앎'大知으로 이해될 수 있다. 그 반대는 '작은 앎'小知이다. 그 논의에서 이 두 용어를 사용해 서로 다른 관점에서 이야기를 평가한다.

작은 앎은 큰 앎에 미칠 수 없다. 짧은 세월의 경험은 수많은
세월의 경험에 미칠 수 없다. 어떻게 그것이 그렇다는 것을 아
는가? 하루살이 버섯은 한 달의 시작과 끝을 알지 못한다. 여
름 한철만 사는 매미는 봄과 가을을 알지 못한다.
小知不及大知, 小年不及大年. 奚以知其然也? 朝菌不知晦朔,
蟪蛄不知春秋. (「소요유」)

한 견해에 따르면 큰 앎은 붕의 광범위한 관점이다. 그것은 좁은 마음의 관점을 치유하는 방식으로 초월한다.◆ 두 번째 해석에서 '큰 앎'은 더 많은 지식이 아니라 붕과 작은 생명체 모두의 관점을 초월하는 이해 유형을 가리킨다. 이 견해에 따르면 장자의 큰 앎은 그 내용에 의해서가 아니라 내용으로부터 거리를 둠으로써 특징지어진다. 성인의 밝음은 시비是非에 근거하지 않으므로 시비에 얽매이지도 않는다(Lai and Chiu, 2013). 『장자』에서 주장하는 삶의 형태를 계속 고찰해보면서, 특히 삶에서 수양의 중요성에 초점을 맞춰보자.

◆ 코널리(Connolly, 2011)는 『장자』가 '관점주의', 즉 다양한 관점이 있을 수 있지만 어떤 관점은 다른 관점보다 낫다는(왜냐하면 그것이 더 폭넓고 더 섬세하기 때문에) 견해를 지지하는 문헌으로 해석될 수 있다고 주장한다. 리안(Lian, 2009)은 장자의 '큰 앎'은 '전체상'을 즐기는 붕의 견해라고 주장한다. 그는 또 큰 앎의 다양한 해석을 간략하게 요약한다. 『장자』의 회의주의는 치유의 힘이 있다는 슈비츠제벨(Schwitzgebel)의 논의를 참조하라(1996).

3
수양과 숙련
====

「양생주」는 관습적 앎의 제한적 본질에 대해 암시적으로 경고하며 시작한다.

나의 삶은 제한 속에서 흐르지만 앎은 제한이 없다. 제한된 것으로 제한이 없는 것을 따르면 위험하니 흐름이 멈출 수 있다. 흐름이 멈췄을 때 앎을 행사하는 것은 완전히 위태롭다.
吾生也有涯, 而知也无涯. 以有涯隨无涯, 殆已. 已而爲知者, 殆而已矣.

관습적인 앎은 진정한 삶의 '흐름'을 제한한다. 이 논의는 심하게 훼손된 짧은 편인 '생명을 기르는 일에서 중요한 것'이라는 뜻의 「양생주」 편에 나온다. 첫 문장에서 지적한 것처럼 이 편의 초점은 관습적 규범이 자아의 적절한 성장을 방해하기 때문에 그것에서 벗어나려는 것에 있다. 인식론적 관점에서 성인은 시비是非에 좌우되는 관습적 조건에 얽매이지 않을 때 진정한 대응이 가능하다는 점을 이미 살펴보았다. 『장자』에서 생명은 길러야 하는 것이다. 이것은 단순히 구속력 있는 규범과 그것에 대한 집착을 버리는 것만을 의미하지 않는다. 마땅히 유연성을 길러 다른 관점에 일시적으로 기꺼이 서려고 하는 개방적인 태도로 상황에 참여해야 한다. 『장자』에는 수양과 관련된 매력적인 이야기가 많이 나온다. 같은 편에서 포정은 생명을 기르는 방법을 아는 사람으로 칭송받는다. 다른 편들에서 다른 사람들도 등장하는데, 아들에게 자신의 숙련된 기술을 전수해줄 수 없다고 말하는 수레바퀴 장인 윤편(「천도」天道), 경험이 많은 나룻배 사공(「달생」達生), 곱사등이 매미잡이(「달생」), 멋진 종 틀을 만드는 조각가 경(「달생」) 등이 그들이다.◆ 이 이야기들은 다른 측면에서 읽을 수 있다. 기술에 대한 이야기나 '재주'나 '직관'으로 특징되는 특정한 능력을 수양하는 이야기로 읽을 수도 있지만, 생명에 더 일반적으로 접근하는 방법으로 읽을 수도 있다(Maspero, 1978, 307; Ivanhoe, 1993). 이 이야기들은 전국시대 동안 벌어진 상이한 논쟁들을 다루었을 가능성이 크다. 예를 들면 기술이나 능력을 수양하는 방법에 대한 이야기는 관습적인 수행과 실천을 뒤집으려는 의도에서 나온 것일 수 있다. 아니면 공직 생활의 우월성에 저항하면서 일상 직업의 가치를 주장하기 위해 구성되었을 수도 있다. 그렇게 해서 그들은 아마도 양주 사상과 관련되었을 은둔에 대한 견해를 표현했을 수 있다. 덧붙여 어떤 이야기는 영적 생활의 측면을 통합하거나 그 시대의 종교적 믿음을 반영한다.◆◆ 다음 논의는 이런 경향을 포괄한다. 공직 생활에 참여하는 것에 비추어 은둔 생활의 본질을 검토하기 전에 먼저 영적 생활을 살펴본다. 마지막

◆이 이야기들의 대부분은 '양주 계열'로 분류된 「달생」에 나온다. 수양과 숙련에 관한 이야기는 대략 13편이다. 포정(「양생주」), 윤편(「천도」), 매미잡이(「달생」), 나룻배 사공(「달생」), 싸움닭(「달생」), 수영하는 사람(「달생」), 조각가 경(「달생」), 화공(「전자방」(田子方)), 칼 대장장이(「지북유」(知北遊)), 코끝의 백토를 도끼로 깎아낸 사람(「서무귀」), 용 잡는 기술자(「열어구」(列禦寇)), 도둑의 도를 따르는 사람(「거협」(胠篋)), 활쏘기(「전자방」). 이 목록을 제안해준 웨이웨이 치우(Wai Wai Chiu)에게 감사한다.

◆◆푸엣(Puett, 2002)은 고대 중국의 우주론이나 종교적 생활, 점술 같은 관습에 대한 논쟁을 설명한다. 특히 『장자』를 논의한 3장 "Accepting the Order of Heaven: Humanity and Divinity in Zhuangzi and Mencius"(122-144)과 5장 "The Ascension of the Spirit: Liberation, Spirit Journeys, and Celestial Wanderings"(201-224) 참조.

으로 수양과 숙련에 대한 『장자』의 견해가 지닌 고유한 특징을 논의할 것이다. 이렇게 세 주제로 구분하는 것이 더 명확할 수도 있지만 중복되는 내용도 있을 수 있다.

영성

이야기에서 어떤 숙련가는 마치 신들린 상태에 있는 것처럼 행동한다. 그들은 오직 그 활동에만 집중한다. 외적 환경의 모든 것과 접촉을 끊은 것처럼 말이다. 종 틀을 만드는 조각가 이야기에서 그런 깊은 몰입은 단지 종 틀을 조각하는 행위의 특성만이 아니다. 조각가가 손을 놀리는 활동의 변별성은 조각된 종 틀에서도 나타난다.

조각가 경은 나무를 깎아 종 틀을 만들었다. 종 틀이 완성되자 그것을 본 사람들은 놀라서 마치 귀신같은 솜씨라고 하였다. (……) 조각가는 그의 비결을 설명했다. 기교에 집중하면 외부의 혼란이 사라진다. 그때 산속으로 들어가 나무의 천성을 관찰한다. 형태와 재질이 빼어나면 그때 종 틀의 완전한 모습을 그려본다. 그런 뒤에 나무에 손을 대고, 그렇지 않으면 그만둔다. 이는 나의 천성과 나무의 천성을 합치시키는 것이다. 이것이 내가 만든 기물이 귀신같은 솜씨로 보이는 이유일 것이다.

梓慶削木爲鐻, 鐻成, 見者驚猶鬼神. (……) 對曰, 其巧專而而滑消, 然後入山林, 觀天性, 形軀至矣, 然後成見鐻, 然後加手焉, 不然則已. 則以天合天, 器之所以疑神者, 其由是與! (「달생」)

'귀신같은'이라고 번역한 말은 신神이다. 이 말은 선진시대 문헌에서 다양한 의미로 쓰였다. 그것은 영적 존재를 나타낼 수도, 특정 행위의 신적 속성을 지칭할 수도 있다. 또한 그것이 마치 영혼에 의해 작동되는 것처럼 존재나 사건의 차별성을 부각시키기 위해 사용될 수도 있다. 예를 들면 같은 편에서 안회는 예전에 강을 건너며 탔던 배의 숙련된 뱃사공이 그 배를 귀신처럼若神 다루었다고 공자에게 말한다. 여기서 귀신같은 솜씨로 만든 종 틀은 조각가가 그 활동에 전력을 다해 집중한 결과다. 그의 행위는 숲이라는 환경에서 자연적으로 주어진 나무의 천성과 일치한다. 그 활동에 몰두하는 정도가 마치 장인이 망각에 빠진 것과도 같다. 같은 편에서 망각에 빠진 것처럼 몰입하는 사람을 술 취한 사람에 비유한다. "술 취한 사람은 수레에서 떨어져도, 비록 그 수레가 빨리 달리고 있었더라도 죽지 않는다. 뼈와 관절은 다른 사람과 같지만 해를 입는 정도는 다르다. 왜냐하면 그는 온전히 신적인 상태에 있기 때문이다."夫

醉者之墜車, 雖疾不死. 骨節與人同而犯害與人異, 其神全也(「달생」)

　「대종사」大宗師에는 신적인 '진인'眞人에 대한 상세한 설명이 나온다. '진인'은 진실한 혹은 진정한 사람으로 망각의 상태에 이른 사람이다. 흥미롭게도 공자가 가장 아끼는 제자였던 안회는 '앉은 자리에서 망각하기'인 '좌망'坐忘 수행에서 상당한 진전을 이뤄 진인으로 인정받았다. 이 이야기에서 더 흥미로운 점은 공자가 안회에게 제자로서 그를 따르겠다고 하는 것이다. 종 틀 조각가에게 망각의 문제를 적용해보자. 조각가 경에게는 두 측면에서 망각이 일어나는 것처럼 보인다. 첫째, 그는 그의 활동을 제한할 뿐인 고정된 목표와 방법을 '망각'한다. 그는 특정한 종 틀 하나하나가 어떻게 보일지에 대한 선입견은 없지만, 그가 행할 작업에 대한 전망을 가지고 작업할 특정한 나무를 고른다. 둘째, 이런 제한에서 자유로워져 주변의 어수선함을 잊고 활동에 완벽하게 집중한다.

　유사하게 기존의 이상과 관습에서 거리를 두는 것은 또 다른 비유, 즉 '마음을 비움'인 '심재'心齋로 표현된다(Oshima, 1983 참조). 공자와 안회가 다시 「인간세」의 이야기에 등장한다. 여기서 공자는 안회에게 '마음을 비우는' 방법을 가르친다. 첫 번째 단계는 귀로 듣는 것을 마음으로 듣는 것으로 바꾸는 것이다. 그러나 마음으로 듣는 것은 다시 기氣(생명력, 에너지)로 듣는 것으로 대체되어야 한다.◆ 역설적이게도, 잘 알듯이 원래 마음으로 듣는 것을 주장한 것은 유가다. 그러나 여기서 유가는 더 높은 수준으로 진보해 기氣로 들으라고 한다. 「제물론」에서는 마음이 옳음과 그름을 판단한다는 유가의 주장을 거부한다.

> 100개의 뼈와 9개의 구멍과 6개의 장기를 모두 가져 온전한데, 나는 다른 것보다 나에게 더 친숙한 것으로 어느 것을 생각할까? 사람들은 모두 그것들에 만족할까? 오히려 그것들 가운데 더 좋아하는 기관을 가졌을까? (……) 각자 지닌 완성된 마음成心을 따르면서 그것을 권위로 삼는다면, 누가 그러한 권위가 없겠는가? 왜 사물이 어떻게 변하는지를 알고 마음으로 자신의 판단을 승인하는 사람만이 그러한 권위를 가져야 하는가? 바보는 그가 가진 것과 똑같은 것을 가졌다. 그것들이 마음속에 형성되기 전에 '옳다, 그르다' 시비를 따진다면 "오늘 월나라에 갔는데 어제 도착했"을 것이다.
>
> 百骸九竅六藏, 賅而存焉, 吾誰與爲親? 汝皆說之乎? 其有私焉? (……) 夫隨其成心而師之, 誰獨且无師乎? 奚必知代而心自取者有之? 愚者與有焉. 未成乎心而有是非, 是今日適越而昔至也.

◆그레이엄은 『장자』에서의 기를 '에너지'로 번역한 반면(*Chuang-Tzu*, 2001, 68) 왓슨은 '영혼'으로 번역한다(*Complete Works*, 1968, 58).

장자는 마음이 도덕적 분별을 위한 내재적인 능력을 가졌다는 견해에 대한 논쟁에 착수한다(Graham, 2003b, 115). 경험적 증거는 그렇지 않다는 것을 보여주면서 장자는 그러한 구별을 하지 못하는 바보도 마음을 가졌다고 주장한다. 장자는 마음은 윤리적이거나 인식론적인 확신을 보장할 수 없다고 본다(Chong, 2011 참조). 유가는 물론 바보가 마음을 가졌을 수도 있지만 그것을 적용하거나 배양하지는 못했다고 반박할 수 있다. 그러나 장자의 더 근본적인 요지는 이러하다. 의사 결정을 위한 내재적인 직관적 능력은 없고, (유가들은) 많은 기관 중 하나의 기관을 선택해 단지 도를 모호하게 할 뿐이다.

> 인간의 마음은 (……) 완전히 단절된 것, 완전히 개별화된 존재, '완전히 완성되거나 개별화된 마음'成心의 속성 자체를 침해하는 치명적인 능력을 가지고 있다. 그것은 일종의 자기 응축화로, 도의 흐름에서 차단된 그 자신의 자아를 세울 수 있다(Schwartz, 1985, 229).

장자가 마음心을 도道로 대체하려고 했는지에 대해서는 의심이 남는다. ♦♦ 장자가 보기엔 지식보다는 "즐거움, 분노, 슬픔, 기쁨, 걱정, 후회, 변덕, 집착, 겸손, 방종, 솔직, 오만"喜怒哀樂, 慮嘆變熱, 姚佚啓態 같은 감정이 오히려 도를 표현한다(「제물론」). 이것이 앞에서 말하

♦♦ 그레이엄은 장자의 경우 도는 '진정한 통치자'의 자리를 차지한다고 말한다(2003b, 115). 한편 핸슨은 장자가 맹자의 마음(心)을 논박하는 것은 마음을 도로 대체하려는 것이 아니라 오히려 내재적인 직관 능력에 대한 주장을 거부하려는 것이라고 주장한다(1992, 277-280).

는 기로 듣는 것과 어떻게 연결될까? 『장자』와 다른 동시대 문헌에서 도와 기는 중첩되는 면이 있다. 『관자』는 도와의 결합을 중요시한 『장자』와 유사한 측면이 있다. 그러나 『장자』에서는 감정을 도와 연결시키는 반면 『관자』에서는 기와 연결시킨다.◆ 『관자』「내업」內業에 보면 모든 생명체의 근원으로서 기의 수양을 광범위하게 다룬다.◆◆ 그레이엄은 기를 기르는 것에 대한 『장자』의 개념엔 명상 기술, 자세에 대한 집중, 음식 절제가 포함되는데, 이는 '호연지기'浩然之氣(『맹자』「공손추 상」)를 언급한 맹자의 주장과 유사하다고 주장한다.◆◆◆ '앉은 자리에서 망각하기'와 '마음을 비움'의 비유처럼 『장자』에서 도와 기를 언급하는 것은 그 당시 사람을 기르는 것에 대한 공유된 담론의 일부인 것처럼 보인다. 이 점에서 『장자』의 도와 기는 또한 여과되지 않은 경험과 제약 없는 표현을 암시한다. 이것은 시비是非를 헛되이 추구하는 곤경에 빠진 비극적 '영웅'과 대조된다.

> 때로는 사물과 충돌하고 때로는 사물 앞에서 꺾이기도 하면서 질주하는 말처럼 달려가는 그를 멈출 수 있는 건 아무것도 없다. 서글프지 않은가? 죽을 때까지 땀을 흘리며 일해도 전혀 성취를 맛보지 못하고 완전히 지쳐서도 어디에서 쉬어야 하는지 알지 못한다. 불쌍히 여기지 않을 수 있겠는가? (……) 인

◆ 「성자명출」에서 인간의 본성을 감정과 관련된 기의 측면에서 규정한다고 지적한 설리찬의 논의를 참조하라(2011, 56).
◆◆ 해럴드 로스는 『관자』에 대한 훌륭한 학술적 분석을 내놓으며 『관자』와 『장자』 사이의 주요 연관을 강조한다(1991b; 1999).
◆◆◆ 그레이엄은 이 시기의 기 개념을 모든 것을 포괄하고 통합하는 '활력 있는 흐름'으로 묘사한다. 기는 "특히 호흡을 통해 몸에 생기를 불어넣고 몸 밖으로 공기처럼 순환한다". 그 의미는 "그리스어의 프네우마(pneuma), 즉 '바람, 공기, 숨'"과 유사하다(1989, 101).

간의 삶은 본래 이처럼 어리석은가? ◆◆◆◆

與物相刃相靡, 其行進如馳, 而莫之能止, 不亦悲乎! 終身役役而
不見其成功, 茶然疲役而不知其所歸, 可不哀邪! (……) 人之
生也, 固若是芒乎? (「제물론」)

　　이 논의에서는 이와 같은 헛된 추구에 도전한다는 점에서 깊은
영성을 감지할 수 있다. 아이반호는 사람들이 "세계에 내재한 윤리
적 체계를 인식하고 따르게 할 수 있는" 장자의 '관점주의'에 따른
장자식 해방의 영성을 주장한다(1993, 646-647).『장자』에서 영성에
대한 다른 설명은 다른 용어와 주제에 의지한다. 슈워츠는 장자의
철학을 '신비한 영적 인식'gnosis으로 설명한다(1985, 215-237). 로버
트 앨린슨Robert Allinson은 장자의 철학이 영적인 변화를 일으킨다
는 자신의 논지에 따라 내편을 번역했다(1989). 리 이얼리Lee Yearley
는 귀신같은 솜씨를 지닌 사람의 활동과 삶을 묘사한다. 그는 도덕
성을 포함한 이 세속적 삶의 수많은 측면과 엮여 있으면서 동시에
초월한 영적 상태에 있는 사람이다(1996). 에드워드 슬링걸랜드는
무위를 '본질적으로 신비한' 종교적 개념으로 이해한다(2003). ◆◆◆◆
그리고 해럴드 로스는 장자가 명상적 묵상을 통한 깊이 있는 신비

◆◆◆◆『논어』「자로」24장과『맹자』「진심 하」37장에 장자의 비극적 영웅과 공자의 향원
(鄕愿) 사이의 흥미로운 비교가 나온다.
◆◆◆◆◆ 슬링걸랜드는 다음과 같이 말한다. "장자의 성인을 '완벽하게 이성적'이거나 과학자
처럼 기능하는 인물로 묘사하는 것은 약간 오해의 여지가 있어 보인다. 그것은 정신의 운
동과 하늘의 운동이 본질적으로 신비하고 이성적으로 설명될 수 없는 것이라는 사실을 강
조한다. (……) 그리고 무위의 상태에 들어간 일상적 자아의 복종과 희생이라는 중요한
요소를 무시한다."(ibid., 321, n. 81) 슬링걸랜드도 초기 연구에서는 장자가 기술 발전에
주목한 면을 제대로 반영하지 못한 장자 철학의 해석을 비판한다. 그에 따르면 장자의 기
술 지식은 단지 생활방식의 선택이 아니다. 철학을 관습적 구조에 대한 논의로 축소시키
려면 형이상학적 의미를 벗겨내야 한다. 슬링걸랜드는 특히 이런 측면에서 연구한 로버트
에노와 채드 핸슨의 장자 사상에 대한 설명을 언급한다(2000, 313-314).

한 평온을 권한다고 주장한다(1999).◆

마지막으로 깊은 우주론적 각성과 연관된 텅 빔으로서 허虛를 언급해야 한다. 열자의 스승인 호자壺子를 찾아간 무당 이야기에서 무당은 호자가 곧 죽을 것이라고 생각해 두려움에 도망가버린다. 사실 호자는 그의 이름이 '그릇'이라는 뜻을 함축하고 있듯이, 우주의 원리를 말해주려고 준비하고 있었다. 비록 이것은 무당에겐 전혀 쓸모없는 얘기지만(「응제왕」應帝王). 영성과 관련된『장자』의 이러한 요소는 선진시대 중국 사상에서 영성과 우주론을 어떻게 이해해야 하는지에 관한 더 광범위한 탐구가 필요하다는 점을 강조한다.◆◆

정치적 삶에의 참여

이런 신적인 통찰력을 얻은 사람은 세속적 세계에 어떤 끊을 수 없는 관심을 가질까? 이런 논의는 성인이 정치적 삶에 참여하는 문제에 초점을 맞춘다. 이전 장에서 보았듯이 수양을 쌓은 사람이 인간사에 관여하는 문제는 선진 사상가들의 주요 논쟁 대상이었다. 『장자』에는 양주 철학과 유사한 흐름이 있다. 이 점에서『장자』의

◆ 많은 도가 문헌에서 도교의 종교적이고 신비한 수행에 관한 확립된 전통을 볼 수 있다. Isabelle Robinet, *Taoism: Growth of a Religion*, 1997과 Livia Kohn, *The Taoist Experience*, 1993을 포함한 연구는 주로 도가 사상의 종교적 측면에 초점을 맞추고 있다. 이러한 연구는 도가에 관한 종교적 철학적 관점을 함께 제시하기 때문에 도가 연구에서 중요한 위치를 차지한다.

◆◆ 리비아 콘(Livia Kohn), 이자벨 로비네(Isabelle Robinet), 존 메이저(John S. Major), 세라 앨런(Sarah Allan), 해럴드 로스의 저작을 참조하라. 우(Wu, 1982, 1990, 1996), 프랑수아(François, 1999, 2004), 슬링걸랜드(2003)는 중국철학에서 무위(효능, 자발성)의 실질적 함의를 훌륭하게 설명했다. 우와 프랑수아는 또한 서양과 중국철학의 비교를 감행한다.

마지막 편들(28-31)을 양주 계열로 분류할 수 있다. 더 나아가 내편에는 생명을 기르는 일과 정치적 의무 수행을 꺼리는 것에 대한 언급이 나온다. 「양생주」에서는 포정이라는 백정이 생명을 기르는 방법을 설명하는 이야기에 초점을 맞춘다.

훌륭한 백정은 칼을 1년에 한 번 바꿉니다. 고기를 가르기 때문입니다. 보통 백정은 한 달에 한 번 갈아치웁니다. 마구 내려치기 때문입니다. 저는 이 칼을 19년 동안 썼는데 잡은 소만 천 마리 정도 됩니다. 그러나 칼날은 숫돌에 방금 간 것처럼 날카롭습니다. 소는 관절 사이에 틈이 있고 칼날은 실로 두께가 없을 정도입니다. 두께가 없는 것을 그 틈에 넣으니 칼날을 놀리는 데에 충분한 여유가 있습니다. 이것이 19년 동안 칼날이 여전히 방금 숫돌에 간 것처럼 날카로운 이유입니다. 그러나 매번 뼈와 힘줄이 모여 있는 곳에 이르면 나는 그것이 다루기 어려움을 알고 조심하면서 시선을 고정하고 천천히 작업합니다. 그리고 마치 흙덩어리가 바닥에 툭툭 떨어지듯이 살덩어리가 모두 떨어질 때까지 칼날을 섬세하게 움직입니다. 나는 칼을 들고 서서 내 주변을 돌아보고는 완전히 만족하고 주저하며 왔다 갔다 하다 칼을 닦고 넣습니다.

良庖歲更刀, 割也. 族庖月更刀, 折也. 今臣之刀十九年矣, 所解數千牛矣. 而刀刃若新發於硎. 彼節者有閒, 而刀刃者無厚. 以無厚入有閒, 恢恢乎其於遊刃必有餘地矣. 是以十九年而刀刃若新發於硎. 雖然, 每至於族, 吾見其難爲, 怵然爲戒, 視爲止, 行爲遲. 動刀甚微, 謋然已解, 如土委地. 提刀而立, 爲之四顧, 爲之躊躇滿志, 善刀而藏之.

포정은 그 활동 속에서 혹은 그것을 통해서 정제되고 분명하게 드러나는 숙련된 기술을 설명한다. 삶에서 어려운 상황을 여유 있게 헤쳐나갈 수 있는 포정의 기술을 가지고 있다면 얼마나 행복할까! 생명을 기르는 일에 대한 비유로 소 잡는 일을 선택한 것도 흥미롭다. 아마도 장자는 정치적 삶과 구별되는, 그리고 진정한 대안으로서 일상적 활동의 모범을 세우려고 했을 것이다. 양주 철학을 『맹자』에서 얼마나 잘못 이해했는지는 이전에 살펴보았다. 자아의 보존을 중시한 양주 철학은 정치적 권력에만 편중된 특정한 제안을 거부한 것일 수 있다. 아마도 양주 학파가 공직 생활을 회피했던 것은 정치권력만을 추구하는 삶이 인간에게 해를 끼칠 것이라는 도덕적 신념에 근거한 것일지 모른다. 그레이엄은 성性(인간 본성)의 보존과 관련해 양주 사상을 이런 시각에서 묘사한다.

> 통치 계급의 구성원이 관직을 수행하라는 어마어마한 도덕적 압박에 저항할 근거를 준 철학은 중국 제국에 영원히 필요불가결한 것으로 남았다. 고대 초기에 나타난 양주 학파는 적절한 때에 도가로 그리고 기원후 초창기에 불교로 대체되었다. (⋯⋯) 양주 학파의 경우 성性은 주로 외부로부터 가해지는 과도함이나 손상에 의해 해를 입을 수 있는, 하늘이 인간에게 명한 생명을 실행하는 능력이다(1989, 56).

아마도 『장자』는 정치적 삶에 참여하기를 꺼린 양주의 사상을 그 이념 안에서 통합했을 것이다. 이것은 권력이 결국에는 인간 삶의 더 나은 요소들을 망칠 것이라는 인식을 담고 있다. 『장자』에서는 어느 정도 관직 생활을 피하는 듯한 모습이 보인다. 그러나 그 이유가 반드시 맹자가 양주를 이기주의라고 반대해서라고는 할 수 없다. 정치적 참여는 어느 정도까지 피할 수 있을까? 슈워츠는 이런 견해를 완전한 은둔을 받아들이는 것이라고 극단적으로 해석한다. "장자가 언급하는 영적 인식을 가진 모든 사람에게 문제는 어떻게 관직을 피하는가다. (……) 개별적 마음 자체에 뿌리박힌 인간의 곤경을 정치적 질서로 구제할 수는 없다. 정치 영역 자체는 이런 허망한 의식을 반영한다. 그것은 구원받지 못한 세계에 늘 있었던 비품의 일부로 남아 있다. (……) 장자는 마치 전염병을 피하듯 공직을 피했을 것이다."(1985, 232–233) 그런 이유로 안회가 성공적으로 '마음을 비웠을' 때 그는 '자아를 없애고' 그의 '전략'을 망각했을 것이며, 아마도 '전체 통치 집단'에 대한 흥미조차 잃었을 것이다(ibid, 233). 이런 견해는 문제가 있다. 왜냐하면 논의의 핵심이 '관직을 피하는 것'인지 불분명하기 때문이다. 설령 그렇더라도 대변인으로서 공자를 통해 장자는 공직 생활이 궁극적으로 죽음의 위협을 가하는 너무도 많은 타협을 요구한다고 주장한다.

> 나는 자네가 형벌을 받게 될까 두렵다. (……) '명성을 떨치는 것'은 다른 사람과 충돌하게 하고 '앎'은 다툼의 도구다. 둘다 불길한 도구로 행위를 완전하게 하는 데에는 쓸모가 없다. (……) 이는 불로 불을 끄려는 것이고 물을 가져다 물난리를 막으려는 꼴이니 이를 일러 '더 악화시킨다'고 한다. 처음부터 복종하면 영원히 그렇게 해야 한다. 나는 자네가 장황한 말로 군주의 신임을 잃을까 두렵다. 그리 되면 자네는 폭군의 손에 반드시 죽을 것이다!
>
> 若殆往而刑耳! (……) 名也者, 相軋也, 知者也, 爭之器也. 二者凶器, 非所以盡行也. (……) 是以火救火, 以水救水, 名之曰益多. 順始無窮, 若殆以不信厚言, 必死於暴人之前矣! (「인간세」)

이 구절은 「인간세」라는 편에 나오는 일화로 공자가 안회에게 위나라 왕의 신하로 들어가지 말라고 충고하는 내용이다. 여기서 삶을 망칠 수도 있는 권력 다툼에 대한 통찰력 있는 충고가 나온다. 위나라 왕은 폭군으로 묘사된다. '형벌'과 '죽음'이 문자 그대로 쓰였는지 혹은 상징적으로 쓰였는지 분명하지 않지만, 후자는 자신의 도덕적 헌신을 희생하는 것을 가리킨다. 이에 안회가 대답한다. "저는 안으로는 곧지만 밖으로는 굽힐 것입니다. (……) '안으로 곧음'으로써 하늘의 편이 될 것이고 (……) '밖으로 굽힘'으로써 인간의 편이 될 것입니다."我內直而外曲, (……) 內直者, 與天爲徒. (……) 外曲者, 與人爲徒也(「인간세」) 『장자』에서 공자가 보기에 이러한 분열은 지지할 수 없는 것이었다. 그래서 공자는 안회에게 마음을 비우라고 충고했다. 그 충고의 내용은 안회가 하겠다고 제안했던 것과 같은 개인적인 윤리적 책무를 유지하려 애써서는 안 되고 오히려 자아를 망각해야 한다는 것이었다. 안회는 공직 생활의 요구와 규범에 굴복해서도 안 되고, 그것에 저항해 자신의 이상을 확립하려 해서도 안 된다. 이 대화의 결론에서 공자는 공직에 헌신하는 것을 만류하지는 않지만 신중하고 초연하게 임할 것을 권고한다.

그의 새장에 들어가 그 안에서 자유롭게 노닐 수는 있겠지만 명성을 떨치겠다는 공명심에 흥분해서는 안 된다. 말이 통하면 너의 이야기를 하고 통하지 않으면 그만두라. 너를 위한 입구가 없다면 출구도 없다. 모든 일을 부득이하게 피할 수 없는 일로 다룬다면 거의 도에 가까울 것이다.
若能入遊其樊而无感其名. 入則鳴, 不入則止. 无門无毒. 一宅而寓於不得已, 則幾矣. (「인간세」)

대화는 영적인 말로 끝난다. 사람이 스스로를 망각하면 만물과 함께 하늘의 변화 과정을 받아들일 수 있다. 공자는 말한다. "사람이 시키는 것은 속이기 쉽지만 하늘이 시키는 것은 속이기 어렵다. (……) 눈과 귀를 안으로 향하게 하고 마음의 지각을 없애면 귀신이 네 안에 자리할 것이니, 하물며 인간을 말해 무엇 하겠는가!"爲人使易以僞, 爲天使難以僞. (……) 夫徇耳目内通而外於心知, 鬼神將來舍, 而況人乎! 여기서 장자는 인간 세상의 일에서조차 영성에 대한 여지를 남겨둔다.

숙련

『장자』에서는 공직 참여에 대해서는 망설이지만 자연계의 요소와 사건은 받아들인다. 사실 『장자』 전편에 걸친 비유와 이야기는 사회와 관습이 만들어놓은 '안전한' 경계 안에 살면서 보지 못하고 소홀히 했던 자연계에 대한 깊은 각성을 드러낸다. 개인에게 수양은 본래 주어진 복잡하고 다양한 세상에 스스로를 맞추기 위해 필요한 것이다. 이것이 우리가 이 절에서 고찰할 문제다. 숙련 기술자에 대한 이야기들은 세상에서 삶을 유지하고 확립하는 평범한 직업과 활동을 묘사한다. 도살, 수영, 조각, 낚시 전문가는 세계의 다양성에, 그리고 세계의 불완전함에 대응한다(Schwartz, 1985, 235). 그들은 때때로 자신의 활동에 너무 몰입해 삶의 흥망성쇠, 심지어 죽음에조차 무심한 것처럼 보인다. 「달생」에서 수영하는 사람의 이야기는 개인이 어떻게 적응력을 통해 다른 조건과 환경에서 살아남는지 보여준다. 공자와 그의 제자들은 계곡 옆을 걸어가다 어떤 남자가 물속으로 뛰어드는 것을 본다. 공자는 그 사람이 자살하는 것은 아닐까 걱정한다. 왜냐하면 그렇게 깊은 계곡에 일부러 뛰어드는 사람은 없을 것이기 때문이다. 그는 제자들에게 방죽을 따라가 빨리 그 사람을 건지라고 한다. 그러나 공자는 놀라고 만다.

> 그는 수백 보를 헤엄쳐 가다 나와서 머리를 풀어헤친 채 노래를 부르며 방죽 아래를 거닐었다. 공자가 달려가 말했다. "나는 자네가 귀신인 줄 알았는데 자세히 보니 사람이군. 한 가지 물어보세. 수영하는 데에 무슨 방법道이 있는가?" "없습니다. 저는 본래 그러했고 크면서 그것을 개발해 운명에 따라 완성에 이르렀습니다. 저는 저 자신에 대한 생각 없이 물의 길을 따라 소용돌이로 들어가고 소용돌이와 함께 나옵니다. 그것이 내가 수영하는 방법입니다."
>
> 數百步而出, 被髮行歌而游於塘下. 孔子從而問焉, 曰, "吾以子爲鬼,察子則人也. 請問,蹈水有道乎?" 曰, "亡, 吾无道. 吾始乎故, 長乎性, 成乎命. 與齊俱入, 與汩偕出, 從水之道而不爲私焉. 此吾所以蹈之也."

수영하는 사람은 자신에게 도는 없다고 말한다. 이 구절에서 물의 도와 그의 확신을 대조하는 말에 근거해 우리는 도가 있다는 것이 그에겐 폭포의 위험한 물길을 헤엄쳐 나갈 수 있는 방법에 대한 선입견이 있음을 의미한다고 생각할 수 있다. 즉 자신의 도가 있다는 것은 무엇을 이루어야 하는지에 대한 추상적으로 고안된 계획을 가졌다는 것인데, 그것은 그의 생명을 위협할 수 있다. 왜냐하면 분명히 그가 물에 적응하는 것을 방해할 수 있기 때문이다. 다양한 이야기에서 숙련 기술자의 행위 혹은 반응은 대부분 자발성이라는 용어로 특징지을 수 있다(Graham, 1983; Eno, 1996; Kupperman, 1996;

Slingerland, 2000 참조). 그레이엄은 자발성을 감정적 기반에 근거해 이해하는 것에 반대한다. 이런 이해는 '서구적 낭만주의'에서 찾아볼 수 있는데, 합리성과 자발성을 이분법으로 구분해 자발성을 감정과 연결시키는 것이다. 오히려 『장자』에서 자발성은 (동물의 반응처럼) 전체 몸의 반응뿐만 아니라 '과학자'가 사물에 접근하는 것만큼이나 '객관적'인 것도 함께 표현한다(Graham, 1983, 9–11). 슬링걸랜드도 마찬가지로 '자발성'을 무위를 특징짓는 것으로 사용한다. 그러나 그것을 주관성과 관련시키는 것은 거부한다(주관성과 관련된 자발성은 주로 서구 전통 문학에서 발견된다). 슬링걸랜드는 무위가 고도의 '객관성'을 표현한다고 주장한다. 왜냐하면 그것은 하늘 혹은 도의 객관적이고 규범적인 질서와 관련되기 때문이다.◆ 만약 '자발성'을 장자의 숙련된 기술에 적용한다면, 우리는 또한 그것이 오직 광범위한 훈련 뒤에만 가능하다는 점을 조심스럽게 지적해야 한다. 『장자』에서 효과적인 자발성은 오랜 기간의 엄격한 훈련 뒤에야 실현이 가능하다. 기술과 관련한 많은 이야기가 단련과 훈련 생활을 강조한다. 포정은 적어도 19년 동안 소를 잡았다(19년이나 되었는데 여전히 그의 칼날은 날카롭다). 수레바퀴 장인은 칠십 평생 대부분을 수레바퀴 만드는 일로 보냈다. 매미잡이는 자신의 엄격한 훈련 과정을 상세하고 생생하게 소개한다. 이 이야기에서 매미잡이는 경탄하는 공자에게 그의 힘겨운 수양에 대해 설명한다.

처음 대여섯 달 동안은 탄환 두 개를 양 끝에 놓고 균형을 잡도록 연습합니다. 만약 그것을 떨어뜨리지 않게 되면 매미를 놓치는 일이 매우 적어질 것입니다. 그러다 세 개를 놓고 균형을

◆ 그는 "오직 무위에서만 인간의 구체적인 마음이 개인보다 더 큰 어떤 것, 즉 하늘의 의지 혹은 도로 표현된 질서를 따른다"고 진술한다(2000, 311).

잡아 떨어뜨리지 않게 되면 열 번에 한 번 꼴로 놓치게 될 것입니다. 그러다 다섯 개를 놓고 균형을 잡아 떨어뜨리지 않게 되면 손으로 쓸어 담는 것처럼 쉬워질 것입니다. 마치 나무 등걸처럼 멈춰서 팔을 고목의 가지처럼 뻗고 있을 것입니다. 천지가 아무리 크고 만물이 아무리 많다 해도 나는 매미의 날개만 의식할 뿐입니다. 다른 만물에 마음이 흔들리지도 않고 방해받지도 않고 매미의 날개에 대한 주의력을 뺏기지도 않으니 어찌 잡지 못하겠습니까?

五六月累丸二而不墜, 則失者錙銖. 累三而不墜, 則失者十一. 累五而不墜, 猶掇之也. 吾處身也, 若厥株拘., 吾執臂也, 若槁木之枝., 雖天地之大, 萬物之多, 而唯蜩翼之知. 吾不反不側, 不以萬物易蜩之翼, 何爲而不得! (「달생」)

『장자』에서 숙련 기술의 또 다른 특성은 말로 표현할 수 없는 탁월함이다. 그레이엄은 이것을 다음과 같이 묘사한다. "도가가 말하는 삶의 기예는 최고로 지적인 반응성이다. 이것은 분석과 선택으로 이루어질 수 있는 것이 아니다. (……) 도를 이해하는 것은 '대상을 아는 것'이라기보다 말로 표현할 수 없는 '방법을 아는 것'이다."(2001, 186) 유명한 수레바퀴 장인 윤편의 이야기에서 윤편은 환공桓公이 읽는 책에 나오는 고대의 지혜에 의문을 제기한다. 윤편은 그가 이룬 숙련된 기술을 누구에게도 가르칠 수가 없어 그의 아들에게도 전수해주지 못했다고 설명한다. 그러므로 책에서 통찰을 얻을 수 있다는 생각에 회의적이다. 윤편은 말한다.

바퀴통의 구멍을 너무 느슨하게 하면 헐렁해져 견고하지 못하고 너무 빠듯하게 하면 빡빡해져 들어가지 않습니다. 너무 헐

렁하지도, 빡빡하지도 않게 만드는 것은 손에서 느끼고 마음에서 반응해 가능한 것이지 입으로 말할 수 있는 것이 아닙니다. 그래서 내 아들에게 전수해줄 수 없고 아들이 나에게서 배울 수 없는 그 어딘가에 요령이 있습니다. 이것이 제가 70년 가까이 수레바퀴를 만들어온 이유입니다. 옛사람들도 그들이 전할 수 없었던 것과 함께 죽었습니다. 전하께서 읽고 계신 것은 옛사람들의 찌꺼기일 뿐입니다!

斲輪, 徐則苦而不入. 不徐不疾, 得之於手而應於心, 口不能言, 有數存焉於其間. 臣不能以喩臣之子, 臣之子亦不能受之於臣. 是以行年七十而老斲輪. 古之人與其不可傳也死矣. 然則君之所讀者, 故人之糟魄已夫! (「천도」)

숙련된 기술은 개인적이고 경험적인 것이어서 말로 전할 수 없다. 그래서 다른 사상가들이 공유하거나 다른 사람에게 강요하려고 했던 교리(혹은 말言)와는 다르다. 아마도 이 사상과『도덕경』첫 구절인 "말로 전할 수 있는 도는 영원한 도가 아니다"道可道, 非常道라는 말은 서로 연관이 있을 것이다. 이 말은 도가와 명가 사상가 사이의 이론적 차이를 강조한다. 말, 즉 명칭名으로 전할 수 있는 것은 오직 관습적인 것이다. 그러나 고정되어서는 안 된다. 언어는 인간 문명에서 없어서는 안 될 특성이다. 이것은 지배적인 태도와 믿음을 세우고 전파한다. 명칭에 대한 언쟁이 불일치의 근본 원인이라고 생각한 명가 사상가들이 장자의 관점에서는 순진하게 보였을 것이다. 말해질 수 없는 것이 많기 때문이다. 실제로 말에 대한 선입견은 다른 사상가에 의해 더 널리 공유되었다.

수레바퀴 장인과 환공의 대화는 말에 대한 관심 외에 다른 질문도 제기한다. 삶의 주요 과제(혹은 삶 자체)에 어떻게 접근할 것인가? 교리를 배우고 가르쳐야 하는가? 아니면 숙련된 기술을 얻으려고 해야 하는가? 분명히 윤편의 대답은 후자에 있다. 숙련된 기술과 관련한 이야기를 통해 우리는 『장자』에서 나타나는 수양에 대한 다음과 같은 원리를 볼 수 있다. 규범과 말의 제한에서 벗어남으로써 당면 과제에서 두드러진 요인의 다양성에 주의를 기울일 수 있다. 이러한 요인이 여러 상황에서 어떻게 변화할 수 있는지 인식하는 방법을 수양한다(포정의 인상적인 숙련 기술은 부분적으로 이런 복잡성에 대비한 방법에서 얻은 것이다). 과제에 적합한 특정 자세와 위치를 취할 수 있는 몸을 기른다. 전인全人이 반응적으로 당면 과제에 참여하도록 적응시킨다. 여기서 우리는 '대상을 아는 것'에 대응하는 '방법을 아는 것'으로서 장자의 기술을 일반적으로 특징짓는 것에 대해 재검토해야 한다.◆ 이러한 구별을 통해 기술의 숙련을 충분히 파악할 수 있는가? 『장자』에서 기술은 대상을 아는 것보다 방법을 아는 것과 밀접하게 관련된다는 것은 틀린 말이 아니다. 왜냐하면 숙련 기술자는 그 방법을 아는 것이 실제 활동에 종사하는 데에 중요하기 때문이다. 그러나 많은 이야기에서 숙련 기술자는 그들이 기술을 어떻게 배웠는지 두서없이, 그러면서도 매우 상세하게 말할 수 있다. 그러므로 그들은 단지 방법을 아는 것만은 아니다. 오히려 대상에 대한 지식도 있다. 아마 『장자』에 나타나는 인식론의 특성은 이런 근본적 구분을 넘어서서 규정할 필요가 있을 것이다. 숙련된 기술의 주요한 측면인 수행을 강조하기 위해서. 그렇다면 장자 인식론의 근본 핵심은 지식이나 기술의 소유가 아니라 그것을 수행하는 데에 있을 것이다. 이 견해는 숙련된 기술에 관한 이야기가 가르침을 포함하지 않는다는 사실에 의해 입증된다. 많

◆ 예를 들어 Ivanhoe, 1993, 650; Ivanhoe and Kjellberg, 1996, 15 참조. 데이비드 로이는 그레이엄이 장자의 기술을 '방법을 아는 것'이라고 특정지은 것은 충분하지 못하다고 주장한다(1996, 60, 66).

은 다른 사상가가 정보의 전달과 관련된다고 여기는 가르침은 기술을 배우는 방법이다. 이는 정보의 소유가 아니라 수행에 필요한 것이 숙련된 기술이기 때문이다(Lai, "Skill Mastery, Cultivation and Spontaneity", forthcoming). 『장자』에서 각각의 이야기를 읽을 때 숙련 기술자가 그의 기술을 어떻게 배우는지 물어야 한다. 이 점에서 수영하는 사람 이야기의 등장인물로서 공자가 수영하는 사람이 가진 숙련된 기술의 본질을 그의 제자들에게 말로 전하려 할 때 아이러니가 발생한다. 이것은 『장자』에는 스승이 없다는 말이 아니다(Defoort, 2012 참조). 스승이 있다. 그러나 열자의 스승인 호자의 경우처럼 관습적인 방식으로 가르치지는 않는다.

『장자』의 이야기들을 통해 우리는 기술 숙련의 경이로운 측면을 본다. 경탄할 만큼 아름다운 종 틀, 배를 조종하는 전문 기술, 위험한 곳에서의 능숙한 수영, 관절 사이 틈을 힘들이지 않고 즐겁게 칼질하는 기술, 매미를 잡는 효과적인 활동, 수레바퀴를 깎는 섬세한 기술. 이중 대다수는 자신의 일에 종사하는 것만큼이나 그들의 수양, 효율성 혹은 세상의 여러 측면에 관여하고 조율하는 그들의 활동에 대해 이야기하는 것에 만족감을 느낀다. 이 이야기들은 현대 독자와 어떻게 관련될 수 있을까? 변화하는 상황에 대처하는 자발적 효능의 자리에 특히 초점을 맞추면서 인간사에 대한 독자의 이해를 풍부하게 할 수 있다. 우광밍Wu Kuang-ming(1982)의 주장처럼 이런 이야기가 유희 정신에 기반해 독자가 직접 자기를 성찰할 수 있도록 유도할 수 있을까? 아니 어쩌면 앨런 폭스Alan Fox가 상기시키듯 『장자』에서 모든 사람이 이러한 기술과 통찰을 가져야 하는지 혹은 가질 수 있는지 혹은 누군가는 가질 수 있는지 여부는 분명하게 드러나지 않는지도 모른다(1996, 70).

이것은 수양과 숙련 이야기에 관한 일반적 평가지만, 그 이야기들에 중요한 차이가 있다는 점도 알아채야 한다. 문헌의 복합적인 성격과는 별도로 우리는 몇몇 이야기에 어떤 다른 특징이 있고 기존의 사상과 주제를 어떻게 묘사하고 다루었는지 보았다. 이런 관점에서 숙련의 모범을 이해하는 한 가지 방법은 그것을 과제를 수행하는 방법 혹은 살아가는 방법의 예로 보는 것이다. 그 방법은 다양하며, 이야기가 전달하는 바를 고려하면 반드시 그러할 수밖에 없다. 이야기들은 여러 면에서 상황의 우위성을 강조한다. 사물과 하늘天과 우주적 과정의 조화, 유연성, 가능한 대안 선택 등. 이는 댄 로빈스가 제안한 것으로(2011) 기술에 관한 도가의 견해와 같은 계통이다. 다른 측면에서는 개방성을 강조한다. 왜냐하면 고정된 최종 결과가 이미 정해져 있다고 믿지도 않고 그 결과를 달성해야 한다는 불안감도 없기 때문이다. 물론 수레바퀴 장인은 잘 작동하는 수레바퀴를 만드는 것이 목표이고 조각가는 아름다운 종 틀을 만드는 것이 목표다. 그러나 그들이 숙련된 솜씨로 만들어낸 훌륭한 작품은 그들에게 주어진 특정 재료로 작업하는 기술을 숙련한 결과다. 포정은 많은 소를 갈랐지만 복잡한 상황에 대비하며 하나하나에 주의를 기울인다. 장자의 숙련 기술자는 스스로 만족해 안주하지 않지만 자신의 견해에 대한 확신을 찾으려는 사람과는 달리 근심하지도 않는다. 숙련 기술자와 대조해 우리는 폭포에 뛰어드는 수영하는 사람을 볼 때 공자가 느낀 근심을 이해한다. 수영하는 사람이 방죽에 나타나자 공자는 귀신을 본 줄로 착각한다. 공자는 자신의 방식에 따라 어떤 사람도 그런 폭포에서 헤엄칠 수 없다고 믿었기 때문에, 그렇게 보도록 훈련받은 방식에 따라 보았기 때문에 착각한 것이다. 그러나 수영하는 사람은 태연하게 방죽 아래를 거닐었다. 왜냐하면 그에겐 고정된 도가 없기 때문에 그의 주변에 적응해 반응한 것이다.

4
장자 철학의 함의

『장자』에서 언어와 관련된 회의주의는 언어에 드러난 인간 삶의 피할 수 없는 특징을 지적한다. 오랜 관행으로 정해진 규범의 전파에는 끊이지 않는 악순환이 있다. 그것은 개인의 내면화와 관련이 있는데, 개인이 차례차례 규범을 다른 사람에게 가르치고 준수하도록 요구하는 것이다. 장자는 언어가 인간의 의식을 형성하는 데 미치는 강력한 영향력뿐 아니라 언어의 불충분성도 절실하게 의식하고 있다. 장자의 숙고에서 나온 언어에 대한 심각한 역설이 있다. 의사소통 도구로서 언어가 성공할 수 있었던 것은 그것의 단순함 덕분이다. 그러나 그 단순함은 좌절과 절망의 원천이 될 수도 있다. 왜냐하면 부정확성과 과도한 단순화를 조장할 수 있기 때문이다. 단어의 의미는 고정된 것이 아니라 개인이 어떻게 사용하느냐에 따라 항상 변하는 것이다.

장자가 제기한 인식론적 문제는 중국 사상사에서 차지하는 위치를 고려할 때 특히 더 흥미진진하다. 공자가 규범적 행위 양식을 자연 질서의 일부로 취한다면, 순자는 이것이 행위를 조절하기 위한 강력한 도구이며 장치라고 주장한다. 명가가 명칭을 통해 확실성을 수립하려 한다면, 후기 묵가는 중국 언어의 구조에 기반해 명칭의 심오한 복잡성을 논증한다. 『도덕경』이 사람들을 잘못된 목표와 추구로 인도하는 사회적 현상으로서 언어 그 자체에 관심을 갖는다면, 『장자』는 언어 사용이 아니라 언어를 사용하는 데에 전제된 가정을 훨씬 더 중시한다. 장자는 인식론이라는 이론 그 자체에 관심을 두진 않았다. 이런 논쟁이 발전하면서 의사소통 도구였던 언어가 중요한 정치적 도구였음이 점차로 분명해졌던 것이다.

윤리적 관점에서 몇몇 사상가는 인간과 관계없는 초월적 근원에 근거한 도덕 개념을 정당화하기는 어렵다는 점을 깨달았다. 그러나 전국시대 사상가들은 영성과 더 넓은 우주적 함의에 관한 문제를 다뤘다. 영성의 수양에 대한 관심은 자연적이고 우주적인 현상과 인간성의 통합에 관한 문제와 깊이 관련된다. 이 논의에서는 숙련된 기술과 그것의 수양에 대한 장자의 관심에서 파생된 세 가지 철학적 관점을 강조해왔다. 첫째는 세상의 다양성은 풍부하며 환원 불가능하다는 점에 초점을 맞추는 것이다. 후기 묵가도 세계의 이런 측면을 알았다. 반면에 『장자』는 세상의 다양성을 포착하기에 언어는 불충분하다고 강조했다. 둘째는 그러한 다양한 세상에서 인과관계의 계열을 완벽하게 구별하거나 예측할 수는 없다는 점을 지적하는 것이다(이것이 중국철학에서 체계적이고 과학적인 접근 방식이 개발되지 못한 이유인지도 모른다). 장자는 개인이 이 세계에서 예측 불가능하고 불규칙한 현상을 다루는 방법을 아는 것은 매우 중요하다고 여겼다. 모든 매미는 다르지만 훌륭한 매미잡이는 어떻게 그것을 잡는지 안다. 모든 소는 다르지만 훌륭한 백정은 어떻게 각 부위를 갈라야 하는지 안다. 나무 조각은 각각 다르지만 훌륭한 조각가는 어떻게 각 조각으로 멋진 작품을 만드는지 안다. 세상에 대응하기 위해 이렇게 세상과 조화하는 일은 변화하는 세상에 대처하는 데 있어 매우 중요하다. 특히 곤란한 상황을 자기에게 유리하게 바꿀 때 더욱 그렇다. 마지막은 다양하고 끊임없이 변화하는 세상에서 개인을 어떻게 위치 짓고, 개인이 그 속에서 어떻게 행동하고 다른 사람과 상호 작용하는지에 관한 것이다. 장자 철학은 다양한 준거 틀이 개인의 사고와 이해를 어떻게 결정할 수 있는지에 초점을 맞춘다. 이것은 지식과 탐구의 한계, 실제로 철학 자체의 목적에 관한 중요한 메타철학적 질문을 제기한다. 장자의 인식론적 질문은 앎이 주로 내용에 근거한다는 점을 의심한다. 현대 철학자 장둥쑨Zhang Dongsun에 따르면 "중국철학에서 앎은 항상 모방이나 표상이라기보다는 일종의 해석이다"(1995, 172ff; Ames, 1998b, 221). 장자의 대응은 내용으로서 앎과 이해의 분리에 도전한다. 그리고 에임스가 주목했듯이 "알려진 세계는 아는 사람으로부터 독립적"이라는 주장에 이의를 제기한다(1998b, 220). 장자의 질문은 서양의 철학적 탐구에서 제시된 형이상학, 인식론, 윤리학 등 수많은 영역을 가로지른다. 『장자』라는 문헌은 안다는 것의 개념, 삶에서 앎의 위치 그리고 그것을 수양하는 방법을 면밀히 검토한다. 독자는 장자가 다양하고 복잡한 세계의 사건과 변화에 대응한 방식을 포함한 이러한 통찰을 이끌어내야 한다.

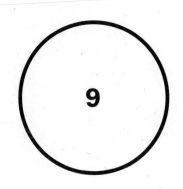

9

『역경』과
　중국철학에서
『역경』의 위치

『역경』易經에는 기원전 9세기경에 성립된 부문이 포함되어 있다. 문헌의 오래된 부분은 '근본 문헌'인 '경'經으로 알려졌는데 전통적으로 점占과 관련되어왔다. 이 오래된 부분은 다음의 내용으로 이루어져 있다.

1. 각각이 6개의 선으로 이루어진 64개의 상징은 음陰을 의미하는 선(- -)과 양陽을 의미하는 선(—)으로 구성된다. 이 6개의 선으로 이루어진 상징 각각을 괘卦라 하고 괘에는 자연계의 현상이나 요소를 지칭하는 이름이 있다.
2. 각 괘에는 괘를 설명한 괘사卦辭가 있다.
3. 모든 괘의 6개 선 각각은 효爻라 하고 각 효에는 효를 설명한 효사爻辭가 있다.

나눠진 선은 음 개념을 나타내고 감수성이나 여성성과 관련된 특성을 갖는다. 나눠지지 않은 선은 양 개념을 나타내고 견고성이나 남성성과 관련된 특성을 갖는다. 각 괘는 2개의 3획괘(3개의 선이 위아래로 중첩되어 결합, 다음을 보라)가 모여 이루어진다. 3획괘로 이루어진 8괘는 유가에서 문화 영웅인 성왕 복희伏羲(기원전 2800)가 만들었다고 전해진다(Legge, *Yî King*, 1899, 32).

☰	☱	☲	☳
건乾	태兌	리離	진震
하늘天	연못澤	불火	우레雷

손巽	감坎	간艮	곤坤
바람風	물水	산山	땅地

　　주나라보다 앞선 상商나라(기원전 1600-기원전 1046) 시기에 견 갑골(소의 어깨뼈)과 갑골(거북이 배딱지)이 자연 재해, 수확, 질병, 계 절과 기후 변화, 군사 전략, 여행, 출산 등 광범위한 문제를 예측하 기 위해 왕과 점쟁이에 의해 사용되었다(Keightley, 1978, 33-35).◆ 주 나라 때 점술은 우주적 과정을 해독하고, 그것과 인간계의 상응 관 계, 인간계에 대한 함축을 해석하는 데 사용된 것으로 보인다(Lynn, *Classic of Changes*, 1994, 1). 『역경』을 사용할 때는 특정 문제와 관련 된 정확한 괘가 선택되고, 괘사와 효사에 근거해 예언이 이루어진 다. 각 괘의 이름은 관련된 개념과 함께 핵심적인 의미를 표현한다. 예를 들어 건乾(하늘), 곤坤(땅), 비否(막힘), 고蠱(부패하거나 썩 음), 복復(회복), 항恒(영속), 환渙(분산), 승升(올라감) 등이다. 각 괘의 이름은 중요한 두 가지 이유로 단 하나의 개념과 엄격하게 연 결되지는 않는다. 첫째, 각 괘는 고정된 개념보다는 과도적인 상태 를 의미한다. 어떤 상태에 있든지 언제든 변화할 수 있다. 둘째, 각 용어나 괘는 연관된 의미군群을 형성한다. 예를 들어 건괘는 하늘의 힘을 가리키는데, 그 힘은 견고하고 능동적이고 창조적이며 빛을 부여한다. 그러므로 그것은 이러한 의미의 일부 또는 전부를 포괄

◆점술 시행에 대한 고고학적 증거는 상나라 시기에 나타난다. 그것은 주로 하남(河南) 은허(殷墟) 지역에서 발굴되었다. 키틀리(Keightley)는 시간이 지남에 따라 '음양 형식' 의 점술이 더 넓게 사용되어 점술의 예언적 요소가 줄어들면서 인간의 통제력이 결과를 해석하는 데 더 크게 작용할 수 있게 되었다고 주장한다(1988, 385-388; Chang, 1981; Eno, 2009, 81-85, 89-91도 참조).

한다. 인간 영역과 관련해 보자면 건괘는 하늘의 통치에 필적하는 통치를 이룬 남성적인 성군聖君을 가리킨다. 따라서 또한 양과 관련된다. 양은 견고성을 특성으로 하며 감수성을 특성으로 하는 음과 대조된다. 점을 칠 때 괘를 해석하는 사람은 각 괘의 연관된 특성을 이해해야 한다. 『역경』은 괘를 설명하는 수수께끼 같으면서도 간결한 명제와 판단을 제공하는데, 이를 단彖이라고 한다. 예를 들어 항괘(영속, 인내)의 해석은 다음과 같다.

> 인내는 형통하여 허물이 없다. 올바름을 지속하는 것이 이롭고 여기서 뭔가를 하는 것이 이롭다.
>
> 恒, 亨, 无咎, 利貞. 利有攸往. (『역경』 「뇌풍항」雷風恒)

항괘와 관련된 특성 혹은 이 경우엔 항괘의 일련의 특성들을 문제가 되는 특정 주제에 적용하는 데에는 해석이 필요하다. 비록 경험이 풍부한 해석자가 세상을 주의 깊게 관찰하고 정보에 입각해 추측을 했을지라도, 말할 필요도 없이 이러한 점괘에 따른 판단은 무작위성과 미신투성이였을 것이다(Cheng, 2003, 518-519).

주나라 말기(동주東周(기원전 770-기원전 256)라고 알려진 시기)에 『역경』의 오래된 부분에 덧붙여진 것이 있다. 이를 10개의 '부록' 혹은 '10개의 날개', 즉 '십익'+翼이라고 한다. 이것은 기존의 괘에 대한 주석, 괘사와 효사에 대한 판단을 포함하며, 또한 변화가 곧 일어날 것임을 이해하는 것이 중요한 이유를 묘사한다. 현대 학자들은 확신하지 않지만 '십익'은 공자가 썼다고 알려졌다. 한나라 초기 무렵에 '십익'은 '역전'易傳(『역경』의 주석)이라고 불렸다. 전체 문헌은 괘와 괘에 대한 초기 주석으로 이루어졌고, 이후에 『주역』周易이라고 알려졌다. 이 시기에 『역경』은 다른 네 문헌

『시경』, 『서경』, 『춘추』, 『예기』와 함께 유교의 오경五經으로 불렸다. 한나라 이전에 "『역경』은 유가로 간주되었다"는 증거는 없다(Rutt, *Zhouyi*, 2002, 35-36). 유가의 지휘 아래 이루어진 한나라 시기의 문헌 수집은 한대 사회에서 유교를 드러내고 더 나아가 확고하게 했다.

『주역』에 덧붙여진 '전'傳은 열 가지로 다음과 같다.

• '판단에 대한 주석' 「단전」彖傳: 괘와 연관된 결정에 대한 주석으로 상하편이 있다.

• '상象에 대한 주석' 「상전」象傳: 상하편이 있는데 상편은 괘의 의미에, 하편은 각 효爻의 의미에 초점을 맞췄다. 이 두 부분의 소재는 근본적으로 유가적이다. 여기서는 하늘, 땅, 인간이라는 천지인天地人 삼재三才의 유가적 이상을 주장하고, 『역경』을 이용해 효과적인 통치와 정치적 질서를 깨우친다(Lynn, *Classic of Changes*, 1994, 2-3).

• '경經의 말들에 대한 주석' 「문언전」文言傳: 건괘(순수한 양)와 곤괘(순수한 음)에 초점을 맞춘다. 나머지 62괘에 대한 주석은 남아 있지 않다. 「문언전」은 음양과 관련된 유가의 다양한 덕목을 논의한다.

• '위대한 주석' 「대전」大傳 혹은 '첨부된 구절들에 대한 주석' 「계사전」繫辭傳: 상하편이 있으며 『역경』의 본질과 의미를 다루고 판단과 특정 괘와 연관된 효사를 설명한다(ibid, 3). 『역경』에서 이 두 부분은 철학적으로 가장 흥미롭다. 왜냐하면 『역경』의 위치를 주로 점술과 관련해 설명하지 않고 점술 행위에 깔린 가정과 근거에 기반해 설명하려 하며, 특히 인간과 우주 영역의 통합적 본질에 초점을 맞추기 때문이다(Peterson, 1982).

• '괘에 대한 주석' 「설괘전」說卦傳: 8괘에 대한 언급을 포함하며 음양과 오행 개념과 관련해 그 의미를 설명한다.

• '괘의 순서에 대한 주석' 「서괘전」序卦傳: 괘의 순서의 타당함을 보여준다.

• '불규칙한 순서의 괘에 대한 주석' 「잡괘전」雜卦傳: 개별 괘의 의미를 괘의 순서에 따라 설명하지 않고 대조되는 짝으로 설명한다 (예를 들어 건괘와 곤괘가 함께 논의된다).

마지막 세 편은 한나라와 가까운 시기에 쓰였을 것이다. 한나라 때 점술과 관련해 괘와 그것을 이용하는 방식에 더욱더 반성적으로 힘썼다.◆ 전체적으로 「역전」의 논의는 『역경』에 대한 우주론적 해석에 초점을 맞추는데, 이는 별자리, 계절, 물, 산 같은 현상을 고려하고 이를 인간계의 사건과 관련짓는 것을 의미한다. 따라서 가장 재미있고 철학적인 부문인 「역전」을 한나라의 사상적 논쟁의 특징과 관련해 이해하는 것이 중요하다. 이런 특성을 검토하기 전에 수많은 『역경』 발굴 판본을 고려할 필요가 있다. 이런 발견은 매우 흥미롭다. 발굴 문헌과 통행본의 차이가 고대 중국 사상, 접근 방식, 가정의 이해를 더 심오하고 복잡하게 만들기 때문만은 아니다. 판본 전체에 걸쳐 괘와 예언에 대한 설명에서 나타나는 차이가 또한 점술과 예언에 대한 해석적이고 아마도 상황에 근거한 접근법을 시사하기 때문이다. 점술이 삶의 광범위한 분야에 적용되었다는

◆ 그레이엄은 후대의 주석서들은 늦어도 한나라 초기에 쓰였을 것이라고 믿는다(1986, 13). 그러나 한나라 이전에 『역경』과 그것의 사상에 대한 언급은 거의 없다. 『논어』 「술이」의 "나에게 몇 년의 수명을 빌려주어 마침내 『역』(易)을 배우게 해준다면 큰 허물이 없을 것이다"(加我數年, 五十以學易, 可以無大過矣)라는 문장에서 언급된 역도 의심스럽다. 순자는 오경을 나열할 때 『역경』을 무시한다. 음양은 논의되었지만 상호 관련된 틀에서 논의되지는 않았다. 오행은 『묵자』, 『순자』, 『한비자』에서 경멸하는 태도로 언급되었다(ibid, 9).

점을 고려해볼 때 그런 상황 감수성situation-sensitivity이 중국의 인식론과 중국인이 삶에 접근하는 방식의 일반적인 특징이었는지 여부가 궁금해진다. 이 문제는 다음 절에서 다루기로 하자.

문헌의 문제:
『역경』의 다른 판본들이 발굴되었는데, 그중 하나는 기원전 300년경에 성립된 것이었다. 판본 사이의 차이점은 다음에서 간략하게 논의되는 여러 의문을 불러일으킨다. 그 판본들은 다음과 같다.

상해박물관 『주역』: 『주역』을 포함하는 죽간본을 1994년 상해박물관에서 사들였다. 출처는 분명하지 않지만 이 죽간본은 기원전 300년경에 성립된 것이다. 상해박물관 『주역』은 괘, 괘사, 효사로 구성되어 있다. 문헌의 약 3분의 1만 남았는데 34개의 다른 괘에 관한 자료를 포함하고 있다. 이 문헌의 독특한 특징은 각 괘를 새로운 죽간에서 시작하고, 괘(붉거나 검은 상징)로 시작해 괘사가 나오고 마지막에 효사가 나온다는 것이다 (Shaughnessy, *Unearthing the Changes*, 2014, 39). 각 괘를 새로운 죽간에서 시작하기 때문에 괘의 순서를 알 수 없다. 왜냐하면 죽간을 묶은 끈이 다 끊어져버렸기 때문이다. 이 죽간의 순서에 관한 추측뿐만 아니라 통행본에선 볼 수 없는 붉고 검은 상징의 의미는 여전히 학자들의 논쟁거리다(ibid., 39-53). 이 문헌의 몇몇 특성은 철학적으로 중요하다. 예상했듯이 이 문헌과 통행본 사이에 문자의 발음과 형태의 변형이 있다. 그러나 몇몇 변형은 예를 들어 정#괘와 관련해 우물 혹은 함정을 의미할 수 있는 유사한 문자를 사용한 것으로 설명될 수 있다. 이것은 때때로 동음이의어로의 대체에 기반하는데, 이런 관행은 꽤 널리 퍼져 있었다(ibid., 59-65). 서로 다른 동음이의어는 당연히 꽤 다른 예언을 내놓을 수 있다. 여기에서 중요한 것은 용어 해석과 관련해 해석학적 관행을 이끌어냈던 원리가 무엇인가 하는 것이다. 특히 어떤 단어의 의미가 유동적인 경우 더욱 그러하다. 이에 대한 해답은 완전히 명확하지 않을 수도 있고, 어쩌면 잘 형성된 해석학적 원리가 없었을 수도 있다(ibid., 65). 그럼에도 특정 문자의 불확정성은 흥미로운 인식론적 질문을 제기한다. 삶에서 마주치는 다양한 상황에 대한 이 문헌의 예언에서 유연성을 허용하기 위해 의도적으로 고정되지 않은 언어를 사용했을까?◆

마왕퇴 백서 『역경』: 이 백서본은 기원전 168년경의 무덤에 봉해졌다. 괘와 사辭 외에 다섯 가지 주석서가 있다.

- 「요」要('본질적인 것')
- 「이삼자문」二三子文('둘 혹은 세 제자의 질문')
- 「역지의」易之義(역의 의미)
- 「목화」穆和, 이것의 두 번째 부분은 때로 「소력」昭力이라 함(목화와 소력은 제자의 이름)
- 다섯 번째 주석서는 통행본 「계사전」과 겹치는 부분이 있지만 또한 몇몇 다른 자료도 있다(Rutt, *Zhouyi*, 2002, 36).

◆쇼너시(Shaughnessy)는 문헌이 각 시대마다 사용된 방식에 현저한 차이가 있다고 주장한다. "나는 고대 점술가들이 이미 단어가 가변적이라는, 변화 가능하다는 것을 잘 알았고 역(易), 즉 변화를 창조하는 데 그들 언어의 특징을 활용하려고 했다는 점이 의심스럽다. 그러나 이후 역이 전수되는 과정에서, 말하자면 다른 시간과 공간의 필경사인 해석을 달리하는 학파들이 어떤 주어진 문자를 이해하기 위해 이 의미들 가운데 단 하나를 선택할 수 있었다. 더 나아가 그 시대의 글쓰기 관습에 따라 단 하나의 '올바른' 문자만 사용해 그것을 쓸 수 있었다."(ibid., 66)

괘의 순서는 통행본과 다른데, 그 순서를 알 수 있는 근거는 없다. 그러나 여기서 괘는 6획 가운데 위쪽 세 줄(3획괘)에 따라 배열된다. 위쪽 3획괘는 일정하게 유지되며 아래 3획괘가 여덟 가지 가능한 괘의 조합으로 변화한다. 그러고 나서 8괘의 다음 괘가 다음 3획괘로 이어지고 또 그다음 괘로 이어진다(Shaughnessy, *I Ching*, 1997, 17–18, 28–29). 이러한 순서는 통행본 '십익' 가운데 하나인 「설괘전」에서 묘사된 순서에 근거한다. 상해박물관 『주역』처럼 마왕퇴 판본도 통행본과 비교했을 때 많은 문자에서 발음과 형태의 변형이 나타난다. 마왕퇴 판본에는 또한 적어도 '십익'의 어떤 판본은 이미 한대 초기에 유통되었다는 증거가 있다. 특히 「계사전」은 여러 쟁점에서 학문적 주목을 끌었다. (1) 통행본과 비교할 때 마왕퇴 판본의 연대기적 우선성, (2) '경'經과 관련한 '전'傳의 위치와 의미, (3) 도가 혹은 유가적 함의가 있는지 여부와 관련한 '전'의 영향, 그리고 그것이 한대와 그 이후의 맥락에서 어떻게 사용될 수 있었는지(ibid., 22).

부양阜陽 한간漢簡: 이 죽간본의 성립 연대는 기원전 165년으로 1977년 부양에서 발굴되었다. 많이 훼손되어 온전한 괘사가 남아 있지 않다. 파편화된 '경' 부분을 제외하고 부양 판본은 각 괘에 달린 점술 관련 명제를 포함해 병, 결혼, 임신, 공직 취임, 수감, 군사 행동, 여행, 사냥과 낚시, 날씨 등 광범위한 주제를 다룬다(Shaughnessy, *Unearthing the Changes*, 2014, 192).

『역경』의 판본은 한대와 그 이후에 걸쳐 정치 생활과 관련해 특징지어졌다. 『역경』의 다양한 주석서뿐만 아니라 문헌 자체의 수정본도 다수 있다(Rutt, *Zhouyi*, 2002, 38–43). 왕필은 문헌 자체를 변경해 「문언전」을 괘와 결합했다. 음양과 관련된 유가의 덕목을 논한 「문언전」은 『역경』의 오래된 부분과 뒤섞여 있다. 왕필은 "한나라를 지배했던 상수 역학의 색채를 없애버리려고 했다"(Knechtges, 2014, 1890). 아주 나중에 영향력 있는 신유교 사상가 주희는 '전' 부분을 '경' 부분에서 분리해 본문을 원래 상태로 '복원'하려고 애썼다. 주희의 목표는 『역경』을 점술 문헌으로 되살리는 것이었다(ibid., 1892–1893). 중국 사상사의 몇몇 지점에서 『역경』이 어떻게 사용되었는지 주목하도록 『역경』의 판본과 수정본에 대해 간략하게 설명했다. 우리는 시대를 거치며 다른 판본들이 나왔을 수도 있음을 염두에 두어야 한다(ibid., 1877–1896). 문헌으로서 『역경』은 점술과 정치 생활 사이의 접점을 묘사하는 방법에서 독특한 특징을 보인다. 『역경』의 성격과 그 다양한 판본에 대한 논쟁이 계속되고 있다. 예를 들면 리처드 루트Richard Rutt는 마왕퇴 판본의 다섯 가지 주석서가 "모두 『주역』을 지혜의 책으로 다루지 점술서로 다루지 않는다"고 주장한다(*Zhouyi*, 2002, 36).

『역경』을 맥락에 맞게 위치시키기 위해 전국시대와 한나라 시기 동안 보통 사람들의 삶에서 그것이 차지한 위치를 간단하게 살펴보자. 이 책에서 우리가 살펴보는 대부분의 문헌은 권력을 가진 사람들에 대한, 그리고 어느 정도는 그들의 삶에 대한 숙고와 상호작용을 담고 있다. 그러나 그것은 또한 보통 사람들의 삶도 반영할까? 왕가대王家臺에서 발굴된 기원전 3세기 중반 문헌인 『귀장』歸藏 같은 다른 점술서도 있다. 『귀장』은 다른 점술서, 즉 특별한 행사를 위해 길한 날을 잡는 데 쓰인 『일서』日書, 대나무 상자에 담긴 점쟁이의 판과 주사위와 아마도 시초蓍草 점을 칠 때 사용했을 시초蓍草와 함께 발굴되었다(Shaughnessy, *Unearthing the Changes*, 2014, 141-142). 『역경』과 마찬가지로 이 문헌에도 예언과 함께 괘의 상징과 이름이 포함되어 있다. 상나라 때만큼이나 이른 시기의 무덤에서 발굴된 내용물은 점술서, 역서曆書, 일서日書, 개인적 예언의 기록, 견갑골과 갑골 같은 도구, 천문 도구, 주사위 등을 포함한다.◆ 푸무저우 Poo Mu-chou의 연구는 일반 사람들이 행한 예언 관행을 광범위하고 상세하게 보여준다. 여기에는 재봉사가 새 옷을 만들거나 사람들이 목욕을 하거나, 특히 여행을 갈 때 길하거나 불길한 시간 같은, 농업 주기와 생활 주기 안에서의 광범위한 사안들이 포함된다(Poo, 1998, 123-156). 에드워드 쇼너시는 "수호지睡虎地 진묘秦墓에서 발굴된 『일서』日書와 마왕퇴에서 발굴된 『역』易에 나온 예들은 몇 번이고 다시 확산되었을 수 있다. 두 문헌은 많은 부분 같은 종류의 문화적 맥락에서 파생된 것이 분명해 보인다"라고 주장한다(*Unearthing the Changes*, 2014, 11).

이 문화적 맥락은 무엇이고 왜 점술이 그렇게 확산되었을까? 이러한 세부 사항이 중국철학을 이해하는 데 어떻게 도움이 될까? 여기서 우리는 그런 점술 관행이 생겨난 동기에 관한 가정을 조사해야만 한다. 예를 들어 의도된 행위가 문제를 일으킬지 아닐지咎/不咎, 흉할지凶 길할지吉, 이로울지 아닐지利/不利 혹은 혼란을 일으킬지亂 등을 점치는 일이 왜 그렇게 중요할까?(ibid., 9-10) 이런 관행은 자신의 계획과 숙고에 대한 확신이나 자신감이 없기 때문에 생겨난 것이 아닐까? 예를 들어 『논어』에는 선택의 기로에서 미혹惑에 빠지는 것을 우려하는 대목이 있다. 공자 스스로도 이러한 불안을 40세에 극복했다고 말한다(『논어』 「위정」 4, 「안연」 10, 「헌문」 28). 고

◆ Loewe, 1986; Kalinowski, 1998-1999; Lewis, 2006, 273-284; Raphals, 2010; 2013, 40-46, 128-146 참조.

대 중국의 점술은 변화가 곧 일어날 것이라는 믿음에 의해 부분적으로 부추겨진 면이 있다. 그래서 세상이 안정된 곳이라는 확신을 결코 가질 수 없었던 것처럼 보인다.** 철학적 용어에 기반한 세계에 대한 형이상학적 견해는 고대 중국인이 세계를 보았던 것처럼 변화에 의해 뒷받침되었다. 이 세계관에 기여한 요소에는 다음과 같은 신념이 포함된다.

• 일원론보다는 형이상학적 다원성(64괘에서 표현된 것처럼).
• 독립성보다는 상호 의존성(음양의 양극성에서 가장 명백하게 표현되었다).
• 역동성(이전의 것에 의해 생성되고 다시 다음의 것을 생성하는 괘의 순서에서 표현되었다).

이어지는 절에서 『역경』의 철학에 체현된 이러한 요소를 탐구할 것이다. 특히 『역경』의 '전'을 검토할 것인데, 그것은 철학적으로 흥미롭다. 왜냐하면 점술의 근거를 숙고해 상호 의존성, 공명共鳴, 역동성, 변화에 대한 신념을 표현하기 때문이다. 다음 두 절에서 한나라 시기 사고의 두 가지 중요한 특성을 검토한다. 통합적인 방법론의 사용과 상관적 사고에 관한 주제가 그것이다. 한대의 사고에서 이런 요소를 이해하면 『역경』의 사상을 위치 짓는 데 도움이 될 것이다.

** 실제로 이런 믿음은 현대 학자들이 여러 판본의 문헌을 지속적으로 해석하는 데에 도움을 준다. "점술서로서 『역경』의 본래 의미를 회복하려는 학자는 결단의 명백한 모순에 그다지 괴로워하지 않는다. 그들은 이러한 용어들을 다른 시대에 다른 점쟁이가 만들어낸 점사로 간주하는 경향이 있는데, 그중 몇몇은 『역경』의 본문과 점술의 성격까지 다르게 해석하기도 했다."(Shaughnessy, *Unearthing the Changes*, 2014, xviii)

1
통합과 제국의 사상적 토대

진나라는 진 왕조의 법가적 통치에 저항한 반란에 의해 몰락했다(de Bary and Bloom, *Sources*, 1999, 228). 소작농의 아들로 진 왕조 통치 아래에서 지방 관리를 지낸 유방劉邦(기원전 256-기원전 195)은 항우項羽(기원전 232-기원전 202)를 패배시킨 뒤 사회적 사상적 정치적 체계를 세워 진시황이 세운 거대한 제국을 장악했다. 그에게는 두 가지 주요한 구실을 위한 사상적 원천이 필요했다. 황제의 통치를 정당화하고 그가 제국을 통제하면서 황제를 지도할 구실이었다. 결과적으로 주석을 포함해 조정과 관련되거나 그에 의해 공인된 문헌들은 모두 권력을 가진 사람의 관심사와 그 신하의 견해를 반영한다. 이런 문헌들의 저자는 '가'家(문자로는 가문을 가리키나 흔히 학파로 번역되는)로 분류되는 다양한 사상가와 전통에서 나온 학설을 포함해 사상적 원천을 절충해 혼합했다. 그들은 서로 연관된 과거의 사상을 통합하기 시작했다. 그러나 대체로는 학설과 전통을 재창조하고 재배치했을 것이다. 그들은 다양한 분야에서 이끌어낸 기존의 견해를 창조적으로 통합했다. 우주론, 천문학, 정치, 사회와 그 제도, 윤리, 건강, 개인의 행복이 그것이다.

이 시기의 중요한 두 역사서인 사마천의 『사기』와 반표가 쓰기 시작한 『전한서』(혹은 『한서』)는 교훈에서 배우기 위해 과거를 다시 기술했다. 이 역사서는 과거와 그 전통에 대한 존경심을 표현했는데, 고대 중국에서 역사를 기술하는 목적과 형식을 확립했으며

황제의 통치를 정당화하는 데 기여했다. 역사에 대한 이러한 '설명'
은 부분적으로 역사적이고 대부분은 교훈적이며, 과거의 사건을 들
어 어려운 쟁점, 윤리적 모범, 도덕적 타락의 사례를 논의한다. 버
턴 왓슨은『사기』와『전한서』가 역사 기술의 이중적 기능을 보여주
는 전형적인 예라고 표현한다.

> 역사의 기능은 (……) 이중적이다. 전통을 전하고 고전에 구
> 현된 교훈적인 도덕적 예를 제공한다. 한편으로 역사의 언행
> 을 기록하고 다른 한편으로 역사적 사건을 통해 도덕 원칙을
> 보여주는 이 두 전통은 중국 역사학 전체에 퍼져 있다(1999,
> 368).

당연히 특정 황제의 통치를 정당화하고 황제를 위한 사상적 자
원을 제공하기 위해 사상을 편집하는 일은 한나라에서 갑자기 시작
된 것이 아니다. 한나라 이전 문헌인『여씨춘추』에는 유가, 묵가,
법가, 도가 전통에 부합하는 학설을 포함해 다양한 학설이 통합되
어 있다.◆ 그래서 다양한 학설적 견해 모음집雜家으로 묘사되기도
했다(Knoblock and Riegel, *Annals*, 2000, 43).『여씨춘추』는 다양한 전
통에서 차용하지만 일반적으로 그중 어느 하나에 찬성하거나 반대
하는 논쟁을 피한다. 그 시대의 가장 포괄적인 개요서로서 믿음과
풍습, 통치 행정, 도덕적 수양, 기술 지식, 농업, 음악을 포함해 방
대한 주제를 한데 묶었다. 이 문헌은 견해와 이상을 자세하게 설명

◆이 문헌은 이 문헌을 편찬하도록 임명된, 기원전 250-기원전 235년경 진나라 재상이
었던 여불위(呂不韋, 기원전 291-기원전 235)의 이름과 관련이 있다. 일반적인 학문적
견해는 이 문헌이 진나라가 중국을 통일하기(기원전 221) 이전에 완성되었다는 데에 동
의하지만, 문헌의 편집 시기와 각 부분의 성립 시기에는 불확실한 면이 있다. 이런저런 요
소에 비추어 존 노블록과 제프리 리겔은 현존하는 문헌이 여불위가 원래 이 책에 관해 염
두에 두었던 계획과 관련해 볼 때 불완전하다고 주장한다(*Annals*, 2000, 32).

하지만, 마찬가지로 중요하게 모범적 행위(그리고 일부 모범적이지 않은 행위)에 대한 많은 '사례 연구'도 담고 있는데, 아마도 나중에 진의 황제가 될 젊은 사람을 교육하기 위한 것으로 추정된다. 이 문헌의 두드러진 주제는 적합하고 시의적절한 행위다(Sellman, 2002; Hetherington and Lai, 2015).◆

한나라 초기에 조정은 도가를 포괄적인 철학의 뼈대를 제공해 줄 학설로 선호하는 경향이 있었다. 일련의 사상들이 각각 별개인 것처럼 명확한 구분선을 긋는 것은 순진한 일일 수 있지만, 그럼에도 불구하고 광범위한 경향에 대해서는 말할 수 있을 것이다.『사기』와『회남자』는 도가 사상을 촉진시킨 초기 한나라 문헌의 대표적인 예다.♦♦ 한나라 초기에 도가가 성공할 수 있었던 데는 여러 가지 이유가 있다. 예를 들어 한나라 황제였던 경제景帝(기원전 157-기원전 141)와 무제武帝(기원전 141-기원전 87)는 의원, 점쟁이, 주술사가 부리는 초인적 힘의 가능성을 포함해 황노 사상이 제시하는 것에 사

◆ 과거로부터 통합하고 배우는 이런 관행은 한나라 내내 지속되었다. 회남(淮南)의 왕이 었던 유안(劉安, 기원전 180-기원전 122)을 위해 엮은『회남자』는『장자』,『노자』,『한비자』,『여씨춘추』등을 광범위하게 인용하고 그 구절들을 논평한다.『회남자』에서는 여러 사상을 통합주의적 방식으로 다루고 상충되는 견해(예를 들어『장자』와『한비자』)를 통합해 서로 보완한다. 이 문헌은 도가의 이상에 매우 부합하는 견해를 고취한다(Major et al., *Huainanzi*, 2010).『회남자』와 마찬가지로 양웅(揚雄, 기원전 53-18)의『태현경』(太玄經)은 우주 안에서 인간의 위치를 분명하게 표현한『역경』의 사상뿐만 아니라 도가와 유가 사상의 요소까지 통합한다.

♦♦ 유가보다는 도가를 선호하는 현상은 진나라 때부터 이어졌다. 예를 들어 신불해와 한비자 같은 법가 사상가가 통치자의 전략을 논의하면서 도가 철학의 요소를 통합하려 했다는 점을 상기해보라.『사기』에서 사마담은 기존 학설을 6개의 학파(六家)로 분류했다. 이 가운데 다섯 학파, 즉 음양가, 유가, 묵가, 법가, 명가는 각각 어떤 면에서 결함이 있다. 여섯 번째인 도가는 절정에 달한 종합적인 사상이었다. 사마담은 이 견해가 "음양가의 전체적인 조화에 근거하고 유가와 묵가에서 좋은 것을 선택하고 명가와 법가에서 핵심적인 것을 뽑아냈다"(因陰陽之大順, 采儒墨之善, 撮名法之要)고 주장한다(『사기』열전「태사공자서」太史公自序).

로잡혔다. 마법의 술수를 부리는 방사方士도 불로장생의 영약을 장려했다(de Bary and Bloom, *Sources*, 1999, 293; Puett, 2002 참조).

문헌의 문제:
한나라 초기 문헌들은 진나라의 실책을 개괄하고 숙고해 문제의 본질을 진단하고 장래에 이것을 피할 수 있는 방법을 제안했다. 그 당시 중요한 문헌으로 육가陸賈(기원전 ?-기원전 170)의 『신서』新序와 가의賈誼(기원전 201-기원전 168)의 『신서』新書가 있다. 가의의 『신서』에서 「과진론」過秦論은 과거의 실수를 통해 배울 수 있다는 데에서 출발한다(Kwok, 1999a; 1999b). 육가와 가의 모두 한나라의 조정 관리였다. 그들의 고찰을 보면, 통치자의 수양과 의례의 실천이 중요하다는 점을 강조하기 위해 고전적인 유가 사상을 끌어들여 인간과 자연 질서의 개념을 통합하려고 했다. 이 사상가들은 그들의 문헌 제목에 반영된 대로 '옛' 사상을 새로운 맥락에 맞게 조정할 필요성을 인식했다. 제국 목록학자 유향劉向(기원전 79-기원전 8)이 편집한 『설원』說苑은 유가의 관점에서 통치자를 그들의 대의명분으로 설득說해야 하는 신하의 복잡한 입장을 드러내는 역사적 서술 모음집이다. 유향의 『전국책』戰國策은 유가 원리가 없을 때의 역사에서 소란스러웠던 일화들을 연대순으로 기록한 문헌으로 볼 수 있다. 이 시기 중요한 문헌인 『열녀전』列女傳은 당시 유가의 세계관에서 모범적인 여성의 삶을 담아낸다(Kinney, *Exemplary Women*, 2014). 이 문헌은 유향이 편집했다고 알려졌다.

교훈적인 역사서와 개요서가 한나라 때 생산된 유일한 문헌 종류는 아니었다. 많은 사상가들이 다양한 전통에서 사상을 이끌어내고 통합했는데, 사상을 평가하고 선택하고 거부하는 기준에 대한 기본적인 이해를 공유하는 것이 그들에게 중요했다. 『논형』論衡에서 왕충王充(27-97)은 그런 방법에 대한 독특한 논의를 내놓는다. 『논형』은 물리적이고 물질적인 세계에 대한 논의로 가장 잘 알려져 있다. 그리고 이 문헌에 대한 관심은 주로 중국 과학에 기여한 바에 초점을 맞추고 있다(McLeod, 2007, 593, n. 1). 알렉서스 매클라우드 Alexus McLeod는 이 문헌에서 비판적 탐구의 핵심 변수는 묻고問 비판하는難 것에 있다고 주장한다. 사상이나 학설을 명확하게 하기 위해 질문했는데 만약 그것이 불확실하거나 불완전하다면 비판해야 한다(ibid., 588).◆ 「문공」問孔(공자에게 묻다)에서는 『논어』의 어떤 구절을 면밀히 검토해 공자와 관련된 사상을 비판하는 듯한 인상을 준다. 이 문헌은 교리적 저작으로 읽을 수도 있지만, 그 중요성은 비판적 방법론에 관한 글로 이해할 때 더욱 명백해진다. 이 문헌은 공직을 수행하는 사람뿐 아니라 일반 백성도 묻고 비판하는 일을 제대로 행하지 못할 경우 어떻게 미신적이고 아무 의심 없는 믿음에 빠지는지 강조한다.

한나라 후반기로 가면서 『춘추번로』春秋繁露 같은 유가 문헌이 더 많이 나왔다. 이 문헌에서 동중서董仲舒(기원전 195-기원전 115)와 그의 제자들은 하늘의 도덕적 질서와 성인의 변화시키는 힘이 있는 중추적 통치 사이의 일치를 이끌어냈다.◆◆

사상가들이 서로 다른 견해로 논쟁을 지속하는 동안 후한後漢

◆ 매클라우드는 문(問)과 난(難)의 연관성을 자세히 설명하고 문헌에서 그 관계가 어떻게 항상 명확하지 않은지를 논증한다(ibid., 586-591).
◆◆ 『춘추번로』는 하늘과 인간의 상응성을 수비학적 해부학적 심리학적 세부 정보를 사용해 개괄한다. 그리고 하늘과 땅과 인간의 유가적 삼재의 전망을 제시하면서 음양, 기(생명력, 에너지), 도가적 수동성과 관련해 그 삼재를 설명한다. 하늘과 땅과 인간의 삼재는 『효경』(孝經)과 『대학』 같은 전국시대 다수의 유가 문헌에서 기본적인 사상이다. 그것은 왕양명(王陽明, 1472-1529)의 신유학 학설의 중심 주제가 되었다.

왕조는 국가 이데올로기로서 유교를 시행하려고 했다(Nylan, 1999; Loewe, 2011). 기원전 136년에 지식인을 위한 관직인 '오경박사'五經博士가 만들어졌고, 기원전 124년에 이 오경五經을 통해 미래의 관료를 양성하는 태학太學이 설립되었다(de Bary and Bloom, *Sources*, 1999, 294).✦✦✦ 이 기간 동안 통합된 사상적 자원이 끼친 영향은 과소평가될 수 없다.

> 사상의 성장을 도모할 공식 체계 설립에 한나라는 엄청난 기여를 했다. 황실 도서관과 학관學官 같은 공식 학문 기관의 확산, 최초의 포괄적 역사서 편찬 시도, 문학 정전 편집과 지정, 경학經學에서 해석과 설명을 붙이는 전통의 시작, 1905년에 폐지될 때까지 관료들을 배출했던 과거 시험 제도 수립, 제국의 삶을 아우르는 과거 시험 과목의 내용을 형성했던 국가 이데올로기로서 유교의 지배력 등등이다(Lau and Ames, *Yuan Dao*, 1998, 9).

✦✦✦ 한나라 유학자들은 "고대 문헌의 스승이자 지도자가 되었는데 원래 배타적인 유학자가 아니라 중국의 문학적 유산을 가장 잘 포용한 학자들이었다. (……) 그렇지만 일단 존속이 보장된 시험 제도와 제국 대학을 포함한 국가 교육으로 확립되면 그것은 제국적인 체계 자체로 거의 고정된다"(ibid., 317-318).

2
상관적 사고

상관적 사고는 한나라 동안 철학의 독특한 특성이었다. 이 기간에 나온 상당 부분의 문헌이 상관적 본보기에 근거한 세계관을 표현했다. 즉 인간계의 현상을 우주적 과정과 현상의 일치와 연관 관계에 기반해 이해했다. 행성의 운동, 천지의 사건, 기상 조건, 정치 문제, 농산물 수확, 인간의 행복, 개인의 건강 사이에 연관 관계를 상정했던 것이다. 이 광대한 그림은 통치자를 통합된 인간-우주 맥락 안에 위치시킬 뿐 아니라 우주 영역에서 하늘의 신성한 통치와 사회정치적 영역에서 통치자의 탁월한 통치력을 연결시켰다. 한나라의 많은 저자가 역사를 세계가 펼쳐지는 과정의 한 부분으로 해석했다. 버턴 왓슨은 이렇게 설명한다. "음양과 오행 이론에 영향 받은 한나라의 학자들은 고정된 질서 속에서 각 시대가 주기적으로 순환하는 연속된 과정으로 역사를 상상했다. 이 연속뿐만 아니라 모든 역사는 인간사의 과정에서 끊임없이 실현되는 출생, 성장, 노후, 재생이라는 보편적 과정의 명시다."(1999, 368).

상관성이란 단순한 비교가 아니다. 그것은 흔히 서로 다른 삶의 영역에 걸쳐 있는 유사한 사건 혹은 사건의 연쇄에 초점을 맞춘다. 존 헨더슨John Henderson은 다음과 같이 추론 과정을 설명한다.◆

◆상관적 사고의 기원은 논쟁의 여지가 있다. 아마도 식물과 동물, 월별 기후 조건을 묘사한 농사력에서 더 이르고 더 단순한 상관성을 발견할 수 있을 것이다(Henderson, 1984, 21).

상관적 사고는 인체人體, 정체政體, 천체天體와 같은 현실의 다양한 질서 혹은 우주의 영역 사이의 체계적 유사성을 이끌어낸다. 이러한 관련된 질서가 상응하고 수數에서, 구조에서, 종류에서 혹은 어떤 다른 근본적 측면에서 서로 부합한다고 가정한다(Henderson, 2003, 187).

한나라의 몇몇 사상가는 공명共鳴을 특정 형태의 상관성, 즉 인과관계에 있는 것으로 상정했다. 그것에 의해 한쪽 또는 양쪽 모두가 다른 쪽에 상관적인 반응을 한다. 감응感應이라는 용어가 공명의 개념을 담고 있는데 다음과 같이 묘사할 수 있다. "같은 범주지만 우주의 다른 영역에 있는 사물들은 서로 공감하는 덕분에 서로 영향을 주고 적절하게 조율된 파이프처럼 공명한다고 생각했다."(Henderson, 1984, 20) ✸✸ 공명의 개념은 예를 들어 자연 재해를 사회정치적 영역에서의 위기를 드러내는 조짐으로 해석하고, 반대로 자연 질서의 혼란(예를 들어 별과 행성, 바람과 비, 새와 곤충과 연관된)을 잘못된 통치의 결과로 해석하는 데 활용된다(ibid., 1984, 190). 만약 상관성을 무시하면 결과가 여러 영역에 걸쳐 반향을 일으킬 수 있다. 예를 들어 『서경』에서는 이렇게 말한다. "1년, 1개월, 하루 동안 순조롭지 못하면 다양한 곡식이 무르익지 못한다. 통치가 우매하고 현명하지 못하게 이루어진다. 현명한 사람이 어리석어진다. 백성의 가족들이 편안하지 못하게 된다."日月歲, 時旣易, 百穀用不成, 乂用昏不明, 俊民用微, 家用不寧(「홍범」)

✸✸ 헨더슨은 이 공명 개념이 음악과 악기 체험과 관련이 있다고 제안한다. 예를 들어 현악기의 진동하는 현은 근처에 있는 다른 현악기의 공명하는 현으로부터 반응을 일으킬 것이다. 덧붙여 오성(五聲), 팔음(八音), 십이율(十二律) 같은 음악의 '수'(數)가 있는데 이는 건강과 날씨 변화에도 적용된다(Henderson, 2003, 189-190).

상관적 사고의 틀 안에서 작동하는 세 사상이 음양, 오행 그리고 기다. 음양과 오행은 독립적으로 언급되었으며, 때때로 함께 언급되었다. 두 개념은 상관관계의 기저를 이루는 역동성을 담아냈다. 기는 공명의 개념과 관련해 다양한 의미로 사용되었다. 상관적 사고가 자연, 종교, 인간계에 관한 논의에서 어떻게 표현되었는지 다루기 전에 이 세 사상을 탐구해보자.

음양, 오행, 기

음양이 역동성을 내포했던 것은 오직 한나라 때뿐이었다. 『시경』 같은 초기 고대 문헌에서 상호 보완성을 표현하긴 했지만 역동성을 나타내지는 않았다. 예를 들어 음은 비와 짝이 되고 양은 이슬을 말리는 볕과 짝이 된다.✦ 다른 시에서 음과 양은 언덕의 상호 보완적인 그늘과 양지를 지칭한다.✦✦ 『도덕경』의 음양을 언급한 부분(『도덕경』 42)에서조차 역동적인 우주적 틀을 분명하게 말하지 않는다(Schwartz, 1985, 355). 한나라 때 음양은 변화를 설명하는 교차 원리로 생각되었다.

한나라 때에 또한 설명 체계에서 오행(다섯 요소, 다섯 단계) 같은 수비학적 범주의 사용이 발전했다. 그 이전에 수는 분류나 단순한 상응성을 제시하는 데 사용되었다.✦✦✦ 예를 들어 사계절, 다섯 가지 맛, 다섯 가지 색, 다섯 가지 소리, 여섯 가지 질병, 여섯 가지 기氣를 언급하는 데에 말이다. 다섯 가지 요소에 대한 관념은 『좌전』에 두 번 언급되는 다섯 가지 재료五材에 대한 사상에서 발전

✦ 『시경』 국풍(國風) 패풍(邶風) 「곡풍」谷風, 소아(小雅) 백화(白華) 「담로」(湛露).
✦✦ 『시경』 대아(大雅) 생민(生民) 「공유」(公劉).
✦✦✦ 『좌전』에서 한나라 이전 문헌인 「소공」 원년을 참조.

했을 수 있다. **** 한나라 동안 오행, 즉 목·화·토·금·수木火土金水
는 요소 자체보다는 특정 요소의 명시된 질을 가리켰다(Henderson,
2003, 191). 오행은 또한 때때로, 예를 들어 『회남자』에서는 각 요소
별 단계가 순환 방식으로 주어진 시간 내에서 다음 단계로 나아가
는 다섯 단계로 이해되었다. 이런 의미에서 오행은 '다섯 가지 요소'
가 아니라 '다섯 단계'라고 가장 적절하게 번역될 수 있다(Graham,
1986, 77). 사상가 추연鄒衍(기원전 305-기원전 240)은 우주적 조화의 틀
안에서 음양과 오행 이론을 창시했다고 널리 알려졌다. *****

기는 고대 중국철학에서 수많은 의미를 가졌다. 에너지, 정신,
활력, 원기, 열기, 사람의 기질과 본질 등. 초기 용법에서 기는 '우
리가 대기에서 볼 수 있는 김, 안개 그리고 구름의 움직이는 형태'
를 가리켰다(Sivin, Henderson, 2003, 190에서 인용). 『좌전』에서 기는 기
후의 양상을 표현한다. 그늘陰, 햇빛陽, 바람風, 비雨, 어둠晦, 밝음明
은 하늘의 여섯 기六氣다. ****** 한나라 동안 상관적 우주론의 틀 안
에서 기는 다음의 예들을 포함했다.

**** 『좌전』「양공」(襄公) 27년, 「소공」 11년. 이 다섯 가지 재료는 "인간의 노동에 땅이
제공하는 자원"이다(Graham, 1986, 77).

***** Fung, 1952, 159-163. 『사기』에서 사마담은 그를 음양가의 창시자로 언급하며 다
섯 가지 덕 혹은 힘(五德)에 대한 저작을 썼다고 한다. "그의 저작 가운데 '다섯 힘의 끝과
시작'이라는 『오덕종시』(五德終始)가 있다."(Sivin, 1995b, 11에서 인용) 불행하게도 추
연의 이 저작은 남아 있지 않다. 역량 있는 사상가로서 추연의 지위에 대한 논란이 제기되
고 있는데, 그레이엄은 추연의 명성은 그의 견해를 받아들이도록 권력자를 설득한 능력에
있다고 주장한다(1986, 11-13). 그레이엄의 이런 견해는 추연에 대한 일반적 평가와는
대조를 이룬다. 시빈은 추연의 사상이 중국 사상사에 중요한 영향을 미쳤다고 주장한다
(1995b, 8).

****** 『좌전』「은공」(隱公). 그레이엄은 우주론적 논의 이외에 인체의 호흡과 기운과 관
련한 인간의 건강을 논할 때 기가 특색을 이루며 종종 혈액(순환기 계통)과 짝을 이룬다
는 점을 지적한다(1986, 71-72).

- 기는 공명 효과를 일으키는 매개체를 의미했다.

- 기는 다양한 상태로 변형시키는 능력을 가진다. 예를 들어 단단하게 응고시키거나 아니면 분산시켜 안개나 증기로 만든다.

- 두 개체는 공명할 수 있다. 왜냐하면 동일한 기를 공유하기 때문이다. ◆

- 기는 건강에 중요했다. 예를 들어 『관자』「내업」에서는 기, 신神(생명-영혼), 정수精와 관련해 도가의 명상술을 설명한다 (Roth, 1999). ◆◆

자연적 종교적 인간적 세계

국가 행정과 통치 권력의 정당성은 자연계와 인간계 사이의 상호 연관성과 관련해 자주 논의되었다. 이러한 상관관계는 종종 종교적 함축을 포함하는데, 신성한 권리를 주장함으로써 황제 권력과 지위를 강화한다. ◆◆◆ 다음으로 우리는 하늘, 자연계, 통치자 사이의

◆ 존 메이저는 말한다. "거리가 떨어진 두 개의 공명하는 개체 사이에서 일어나는 운동은 그것을 연결하는 매개체인 기에서 방출된 진동 때문만이 아니라 둘이 동일한 형태의 기로 구성되어 있기 때문에 가능한 것인지도 모른다."(Henderson, 2003, 190에서 인용)
◆◆ 『관자』는 정치가 관중의 이름을 따서 명명된 문헌인데, 사실상 두 세기에 걸쳐 수집되고 편집되어 기원전 1세기에야 최종 형태에 이르렀다. 이 문헌은 다양한 지점에서 법가 문헌으로, 그다음엔 도가 문헌으로 분류되었다(de Bary and Bloom, 1999, 256-257).
◆◆◆ 마이클 푸엣은 많은 한대 문헌에서 황제의 카리스마, 역량, 지위는 황제와 영적인 세계의 적절한 상관관계를 주장하는 '자기 신성화'의 핵심이라고 제시한다(2002, 28). 한대의 황제는 인간, 자연, 종교 영역 간의 연계를 위해 희생적이고 의례적인 관례를 수행했다. 푸엣에 따르면 상관적 본보기는 개인과 현상적 세계를 연결하기 때문에 영적 세계를 풍성하게 만든다(ibid., 28-29). 푸엣의 논지는 상관적인 우주론적 틀이 이 시기 이후에 생겨났다고 보는 그라네(Granet, 1934)를 포함한 영향력 있는 중국학의 해석에 도전한다.

상관관계를 설명하는 많은 문헌을 검토할 것이다.

한나라 이전에 『여씨춘추』는 다양한 영역 사이의 상응성을 제시했다. ◆◆◆◆ 통치자가 최고 권위자지만 행정 관리는 신하의 임무다. 도덕적 수양을 통해 통치자는 자신과 신하 사이의 상호 의존적 관계를 효과적으로 관리해 '하늘 아래 모든 곳'天下을 책임진다. 『여씨춘추』는 이상적 왕권의 개념에서 "하늘은 둥글고 땅은 네모지다"天圓地方라는 주제를 적용한다. 이것은 『역경』에서도 논의된, 기원전 3세기 동안의 친숙한 주제다. ◆◆◆◆◆ 『여씨춘추』에서는 자연 사건을 관찰하고 그것을 은유적으로 적용해 훌륭한 통치에 관해 논의했다. 하나는 둥글고 다른 하나는 네모난 하늘과 땅의 상호 의존성은 하늘의 양陽과 땅의 음陰으로 표현되었다. 양과 음은 다시 창조적인 것과 수용적인 것, 포괄적인 것과 구획된 것, 통치자와 신하처럼 상호 보완적이면서 대립적인 관계와 연관되었다. 『여씨춘추』「원도」圓道에서는 하늘의 모범적인 도道를 관료 체제와 상호 의존 관계에 있는 성왕의 이상적 통치와 연결한다.

> 하늘의 도는 둥글고 땅의 도는 네모나다. 성왕은 위와 아래 사이의 구별에 기반한 이 명제를 그의 모범으로 삼았다. 어떻게 하늘의 둥긂을 설명할까? 본질적인 기는 위와 아래로 번갈아 움직이고 주기를 완료하면 다시 시작하며 그 무엇에 의해서도 지연되지 않는다. 이것이 하늘의 도가 둥글다고 하는 까닭이

◆◆◆◆ 그레이엄은 『여씨춘추』가 '상응성의 틀을 세운 가장 초기의 철학적 문헌'이라고 주장한다(1986, 13).

◆◆◆◆◆ 네이선 시빈에 따르면 이 주제는 아마도 천문학의 측정법에서 파생되었다는 자연주의적 기원이 있다. 더 구체적으로는 "그것은 아마도 북극에서 방사되는 각도의 하늘에서의 위치와 북쪽과 남쪽, 동쪽과 서쪽의 직선거리에 있는 지구상의 측정 위치 사이의 천문학자의 차이에서 비롯된 것 같다"(de Bary and Bloom, 1999, 238; Major, 1993, 32-35).

다. 땅의 네모남은 어떻게 설명할까? 만물은 범주와 형태에서 구별된다. 각각은 관료들이 그러한 것처럼 구분된 책임이 있으며 다른 것은 수행할 수 없다. 이것이 땅의 도가 네모나다고 하는 까닭이다. 통치자가 원을 움켜쥐고 그의 신하가 네모를 잡을 때 원과 네모는 서로 바꿀 수 없으므로 그의 나라는 번성한다.

天道圜, 地道方, 聖王法之, 所以立上下. 何以說天道之圜也? 精氣一上一下, 圜周復雜, 無所稽留, 故曰天道圜. 何以說地道之方也? 萬物殊類殊形, 皆有分職, 不能相爲. 故曰地道方. 主執圜, 臣處方, 方圜不易, 其國乃昌.

백과사전 같은 문헌으로서 『여씨춘추』는 또한 기를 인간의 건강에 적용한다. "인간에게는 9개의 구멍이 있다. 만약 기가 한 군데에 머무르면 8개가 고갈될 것이다. 아주 오랫동안 8개가 고갈되면 몸은 죽을 것이다. (……) 막힘으로 인해 패할 것이다. 이것이 원도다."人之竅九, 一有所居則八虛, 八虛甚久則身斃. (……) 留運爲敗, 圜道也(「원도」)

『회남자』도 한대 이전 문헌으로 침묵靜과 무위라는 도가의 주제와 인간 본성性에 대한 유가의 주제를 함께 다루면서 성인의 통치를 주요하게 논한다. 수양을 쌓은 성인은 침묵하다가도 필요할 때면 반응한다(「원도훈」原道訓). 「천문훈」天文訓에서는 예를 들면 행성 운동, 지일至日, 계절과 춘분·추분, 달의 자리와 징조 등을 포함한 산술과 책력에 관련된 세부 사항을 언급하는데(Major, 1993, 55-139) 인간과 하늘의 상보성을 강조하기 위해서다. 이러한 상응성은 종종 단순하게 나타난다. 예를 들어 「천문훈」에서는 이렇게 말한다. "하늘은 열두 달을 가지고 360일을 규제하고 사람은 열두 관절을 가지고 360개의 뼈를 규제한다."天有十二月以制三百六十日, 人亦有十二肢以使

『춘추번로』는 국가의 '건강'과 인간 신체의 건강이라는 이중적 접근법에 초점을 맞춘다. 아마도 훌륭한 건강에 근거한 원리가 국가를 운영하는 원리와 유사하다는 점을 암시적으로 제시하는 듯하다.

> 가장 순수한 생명력氣은 생명의 정수다. 가장 순수한 사람은 현자다. 몸을 관리하는 사람은 생명의 정수를 축적하는 일을 보물로 여긴다. 국가를 관리하는 사람은 현자를 축적하는 일을 도道로 여긴다. 몸은 마음을 토대로 삼고 국가는 군주를 주인으로 삼는다. (……) 몸이 고통에서 자유로울 때만이 평온을 얻을 수 있고 다수의 관료가 각각 적절한 자리를 얻을 때만이 국가가 안정을 얻을 수 있다.
> 氣之淸者爲精, 人之淸者爲賢, 治身者以積精爲寶, 治國者以積賢爲道. 身以心爲本, 國以君爲主. (……) 形體無所苦, 然後身可得而安也, 百官各得其所, 然後國可得而守也.

정치 생활과 건강이라는 두 가지 주제는 『황제내경』黃帝內經을 구성하는 세 문헌에서 광범위하게 논의되었다. '근본적인 질문'으로 번역되는 「소문」素問, '신성한 중추'로 번역되는 「영추」靈樞, '큰 근본'으로 번역되는 「태소」太素다(Sivin, 1999b, 273-278). 이 문헌들은 철학, 의학, 정치학 분야에 속하는 것으로 지금 우리가 생각해볼 것을 가로지르는 주제들을 논하고 있다. 즉 우주 질서와 개인 행복 사이의 상응성을 서술한다. 이 문헌의 몇몇 부분은 황제와 신하의 문답 형식을 취한다. 신하는 그의 제자를 가르치는 스승의 역할과 군주에게 조언하는 대신大臣의 역할을 모두 맡고 있다. 황제와 신하의 대화라는 이 형식은 "통치하는 것이 아니라 우주 질서와 개인의 연결을 구현하는 것에 관심을 가진 현자로서의 황제 이미지에 기반한 엘리트의 정치적 이상을 반영한다"(Sivin, 1999b, 274).

문헌의 문제:

상관적 사고는 한대 유가 문헌의 주된 특징이다. 특히 통치자의 도덕적 수양에 대한 논의에서 더욱더 그러하다. 여기서 몇몇 핵심 사상이 유가 문헌에서 어떻게 표현되었는지 논증하는 일련의 논의를 정리할 것이다. 동중서와 관련된 『춘추번로』에서는 황제의 감정과 사계절과 기후 사이의 상관성을 논한다. "군주의 사랑과 미움과 행복과 분노는 하늘의 봄·여름·가을·겨울과 같다. 그래서 따스함·시원함·추위·더위가 있어 발전하고 변화하며 과업을 완수한다."主好惡喜怒乃天下之春夏秋冬也. 其俱暖淸寒暑而以變化成功也(「왕도통」王道通)

반고班固는 한나라 장제章帝(75-88)의 조정에서 벌어진 논의들을 모아 기록한 『백호통』白虎通을 편찬했다. 이 논의에서 천지天地, 궁정 의례, 인간 본성, 인간관계, 오행 사이의 상응성을 정교하게 설명했다. 이 문헌은 유교가 어떻게 한 왕조의 후원을 받아 '집대성'되었는지 보여주는 중요한 예다(de Bary and Bloom, Sources, 1999, 344). 『백호통』「삼강육기」三剛六紀에서 관계에 대한 근본 원리는 세 부류에 특히 초점을 맞추어 제시된다. 군주와 신하, 부모와 자식, 남편과 아내가 그것이다. '주축'은 각 부류에서 근본이 되는 상대인 군주, 부모, 남편이다. 비유하자면 군주와 신하의 적절한 관계는 태양과 달의 관계와 같다. "군주와 신하는 스스로 하늘을 모범으로 삼는다. 해와 달이 왕래하는 것과 같이 하늘의 운동을 따른다."(ibid., 346)

서간徐幹(170-217)의 『중론』中論에서는 유교적 군주의 수양과 행위에 대해 독특한 논의를 펼친다. 서간은 실재實와 명칭名이라는 용어를 긴밀하게 조율해 공자의 정명正名과 관련해서 수양을 위한 길을 제시했다. 명칭이 실재와 일치하지 않을 때 위협적인 결과가 나타났다. 즉 존재의 본성이 손상될 수 있었다(Makeham, 2003). 유가의 관점에서 이런 손상은 쉽게 격리될 수 없었다. 명칭과 실재의 근본적 불일치는 사회정치적 붕괴로 이어질 수 있었다. 적절한 의례의 실천과 자기 수양 과정을 통해 군주는 자신의 본성을 개발하고, 그런 방식으로 백성을 올바르게 지배한다.

다른 명백한 유교 문헌에는 『효경』과 『예기』가 있는데, 후한 시대(25-220)에 개정되고 완성되었다. 『효경』은 황제부터 일반 백성에 이르기까지 삶의 모든 계층에서, 그리고 백성에 대한 황제의 책임에 있어서도 효孝의 우월성을 강조했다.◆ 또한 산 자와 죽은 자 사이의 연속성을 묘사하고 하늘과 땅과 인간의 창조적 힘을 연결시켜 윤리적이고 영적인 관심을 불러일으켰다(de Bary and Bloom, *Sources*, 1999, 325-329). 『예기』는 정신생활과 조정 생활과 일상생활에서 예禮의 도덕적 중요성을 분명히 한다. 이 책은 성인과 백성의 내면에서 일어나는 도덕적 변화가 가져오는 통합된 세계 질서에 대한 포괄적 전망을 제시한다. 『예기』 「월령」月令을 보면 계절의 순환에 따른 황제의 활동을 설명하는데, 특히 의례와 금지에 주의를 기울인다. 그리고 열두 달 각각에 해당하는 영혼, 동물, 음표, 숫자, 맛, 냄새, 제물, 인간의 장기를 나열한다. 또한 매달 군주에게 해당하는 적절한 방, 의복, 장신구, 참석해야 할 의식, 금지와 경고도 나열하는데, 예를 들어 어

◆『효경』은 전근대 동아시아, 특히 일본의 도쿠가와 시대(1603-1868)에 매우 유행했다 (de Bary and Bloom, *Sources*, 1999, 325-326).

느 특정한 달에는 전쟁을 해서는 안 된다는 식이다(Legge, *Chinese Classics*, 1991, vol. 3, 92-131).

『예기』에서 분리되어 나온 『대학』과 『중용』은 송나라 때 신유학자 주희에 의해 유교의 사서四書로 분류되면서 더 많은 주목을 받았다. 이 두 짧은 문헌은 널리 영향을 미치고 사람을 변화시키고 하늘의 도를 실현하는 군주의 자비로운 통치仁政에 대한 유가의 전망을 분명하게 구현했다. 덧붙여 『공자가어』孔子家語는 왕숙王肅(195-256)이 편집했는데, 아마도 『논어』에 포함되지 않았던 이야기를 모았을 것이다. 마지막으로 『논어』의 주석서인 하안의 『논어집해』를 언급해야 한다. 이 책은 오늘날까지 계속해서 『논어』를 전통과 관련해 이해할 수 있도록 한다(McLeod, 2015, 363).

상관성을 이해하지 못하거나 상관적 관계를 적절하게 인지해 반응하지 못하는 것에 대한 한대 문헌의 교훈적 논조에도 불구하고 상관성에 대한 해석에는 문제가 있다. 예를 들면 이렇다.

한나라 제국은 오행 가운데 어디에 속할까? 한나라는 이 문제를 네 번 이상 바꿨다. 한나라는 두 차례에 걸쳐 다른 색의 조복朝服을 포함한 다른 색의 의례 용품과 다른 달에 시작하는 달력을 채택했는데, 이 두 가지 모두 새로운 오행에 상응해야 했다(Henderson, 2003, 192).

이것은 오행을 어떻게 해석하느냐에 따라 달라질 수밖에 없는 체계와 관련된 어려움을 말한 것이다. 그래서 그것은 남용될 여지가 있다. 그러나 반대로 상관성의 특별한 면을 분명하게 밝히지 않으면 전체 체계가 따분한 규범서가 되어 상상력을 거의 잃게 된다. 그레이엄은 우주론적 틀 안에서 음양의 예를 사용할 때 이러한 어려움을 강조한다. 음양의 상관관계가 분명하게 명시되면(예를 들면 음은 여성, 차가움, 물, 네모, 하강, 양은 남성, 뜨거움, 불, 원, 상승) 음양은 사건을 해석하는 자발적이고 상호 공명하는 개념적 틀로서의 중요성을 잃어버린다.

> 음양의 측면을 구체적으로 명시하면 상관적 사고는 명백하게 된다. 그것은 더 이상 형태의 자발적 형성이 아니다. 이러한 체계 구축에서 가장 흥미로운 점은 (……) 이것이 잠재된 모든 것을 수면 위로 가져오는 시도를 하게 만드는 유일한 사고방식이라는 것이다. 결과는 일관성이 있지만 당연히 매우 단순한 틀이다. (……) 그러나 일단 형식에 갇히면 상관적 사고는 훌륭하게 분별하고 동화시키는 능력을 잃게 된다(1986, 34).

상관성 문제는 한나라의 우주론자에겐 복잡한 문제였다. 왜냐하면 기계적으로 상관성을 도식화하는 일과 해석의 여지를 남겨두는 일 사이에서 균형을 맞춰야 했기 때문이다. 상관관계를 명백히 밝히는 것은 점술서로서의 『역경』에서 특히 중요한 문제였다. 왜냐하면 각 괘의 독해가 잠재적으로 무한하게 적용될 수 있었기 때문이다. 다음 절에서는 『역경』의 관점에 주목해보자.

3
『역경』의 정신

　　『역경』의 '전'傳은 '경'經과 그것을 점술서로 사용하는 데에서 제기되는 여러 주제를 반영하고 있다. 이러한 주제는 점술의 근거, 상징의 구성, 상징의 해석, 점술의 우주론적 토대, 사회적 변화 속에서 개인과 집단 행위의 위치 등을 포함한다. '경'도 '전'도 체계적인 철학적 논문이 아니다. 그러나 '전'에 반영된 사고는 세계에 대한 형이상학적 인식론적 윤리적 가정에 근거한다. 이 절의 분석은 '전'에서 철학적으로 더 중요한 부분인 「계사전」과 「설괘전」에 초점을 맞출 것이다. 우리는 『역경』에서 제기되는 여섯 가지 주제를 다룬다.

관찰의 우월성

　　중국 사상은 반성의 근거로서 구체적인 현상 세계의 관찰을 강조한다. 세계를 신중하게 관찰하는 태도는 이미 보았듯이 선진 시대의 논쟁에서 두드러졌다. 이 사상가들은 세계를 질서지우는 가장 좋은 방법에 흥미가 있었다. 그런 문제에 대한 해결책은 자연적 정치적 사회적 환경은 물론이고 존재와 사물과 힘 사이의 관계를 이해하기 위해 세계의 구체적인 양상에 예민한 주의를 기울일 것을 요구했다. 우리는 『역경』에서 관찰의 중요성에 대한 명백한 인식을 발견한다. 『역경』의 세계관에서 그것은 근본적 역할을 한다.

고대에 복희씨는 군주로서 세계를 통치할 때 우러러 하늘의 형상을 관찰하고 아래로 땅이 제공하는 모범을 관찰했다. 그는 새와 짐승의 형상과 그 땅에 적합한 사물을 관찰했다. 가깝게는 자신에게서 취하고 멀게는 다른 것에서 취해, 신비한 것에◆ 내재한 덕에 완전히 정통하게 되기 위해, 그리고 만물을 진실하고 내재적인 본성에 따라 분류하기 위해 그는 이어 8괘를 만들었다.

古者包犧氏之王天下也, 仰則觀象於天, 俯則觀法於地, 觀鳥獸之文, 與地之宜. 近取諸身, 遠取諸物, 於是始作八卦, 以通神明之德, 以類萬物之情. (「계사전 하」2)

복희씨의 관찰은 포괄적이다. 우주와 인간의 영역, 그리고 그 상응성을 아우른다. 청중잉은 『역경』에서 관찰의 우월성을 강조하며 "『역경』이 관찰에 기원을 두고 있다"고 주장한다(2003, 517-524). 이 구절은 『역경』에 나타나는 철학적 신념의 또 다른 중요한 특성을 드러낸다. 그것은 세상의 다양성에 주의를 기울이는 것이 변화의 원천과 계기에 대한 인간의 깨달음을 고취시켜준다는 것이다. 이러한 믿음은 만물이 자신에게 영향을 끼칠 수 있고 어떻게 다시 자신이 만물에 영향을 끼칠 수 있는지에 대한 넓은 우주적 전망에 근거한다. 이러한 자아 개념을 감안할 때 상호 연결된 수많은 차원과 그 안에 존재와 사물의 풍부한 다양성을 지닌 환경 속에서 자신의 위치를 이해하는 것은 매우 중요하다.

◆ '신비한 것'(the numinous)은 신(神)이란 글자를 린(Lynn)이 번역한 표현이다. 신은 초월적인 의미를 가진다. 『역경』은 신비한 영역을 이해하는 인간의 능력을 강조한다. 어떤 점에서 성인은 『역경』의 지혜를 천지의 신비한 영역에 적용할 수 있는 신비한 힘을 가진 사람이라 할 수 있다(Lynn, *Classic of Changes*, 1994, 70, n. 11).

모든 것을 아우르는 전체론적 관점

전체론적holistic 관점을 취하는 중국철학의 경향은 '전체'whole
와는 다른 개념으로 설명된다. 고대 유가는 인간 사회에 초점을 맞
췄고, 묵가는 모든 사람의 이익을 위한 공리주의적 관심에, 도가는
도道에 대한 전반적인 관점에 초점을 맞췄다. 『역경』도 비슷하게 전
체론적 초점을 취하는데, 사건과 과정이 위치 지워지는 포괄적인
전체와 관련해 도를 묘사한다.

> 『역』은 사물이 시작되는 방식과 일이 완성에 도달하는 방식을
> 다루며 전체 세계를 감싸는 도를 대변한다. 이렇게 그대로 두
> 면 그것에 대해 더 이상 말할 것이 없다. 그러므로 성인이 그것
> 을 사용해 모든 사람의 뜻을 관통하고 세상의 위대한 일을 결
> 정하고 세상의 모든 의심스러운 문제를 해결했다.
> 夫易, 開物成務, 冒天下之道. 如斯而已者也. 是故聖人以通天下
> 之志, 以定天下之業, 以斷天下之疑. (「계사전 상」 11)

이 구절에서 도의 관념은 공명하는 영향을 전달하는 매개체로
서 때때로 기氣라는 용어를 사용해 표현된다.◆ 여기에서 도에 대한
사상은 한쪽 혹은 두 측면 모두에서 작동할 수 있다. 그것을 우리는
문자 그대로 실존의 존재론적 설명으로, 아니면 은유적으로 협력
의 정신을 고무하도록 고안된 이미지로 이해할 수 있는 것이다. 어
떤 경우든 '전체론'이란 말이 필연적으로 모든 것의 통일이나 조화
를 함축하지 않는다는 점을 명확히 해둘 필요가 있다. 오히려 앞의

◆「계사전」의 주석에서 왕필은 곤(坤, 땅의 힘)을 해석하면서 "정지할 때 기(물질적 힘)
를 응축하고 움직일 때 열어서 사물을 존재하게 만든다"(止則翕斂其氣, 動則辟開以生物也)
라고 말한다.[1]

구절은 도를 그 안에 모든 개인과 사건이 위치하는 장소locus로 취한다. 그리고 여기에 예외는 없다.❖❖ 『역경』의 다음 구절은 이 견해에 대한 공자의 시각을 드러내며 도를 천지인天地人의 삼재三才 사상에 맞춘다.

> 『역』이라는 책은 광범위하고 위대해서 모든 것에서 다 갖추어
> 져 있다. 하늘의 도가 있고 사람의 도가 있고 땅의 도가 있다.
> 이 세 가지 힘인 삼재를 아울러 둘로 한다. 이것이 여섯 효가
> 있는 이유다. 여섯 효가 구현하는 것이 삼재의 도다
> 易之爲書也, 廣大悉備, 有天道焉, 有人道焉, 有地道焉, 兼三才
> 而兩之. 故六. 六者, 非他也, 三才之道也. (「계사전 하」 10)

하늘과 땅과 인간이 통합되어 그들의 상호 작용이 64괘의 효에 완전히 담긴다. 『역경』에서 더 광범위한 전체론적 맥락은 초월적이거나 배타적인 조건으로 보이지는 않는다. 하늘의 도는 더 크고 우주적인 유리한 위치에 있음에도 인간계로부터 분리되어 있지는 않다. 실제로 『역경』의 지혜는 또한 '평범한 사람'을 위한 자원이다 (「계사전 하」 12). 소우주가 대우주에 의해 통제되는 권력 위계질서를 강조하기보다는 대우주(예를 들어 별과 행성의 움직임)와 소우주 (예를 들어 국가) 사이의 공명을 강조한다. 서로 다른 영역에 걸쳐 일어나는 공명의 함의는 개인과 힘勢이 다른 영역의 다른 사람에 의해 영향을 받을 수 있다는 것이다. 예를 들면 귀신과 인간 사이 혹은 기후 변화와 인간의 건강 사이의 영향 관계다. 그러나 상관성을 명확하게 개괄하지 못하고, 이것이 인과관계와 책임이라는 개념에 영향을 미쳐 그것들을 모호하고 애매하게 만든다. 다음에서 개괄하

❖❖ 한나라 이전 문헌인 『좌전』과 『여씨춘추』 그리고 한나라 문헌인 『춘추번로』 또한 이렇게 광범위하고 포괄적인 시각을 보여준다고 알려졌다.

는 변증법적 접근은 이러한 개념을 훨씬 더 복잡하게 만든다.

이원론에 대한 변증법적이고 상호 보완적인 접근

건乾(하늘의 힘)과 곤坤(땅의 힘)은 『역경』의 개념적 틀에서 근본적인 시작점이다. 통행본 『역경』에서 맨 처음에 나오는 두 괘이기도 하다. 마왕퇴 판본에서는 처음 32괘의 시작이 건괘이고 다음 32괘의 시작이 곤괘다. 이 둘의 관계, 즉 상호 의존성은 『역경』 정신의 핵심이다. 「계사전」의 첫 구절은 건과 곤의 상호 보완성과 그와 관련된 특성을 설명한다.

> 하늘은 높고 고귀하고 땅은 낮고 천하니 그로써 건과 곤이 정해진다. 높음과 낮음이 세워지니 그에 따라 귀함과 천함이 정해진다. 행위와 반응을 위한 규범이 있으니 강함과 약함이 결정된다. (……) 건도乾道는 남성을 형성하고 곤도坤道는 여성을 형성한다. 건은 사물의 위대한 시작을 주재하고 곤은 사물을 완성하는 역할을 한다.
> 天尊地卑, 乾坤定矣. 卑高以陳, 貴賤位矣. 動靜有常, 剛柔斷矣.
> (……) 乾道成男, 坤道成女, 乾知大始, 坤作成物. 「계사전 상」
> 1)

높음과 낮음高低, 고귀함과 비천함尊卑, 귀함과 천함貴賤, 행위와 반응動靜, 강함과 유함剛柔, 남성과 여성男女, 시작과 끝始終이라는 각 양극의 짝들 사이에는 변증법적 상호 보완성이 작용한다. 비록 귀함과 천함의 대조처럼 짝이 되는 것 사이에는 위계질서가 있지만,

그 위계질서는 상호 보완적이다. 각 용어의 의미는 겸손하게 말하자면 단순한 정의의 문제가 아니다. 오히려 짝의 입장에서 볼 때 용어의 의미는 상대적이며, 각 용어는 다른 것과의 관계 속에서 상황에 따라 정의된다. 존 헨더슨은 각 짝 사이의 상호 의존적이고 보완적인 관계가 절대적인 조건보다는 상대적인 조건에서 어떻게 포착되는지 설명한다.

> 양의 높음에도 음의 짝이 존재하며 그 반대도 마찬가지다. 게다가 음과 양은 절대적이 아니라 관계적인 사상이다. 노인은 여자와의 관계에선 양일 수 있지만 젊은 사람과의 관계에선 음이다(2003, 191).

음양에 대한 견해는 때때로 성차gender와 그것의 연관관계에 따라 표현되었다. 여기서 여성적 용어인 음은 낮음, 비천함, 천함, 유함, 결단성 없음과 연결되어 저평가되었다는 우려가 제기될 수 있다(Rosenlee, 2006, 45-68 참조). 그러나 이러한 연관은 또한 맥락에서 볼 필요가 있다. 낮음과 결단성 없음은 반드시 바람직하지 않거나 열등한 것으로 이해될 필요가 없다. 음과 양의 관계는 때때로 고정된 정의보다는 순환하는 단계와 관련해 설명된다. 한대 사상에서 음양은 본질적인 성질에 따라 정의된 것이 아니라 상대적 위치에 의해 정의되었다(Wilhelm, 1977, 195). 「계사전」에서는 우주와 인간계가 생성되고 지속되는 과정에서 음과 양의 위치와 필연성을 주장한다. 음양이라는 이원론적 도식은 계절의 변화, 인간의 생활 주기, 왕조의 흥망성쇠 등 다양한 현상을 설명하기 위해 사용되었다. 상호 호혜적이고 상호 의존적이고 역동적인 음양의 개념적 양극의 틀은 중국에서 이원론의 초기 개념을 잠식할 만큼 중국 사고를 지배했다(Henderson, 2003, 191).

관계가 상호 호혜적이라고 말하는 것은 그 사이에 긴장이 없다는 의미가 아니다. 음양 관계를 본래 조화로운 것으로 개념화하거나 불균형이 없어야만 한다고 생각하는 것은 지나치게 순진한 발상이다. 사실 불균형은 조화를 이루기 위한 필수 요소다. 이는 음양의 양극성을 가장 잘 특징짓는 것은 단일성이 아니라 역동성이라는 의미다. 음양이 역동적으로 차고 기우는 양상은 또한 「계사전 상」 5장에서 포착되는데, 여기서 도는 재생의 준비된 원천으로 묘사된다. "'성대한 덕과 위대한 과업으로서' 도는 정말 완벽하다! 도가 풍요롭게 존재하기 때문에 위대한 과업이라 일컫는다. 도가 매일 그것을 재생하기 때문에 성대한 덕이라 일컫는다."盛德大業, 至矣哉! 富有之謂大業, 日新之謂盛德 양극적 용어 사이의 변증법적 관계는 한대 철학의 징후로 한 개체의 변화가 다른 개체에 공명 효과를 일으키는 개체 사이의 상관성을 강조한다.

상관적 사고와 공명

공명 개념에 대한 근본적 가정은 특정한 상관관계에 적절하게 대응하기 위해 다른 사람이나 주변 환경의 양상과 자신을 조화시켜야 한다는 것이다. 다음에 인용한 「계사전」 구절은 변화에 대응하는 데 있어서의 조화와 공명의 관념을 전하고 있다.

『역』은 도를 드러내고 그것의 덕스러운 활동이 어떻게 신적인 것을 불어넣는지 보여준다. 그래서 그것을 통해 스스로 사물과 동조할 수 있고 그것과 함께 신적인 것에 종사할 수 있다.

顯道, 神德行, 是故可與酬酢, 可與祐神矣. (「계사전 상」 9)

　　이 구절에 있는 비유는 번역에선 드러나지 않았지만 주석에선 간략히 설명되었다. '사물과 동조하다'라는 구절에서 '동조하다'로 번역된 말은 '수작'酬酢이다. 이는 "주인이 손님에게 건배를 청하고酬 다시 손님이 주인에게 건배를 청한다酢"는 의미다(Lynn, 1994, 73, n. 43). 서로 건배를 청하는 이미지는 상관적 사고에서 반응성의 개념을 효과적으로 설명한다. 『역경』에서 고대 점술을 다룬 부분에서는 상관성을 분명하게 언급하지 않지만 「계사전」에서는 『역경』 자체가 대우주인 천지의 원리에 상응하는 소우주라고 주장한다.

> 『역』은 천지의 도식이다. 그래서 그것은 어떻게 사람이 천지
> 의 도를 채우고 힘을 합칠 수 있는지 보여준다. 우러러보면서
> 그것을 사용해 하늘의 형상을 관찰하고, 내려다보면서 그것을
> 사용해 땅의 형태를 살핀다. 그로써 감추어진 것과 드러난 것
> 에 내재하는 원인을 이해한다.
> 易, 與天地準. 故能彌綸天地之道. 仰以觀於天文, 俯以察於地
> 理, 是故知幽明之故. (「계사전 상」 4)

　　또한 상응성을 명시적으로 언급하는데, 거기에서 변화의 개념과 특성이 다양한 현상과 관련해 설명된다.

> 광대함과 거대함에서 변화는 천지와 상응하고, 변화가 완전한
> 성취를 이루면 변화는 사계절과 상응하고, 음양의 개념과 관
> 련해 변화는 해와 달과 상응하고, 그 쉬움과 단순함의 효능에
> 서 변화는 완벽한 덕에 상응한다.

廣大, 配天地, 變通, 配四時, 陰陽之義, 配日月, 易簡之善, 配至
德. (「계사전 상」6)

『역경』과 한대의 다른 문헌에서 상관성은 연금술, 음악, 풍수, 천문학, 의학, 종교의 논의에 적용되었다. 『역경』의 중요한 근본적 가정은 이미지와 각각의 연관성과 과거의 언급으로부터 적절하고 정확한 반응을 이끌어낼 수 있다는 것이다. 다음 절에서 『역경』을 이해하는 것과 관련된 해석적 접근을 검토한다.

괘의 의미와 상응성에 대한 해석적 접근

「계사전」에서는 어떻게 괘의 상징과 판단을 반영해 사람들의 결정에 영향을 줄지가 중요하다고 강조한다. "세상의 신비를 파헤치는 최상의 방법은 괘에 의지하는 것이다"極天下之蹟者, 存乎卦(「계사전 상」 12)라는 명백한 진술을 포함하는 '전'에는 이러한 상징에 대한 광범위한 논의가 나온다. 사실 문헌의 기원과 점술에서 문헌의 사용은 주로 상징의 출현과 발전이라는 측면에서 드러난다. 상징은 복희씨의 묘사(「계사전 하」 2)에서 본 것처럼 관찰된 세계의 경험에 근거한다. 각 괘에는 이름이 주어지고 관련된 특성이 함께 표시된다.

당연히 괘사와 효사가 어떻게 해석되는지는 그 시대의 사회적 현실에서 기인한 사상에 좌우된다. 예를 들어 37번째 괘인 가인家人의 괘사에 대한 주석은 이렇다. "가족에 관한 한 여자의 적절한 위치는 안에 있고 남자의 적절한 위치는 밖에 있다."女正位乎內, 男正位乎外(「단전」) 이러한 주석은 주로 유가 정신을 반영하며 가족생활의 경계를 설정한다(Wilhelm, 1977, 217-219).

다른 점술 예들은 분명히 다른 고려 사항을 수반할 것이다. 이것은 『역경』의 다른 판본에서 나타나는 발음과 형태의 변형으로 설명될 수 있을까? 이런 점을 주석과 관련해 쇼너시(*Unearthing the Changes*, 2014, 65)가 일찍이 제기한 바 있다. 변형 문자는 삶의 다양한 상황을 수용하기 위해 문헌에 의도적으로 넣어졌을 수 있다. 「계사전」에는 괘를 해석하는 중요성과 어려움, 그리고 특수한 경우 그것의 함의가 언급되어 있다.

> 괘의 이름은 사소한 것과 연관되어 있지만 거기서 파생된 비유는 매우 중요한 문제와 관련된다. 의미는 광범위하고 표현은 우아하다. 그 언어는 우회적이지만 적중하다.
> 其稱名也小, 其取類也大, 其旨遠, 其辭文, 其言曲而中. (「계사전 상」6)

『역경』에서 각 괘는 연관된 의미가 있다. 이는 질문자가 자신의 상황을 특수한 상징과 연결시켜야 함을 의미한다. 예를 들어 기쁨을 뜻하는 태兌괘를 괘사와 「단전」과 「상전」에서 어떻게 표현하는지 살펴보자.

> 괘사: 태(기쁨)는 형통하니, 굳은 지조를 실천하는 것이 이롭다.
> 兌, 亨, 利貞

> 「단전」: 태는 '기쁨을 주는 것'을 의미한다. 그것은 안의 강함과 밖의 부드러움에 의해 기쁨을 주고도 여전히 굳은 지조를

알맞게 실천한다. 이것이 하늘에 복종하고 또 인간에게 반응할 수 있는 방법이다. 기쁨으로 백성을 이끌 수 있다면 수고를 잊을 것이고 기쁨으로 백성이 위험과 어려움을 무릅쓸 수 있게 하면 죽음을 잊을 것이다. 기쁨은 위대하다, 백성에게 동기를 부여해주는 힘이기 때문이다.

兌, 說也. 剛中而柔外, 說以利貞. 是以順乎天而應乎人. 說以先民, 民忘其勞, 說以犯難, 民忘其死, 說之大, 民勸矣哉!

「상전」: 두 연못이 꼭 붙어 있으니 이것이 태괘다. 동일하게 군자는 벗과 토론하고 학습한다. 려麗는 '연결되다'라는 의미다. 기쁨을 풍성하게 적용할 수 있는 괘는 이 괘밖에 없다.

麗澤, 兌, 君子以朋友講習.

이런 판단에는, 그리고 『역경』에조차 특수한 상황에서 괘를 이해하거나 해석할 수 있도록 좀 더 일반적으로 안내하는 내용이 거의 없다. 예를 들어 질문자가 자신의 건강 상태를 근심하는 경우 이것은 어떻게 해석될 수 있을까? 『역경』의 세계관과 해석의 개방성은 갈릴레오 이후 과학에서 원인과 결과의 관계를 체계화하고 표준화하려는 접근 방식과 단순하게 양립할 수 없다(Graham, 1986, 34). 『역경』은 다양하고 환원 불가능한 세계와 서로 다른 개체 사이의 무한한 관계에 기반을 두고 있다. 이것은 『역경』의 해석적 측면과 관련된 문제를 대충 설명하고 넘어가려는 것이 아니다. 오히려 다양하고 상호 연관된 세계에 대한 가정을 표면으로 드러내고자 하는 것이다. D. C. 라우와 로저 에임스는 고대 도가의 무계획적이고 자율적인 세계에 대해 논하는데, 이러한 특성은 『역경』에서도 드러난다. 그들의 논평은 끊임없이 변화하는 세계에서 상황을 조정하거나 분석하는 것에 초점을 둔『역경』의 신념을 포착한다.

> 『역경』은 무엇을 할 것인가에 대한 통찰을 제공하기 위해 우
> 리가 직면할 법한 가능한 모든 상황을 설명하려고 하는 체계
> 적인 우주론이 아니라 변화하는 삶의 조건에 대한 적절한 반
> 응을 충분히 생각하고 제대로 표현할 수 있게 하는 이미지화
> 된 어휘를 제공하는 자원이다. (……) 그것은 진실과 거짓,
> 옳음과 그름, 선과 악 등 그 사물이 '무엇인지'를 말하려는 어
> 휘가 아니다. 오히려 우리는 조화와 무질서, 진실과 위선, 신
> 뢰와 위장, 능숙함과 미숙함의 언어를 충만하게 발견한다. 이
> 는 사물들 사이에 존재하는 연속성이 우선임을 반영하는 용어
> 들이다. 이러한 용어는 '어떻게 사물과 잘' 협력할 수 있을지를
> 묻는다(Lau and Ames, *Yuan Dao*, 1998, 34).

시의적절함과 실천적 지혜

점술의 근본적 가정은 사람은 미래의 양상을 발견할 수 있고
그 과정에 영향을 미칠 수 있다는 것이다. 「계사전」은 점술 과정을
상관성의 이해와 관련해 설명한다. 그래서 점술에 행위를 지도하는
특성이 있음을 강조한다. "수를 연마해 미래를 아는 것을 '점'이라
고 하고, 변화에 자유롭게 보조를 맞추는 것을 '행해야 하는 방식'이
라고 한다."極數知來之謂占, 通變之謂事 점술 과정은 그 자체가 철학적 과정
은 아니지만, 그 실행은 중요한 근본적인 철학적 신념을 드러낸다
(Cheng, 2003). 그 철학적 틀은 인간 조건의 한계와 인간의 결정과 행
위의 자유 모두에 주목하는 것이다. 이러한 관점은 환경적 맥락 안

에서 특정한 상황에 무엇을 할지 아는 것이 중요하다고 강조한다. 라우와 에임스는 무엇을 할지 아는 것이 중국의 철학 전통에서 중심적 위치를 차지한다고 설명한다. "중국에서 지혜의 추구는 인간 경험이 펼쳐지는 막을 수 없는 변화의 흐름을 생산적이고 고상하게 안정시키고 규율하고 형성하는 방법을 찾는 데 지속적으로 초점을 맞춰왔다."(*Yuan Dao*, 1998, 38)

「계사전」과 「설괘전」은 변화의 본질과 그것과 관련된 주제, 즉 변화를 예견하고 대응하는 일, 현재 일어나는 변화에 대처하기 위해 과거에 일어난 변화를 이해하는 일, 언제 행동할지 아는 일 등을 명쾌하게 다룬다. 「계사전」의 많은 구절에서 계절에 따라 음과 양이 교차하는 것처럼 때에 따라 움직이는 것의 의미가 반복해서 나타난다.

> 해가 가면 달이 오고 달이 가면 해가 온다. 해와 달이 서로 밀고 가니 이 과정에서 밝음이 생겨난다. 추위가 가면 더위가 오고 더위가 가면 추위가 온다. 추위와 더위가 서로 밀고 가니 이 과정에서 한 해가 생겨난다. 가는 것이 수축이고 오는 것이 팽창이다. 수축과 팽창이 서로 압박하니 이 과정에서 이로움이 생겨난다.
>
> 日往則月來, 月往則日來, 日月相推而明生焉, 寒往則暑來, 暑往則寒來, 寒暑相推而歲成焉. 往者, 屈也, 來者, 信也, 屈信相感而利生焉. (「계사전 하」 5)

계절 변화의 주기는 생성의 비유와 관련해 기술된다. 대립물은 '서로를 압박한다'. 『역경』의 '경'이나 '전'에서 오행이 구체적으로 언급되지는 않지만 변화에 깔린 철학은 오행 이론의 특수한 공식과 유사하다. 오행을 개념화하는 두 가지 중요한 방법은 상생相生과 상극相克이다. 상생의 순환 과정에서 각각은 다음과 같은 방식으로 운동한다. 목木은 화火를 낳고, 화는 토土를 낳고, 토는 금金을 낳고, 금은 수水를 낳는다. 상극의 순환 과정에서는 목은 토를 극하고, 금은 목을 극하고, 화는 금을 극하고, 수는 화를 극하고, 토는 수를 극한다. 이 과정이 계속된다(Henderson, 2003, 191).『역경』은 앞의 구절에서 본 것처럼 상극보다는 상생의 과정을 지지하는 듯하다.「설괘전」6장에 8괘 각각의 특징을 나열한 대목이 있다. 그 끝에서 변화의 필요성을 논하는데, 8괘 각각이 일련의 특정한 특성과 관련되기 때문에 "모든 것이 될 수 있는 모든 것이 되도록"能變化旣成萬物也 변화가 필요하다. 가장 근본적인 차원의 변화인 3획괘 각각에서의 변화는 3획괘들에서 전환을 일으킬 것이다. 차례로 하나의 3획괘에서 다른 괘로의 이동은 단계에서의 전환을 나타낸다. 이러한 전환은 세계의 변화를 상징한다. 한 단계에서 다음 단계로의 전환은 불가피하다. 변화는 멈출 수 없다(「계사전 상」6). 음양과 마찬가지로 오행은 단순히 분류상의 체계가 아니었다. 그것은 변화를 예측하고 설명하기 위한 개념 틀이었다.

고대로부터『역경』의 주된 과제는 변화를 예측하는 것이었다. 그래서 통치자는 변화를 예상하고 대처할 수 있었다. 점술 행위 이면에는 변화에 대한 기대와 예상이 있다.「계사전」과「설괘전」은 점술서로서『역경』을 계속 사용하기 위한 근거를 설명하고 현명한 과거 성인의 점술 경험을 묘사한다.

신성한 힘 덕분에 앞으로 일어날 일을 알게 되고 그 지혜 덕분에 일어났던 일의 보고寶庫가 된다. (……) 지혜롭고 총명했던 옛사람들은『역경』을 사용해 하늘의 도를 밝히고 백성의 조건을 살폈다. 이것은 백성이 필요한 것을 미리 제공하기 위해 만들어낸 신성한 것이다.

神以知來, 知以藏往. (……) 是以明於天之道而察於民之故, 是興神物, 以前民用. (「계사전 상」11)

8괘는 서로 섞인다. 과거를 셈하는 것은 순리이고 미래를 셈하는 것은 거스름이다. 그러므로 『역』은 미래로부터 거슬러 셈하는 것이다.

八卦相錯, 數往者, 順, 知來者, 逆. 是故, 易, 逆數也. (「설괘전」 3)

첫 번째 단락에서 귀납적 논증은 이 성인들이 유가적 의미에서 성공적이었다는 점을 암시한다. 왜냐하면 그들은 백성을 위해 자비로운 통치를 시행했기 때문이다. 군주는 점술서에서 배우도록 조언을 받는다. 「설괘전」의 구절은 과거로부터 얻는 지혜를 어떻게 현재의 경험에 적용할지 설명한다. 시간의 개념은 점술에서 근본적인 의미가 있다. 이러한 고려 사항은 어떻게 경험을 반성하고 과거에서 끌어내 현재 상황에 적용할지에 대한 인식론적 질문을 제기한다. 헬무트 빌헬름Hellmut Wilhelm은 동시적synchronic 시간 개념과 관련해 점술 과정을 설명한다.

각각의 상황은 두 가지 방식으로 이해될 수 있다. 직접 경험을 통한 이해. 그것은 존재의 활력이 만들어낸 결과다. 또 하나는 이론적 사색을 통한 이해. 그것은 법칙에 의한 통치와 존재의 연속성에서 기인한 결과다. (……) 따라서 질문자는 자신의 상황을 이론적으로 구성한 관점에 접근하게 되고, 『역경』

에서 이러한 관점에 기반해 설명한 문헌상의 지침에 따라 이
전 세대의 경험과 성인의 통찰력으로부터 조언과 지도를 얻는
다. 따라서 계시에 의해 드러난 동시성은 단지 사건의 같은 상
태를 경험하는 두 가지 다른 양태를 이해하는 것에 불과하다
(1977, 12).

빌헬름의 주장에서는 특정한 괘의 해석이 동시적 사건으로, 질
문을 던지고 과거를 반성하면서 대답에 이르는 것으로 묘사된다.
빌헬름은 괘를 해석하는 과정에는 두 가지 추론 유형이 있다고 주
장한다. 하나는 경험적인 것(구체적인 과거의 경험을 포함한다)이
고 다른 하나는 이론적인 것(자신의 상황과 『역경』의 통찰 사이의
어떤 체계적인 상응성을 포함한다)이다. 빌헬름의 논의는 순전히
우연에 빠지지 않기 위해 경험적이고 이론적인 것이 개입된 어떤
종류의 반성적 균형 상태가 필요하다는 사실을 함축한다(ibid., 11).
두 가지 추론 유형과 관련된 이러한 개입의 중심에는 시의적설성이
라는 관념이 놓여 있다. 상황이 전환되고 변화해가는 것에 비추어
볼 때(변화하는 효와 3획괘와 괘에 반영된) 그 시점에 적절하게 반
응하는 것이 중요하다. 이를 시중時中이라고 한다. 자신을 수양하고
적절한 자원을 얻는 것은 필수지만, 올바른 행위를 하기에 이것만
으로는 충분하지 않다. 행동하기에 적절한 때를 알아야만 한다.

군자는 자신의 몸에 기구를 감추어두었다가 적절한 때를 기다
려 행동하니 어찌 이롭지 않을 수 있겠는가! 어떠한 방해도 없
이 행하니 나아가 얻는 것이 있다.
君子藏器於身, 待時而動, 何不利之有? 動而不括, 是以出而有
獲. (「계사전 하」5)

빌헬름은 시의적절성의 개념이 그 용어의 본래 의미와 어떻게 관련되는지 설명한다. 본래 의미에서 시간時은 계절 변화에 대한 인식과 관련이 있었다. 고대에는 농사를 지을 때 시의적절성이 결정적 요소였다.

> 『역경』에서는 시간에 대한 그러한 이론적 개념을 피하며 그 글자의 기원에 훨씬 더 근접한 방식으로 '시'時라는 단어를 다룬다. 이 단어는 원래 '파종 시기'를 의미했고, 그다음엔 일반적으로 '계절'을 의미했다. (……) 그것의 초기 형태에서는 "발바닥"(라틴어 planta) 모양으로 문자가 구성되었는데, 이는 측정 단위를 반영한다. 중국에서도 발바닥은 의미상으로 나무를 심는 일과 관련된다. 그래서 그 단어는 특정 활동을 위해 설정된 시간의 분할을 의미한다. 그로부터 그 의미는 사계절까지 확장되었고, 이 모든 시간에 상응하는 일정한 활동으로 채워졌으며, 그다음에 일반적으로 오직 시간만 가리키게 되었다. 『역경』에서 이 단어는 종종 '계절'의 의미로 사용되며, 시간의 특징적 속성의 대부분이 이 유산으로부터 추적될 수 있다(1977, 17-18).

여기에는 딱 맞는 순간을 기다리거나 기회를 포착하는 것과 같은 다른 의미도 있다. 빌헬름은 『역경』의 점술과 관련된 부분에서 추론의 바탕이 되는 시간의 개념은 때에 따라 변화할 가능성으로 가득 차 있다는 점에서 '구체적'이라고 주장한다. 여기서 그의 반성을 충분히 고려하는 것이 중요하다.

이 인용문에서 볼 수 있는 시간의 개념은 매우 구체적이다. 여기서 시간은 즉시 경험되고 인식된다. 그것은 단지 추상적 진행의 원리를 나타내지 않는다. 그것은 각 마디마다 성취를 이룬다. 즉 그 속에서 현실이 발생할 뿐 아니라 다시 현실에 따라 행동해 완성으로 이끄는 효과적 행위 주체다. 공간이 구체적인 마음에 단지 확장의 도식으로 생겨나는 것이 아니라 언덕, 호수, 평원으로 채워진 어떤 것으로 생겨나 각 부분이 각기 다른 가능성에 여지를 준다. 그래서 시간은 여기에 가득 찬 어떤 것으로서 뭔가를 잉태할 가능성이 충만한 것이다. 이것은 다양한 순간에 따라 달라지며 마술처럼 그 자체로 사건을 유도하고 유발한다. 여기서 시간은 사건이 옳고 그른지, 호의적인지 아닌지에 관계되는 속성으로 제시된다(ibid., 17).

「계사전」에도 상황을 이롭게利 전환시키는 것이 얼마나 중요한지에 대한 인식이 나온다(「계사전 하」 12). 이로움은 행운과 불행과 관련해 논의되고, 가장 좋은 결과를 얻기 위해 상황에 맞추는 것이 중요하다고 강조한다. 그래서 라우와 에임스가 '때를 잡는다'고 묘사한 것에 주목해야 한다(Yuan Dao, 1998, 38). 그러니까 대중의 상상력에서 행운과 불행에 대한 사고는 종종 자연과 우주의 사건에 대한 미신적 믿음과 얽힌다. 이런 믿음은 자연 현상을 인간에 대한 어떤 조짐으로 해석한다. 3장에서 우리는 순자가 미신적 믿음을 없애는 것을 얼마나 중요하게 여겼는지 보았다.

이러한 반성은 실천적 의미에서 지식을 이해하는 중국철학의 인식론에서 독특한 요소를 포착한다. 라우와 에임스는 중국의 지식 개념에 내포된 효능과 실용주의의 초점을 강조한다. 그들은 '개선하려는' 의도에 주목한다(ibid., 26). 길버트 라일Gilbert Ryle이 설명한 구분을 적용하자면 중국 전통에서 '안다는 것'은 '대상을 아는 것'이 아니라 '방법을 아는 것'이다.♦ 장둥쑨은 서양과 중국의 철학을 특징지으면서 비슷한 구분을 한다.

이 두 종류의 사고는 범주 측면이나 용어의 가치 측면에서 다를 뿐만 아니라 태도 측면에서도 현저하게 다르다. 예를 들어 우리가 무엇을 탐구한다고 할 때 서양 사고에서는 어떤 특정한 사물이나 사건과 관련해 "어떻게 대처할까?"라는 질문 전에 "그것은 무엇인가?"라는 질문을 먼저 하는 경향이 있다. 반면에 중국 사고에서는 반대로 하는 경향이 있다. "어떻게 대처할까?"라는 질문이 우선이다. 그래서 서양은 '무엇을 우선시하는 태도'를 가진 반면 중국은 '어떻게를 우선시하는 태도'를 가졌다고 말할 수 있다.♦♦

서양과 중국을 이분법으로 양분해 접근하지 않는 것이 중요하다. 서양과 중국의 차이는 상반되는 두 유형의 접근법을 범주화하는 것에 있지 않고 강조하는 것에 있다는 점을 장둥쑨은 조심스럽게 언급한다. 중국철학에서는 지식과 행위의 개념이 깊게 얽혀 있다는 점을 파악하는 것이 중요하다. 그 전통마다 미묘하고 중요한 차이는 있지만, 그럼에도 중국철학에서는 신념의 일부로서 지식보

♦「방법을 아는 것과 대상을 아는 것」(Knowing How and Knowing That)에서 라일은 지배적인 학설에 반대하면서 다음과 같이 주장한다. (1) 지능은 특별한 능력이고, 그것의 훈련은 사고 작용이라 부르는 구체적인 내적 행위다. (……) (2) 실천적 활동은 명제를 고려하는 그러한 내적 행위를 동반하기 때문에 '지적인' '영리한'이라는 칭호를 받을 만하다. (……) 라일은 이론과 실천의 격차를 초월해서 이렇게 주장한다. (1) 방법을 아는 것은 대상을 아는 것과 관련해 정의될 수 없다. (2) 방법을 아는 것은 논리적으로 대상을 아는 것의 개념에 선행하는 개념이다.

♦♦Zhang, 1995, 375; Lau and Ames, *Yuan Dao*, 1998, 29에서 인용.

다는 지식의 실현을 더 우선시한다고 말할 수 있다(Lai and Hether-ington, 2015). 이러한 논점은 학문적 토론에서 기술과 혹은 아마도 노련함과 관련해 다루어졌고(Raphals, 1993), 감각 혹은 몸(Wu, 1996; Geaney, 2002), 효능(François, 1999; 2004), 자발성(Bruya, 2010a), 노력이 필요 없는 집중과 행위(Bruya, 2010b)와 관련해 고려되었다. 정리하자면 이런 현대의 논의는 중국철학에서 지식, 행위, 행위 주체를 개념화하기 위한 독특한 용어를 확립했다. 그들은 서로 다른 접근법을 취하고 다양한 목적을 가졌지만 공유하는 초점이 있다. 그것은 고대 중국 사상가들이 사람은 특정한 상황에 초점을 맞추고 그것이 어떻게 시간에 따라 펼쳐지고 변화하는지 이해하는 것이 중요하다는 점을 어떻게 봤는가다. 다른 말로 하면 사람은 변화를 기대해야 한다.

> 공자가 말했다. "위태롭게 여기는 것은 자신의 자리를 안전하게 하려는 것이고, 망할까 염려하는 것은 자신을 보존하려는 것이며, 무질서를 걱정하는 것은 질서를 지속시키려는 것이다. 그러므로 군자는 안전할 때라도 위험을 잊지 않고 보존될 때에도 망함을 잊지 않으며 질서가 유지될 때에도 무질서를 잊지 않는다. 이것이 자신을 안전하게 하고 국가를 보존할 수 있는 방법이다. 『역』에서 말하기를 '망할 수 있다, 망할 수 있다 해야 건강하고 잘 자란 뽕나무를 매놓을 수 있다' 하였다."
> 子曰, 危者, 安其位者也, 亡者, 保其存者也, 亂者, 有其治者也. 是故君子安而不忘危, 存而不忘亡, 治而不忘亂. 是以身安而國家可保也. 易曰, 其亡其亡, 繫于苞桑. (「계사전 하」5)

자기만족은 여기에 설명된 잠재적 위험을 설명하기에 적절한 용어다. 공자의 목소리를 통해 설명하지만, 거기에는 자아를 관계와 맥락으로부터 고립시키는 근시안적 태도에 대한 경멸이 있다. 이 구절은 개인 이익의 측면에서 변화를 기대하고 공명을 이해하는 일이 중요하다는 점을 보여준다. 그러나 대부분은 아닐지라도 우리의 결정과 행동이 상당 부분 다른 사람에게 영향을 미친다는 사실을 이해하는 데는 또한 상당히 중요한 도덕적 함의가 있다. 공명 효과의 효능에 대한 믿음은 복잡한 방식으로 인과관계를 이해하는 관점을 표현한다. 이러한 믿음은 또한 고립된 실체로서가 아니라 광범위하고도 다양한 환경에 처해 있는 개인으로서의 견해와 연관된다.

4
『역경』의 영향

한나라 때 상관적 사고를 주로 적용한 영역은 국가 통치와 정치적 행정 관리 영역이었다. 우주의 사건과 국가의 사건 사이에 상응성을 제기한 것은 제국의 설립과 정당성을 설명하기 위해서였다. 그러나 상관적 사고는 다른 삶의 영역에 침투해 오늘날 중국 사회에서 다른 형태로 지속되고 있다. 예를 들어 건강에 대한 중국식 접근에서 인체는 소우주와 유사한 것으로.간주된다. 건강과 질병은 기氣와 혈血로 설명된다. 상관성은 또한 시, 철학, 종교, 대중문화의 측면까지 확대된다. 현대 건축학에서 기를 점성술, 지리학, 생리학, 심리학, 미학 측면에서 고려하는 풍수 관행은 여전히 널리 퍼져 있다(Henderson, 1994). 음식의 개념과 그것의 영양가(예를 들어 '음'한 (차가운) 음식과 '양'한(뜨거운) 음식에서)와 입맛(다섯 가지 맛)에 따른 분류는 중국 대중의 믿음에서 필수적인 부분이다(Henderson, 1984, 46-48).

『역경』의 '전'은 서로 다른 영역에 걸친 개체 사이의 상관성을 이해하는 세계관의 산물이다. 그것은 당시의 철학적 분위기를 흡수하여 유가의 주제와 통합했다. 또한 통치자의 역할 강화, 천지의 섭리, 상황을 개선할 수 있는 인간의 능력, 개인과 사회의 목적이 일치하는 사회정치적 유토피아에 대한 희망 등 유교의 핵심 관점을 지지했다. 그러나 상관적 사고의 영향은 유가 전통에 한정되지는 않았다. 다양한 개체 사이의 통합과 상응을 이해하는 세계관은 중국철학에 널리 퍼져 있다. 라우와 에임스는 도교의 언어를 가져와 도가의 세계관을 묘사한다.

> 질서의 원리는 없다. 작용인으로서 세계를 질서지우면서 세계와 독립해 존재하는 상위의 존재는 없다. 오히려 수많은 사물 혹은 사건, 즉 만물萬物 혹은 만유萬有의 상호 협력적인 전개만이 있을 뿐이다. 이 협력 안에 우리 주변 세계에서 분별될 수 있는 끊임없이 변화하는 과정의 규칙성이 있다. 그래서 우리는 어느 정도 논리적이고 확정적인 경험을 하면서 어느 정도 신기하고 예측할 수 없는 고유한 불확정성도 경험한다(1998, 19).

『역경』은 끊임없이 변화하는 세계에서 영역, 사건, 사물이 상호 연관되어 있다는 사상에 근거한 믿음의 표현이자 그 온상이다. 세계에 대한 이러한 개념은 중국 사상의 근본 특징 가운데 하나다. 그것은 세계를 형이상학적으로 설명하지만, 결정되고 고정된 존재론을 설명하는 것은 아니다. 그것은 사건과 실체보다는 과정과 변화에 초점을 맞춘다. 이런 개념 틀 안에서 타인과 관계 맺는 방법, 주어진 환경에서 스스로와 대면하는 방법, 이 지형에서 길을 찾는 방법은 삶을 잘 살아내는 핵심 문제다. 끊임없이 변화하는 세계에서 서로 관련된 개인들의 모습은 중국의 지성적이고 제도적인 전통을 형성했고 계속해서 형성해나갈 중국 사상의 특성이다.

중국 불교

불교는 한나라 때인 1세기경 중국에 처음 소개되었다. 그러나 한나라가 몰락한 이후, 중국이 다시 민족과 영토 전쟁으로 분열되고 유교가 국가 지원 이데올로기로서의 기반을 잃었을 때 ◆에야 비로소 불교 사상은 진지하게 고려되었다. 3-4세기에 걸친 위나라 (220-265)와 진나라(265-420) 시기 동안 ◆◆ 불교의 종교적이고 철학적인 관념이 집중적으로 검토되었고, 이런 '외래' 이데올로기를 장려하고자 한 사람들이 중국 사상의 기존 용어와 관념의 언어로, 특히 도가와 관련된 언어로 그 사상을 번역하고 표현하려고 했다. 중국의 불교 사상은 심오하고 신비로운 도에 정신이 팔렸던 것으로 널리 알려진 현학玄學(신비로운 배움) 사상가들의 사상에 의해 상당 부분 형성되었다(Chan, 2009, 303). 5세기가 되어서야 비로소 중국 불교가 그 자체의 관점으로 그 사상을 확립하기 시작했다. 이러한 과정에서 교리상의 차이가 명확해지고, 결과적으로 인도 불교와 다른 계통의 중국 불교가 발전하게 되었다. 그때부터 중국 불교의 교리는 인도 불교와 구별되었고, 또한 동시에 유가나 도가와도 구별되는 중국 전통으로 확립되었다.

중국 불교가 장기간에 걸쳐 발전하고 궁극적으로는 여러 다른 분파로 분리되고 정의되었던 점을 고려해, 이 장의 논의는 철학적 관심의 핵심에 초점을 맞출 것이다. 먼저 인도 불교 사상의 근본 교

◆ 184년에 태평도(太平道)가 당시 한나라 황제에 대항한 농민 반란을 이끌었다. 그 반란은 '황건적(黃巾賊)의 난'이라 불렸는데 반란군이 머리에 노란 수건을 둘렀기 때문이다.
◆◆ 여기에서 설명하는 내용은 주로 중국 불교의 철학적 세부 사항에 초점을 맞추고 있지만, 같은 시기에 불교의 교리가 한족이 아닌 다른 민족에게 지지받았다는 점에 주목하는 것이 중요하다. 예를 들어 남북조시대(420-589)에 선비족이 진나라 수도 낙양을 공격했다. 이 때문에 진 왕실은 남쪽에 있는 건강(建康, 지금의 남경)으로 수도를 옮겼다. 북쪽에서 정권을 잡은 선비족은 불교를 부분적으로 받아들였다. 왜냐하면 선비족은 한편으론 유교와 중국 문화의 다른 성격에 적대적이고, 다른 한편으론 승려의 신비한 힘에 매혹되었기 때문이다(Wright, 1959, 42-64).

리를 이해하는 것이 중요한데, 여기서는 중국 불교를 이해하는 데 필요한 요소의 간단한 정보만 개괄적으로 제시할 것이다. 두 번째 절에서는 중국에 불교가 소개된 이후 4세기경까지의 초기 단계를 탐구한다. 이 논의에서는 또한 중국의 토착 철학, 특히 현학 사상이 중국 불교 사상을 형성했다는 점을 강조할 것이다. 세 번째 절에서는 중국 불교 교리의 주요 분파를 개관할 것이다. 그중 일부는 5세기경부터 독특한 견해를 확립하기 시작했다. 이 논의는 2백 혹은 3백 년에 걸쳐 5세기부터 이루어진 발전을 중심으로 행해질 것이다. 이 장의 마지막 부분에서는 중국 사상과의 관계와 중국 사상사에 기여한 점에 비추어 중국 불교 철학의 특징을 살펴볼 것이다.

1
인도 불교의 근본 교리

불교의 창시자로 알려진 고타마 싯다르타Gautama Siddhartha는 기원전 6세기에 살았던 것으로 추정되지만 정확한 연대는 알려지지 않았다. 금욕주의, 명상, 초감각적 지각과 요가식 직관에 대한 믿음, 자아와 의식과 연속성에 관한 질문, 궁극적 실재에 대한 개념을 포함한 불교 철학의 많은 측면은 이미 우파니샤드와 자이나교 전통에 존재했다(Kalupahana, 1976, 3-15).◆ 불교 사상은 초감각적 현상에 대한 믿음과 관련한 인간 삶의 경험적 관찰에 의해 특징지어진다. 초감각적 현상 세계에서는 환생과 개별화되지 않은 자각이 가능하다. 초기의 인도 불교 문헌에서 신, 지옥 또는 천국을 포함해 초자연적 생명체나 영역의 존재는 주로 도덕적 행동을 이끄는 규제적 역할을 했지 그 존재에 대한 존재론적 신념을 반영하지는 못했다(ibid., 66). 그러나 이것이 나중에 불교 사상이 발전하면서 이러한 고려를 전혀 하지 않았다는 말은 아니다.

불교는 눈, 귀, 코, 혀, 신체, 마음이라는 여섯 가지 주요 원천인 육근六根을 포함해 지식의 모든 원천의 한계를 강조한다. 이는 자신의 경험을 이해하는 데 있어 주관적 편견의 영향 때문에 지각의 대상이 어떻게 오해될 수 있는가와 관련이 있다. 이러한 의미에서 무명無明(avidya)을 낳는 두 가지 가능한 근원이 있다. 지식의 부재

◆칼루파하나는 인식론, 인과관계, 윤리학을 비롯해 현대 철학의 여러 범주에 따라 불교 철학을 검토한다. 이런 식의 검토가 지닌 방법론적 위험을 우려할 수도 있지만, 이러한 범주를 사용하면 논의에서 중요한 유사점이 드러날 수 있다.

혹은 부족, 그리고 자신의 경험에 대해 갖는 잘못된 견해(Kalupaha-na, 1976, 19-24). 무명이 함의하는 바는 광범위하다. 왜냐하면 무명은 자아의 본질을 오해하게 만들고 다시 인간을 불만족이라는 곤경에 처하게 하기 때문이다. 인도 불교 사상의 핵심 요소는 고통의 본질 및 그 근절과 관련된다. 불교의 핵심 교리인 사성제四聖諦는 고통의 본질을 밝힌다.

1. 고제苦諦: 모든 생명은 필연적으로 비통하다.
2. 집제集諦: 비통은 갈망 때문이다.
3. 멸제滅諦: 비통은 갈망을 멈춰야 그칠 수 있다.
4. 도제道諦: 이것은 신중하게 규율된 수행에 의해 이루어질 수 있다. 불교 승려가 행하는 정신 집중과 명상 생활에서 완성된다 (Hurvitz and Tsai, 1999, 416).

갈망은 감각적 쾌락을 만족시키려는 충동과 관련된다. 고통은 갈망으로부터 생겨난다. 왜냐하면 대상과 그것과 관련된 쾌락은 일시적이기 때문이다. 이러한 쾌락을 추구하는 일은 또한 지금 여기만을 보는 이기심과 탐욕과 만족할 줄 모르는 욕망의 기질과 관련된다. 그러나 불교 사상은 이기적 쾌락 그 이상의 것을 우려한다. 인간이 곤경에 빠지는 근원엔 육체적 정신적 괴로움을 의미하는 고통, 즉 두카dukkha(팔리어)가 있다. 두카는 번뇌부터 불만족이라는 근원적이고 지속적인 감정에 이르기까지 그 강도와 종류가 다양하다. 역설적이게도, 진정한 자유는 영원하고 독립적인 자아에 대한 주된 갈망이 사라질 때 비로소 얻을 수 있다. 왜냐하면 그것도 결국 삶의 쾌락을 즐기려는 자아이기 때문이다. 이런 해탈 이론에는 자신의 일시성에 대한 깨달음과 관련되어 있는 인지주의적 논조가 깔려 있다. 이런 맥락에서 레온 허비츠Leon Hurvitz와 차이헝팅Tsai Heng-Ting은 "불교가 기초한 근본 진리는 형이상학적 또는 신학적이 아니라 오히려 심리학적"이라고 주장했다(1999, 413). 불교의 교리는 팔정도八正道로 표현되는 규율적 삶을 주장한다. 팔정도는 다음과 같은 단계로 구성된다. 정견正見(올바른 견해), 정사유正思惟(올바른 생각), 정어正語(올바른 말), 정업正業(올바른 행위), 정명正命(올바른 생활), 정정진正精進(올바른 노력), 정념正念(올바른 의식), 정정正定(올바른 정신 집중).

불교에서 현상적 자아는 일상생활에서 행위하고 상호 작용하면서 사고하고 의지하고 의식하는 자아로 다섯 가지 요소 혹은 과정인 '오온'五蘊으로 구성된다.

- 색色(rupa, 팔리어), 즉 형태와 물질: 물질적 과정, 유형성.
- 수受(vedana, 팔리어), 즉 감각: 여섯 가지 감각 작용을 통해 세상과 접촉한 결과로서 발생하는 감각 반응.
- 상相(samjna, 산스크리트어), 즉 지각: 여섯 가지 감각을 통해 물질적이고 정신적인 대상 인지.
- 행行(samskara, 산스크리트어), 즉 심리적 성향 혹은 구조: 행동에 영향을 미치는 감정, 인상, 의지적 과정.
- 식識(vjnana, 산스크리트어), 즉 의식 혹은 의식적 사고: 자아에 대한 의식과 현상적 세계에 대한 의식.

개인은 끊임없는 흐름 속에 있는 이런 다섯 가지 요소의 결합으로 만들어진다. 그래서 우리가 아는 것처럼 자아는 일시적으로 구성된 존재일 뿐 영원한 자아나 영혼과 관련이 없다. 이런 자아의 관점에서 볼 때 인간 존재에 대한 불교의 개념은 세 가지 근본 특징을 갖는다.

- 제행무상諸行無常(anicca/anittya, 팔리어/산스크리트어), 즉 일시
성: 사라지고 생겨나는 것에 초점을 맞춘 경험적으로 근거 지워진
이론.
- 일체개고一切皆苦(dukkha/duhkha, 팔리어/산스크리트어), 즉 불
만족.
- 제법무아諸法無我(anatta/anatman, 팔리어/산스크리트어), 즉 비
실체성: 무아, 무아에 대한 이론. 영원히 지속되는 개별적 자아는
없다.

영원히 지속되는 불변의 자아 개념을 주장하는 우파니샤드 전
통에 대한 반동으로 불교는 자아를 일시적이고 변화하는 것이라고
주장한다(Kalupahana, 1976, 38-39). 불교의 현상적 자아는 일련의 인
과적 사건에 의해 구성된 존재이자 연속체로 실질적으로는 '묶음'일
뿐이다. 허비츠와 차이헝팅은 인간 존재의 이러한 측면을 이해하지
못하는 것이 얼마나 더 큰 고통을 낳는지 설명한다.

생사윤회生死輪回의 근본 원인은 무지, 즉 실제로 있지도 않은
개별성과 영원성이 있다고 믿는 근본적 착각인 무명無明이다.
그런 이유로 유기체에 욕망을 포함한 다양한 심리 현상이 나
타나고 사물 그 자체를 소유하려는 시도가 뒤따른다. (……)
각각의 행위, 말 혹은 사유는 현상적 개인을 이루는 '오온'의
결합에 흔적을 남긴다. 그리고 그 특성은 서로 상응하여 변한
다. 이 과정은 일생 동안 계속된다. 죽어서 비물질적인 부분
과 물질적인 부분이 분리된다. 그중 비물질적인 부분이 영혼

이라는 구성 요소인데, 전생의 업보에 따른 결과가 계속 이어
져 존재의 십계十界 가운데 한 곳에서 다른 형태를 얻는다(1999,
416-417).

  자아를 원자론적 존재로 잘못 이해하는 것은 흔히 인과관계에
대한 잘못된 견해와 맞물려 있다. 개별적이고 독립적인 실체로서
의 자아에 대한 (잘못된) 설명에 따르면 일련의 인과관계는 비교적
직접적인 방식으로 식별될 수 있다. 그러나 불교 철학은 과정과 사
건의 근거가 되는 일련의 상호 의존적인 인과관계가 있다고 주장한
다. 이 견해에 따르면 존재는 다른 존재의 변화에 영향을 받는 상호
의존적 개체의 역동적 과정이다. 복잡한 인과관계와 그것이 야기한
현상은 물질적 존재의 세계뿐만 아니라 정신적 현상에도 적용된다.
인과관계에 대한 불교의 교리, 즉 연기緣起는 다음과 같은 면에서 독
특하다.

  1. 인과적 사건은 실제다. 단지 인식된 현상이 아니다.
  2. 인과관계에는 어떤 필연성이 있다. 그 안의 모든 존재가 서
로 얽혀 있기 때문이다.
  3. 상호 의존적 인과관계는 규칙성을 허용한다. 그것은 어떤
원리를 가진다. 우리가 그 사건은 '우연'이라고 말할 때 그것은 오직
그 상황에서 작동했던 실제 인과 과정을 모른다는 뜻일 뿐이다.
  4. 상호 의존적 인과관계는 조건부다. 이는 사건 혹은 결과는
엄격하게 결정된 것도 아니고 단순히 자의적인 것도 아니라는 의
미다.

  이러한 신념은 인과관계에 대한 여러 기존 이론에 대한 응답으

로 볼 수 있다. 인과적 사건은 실제라는 입장(1에서 지적)은 인과관계는 정신적 허구이고 객관적 실재가 없다고 믿는 우파니샤드 사상가들의 관념론과는 대조적이다. 필연성(2에서 지적)과 규칙성(3에서 지적)의 강조는 석가모니 시대에 표현된 견해인 비결정론을 다루려는 시도였다. 인과관계는 조건부라는 견해(4에서 지적)는 개별적 개체 또는 고립된 사건보다는 과정에 초점을 맞춘다. 이런 모든 요소, 즉 필연성, 규칙성, 조건성은 어떤 사건에서나 함께 작동한다. 그러나 마치 그 한계를 정할 수 있는 것처럼 이런 용어로 사건을 논의하는 것이 전적으로 적절하지는 않다는 점도 기억해야 한다. 왜냐하면 상황으로부터 발생하는 효과는 다시 다른 미래 '사건'의 조건이 될 것이기 때문이다. 시간 속의 사건은 시간 속의 얼어붙은 스냅사진일 뿐이다. 상호 의존적 인과관계에 대한 이런 설명은 중관中觀 사상 전통에서 취한 중도中道 입장을 반영한다. 나가르주나Nagarjuna(100-200)와 관련된 이런 사상적 흐름은 두 극단을 피하고 양쪽을 통합하려는 입장을 취한다. 그것은 자아에 대한 관점에서 두 이론을 통합하는데, 하나는 영원한 자아와 관련되고 다른 하나는 신체적 죽음의 소멸과 관련된다(Kalupahana, 1976, 27-29). 중관 사상은 중국 사상과 공통점이 있으며, 핵심 특징 중 일부는 중요한 방식으로 중국 불교의 견해를 형성했다.

많은 형이상학적 질문이 불교의 자아 개념에서 비롯된다. 감각적 현상과 초감각적 현상 사이의 인과적 상호 작용의 본질, 현상적 개체의 기원(살아 있는 인간 신체와 같은), 보통 말하는 그런 '개인'은 없다는 점을 고려할 때 현상적 자아가 느끼는 고통과 행복, 개별 개성의 생존, 과거의 지식과 귀납적 추론에 근거한 다른 주제, 정신의 본질, 육체가 죽은 뒤에 계속 진행되는 과정의 형이상학적 인식론적 기반에 대한 질문 등이 그것이다(ibid., 29-31, 84, 153-162).

자율성과 자유의지에 관한 도덕적 질문 또한 현상적 자아의 개념으로부터 나올 것이다. 현상적 자아는 원인에 의해 좌우되고 다시 다른 미래 사건을 좌우하는 결과를 초래한다. 모든 행위, 즉 업業 혹은 카르마karma에는 그것이 육체적이든 정신적이든 상관없이 상호 연결된 결과果, vipaka가 뒤따른다. 사고와 사고 과정조차 카르마의 관점에서 보면 행위로 간주된다. 따라서 팔정도에 명시된 대로 올바른 의식正念과 올바른 정신 집중正定을 기르는 것이 중요하다. 카르마의 교리는 초기 주류 브라만과 금욕적인 전통에 이미 존재했다(ibid., 44). 우파니샤드 전통에서 현상적 자아는 카르마를 지배한다. 자이나교 전통에서는 한번 카르마가 수행되면 그것은 개인의 손에서 벗어난다. 불교는 업을 비시간적이고 결정론적으로 간주하는 카르마의 개념을 거부하고 카르마를 인과적 용어인 인연因緣으로 이해한다. 불교의 업은 환경에 의해 부분적으로 결정되지만, 의도된 특정 행위의 결과로서 발생할 수도 있는 상황의 역동적인 틀 안에서 결과를 살펴본다. 이러한 견해에 따르면 각 행위 혹은 사고는 심오하고 복잡한 결과를 가져올 것이다. 왜냐하면 그것들은 잠재적으로 수많은 미래의 사건을 형성할 수 있기 때문이다.

업보, 즉 카르마의 결과로 인해 각 개인은 윤회samsara를 겪는다. 열반涅槃 혹은 해탈을 뜻하는 니르바나Nirvana는 문자 그대로는 '소멸'을 의미하는데, 개인이 어떻게 윤회의 과정을 끊을 수 있는지와 관련된 표현이다. 니르바나는 자아의 소멸이라는 부정적 의미로 이해되어서는 안 되고, 오히려 갈망과 그에 수반하는 불만을 끊어버린 뒤의 깨달음과 관련해 이해되어야 한다. 가장 넓은 의미에서 니르바나는 모든 갈망의 소멸을 가리킨다. 특히 독립적이고 영원한 개별적 자아에 대한 갈망을 포함해서. 그러한 해탈을 성취한 개인인 아라하트arahant, 즉 아라한阿羅漢은 영원한 자아에 대한 환상을 초월한 이해의 경지에 오른 자다. 그러나 불교의 자아 혹은 개인의 개념을 마치 의식의 유일한 선형적 흐름인 것처럼 지나치게 단순화하지 않도록 주의해야 한다.

석가모니가 세상을 떠났을 때 불교 신자들은 그가 니르바나를 이뤘다고 믿었다. 예상하듯이 그의 교리와 그의 죽음 이후 그의 행방에 대해 많은 문제가 제기되었다. 이러한 질문들은 다양한 반응을 불러일으켰는데, 그중 일부는 시대를 거치며 불교 사상에서 다른 학파의 근본 교리가 되었다. 석가모니가 죽은 직후에 열린 첫 번째 불교 심의회에서 그의 교리를 대조하고 정리하고 확정해 더욱 학문적인 불교를 만들었다(Kalupahana, 1976, 94). 한편 종교적 교화가 필요한 평신도를 위한 지침이 있는지와 관련한 문제도 제기되었다(ibid., 95-96). 일상적이고 종교적인 윤리 생활에 대한 염려를 해결해줄 한 가지 방법은 보디사트바bodhisattvas, 즉 보살菩薩 사상과 관련되었다. 보살이란 불성佛性을 이뤄 해탈했지만 다른 사람도 똑같이 해탈하도록 돕기 위해 윤회에서 벗어나지 않기로 맹세한 사람이다. '지혜의 존재'인 보살은 석가모니의 전세 화신前世化身을 지칭하는 데 처음 사용되었다. 이 견해에 따르면 보살은 석가모니로서의 삶 이전에 수많은 세월 동안 열정과 자기희생의 위대한 업적을 수행했다. 석가모니에 관한 이러한 이야기가 평신도들을 고무하는 데 활용되었다(Hurvitz and Tsai, 1999, 418).

시간이 지남에 따라 이 강렬한 이타적 교리는 마하야나Mahayana(거대한 수레), 즉 대승大乘불교의 특징으로 발전했다. 대승불교는 모든 사람의 구원을 주장했다. 이는 대승불교 신자들이 깔보듯이 소승불교 혹은 '작은 수레'라고 부르는 이전의 확립된 불교와 다른 것이었다. 대승불교에서 소승불교라고 부르는 가르침은 사실 테라바다Theravada, 즉 상좌부上座部 불교로 일반적으로 알려졌다. 그러나 상좌부 불교는 스리랑카에 퍼져 가장 오래 살아남은 불교 학파인 반면 소승불교는 대승불교를 반대하는 입장에서 불교에 접근하는 견해를 지칭하는 경멸적인 말로만 존재했다.

인도 서북부에서 중국으로 전파된 불교의 형태는 주로 대승불교였다. 불교의 유입은 중국에 여러 가지 이득을 가져다주었다. 특히 문학, 철학, 명상, 식이요법, 요가와 그 수행법, 예술 등에 영향을 미쳤다. 철학과 관련해서는 형이상학과 인식론에 해당하는 영역을 포함해 중국 사상가들이 미처 생각하지 못한 요소들이 소개되었다. 이 요소들은 정신과 공간과 시간의 개념, 심리학적 현상, 자기 반성적 자아의식을 포함한다. 이제 고대 중국에 불교 철학이 어떻게 유입되었는지 살펴보자.

2
중국 초기 불교

초기에 불교 경전을 번역하려는 노력에는 어려움이 따랐다. 인도 불교 선교사들이 중국에 대해 거의 몰랐고 또 그들의 중국 협력자들도 인도나 중앙아시아 언어를 거의 알지 못했기 때문이다(Wright, 1959, 35). 3-4세기 초반에는 불교 사상에 대한 충분한 검토나 평가 없이 중국어에서 구할 수 있는 용어로 단순한 번역이 이루어졌다. 아서 라이트Arthur Wright는 그 당시 표면적인 번역에 대해 다음과 같이 설명한다.

> 예를 들어 철학적 도교의 핵심 용어인 고대의 도道는 때로 불교의 다르마dharma, 즉 '가르침'을 표현하는 데 사용되었다. 다른 경우에는 보디bodhi, 즉 '깨달음' 혹은 요가를 번역하는 데도 사용되었다. 불교 용어인 아라하트는 '완전히 깨달은 사람'을 뜻하는데 이를 불멸의 존재를 가리키는 도가 용어인 '신인'神人으로 번역했다. '조건 없는 행위'를 뜻하는 무위는 궁극적인 해탈을 뜻하는 불교 용어인 니르바나를 번역하는 데 사용되었다. 유가의 표현인 '효순'孝順은 효도와 복종을 의미하는데 이는 더 일반적이고 추상적인 산스크리트어 실라śīla, 즉 '도덕성'을 번역하는 데 사용되었다(1959, 36).

이렇게 개념을 연결하는 방법을 격의格義라고 하는데 이는 불교 철학 이면에 깔린 가정과 개념적 틀에 주의하는 데 실패했음을 보여준다. 예를 들어 불교의 공空, sunyata 사상을 '무'無로 번역했는데 '무'는 더 정확하게는 '없음'이나 '존재하지 않음'을 의미한다. 이런 격의의 위치에 대한 몇몇 논쟁이 있었다. 그것은 어떤 학자에 의한 문자 번역이라기보다는 '유비 방법'으로 이해되었다(Fung, 1953, 241-242). 이 방법을 적용한 한 방식은 불교 신자의 행위를 위한 다섯 가지 교훈을 유가의 다섯 가지 덕목에서 유추하는 것이었다(Wright, 1959, 37). 그 시기 불교 승려의 전기에서는 혜원慧遠(334-416)이 사용한 유비 방법의 효과를 옹호하고 있다.

> 24세에 그는 강의를 시작했지만 한때 참석자들이 실제에 대한 그의 이론에 반대했다. 논의가 계속되자 그들은 점차로 의심하고 어리둥절해했다. 이에 혜원이 장자의 사상을 인용해 동일한 범주에 속하는 것을 설명하고 이런 방식으로 계속하자 의심스러워했던 사람들이 이해하기 시작했다.
> 年二十四便就講說, 嘗有客聽講, 講實相義. 往復移時, 彌增疑昧. 遠乃引莊子義爲連類, 於是惑者曉然. ◆

말할 필요도 없이 중국 사상가들은 이런 방법으로 불교 사상에 보다 쉽게 접근할 수 있게 되었지만 지나치게 많은 유비가 강요되어 심한 부정확성과 왜곡을 초래했다(Fung, 1948, 242; Lusthaus, 1998, "Earliest Developments"). 3-4세기 동안 불교 사상의 일곱 학파 혹은 종파宗가 출현했다. 여섯 학파는 남쪽에서 발전했고 한 학파, 즉 본무종本無宗은 북쪽에서 발전했다.

◆ 혜교(慧皎, 554)의 『고승전』(高僧傳). Fung, 1953, 241에서 재인용.

본무종本無宗

이 교리는 승려 도안道安(312-85)에 의해 전파되었다. 육체적 문제, 정신적 감각, 사고, 다섯 가지 스칸다스skandhas, 즉 오온五蘊을 포함해 존재의 모든 요소는 그 본성에서 텅 비고 공허하다空고 주장한다. 모든 것은 원시적인 본래의 공空에서 나왔고 모든 것은 그 공으로 돌아간다(Lusthaus, 1998, "Earliest Developments").

본무이종本無二宗

이 종파는 앞의 종파와 마찬가지로 텅 빈 공空의 선재성과 중요성을 강조한다. 앞의 종파와 다른 점은 『도덕경』의 유무有無에 근거해 공을 설명한다는 것이다. 『도덕경』 40장에는 "유는 무에서 나온다"有生於無는 말이 있다(Fung, 1953, 248).

즉색종卽色宗

우리가 경험하는 물질色, 즉 '지금 여기'의 물질은 타고난 본성自性이 있는 것이 아니라 오직 외적 원인과 조건인 인연因緣에 의해 생겨난다. 그래서 우리는 그것은 공하다色空고 말한다. 이 교리는 두 가지 다른 방식으로 발전했다. 첫 번째 견해에서는 우리가 직접 경험하는 것 이면에 있는 것은 공하지 않다고 주장한다. 이런 차이는 우리가 경험하는 물질인 '거친 물질'粗色과 그 반대인 '섬세한 물질'細色을 구별함으로써 유지된다. 두 번째 견해에서는 이러한 입장을 비판하면서 사건의 두 형식 모두, 거칠든 섬세하든 모두 공하다고 주장한다(ibid., 248-252).

심무종心無宗

이 종파는 현대 철학에서 '마음과 세계'라고 부를 수 있는 것 사이의 차이에 초점을 맞춘다. 그들은 무無는 존재가 아니라 성인의 마음과 관련된 것이라고 주장한다. 사실상 물질적 존재는 실제라고 명확하게 단언한다. 성인의 마음에 무를 적용할 때 '무'라는 말은 외적 세계의 만물에 대해 어떠한 의도적인 마음도 갖지 않음을 의미한다. 이것이 완전한 이해의 상태이자 메타인지적 상태다. 이것에 의해 성인의 마음은 사물에 대한 잘못된 집착으로부터 자유로워진다. 이 종파의 교리는 형이상학과 인식론 사이를 능숙하게 옮겨 다니고 '물질은 공하다' 같은 형이상학적 진술이 사실상 심리학적이고 인식론적이라는 점을 주장한다. 그들은 사물의 본성보다 마음의 과정에 대해 더 많이 밝혀준다.

식함종識含宗

존재의 모든 현상은 환영이다. 마치 거대한 꿈속에 있는 것과 같다. 깨어났을 때에는 환상을 일으키는 의식이 소멸된다. 이 점에서 마음은 공하고 더는 생성의 일부가 아니다(ibid., 256-257).

환화종幻化宗

속제俗諦, 즉 속세의 진리는 모두 환상이다. 그러나 마음의 정신神은 공하지 않다. 왜냐하면 거기에는 틀림없이 불교의 진리와 가르침을 이해하고 체현할 그릇 혹은 능력이 있기 때문이다. 진실한 마음이 최고의 진리를 얻는다(ibid., 257).

연회종緣會宗

'있음'有은 원인의 결합, 즉 인연에서 비롯하는데 그것을 세상의 진리, 즉 세제世諦라고 한다. 그러나 이러한 원인이 사라지면 '없음'無이 초래되고 이것은 최고의 진리를 구성한다. 그것이 일의제一

議諦다(Fung, 1953, 257).

　　종파의 이러한 분류에서 우리는 순야타sunyata를 무無와 (더 정밀하게는) 공空(텅 빔, 없음)으로 번역하는 것 사이의 중요한 망설임을 볼 수 있다. 그리고 몇몇 종파에서 『도덕경』에 나오는 유有와 무無 사이의 대조를 끌어와 어떻게 불교 사상을 설명하는지도. 본무종의 도안 역시 다른 여섯 종파는 격의에 의존하기 때문에 불교 사상의 진리를 오해했다고 주장했다. 그는 개념을 연결하는 방법인 격의로는 모든 존재의 근본인 공이라는 불교 교리를 적절하게 파악할 수 없다고 논했다(Chan, 1963b, 338). 여기에서 인도 불교와도, 중국 전통 사상과도 구별되는 중국 불교의 발전 사례를 볼 수 있다 (Lusthaus, 1998, "Earliest Developments").

　　이 시기에 불교가 중국 사회에서 발판을 얻었다는 또 다른 증거는 호교론護敎論 문헌들이다. 그 저자들은 불교와 중국 토착 문화에는 서로 통하는 점이 있다고 설명하거나 심지어 불교의 이점을 강조하면서 중국 대중에게 불교를 옹호하려 시도했다. 불교 사상의 많은 특징은 중국 문화와 전통에 낯선 것이어서 사람들이 그것을 받아들이도록 하기 위해서는 적절한 설명이 필요했다. 중국의 세계관은 가족 관계와 책임, 의례 행위의 중시, 타산적 경제와 유한한 인간 존재에 대한 개념을 포함하지만, 이와 대조적으로 불교는 승가 생활, 자비, 윤회를 강조한다(Wright, 1959, 38-39). 이것이 둘 사이의 주요한 차이점이다. 아서 라이트는 호교론 문헌이 두 전통의 상호 교류에 관한 연구에서 특별한 위치를 차지한다는 점에 주목한다. 왜냐하면 "자신의 종교를 방어할護敎 필요가 있다고 느끼는 지점이 바로 불가피하게 두 사상 체계가 크게 갈등하는 지점이기 때문이다"(ibid., 38). 여러 주제가 호교론 문헌인 『이혹론』理惑論◆에서 다

◆『이혹론』에는 특히 불교 교리의 옹호자로 모자라는 인물이 나온다. 이 문헌의 성립 연

뭐졌다. 왜 불교 사상은 중국 고전에서 언급되지 않았는지, 왜 불교 승려는 머리를 깎는지, 그리고 불교 승려의 독신 생활, 불교의 생사관과 윤회관, 불교 사상의 이교도적 본질에 대한 고려를 포함해서 말이다. 독신 생활은 중국인의 정신에 전혀 맞지 않는 발상이었는데『이혹론』의 모자牟子는 가족생활보다 더 중요한 다른 것이 있다고 주장한다.

> 모자가 말했다. "처와 자식과 재물은 세상의 사치품이지만 단순하게 살고 아무것도 하지 않는 것無爲은 도의 경이로움이다. 노자는 '명성과 생명 가운데 어느 것을 더 친애하는가? 생명과 재산 가운데 어느 것이 더 귀한가?'라고 했다. (……) 허유와 소부는 나무에서 살았다. 백이와 숙제는 수양산에서 굶어 죽었다. 그러나 공자는 그 어짐을 칭찬하며 '그들은 인을 구하여 인을 얻었다'고 했다. 후손이 없고 재산이 없다고 그들을 헐뜯는 말은 들어보지 못했다. 사문은 도를 실천하여 세상에서 스스로 즐기는 즐거움을 대체했다. 그는 처와 아이들의 즐거움을 대신하여 선함과 지혜를 축적했다.
> 妻子財物, 世之餘也, 清躬無爲道之妙也. 老子曰, '名與身孰親? 身與貨孰多?' (……) 許由栖巢木, 夷齊餓首陽, 孔聖稱其賢曰, '求仁得仁者也.' 不聞譏其無後無貨也. 沙門修道德以易遊世之樂, 反淑賢以貿妻子之歡.

중국의 불교 사상사에서 중요한 발전은 401년에 중국 수도 장안長安에 불교 승려 구마라집鳩摩羅什, Kumarajiva(344-413)이 도착하면서 시작되었다. 대승불교를 장려한 구마라집은 왕실 후원자의 지원

대와 원저자는 알려져 있지 않다. de Bary and Bloom, *Sources*, 1999, 421-426에 문헌의 일부가 실려 있다.

을 받아 불교 원전을 중국어로 번역했다. 여기에는 중국 불교를 형성한 문헌들이 포함되었는데 그중에는 『법화경』法華經◆과 『금강경』金剛經◆◆도 있었다. 구마라집과 함께 이 기획을 수행한 수많은 전문가들이 분명히 있었다. 이것은 단순한 번역 활동이 아니었다. 왜냐하면 이 기획은 오래되고 불완전한 번역본과 새로운 번역본의 비교를 야기해 수많은 교리 논쟁을 일으켰기 때문이다(Wright, 1959, 62-63). 라이트에 따르면 이 기획은 중국에서 불교를 정의하는 데 중요한 역할을 했다. 그 이유는 다음과 같다.

> 대승불교 사상이 중국에서 이전보다 더 명확하고 정밀하게 드러났다. 예를 들어 공空에 대한 나가르주나Nāgārjuna의 개념인 수냐타Śūnyatā는 그 의미를 왜곡하고 모호하게 했던 도가 용어와 분명하게 구분되었고, 불교의 이런저런 핵심 교리를 충분하게 이해할 수 있게 되어 그 이후에 중국 불교가 독립적으로 발전하는 위대한 시대의 사상적 기초를 놓았다(ibid., 63).

이 기획은 지속적인 영향을 미쳤다. 그건 단지 불교 경전의 질과 양이 엄청나게 증가해 중국 사상가들이 불교 사상을 더욱 실질적으로 숙고할 수 있게 되었기 때문만은 아니었다. 이 기획은 구마라집과 함께 작업한 많은 승려와 사상가에게도 도움이 되었는데, 이들은 이후에 단순히 동화되어 지나치게 단순화되지 않은 중국 사상의 고유한 주제를 가지고 불교의 교리를 명확히 밝혔다. 구마라집의 두 제자는 이런 점에서 두드러졌다. 한 제자는 승조僧肇(394-414)로 노자와 장자의 철학을 연구했다. 그는 사물의 불변성과 비실

◆ 이 문헌의 긴 이름은 『숭고한 진리의 흰 연꽃에 관한 경』이다. 중국어로는 『묘법연화경』(妙法蓮華經)이다.
◆◆ 이 문헌의 긴 이름은 『금강반야바라밀경』(金剛般若波羅蜜經)이다.

제의 공空을 포함한 여러 주제에 대해 독특한 중도中道의 해결책을 제시했다. 사물의 공에 대한 논의에서 그는 심무종, 즉색종, 본무종을 포함한 일곱 종파의 교리를 비판했다. 그는 그 교리들이 일방적이라고 논하면서 오직 공과 무만을 강조했다. 중도의 관점, 즉 중관中觀은 무와 유를 모두 고려하면서 실제로는 둘 사이의 배제된 근거를 지지했다. 승조는 도가 철학의 그것을 연상시키는 접근법을 적용해 움직임과 고요함, 원인과 결과, 행위와 비행위, 지속성과 일시성, 과거와 현재, 안정과 변화, 존재와 비존재, 유한과 무한, 실제와 명칭 등 짝이 되는 양극단이 변증법적으로 상호 작용하는 이치를 설명했다(Fung, 1953, 258-270).

구마라집의 또 다른 유명한 제자는 도생道生(360-434)이었다. 그는 응보와 깨달음을 포함해 좀 더 실천적인 방향의 주제를 논했다. 그의 가장 두드러진 공헌은 아마도 종교 생활에서 언어의 위치에 대한 논의일 것이다. 그는 가르침과 말과 종교적 깨달음에 초점을 맞췄다. 일단 존재가 깨달음을 얻으면 상징(말)을 잊어버려야 한다. 이런 견해도 도가의 색채가 강하다. 왜냐하면 언어가 실제인 것 혹은 중요한 것과 지혜의 형언할 수 없는 본질을 포착하기에는 적합하지 않다는 도가의 관점을 공유하기 때문이다. 도생도 특히 『장자』에서 볼 수 있는 비유적 표현을 사용했다. 그는 물고기를 잡으면 그물은 버려야 한다는 말을 좋아했다. 도생의 경우 배움에 대한 이런 이론은 그의 논증과 일치했다. 만약 진리가 확정되고 단일화되었다면 이 '일승'一乘에 대한 깨달음의 실현은 돈오頓悟, 즉각적이고 완전해야 한다. 이 교리는 점수漸修라는 수양과 관련된 배움의 과정과 수행적 실천을 사실상 무시해버렸기 때문에 의심을 받았다. 승조를 포함해 다른 이들은 그것에 반대했다. 도생의 언어에 대한 부정은 직관적 이해를 강조하는 것과 연결되는데 이 관점은 나중에 발전하는 선불교의 교리와 다르지 않다.

　이 절에서 마지막으로 주목할 부분은 이 기간 동안 현학 사상이 불교 사상에 미친 영향이다. 현학 사상은 당시 위나라의 상황에 기반한다. 겉으로만 유가의 가치를 공언하는 위선적인 관료의 행위에 대한 비판은 후한 시대부터 이어졌다. 그것은 순수한 대화를 의미하는 '청담'淸談의 추구와 관련되는데, 이를 통해 교양 있는 엘리트인 지식인은 지적인 논의와 음악 같은 문화 활동에 참여했다(Chan, 2009, 304).◆ 지적 논의에서는 고전 문헌에 나온 단어나 구절을 자세하고 길게 설명하는 경우가 많았다. 이런 환경에서 현학 사상가들은 고전을 재해석하는 데 초점을 맞추면서 유가 사상의 해석을 비판했고, 도의 통찰에 비추어 유가 사상을 독해할 것을 주장했다(ibid., 305). 하안, 왕필, 곽상이 이런 신념을 가진 가장 두드러진 사상가였고, 특별한 세 문헌, 즉『역경』,『노자』,『장자』가 현학 사상가들이 집중한 핵심 고전 문헌이었다.◆◆ 이 세 문헌은 나중에 '세 가지 심오한 글'이라는 의미로 '삼현'三玄이라고 알려졌다.

　지금까지도 영향력이 있는『논어』의 주석을 쓴 하안은 무에는 말로 표현할 수 있는 속성도 형태도 없다는 무에 대한 도가의 인식을 강조했다. 무명론無名論에서 도는 어떤 형태나 속성도 갖지 않는다(ibid., 307). 그래서 이름 지을 수 없다. 하안이 보기에 도는 완전하다. 구체적 특성에 의해 제한되지 않기 때문이다. 또한 특수한 성질이 없기 때문에 모든 개별적 사물의 뿌리가 될 수 있다. 하안은

◆이 현상은 한나라 때 순수한 비판을 의미하는 '청의'(淸議) 논의로부터 발전되었을 수 있다. 이런 논의는 조정의 부패를 근절하려는 학자 관료들이 주도했다. 아마도 그들은 억압받았기 때문에, 몇몇 낙담한 지식인은 지적 논쟁과 음악으로 방향을 바꾸었는지 모른다(ibid.).

◆◆물론 죽림칠현(竹林七賢)을 포함해 다른 두드러진 사상가들도 있었다. 그들은 관료들의 위선을 비판했다(ibid., 313-317). 현학 사상가들이 참여한 문제에 대한 요약은 317-321쪽 참조.

유가의 성왕인 요堯를 언급하면서 도의 개념을 설명한다. 도처럼 요는 완벽해서 단일한 언어로 그의 탁월함을 설명할 수 없다(Wu, 2011; D'Ambrosio, 2016에서 인용-).

『역경』과 『도덕경』에 대한 왕필의 주석은 이후로 두 문헌을 이해하는 방식을 형성했고 계속 형성하고 있다. 왕필은 도를 형이상학적이고 인식론적인 의미에서 만물의 근원으로 인정한다. 형이상학적으로 도는 모든 존재의 하나의 근원이다. 그것은 만물의 단일성을 의미한다. 존재론적 우위를 주장하는 것은 무명無名이라는 문제에 더 초점을 두는 하안의 무 개념과는 차이가 있다. 왕필은 "도는 하나를 낳는다"道生一(『도덕경』 42)는 말이 또한 형이상학적 '무'는 존재에 앞선다는 뜻이라고 주장한다(Chan, 2009, 308). 인식론적으로 도가 성인의 과제는 다양성이 하나로부터 생기고 이 하나에 준해서 행위해야 한다는 점을 이해하는 것이다.

곽상은 『장자』의 최초 주석자로, 각 존재의 자족과 다른 사람과의 상호 의존성 사이에서 미묘한 줄타기를 한다. 그는 무를 형이상학적 실재로 보는 왕필의 견해에 반대한다. 곽상의 견해에 따르면 비존재라는 의미에서 무는 추상이며, 그래서 창조 과정의 실제적 측면과 관련될 수 없다(ibid., 309). 또한 왕필의 무는 단일성으로서 만물의 보편성을 강조한다. 이것은 각 존재는 독립적이라는 곽상의 신념과 상반된다. 앨런 찬은 두 사상가의 차이점을 다음과 같이 강조한다. "왕필은 '하나'를 칭송하는 반면 곽상은 '다수'에 초점을 맞춘다."(ibid., 310). 곽상의 경우 사물은 다른 것과 변함없이 연결됨에도 불구하고 독립적이다. 마치 반그림자[1]가 그에 상응하는 그림자와 연결되어 있지만 그것에서 생겨나지는 않는 것과 같다. 곽상은 『장자』 「제물론」에서 취한 이 표현을 적용해 '고독한 변화'라는 '독화'獨化 개념을 설명한다(Ziporyn, 2003, 99-123).

독립성의 개념은 또한 행위에 대한 곽상의 설명에서 중심을 차지한다. 독립적인 사람은 주로 규범을 따르지 않는다. 곽상은 성인은 자발적으로 행위한다고 본다. 그리고 이상적으로 사람의 행위는 자발적이어야 한다고. 불행하게도 성인의 자발적 행위는 따라야할 길로, 자취迹로 오해되었다. 그 결과로 자발적인(그리고 그와 같이 이해되어야 하는) 것은 규범적 역할로 승인되어버렸다. 그러고 나면 이러한 규범은 그 자신의 삶에 규정적으로 적용된다(Ziporyn, 2003, 31, 36). 곽상이 관료의 삶을 비판한 것은 고전이 마치 규범적 안내서인 양 자취처럼 읽혔기 때문이다. 『논어』를 읽는 다른 방식을 제시하면서 곽상은 『논어』의 대화를 모든 삶에 예외 없이 적용되는 고정된 진리보다는 우화로서 읽을 것을 제안한다.

앞의 개요는 한대 이전 사고에 기반한 현학 사상의 특징, 그리고 불교 사상이 현학 사상과의 밀접한 연계성을 발견했다는 점을 강조한다. 현학의 논의는 언어가 이상이나 존재의 근거를 포착하기에는 부족하다는 점을 강조했다. 하안이 보기에 도의 개념과 이상적 군주는 어떤 특성에 의해 규정될 수 없고 환원될 수도 없다. 왕필과 곽상도 마찬가지로 공식적이고 규범적인 배움을 거부했다. 왕필에게 이러한 배움은 다수성의 근거인 존재론적 단일성을 저버리는 것이다. 곽상의 설명은 다르다. 다른 사람의 걸음을 흉내 내며 걷는 것처럼 규범적 지시를 따라야 한다고 배운다면 개인은 실패할 것이다. 이러한 논의는 형이상학, 인식론, 언어철학과 윤리학의 영역을 가로지르는 다양한 문제에 주목한다. 여기에는 독립성과 상호의존성의 관점에 기반한 자아와 세계의 개념도 포함된다. 인간의 추구를 형성하고 자극하는 자아의 한계, 변화에서 기인한 복잡하고 때로는 알 수 없는 일련의 인과관계가 그것이다. 더불어 이런 사상은 견고한 삶의 방식에 대한 회의론을 강화했다. 그들은 공식적인 것과 보편적인 것을 거부하고 개성을 더 깊이 있게 인지할 가능성을 열어두었다. 잘 사는 삶에 대한 유가와 도가의 사상을 종합하면서 그들은 삶의 탁월함에 대한 기준은 기존에 설정된 원리를 따르는 것이 아니라 삶을 구성하는 경험과 실천이라고 주장했다. 이런저런 방식으로 현학 사상은 중국 불교의 토대를 마련했고 또한 발전에 영향을 미쳤다. 5-6세기 동안 중국 불교는 존재와 정신과 의식, 세속적 삶과 더 심오한 단계의 삶 사이의 관계, 독립성과 상호의존성, 인과관계와 윤리적 삶에 대한 관점에서 독특한 특성을 발전시켰다.

3
중국 불교 교리

불교 철학이 5-6세기에 중국에서 점차로 대중화되자 불교 교리는 여러 다른 사상가가 읽고 해석한 다양한 경전을 바탕으로 분열되기 시작했다. 수많은 불교 문헌이 붓다의 말씀이라면 문헌들 사이의 불일치를 어떻게 설명할 수 있을까?◆ 중국 사상가들이 대승불교에 더 많은 관심을 가졌던 점을 고려해볼 때 대승불교 문헌의 성격 때문에 이런 과제는 더욱더 어려움에 봉착했다. 인도의 수많은 불교 심의회에서 비교적 이른 시기에 통합이 이루어졌던 상좌부 문헌들의 경우와는 달리 대승불교 경전은 어떤 지점에서 공식적으로 승인받지 못했다. 대승불교 경전은 상좌부 경전과 모순될 뿐만 아니라 대승불교 전통 안에서도 다른 문헌과 종종 일치하지 않았다(Hurvitz et al., 1999a, 434). 몇몇 중국 불교 사상가는 불교 문헌 중 일부가 붓다의 최종적이고 궁극적인 말씀을 담고 있다고 주장하면서 문헌의 불일치와 모순을 해결하려고 했다. 이 문제를 다루는 중요한 한 가지 방법은 '가르침의 분류', 즉 판교判教라고 불렸다. 이 방법은 다음과 같다.

기본적인 모순을 해결할 필요가 있다. 불교 경전은 모두 붓다 자신의 말씀이므로 하나의 통일된 가르침을 반영한다는 이론

◆ 허비츠 등에 따르면 중국 사상가들은 인도에서 넘어온 문헌이 종파에 따라 나눠졌다는 사실을 깨닫지 못했기 때문에 문헌들 사이에서 일관성을 찾으려 한 그들의 시도는 자주 실패할 수밖에 없었다(1999a, 433).

과 실제로 다른 시대에 다른 사람들이 썼기 때문에 당연히 불일치한다는 실제 사실 사이의 모순이다. 중국 사상가들의 해결책은 경전은 실로 모두 붓다의 말씀이지만 특정한 상황과 청중에게 적합하게 그의 가르침을 의도적으로 다양하게 변화시켰다는 것이었다(Fung, 1953, 284).

이 방법은 여러 집단이 불교의 가르침과 경전에 순위를 매기는 여러 기준을 제시하면서 널리 사용되었다. 사실 순위를 정하는 방식은 불교의 다른 종파를 양산하는 촉매제였다. 여기엔 유식종唯識宗, 천태종天台宗, 화엄종華嚴宗, 정토종淨土宗이 포함된다(Hershock, 2015).

특정 종파의 다르마, 즉 가르침을 정당화하려는 다른 시도로 인도로의 성지 순례가 있었다. 이는 더 많은 경전의 연구뿐만 아니라 경전의 수입과 번역과도 연관되었다. 5-6세기에 걸쳐 중국 승려의 인도 순례는 중국 불교 사상의 깊이와 복잡성을 크게 개선시켰다. 418년에 경전을 가지고 인도 순례에서 돌아온 최초의 중국 승려 법현法顯(337-422)은 『열반경』涅槃經의 번역본을 편찬했다. 이 문헌에서 논의되는 주제 가운데 하나는 깨달음을 얻을 수 없는 존재였다. 바로 이찬티카icchantika, 일천제一闡提다(Lusthaus, 1998). 이 존재들에게 불성佛性이 있는지 여부에 대한 논쟁이 뒤따랐고 몇 세기에 걸쳐 이어졌다. 구마라집의 제자 도생은 모든 존재는 불성이 있다고 주장했다. 시간이 흐르면서 불성에 대한 이런 낙관적 믿음이 중국 대승불교의 핵심 교리 가운데 하나가 되었다(ibid., "Indian transplants: Madhyamaka and Icchantikas").

수나라(581-618) 때 불교의 교리에 관한 논쟁이 번성했다. 당나라(618-907)를 거치면서 독특한 교리적 특성이 형성되었고, 이 시기 후반에 중국 불교 논의는 인도와의 연관성에서 멀어지고 대신 『법화경』과 『화엄경』 같은 불교 경전에 대한 주석에 더 관심을 갖게 되었다(Lusthaus ,1998, "Historical Overview"). 교리상의 차이를 세부적으로 검토함으로써 교리에 초점을 맞추는 경우가 있는 반면에 수행에 초점을 맞추는 경우도 있었다. 여기서는 주로 불교 철학에 중점을 두기 때문에 교리상의 종파에 초점을 맞출 것이다. 그러나 종교적 수행을 강조하는 정토종에도 관심을 가져야 한다. 왜냐하면 아마도 현재까지 중국과 다른 아시아 지역에서 가장 대중적인 형태의 불교일 것이기 때문이다. 정토종은 정토淨土를 믿는 대승 운동이었다. 정토는 속세의 유혹과 더러움으로부터 자유로운 땅이다(Hurvitz et al., 1999b, 482). 정토종의 신조는 세상이 부패해 사람들이 해탈을 얻기가 거의 불가능해졌다는 것이다. 이 문제에 대한 대응으로 정토종은 아미타Amita 신앙에 근거한 해탈 이론을 주장했다. 아미타는 성불하기 전에 보살이 되어 48가지 서원誓願을 취했다. 그 가운데 하나가 중생이 그의 이름인 '아미타불'을 부르며 빌면 정토에서 다시 태어나 구원을 얻도록 하는 것이었다. 이제 다시 5-6세기 동안 중국에서 발전한 불교 교리로 돌아가보자. 그것 모두는 중국 사상의 주제와 발상에 많든 적든 영향을 미쳤다.

삼론종三論宗

이 종파는 구마라집이 중국에 소개한 중관 교리를 옹호했다. 종파 이름은 중관 전통의 세 가지 핵심 문헌에서 나왔다. 『중론』中論, 『십이문론』十二門論, 『백론』百論이 그것이다. 중관 교리는 감각을 통해 인식할 수 있는 현상 세계와 실재 세계 사이의 차이를 이끌어

낸다. 현상 세계를 실재인 양 보는 것은 환상이다. 이는 시력이 안 좋은 사람과 유사하다. 시력이 안 좋은 사람은 모든 것을 부정확하게 '보고' 실재가 아닌 것을 실재로 이해하기도 한다(Hurvitz et al., 1999a, 436). 실재는 공空, 즉 텅 빔에 의해 포착된다. 일상 세계의 현상과는 달리 공은 절대적이고 변함이 없다.

길장吉藏(540-623)은 삼론三論 철학의 주요한 지지자였다. 그의 철학은 또한 때때로 '두 가지 진리'를 뜻하는 '이제'二諦로 이해된다. 왜냐하면 두 종류의 진리, 즉 일반 진리인 세제世諦와 절대 진리인 진제眞諦를 제안했기 때문이다. 일반 진리는 이 세상과 관련이 있고 절대 진리는 누메나noumena, 즉 실재에 기반한 본체의 세계와 관련이 있다. 진리의 두 형태는 현대 형이상학에서 현상appearance과 실재reality를 구분하는 것과 어느 정도 일치한다. 길장에 따르면 일반 진리와 절대 진리의 세 단계가 있다. 첫 번째는 단순한 단계로 일반 진리는 '유'有, 즉 현상 세계의 존재를 긍정한다. 이와 반대로 절대 진리는 '무'無를 긍정한다. 두 번째 단계에서는 유와 무 모두 고려된다. 비록 일반 진리는 유와 무 모두를 긍정하는 반면 절대 진리는 각각의 입장을 부정하지만. 세 번째 단계는 가장 논란이 되는 단계로 긍정과 부정이 검토 대상이 된다. 왜냐하면 둘 모두 현상 세계에 대한 집착을 드러내기 때문이다. 일반 진리는 유와 무를 긍정하거나 부정하지만, 절대 진리는 유와 무를 긍정하지도 부정하지도 않는다. 더크 보드Derk Bodde는 두 형태의 진리와 그 단계를 다음과 같이 도식화한다.

이제二諦의 세 단계:◆

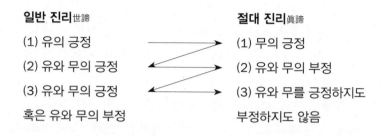

일반 진리世諦	절대 진리眞諦
(1) 유의 긍정	(1) 무의 긍정
(2) 유와 무의 긍정	(2) 유와 무의 부정
(3) 유와 무의 긍정	(3) 유와 무를 긍정하지도
혹은 유와 무의 부정	부정하지도 않음

화살표로 표시된 것처럼 변증법적 방식으로 진리의 단계를 따라 사람은 진보한다.

• 일반 진리 (1)에서 절대 진리 (1)로, 그리고 2단계로.
• 2단계에서 사람은 일반 진리 (2)에서 절대 진리 (2)로 진보한다, 그리고 3단계로, 절대 진리 (3)을 얻을 때까지.

보드는 이렇게 썼다. "끊임없는 부정의 부정을 통해 긍정이든 부정이든 아무것도 남지 않았을 때에야 진리의 최고 단계에 도달한다."(Fung, 1953, 295) 두 가지 진리 이론에서는 중도가 긍정된다. 열반은 높은 진리에서 구해지지만 일반 진리의 삶에서 자신을 끄집어낼 필요는 없다. 명상은 진리에 대한 통찰을 얻는 방법이다. 길장 또한 중관 사상의 공空을 불성과 혼합해 성불할 수 있는 인간의 능력을 강조했다. 삼론종은 9세기에 쇠락했다. 그러나 길장의 사상은 이후 불교 철학에 흡수되었다. 그의 많은 저작은 살아남았고 다른 중국 불교 교리에 영향을 미쳤다.

◆펑유란의 저서(1953, 295)에 나오는 더크 보드의 번역 주석에서 가져왔다(화살표는 저자가 표시).

유식종 唯識宗

유식종은 인도의 유가행파瑜伽行派, Yogacara로부터 발전했다. 중관 사상과 함께 유가행파는 대승불교의 양대 주류였다. 현장玄奘 (602-664)은 유식 교리를 발전시키는 데 중요한 역할을 했다. 그는 불교 연구를 위해 중앙아시아를 여행하면서 유가행파 불교의 창시자로 알려진 두 형제 가운데 한 사람인 바수반두Vasubandhu(4-5세기), 즉 세친世親으로부터 가르침을 받았다. 현장은 74편의 문헌을 번역했지만(Lusthaus, 1998, "Chinese Buddhist Schools") 그의 가장 중요한 저작은 10권짜리 『성유식론』成唯識論이다. 유가행파는 모든 것이 공空하다고 주장한다. 그것은 오직 마음의 산물이기 때문이다. 이 철학을 받아들인 현장은 모든 인식된 대상은 단지 경험일 뿐이므로 물질의 실질적 실재를 부정한다는 견해를 내놓았다. 그는 또한 불성은 모든 존재의 고유한 특성이라고 단정했다. 그는 감각 경험의 진정한 본질에 대한 확실한 증거를 찾는 것은 불가능하다는 주장을 뒷받침하기 위해 꿈의 경험을 언급했다. 대상은 마음과 무관하게 실제하지 않는다. 우리는 정원이나 마을과 같은 '대상'이 존재한다고 믿지만, 현장은 그것이 모든 공간과 시간에서가 아니라 오직 특정한 시간과 공간에서 보이는 한에서만 존재할 뿐이라고 주장한다(Fung, 1953, 321-323). 현장에게 세상의 사물에 대한 지각은 "어떠한 개체의 독립적 존재에 대한 증거가 아니며 모든 지각은 지각하는 정신의 투사로서 설명될 수 있을 뿐이다"(Hurvitz et al., 1999a, 441).

인식론적 조건에서 이 교리는 마음과 별개로는 어떤 것도 성립될 수 없다고 주장한다. 우리가 알고 있는 세상은 의식의 변화에서 발생한다. 현장은 팔식설八識說을 주장하는데, 그 가운데 여덟 번째 식識이 아뢰야식alaya-vijnana이라고 하는 '장식'藏識으로 의식의 가장 성숙한 단계다. 장식은 시간을 통해 축적된 지각의 저장소다. 좋건 나쁘건 모든 행위는 장식 안에 자취를 남긴다. 장식은 또한 때때로 '씨앗' 의식, 즉 종자식種子識이라고 불린다. 왜냐하면 현상 세계 안팎에 존재하는 만물의 씨앗을 담고 있기 때문이다. 각 개체는 끊임없이 변화하는 자신만의 장식을 가지고 있으며 이것은 '개인'이 영원한 자아가 아님을 의미한다.◆ 유식종의 지지자들은 장식이 어떻게 경험의 영향을 받는지 혹은 '훈습'되는지에 대해 서로 다른 설명을 내놓았다. 또한 그들은 윤회 과정에 비추어 자아의 정체성을 논의했다. 이것은 장식과 개체의 육신이 동일하지 않기 때문에 발생하는 문제다. 사실 장식은 육체 이전에 존재할 수 있고 또한 육체가 죽은 뒤에도 계속 존재할 수 있다(Fung, 1953, 305-306). 장식과 관련된 이론은 또한 극단적인 관념론의 문제로 가득 차 있다. 우리가 안다거나 이해한다고 주장하는 모든 것은 주관적인가? 장식은 유아론solipsism의 문제를 다룰 수 있는가? 모든 개별적 장식을 포함하는 보편적 장식을 상정해 주관성의 문제를 해결하려는 시도가 있었다. 그러나 보편적 장식의 개념은 보편적 장식과 보편적이지 않은 장식 사이의 상호 작용과 인과관계를 설명해야 하기 때문에 문제가 없는 것은 아니었다. 상호 주관성에 대한 어떤 개념이 제안되었지만 그 세부 사항이 명확하지는 않았다(ibid. 308-309).

　평유란이 '단순한 관념 작용'이라고 묘사한 유식종 교리의 관념론은 중도로 의식과 일상생활에서 경험하는 현상 세계의 관계 문제를 해결하려고 했다(ibid., 319). 오직 의식만이 존재하고 의식과 분리된 실재는 없다고 주장하지만, 또한 다른 한편으론 의식의 산물이면서 의식으로부터 분리될 수 없는 현상 세계가 존재한다고 주

◆유가행파 철학의 의식에 대한 더 자세한 논의와 이 교리가 여래장(如來藏) 교리와의 긴장 속에서 어떻게 진행되었는지, 그리고 만물에 내재된 존재론적 불성에 대한 믿음에 대해서는 Lusthaus, 1998, "Indian transplants: tathagatagarbha and Yogacara" 참조.

장한다. 그것이 장식과 관계하는 인간의 감각 기능의 역할, 주관성, 보편적인 형식과 보편적이지 않은 형식에서 장식 사이의 구별, 다른 마음의 문제 등 수많은 문제에 대한 적절한 답변인 것처럼 보이지는 않는다(ibid., 309-310, 326). 실제로 유식종은 완전히 텅 빌 때까지 장식을 소진한다고 주장한다. 이 단계에서 우리는 존재가 '여여'如如, tathata의 상태에 도달했다고 말한다. 이 상태는 요가 활동을 통해서 성취된다. 그리고 여기서 현장은 인도에서 발전한 유가행파 수행의 정통 형식을 장려한다(Lusthaus, 1998, "The Chinese Buddhist Schools"). 8세기에 유식종은 쇠락한다. 아마도 그 관념론이 중국인의 상상력을 포착하기에는 지나치게 설득력이 없었기 때문일 것이다. ◆◆

천태종 天台宗

천태종은 동아시아의 일부 지역에서 여전히 영향을 미치고 있다. 중국의 천태산에서 이름을 취했는데, 그곳에서 창시자로 추정되는 제3대 조사祖師 지의智顗(538-597)가 배움과 가르침으로 오랜 세월을 보냈다. 그 이름은 주목할 만하다. 왜냐하면 중국에서의 창시 장소를 가리킴으로써 인도가 아닌 곳에서 기원했음을 강조하기 때문이다. 그러나 그 철학은 『법화경』에 바탕을 두고 있다. 『법화경』은 대중적인 대승불교 문헌으로 주로 종교적 수행에 초점을 맞추고 있다. 이것은 체계적인 저작은 아니다. 지의는 『법화경』을 해석한 세 가지 주요 문헌을 편찬했다. 『법화현의』法華玄義, 『법화문구』法華文句, 『마하지관』摩訶止觀이 그것이다. 그는 단 하나의 불교 율법이 있다고 믿었으며, 이 관점에서 문헌의 위계를 설정했다.

◆◆ 펑유란은 유식론이 상식과는 완전히 모순된다고 말한다(1953, 339).

붓다가 보리수나무 아래에서 깨달음을 얻었을 때『화엄경』에 표현된 것처럼 그의 전망이 즉각적이고 생동감 넘치는 말로 묘사되었다. 그러나 이 경전에 접근하기 어렵다는 점을 깨닫고 붓다는 소승불교 경전에 명시된 준비 단계의 가르침에 초점을 맞추었다. 그다음 단계의 가르침은 중관학파와 유가행파 경전에서 가져왔다. 더 발전된 대승불교 경전이 그 뒤를 따랐고, 마지막으로『법화경』과『열반경』에서 절정에 다다랐다. 『화엄경』과『법화경』은 둘 다 최고의 경전이지만『화엄경』은 누군가가 평가하기에는 너무 숭고하다. 그러나 가장 진보한 혹은 깨달음을 주는 경전이다. 그래서 지의는『법화경』을 천태종을 정의하는 경전으로 삼았다(Lusthaus, 1998, "The Chinese Buddhist Schools: Tiantai").

천태종의 교리는 공空 사상을 강조한다. 지의는 인도 중관 사상의 관습적 진리와 궁극적 진리 사이의 구별을 가져와(Ziporyn, 2011, 69-70) 다음과 같은 세 가지 진리의 요소를 통합하면서 세 가지 진리 이론三諦을 제안한다.

1. 존재와 관점을 포함한 모든 만법萬法은 공하다. 왜냐하면 그것은 원인과 조건因緣의 결과로 생성되어 자성自性이 없기 때문이다.
2. 그러나 그것은 일시적인 존재假다.
3. 공하고 일시적인 것이 만법의 본성이며 중도다(Hurvitz et al., 1999a, 444).

오직 하나의 실재가 있기 때문에 세 요소인 (1) 공空 (2) 일시적 존재假 (3) 중도中는 하나로서 취해져야 한다. 세 가지 진리 중에서 고정된 출발점은 없다. 다시 말하면 어디에서 시작하든 중요하지 않다. 왜냐하면 이 삼위일체는 사실 세 가지 진리 사이에서 원을 그리며 상호 작용을 하기 때문이다. 첫 번째는 공은 개별적 존재나 관념을 스스로 충족시킬 수 있는 독립적이거나 본질적이거나 고정된 특성이 없다고 주장한다. 두 번째는 그러나 일시적 존재라는 점을 지적하고 있다. 세 번째, 즉 중도에 따르면 모든 주장, 심지어 자신의 주장조차 공하면서 일시적이다. 이 세 주장을 어떻게 연결시킬지 생각하면서 첫 번째와 두 번째 주장에서 시작한다면 만법과 관념은 모두 공하면서 일시적이라는 중도로 연결될 것이다. 그럼에도 불구하고 세 번째 진리는 깨달음의 마지막 지점이 아니다. 왜냐하면 그 자체가 다른 두 진리를 구현하고, 그래서 그 자체가 실제로 다른 두 진리처럼 공하고 일시적이기 때문이다. 이것이 세 가지 진리가 원을 그리며 상호 작용을 한다는 의미다.

현상을 전적으로 의식의 산물로 이해하는 유식종과는 달리 천태종은 의식과 현상의 상호 연관성을 강조한다. 현상 세계는 의식에 내용을 제공하면서도 다른 한편으로는 인식력의 실행을 통해 해석된다. 이상적으로 인식력은 더 깊고 근본적인 실재dharmas에 비추어 현상 세계를 해석한다. 이러한 중도 교리는 의식과 현상이 이원적이지 않다고 주장한다. 깨달음은 인식론적 통찰에서 시작해 세 가지 진리 혹은 그것들 사이의 관계에 대한 어떤 오류의 제거를 수반한다(Ziporyn, 2011, 72-73).

지의는 또한 관조적 믿음止과 분석적 지혜觀 사이의 간극을 변증법적 중도로 접근해 해소했다. 지의 시대에 중국 남방의 불교 사상은 대부분 이론적이었던 반면 북방의 불교는 종교적 믿음과 수행으로서 불교를 발전시키길 열망했다. 지의는 남방 출신이었기 때문에, 그리고 북방의 스승을 모셨기 때문에 불교 교리의 양쪽 측면을 결합했다. 그는 새의 두 날개처럼 불교의 경험적이고 이론적인 측면 모두를 보는 관점을 발전시켰다(Hurvitz et al., 1999a, 444).

종교적이고 경험적인 측면에서 천태종의 교리는 지옥, 천상, 축생畜生, 아귀餓鬼, 인간, 부처, 보살을 포함하는 천만계千萬界의 현상 세계를 상정했다. 그것은 또한『법화경』에 따라 많은 부처가 있고 중생 모두 불성을 가질 수 있다고 주장했다. 중생 모두 불성을 가질 수 있다는 주장은 맹자의 인간 본성에 대한 철학과 잘 맞아떨어진다. 맹자는 모든 인간이 성인이 될 수 있는 능력을 타고난다고 주장했다. 그러나 맹자의 이론과는 달리 천태종은 본질적인 악을 믿는다. 그 악은 부처조차 본성의 요소로 가지고 있다. 지의는 악을 개선하기 위한 정화 과정과 함께 참회의 교리를 주장한다(Hurvitz et al., 1999a, 462-471).

지의는 불교 교리에서 차이를 설명하기 위해 판교判教 방법을 적용했다. 마지막 분석에서 그는 사람들이 차이가 있음에도 불구하고 모든 인간을 받아들이는 하나의 대승大乘을 제안했다. 구마라집이 번역한『법화경』「방편품」方便品에 나오는 제자 사리불舍利弗, Sari-putra과의 대화에서 붓다는 보편적 불성을 강조하기 위해 특별히 경험적 사례(다양한 원인과 조건), 유비(직유와 우화의 말), 교리 해설(설법) 같은 다양한 논쟁적 기술을 부각시킨다.

사리불이여! 붓다는 적합한 것에 따라 불법을 설파하지만 의미는 이해하기 어렵다. 왜 그러한가? 셀 수 없이 많은 유용한 수단方便을 사용해 인연因緣을 논하고 직유와 우화의 말을 사용해 가르침을 설명하기 때문이다. 이 불법은 숙고하거나 분석함으로써 이해할 수 있는 것이 아니다. 오직 붓다인 사람만이 그것을 이해할 수 있다. (……)

사리불이여! 나는 살아 있는 존재들이 마음속 깊이 다양한 욕
망과 집착을 가지고 있는 것을 안다. 이 근본적 본성을 인식하
고 다양한 인연과 직유와 우화의 말과 방편의 힘을 사용해 그
들에게 불법을 설파할 것이다. 사리불이여! 내가 이렇게 함으
로써 모든 이가 하나의 붓다와 모든 종을 포용하는 지혜를 얻
게 될 것이다.

불성이 보편적이라는 견해는 중요하다. 왜냐하면 인도 카스트
제도의 가설을 거부하기 때문이다. 그러나 그것이 중요한 만큼이나
그 견해는 중국철학에서 널리 공유되는 낙관주의를 긍정했다. 모든
종을 아울러 숙고하는 불교 교리가 계속 유지되는 한 모든 사람이
깨달음을 얻는 최고 단계에 이를 수 있다는 낙관주의 말이다. '붓다'
라는 말을 일반 용어로 사용하면서 많은 붓다를 허용하는 그 교리
는 모든 사람이 불성을 가질 수 있다는 점을 강조했다.

화엄종 華嚴宗

화엄종의 가르침은 『화엄경』에 기반하고 있다. 『화엄경』은
우주에 대한 불교적 전망을 묘사한 화려하고 모호한 언어로 유명
하다. 그 교리는 환상적이거나 의심스러운 것에 대한 진단으로 시
작하지 않고 깨달음의 관점에서 나온 전망으로 시작한다(Lusthaus,
1998, "The Chinese Buddhist Schools: Huayan"). 대승불교 전통에 따르면
『화엄경』은 붓다가 깨달음을 얻은 후 처음 행한 설법이라고 한다
(Hurvitz et al., 1999a, 471). 우리는 이것을 불교 교리를 분류한 천태종

의 판교에서 보았다. 거기에서 붓다는 경전이 너무 심오해 일반 사람 대부분이 접근하기 어렵다는 점을 깨닫고 초심자도 쉽게 이해할 수 있는 다른 경전을 설법하기 시작했다. 『화엄경』의 근본 교리는 보살의 동정심과 윤리적으로 올바른 행동에 중점을 둔 부분을 포함해 대승불교의 다른 종파들의 그것과 유사하다. 또한 다른 종파의 교리와 마찬가지로 모든 대상은 공하고 자성自性과 독립된 존재는 없다는 점에 동의한다.

중국 화엄종은 다섯 명의 조사에 의해 설립되었다고 말해진다. 그 가운데 승려 두순杜順(557-640)이 창시자로 여겨졌다. 왜냐하면 독특한 종파로 형성하는 데 기여했기 때문이다. 법장法藏(643-712)은 가장 위대한 발의자로 간주되었다. 평신도를 위한 교리를 체계화했기 때문이다. 「화엄금사자장」華嚴金師子章이라는 글에서 법장은 금사자를 예로 들어 불교 교리를 설명한다. 그는 금사자의 금의 성질과 인식된 대상으로서의 사자를 언급하면서 다양한 불교 사상을 논증한다. 법장은 황제의 궁전에서 이 글을 썼다고 한다. 황제가 불교의 통찰을 이해하는 데 어려움을 겪었기 때문이다(Fung, 1953, 340). 「화엄금사자장」에서 법장 또한 판교 방법을 사용해 다른 불교 교리를 설명한다. 화엄종은 최고의 지위에 놓는 반면 '소승불교'는 경멸하는 식으로 소개한다.

1. 제1수준: 대상은 영원하지 않고 실체적이지 않음을 깨닫는다. "사자는 원인의 산물이며 시시각각 생성과 파멸을 겪는다. 파악할 수 있는 사자의 성질은 실제로 없다."師子雖是因緣之法, 念念生滅, 實無師子相可得 이것은 소승불교 신자를 위한 가장 기본적인 불교의 가르침이다.

2. 제2수준: 대승불교의 근본 가르침을 깨닫는다. "최종 분석

에서는 오직 공만 있다."徹底唯空

3. 제3수준: 공은 현상, 곧 환상적인 현상과 모순되지 않음을 깨닫는다.

4. 제4수준: 공과 (현상의) 존재는 서로를 소멸시키고 감각의 잘못된 인상은 버려진다. 이것은 순간적이고 거기서 말과 담화는 폐기된다.

5. 제5수준: "감각의 모든 것은 진정한 본질에서 드러나고 하나의 거대한 덩어리로 합쳐진다. (……) 그 모든 것은 절대자를 나타낸다."情盡體露之法, 混成一块. (……) 起必全眞 만물은 모든 것이 똑같이 본질적이거나 독립적인 본성을 갖지 않기 때문에 하나다. 이것은 대승불교의 완벽한 가르침이다.

법장의 "모든 것은 하나다"一切卽一라는 이론은 천태종의 "셋은 하나다"會三歸一와 대조를 이룬다. 천태종은 모든 것은 동일하다고 주장한다. 왜냐하면 그 각각이 세 가지 진리를 구현하기 때문이다. 이와 대조적으로, 법장에 따르면 존재의 각 부분은 전체를 구현하거나 반영한다. 마찬가지로 각 존재 안에서 그리고 존재를 통해서 우리는 다른 모든 것을 본다.◆ 그는 "모든 것은 하나다"라는 신조를 많은 방식으로 확장했다. 예를 들면 모든 붓다를 '하나'라고 주장한 것처럼. 불성이나 모든 사물의 본성과 같은 심오한 형이상학적 문제에 관심이 많았던 그는 현장의 유가행파 문헌 번역 기획의 번역자 자리를 내려놓았다. 법장은 정통 유가행파 교리는 이러한 문제에 충분히 주의를 기울이지 못했다고 생각했다(Lusthaus, 1998, "The Chinese Buddhist Schools"). 그는 대승불교 경전인 『기신론』起信論에서 '여래'如來, tathata 사상에 기대어 불성에 대한 그의 견해를 설

◆이 종교철학적 견해는 통일과 안정을 추구하는 정치 풍토에서 호소력이 있었을 것이다 (Hurlitz et al., 1999a, 475).

명했다.◆ 이 문헌에서 여래는 공하면서 공하지 않다. 그것은 '예측을 초월하기' 때문에 공하다. 즉 여래는 하나도 다수도 아니며 동일하지도 다르지도 않다. 그것은 붓다의 모든 성질과 장점을 지녔다는 의미에서 공하지 않다(Lusthaus, 1998, "The Awakening of Faith in Mahayana"). 이와 대조적으로 현상 세계와 사람의 경험에서 생겨난 대상은 비실재적이며 환상적이다. 법장의 교리는 형이상학적이고 인식론적인 주제 모두를 다룬다. 그것은 실재가 어떻게 네 가지 방식으로 우리가 살고 있는 세계dharma-dhatu에서 구성되는지 설명한다.

1. 사물의 영역事法界: 사물은 구체적이고 개별적인 것으로 경험된다.
2. 원리의 영역理法界: 사건을 둘러싼 형이상학적 질서와 그 질서에 내재된 원리를 이해한다.
3. 원리와 사물 사이의 불간섭 영역理事無碍法界: 사건은 원리의 예시로 이해되고 원리는 사건을 서로 연결시키는 질서에 불과하다.
4. 만물의 불간섭 영역事事無碍法界: 모든 것은 인과적으로 다른 모든 것과 연결되어 있다고 이해된다(Lusthaus, 1998, "The Chinese Buddhist Schools: Huayan").

법장의 원리, 즉 리理 개념은 철학적으로 주목할 만하다. 왜냐하면 신유학 사상가인 왕양명王陽明(1472-1529) 같은 후기 중국 사상가들이 불교의 교리에서 이 개념을 광범위하게 사용했기 때문이다. 화엄종에서 리 개념은 사물의 본성에 대한 숙고에서 생겨났다. 리는 만물의 입장에서 고유한 본성을 가진 것은 아무것도 없다고 주장한다. 혹은 만물은 본성을 갖지 않는 본성을 갖는다. 그러나 각 사물은 특성을 취하는 능력이 있다. 그래서 "특성을 취하거나 혹은

◆ 대승불교의 『기신론』이 중국 불교 발전에 미친 영향에 대한 논의는 Lai, 2009 참조.

특성을 가지거나 혹은 일시적으로 특성을 상정할 수 있는 능력은 그 자체로 만물의 유일한 본질적 특성"이고 말할 수 있다(Ziporyn, 2011, 74). 다시 말해서 리는 각 사물에는 이러한 본질적 특성이 있다고 주장하는 것이다. 그러나 바로 이 특성을 취할 수 있는 능력 때문에 각 사물은 구별을 위한 잠재성을 갖는다. 그래서 리는 만물의 동일성과 각 사물의 독특성을 동시에 포괄한다.

법장의 교리에서 상호 의존성은 사물의 본질에서 또 다른 중요한 특성이다. 만물의 구별되면서도 상호 의존적인 본성에 대한 그의 이론을 논증하기 위해 그는 금사자의 다양한 능력을 예로 든다.

> 만약 사자의 눈이 전체 사자를 포용한다면 모든 것은 눈이다. 만약 귀가 전체 사자를 포용한다면 모든 것은 귀다. 나머지 모든 기관이 동시에 전체 사자를 포용한다면 그 모든 것이 완전한 전체다.
> 若獅子眼收獅子盡, 則一切純是眼. 若耳收獅子盡, 則一切純是耳. 諸根同時相收, 悉皆具足. (「화엄금사자장」)

이 비유는 전혀 효과적이지 못하다. 법장의 의도는 현상(다수)은 전체성 속에서 하나(절대적인 것)의 정신이 각각 완전하게 드러난 것이라고 논증하는 것이었다. 시사하는 바가 더 큰 비유는 '인드라의 그물'Indra's Net인데, 『화엄오교지관』華嚴五敎止觀에 나온다.

> 사크라Śakra의 보석 그물은 또한 인드라의 그물이라 불리며 보석으로 만들어졌다. 보석은 반짝반짝 빛나고 서로를 연달아 반사하며, 그들의 이미지는 반복해서 서로에게 퍼진다. 하나의 보석에서 모든 보석이 동시에 나타나는데, 이것은 각 보석

과 모든 보석에서 볼 수 있다. 실로 오고 감이 없다.

이제 서남쪽으로 방향을 바꿔 보석 하나를 집어 실험한다면, 이 하나의 보석이 즉시 다른 모든 보석의 이미지를 반영할 수 있음을 알게 될 것이다. 다른 보석 또한 모두 똑같을 것이다. 각 보석은 동시에 다른 모든 보석처럼 이런 방식으로 모든 보석의 이미지를 반영할 것이다. 이미지들은 이런 무한한 방식으로 서로 간에 반복되고 증식된다. 한 보석의 경계 안에 모든 보석의 반복되는 다수의 이미지가 들어 있다. 반영은 대단히 명확하고 완벽하게 방해받지 않는다.

然帝釋天珠網者, 即號因陀羅網也, 然此帝網皆以寶成. 以寶明徹遞相影現涉入重重. 於一珠中同時頓現. 隨一即爾, 竟無去來也.

今且向西南邊, 取一顆珠驗之, 即此一珠能頓現一切珠影. 此珠既爾, 餘一一亦然. 既一一珠一時頓現一切珠既爾. 餘一一亦然. 如是重重無有邊際. 有邊即此重重無邊際珠影皆在一珠中. 炳然高現, 餘皆不妨此.

그물의 보석은 분리되어 있지만 함께 묶여 있기도 하다. 각 보석은 다른 모든 보석을 반영한다. 불간섭과 상호 의존성 개념은 여러 가지 실재를 받아들이는 교리에서 중요한 역할을 한다. 달리 말하면 전체론적이면서 다원적인 이론은 다수가 공존할 수 있는 질서의 원리를 포함하는 한에서 설득력이 있다. 법장은 다수를 인정하고 유지하는 것이 중요하다고 분명하게 지적한다. 사자의 다섯 기관은 전체로서 사자와는 구분되고, 그래서 각각은 고유하다. 그것들은 모두 인연에서 발생했다는 점에서 유사하다. 그러나 사자를 만들기 위해 결합하는 한 그것들은 통합된다. 그는 자신의 비유가 함축하는 바를 설명하면서 결론을 내린다.

현상 세계에서 전체로서 대상은 일반성을 갖는 데 반해 각 부
분은 특수성을 갖는다. 전체로서 대상만큼이나 분리된 부분
또한 모두 인연의 산물이라는 점에서 이것은 유사성이다. 그
러나 각 부분이 다른 부분과 계속 구분된 채로 남는다는 점에
서 이것은 상이성이다. 그리고 부분의 결합이 대상 전체를 형
성한다는 점에서 이것은 통합성이다.
就現象世界中一事物而言, 其事物之全體是總相. 其中之各部分
是別相. 此事物及其各部分, 皆由緣起, 是同相. 各部分是各部
分, 是異相. 各部分會合成此事物, 則此事物成. 此是成相.

사자는 그 자신의 존재를 가지고 있지 않다. 그 존재는 다른 사
물과 사건에 의존한다. 사자 자체는 고유한 본성을 가지고 있지 않
지만 특별한 성질을 가지고 있는 듯한 환상을 불러일으키며, 그것
은 그것이 존재하는 근거에 있다. 이런 방식으로 공은 적멸하지도
않고 물질의 외부에 있지도 않다(Fung, 1953, 343). 원리와 사물 모두
를 지지하는 법장의 이론은 전반적으로 현상 세계를 환상의 근원으
로 여기는 경향이 있는 인도 불교 사상과 현저하게 구별된다. 또한
형이상학과 인식론 요소를 결합해 깨달음은 사물의 진정한 본성에
대한 자각과 연관된다고 주장하는 점에서 천태종과도 다르다. 의식
과 현상에 대한 천태종의 반反이원론은 인식론적으로 사물과 관념
이 어떻게 이해될 수 있는지에 대한 깨달음에 기반한다.◆
교리와 수행 모두에서 법장은 다양성에 기반한 현상 세계에 전
념했다. 이는 『장자』에서 볼 수 있는 것과 유사하다. 그가 만물의
통합적이고 상호 의존적인 본성의 정수를 어떻게 제자들에게 논증

◆화엄종과 천태종 교리의 차이에 대한 더 자세한 논의는 Ziporyn, 2011, 77 참조.

했는지에 관한 흥미로운 일화가 있다.

> 그는 10개의 거울을 가져와 여덟 방향과 위와 아래에 하나씩
> 배열하고 서로 한 자 거리만큼 떨어져 마주 보게 했다. 그리고
> 불상을 중앙에 놓고 횃불로 비추어 그 그림자가 서로 반사되
> 도록 했다. 그리하여 그의 제자들은 유한한 세상인 '찰해'刹海에
> 서 무한으로 들어가는 교리를 이해하게 되었다.
> 又爲學不了者設巧便, 就鑑十面, 八方安排, 上下各一. 相去一丈
> 餘, 面面相對, 中安一佛像. 燃一炬以照之, 互影交光, 學者因曉
> 刹海涉入無盡之義. (『고승전』 제5권 「의해」義解)

　법장은 불교 진리에 대한 이해는 직관적이고 즉각적이라고 강
조한다. 그러한 돈오頓悟적인 성취는 말과 개념을 초월하고 분석에
저항하며 그 핵심에서 반언어적이다. 불교의 깨달음이 즉각적이라
는 견해는 수많은 논쟁을 불러일으킨 쟁점이었다. 그것이 옳다면
목표를 향한 점진적 수양은 무익하다는 의미가 되기 때문이다. 더
나아가 깨달음이 주로 직관적이라면 도덕과 계율에 따라 생활하고
올바른 행동을 실천하는 것은 헛된 것처럼 보인다. 이런 쟁점뿐만
아니라 근본적으로 불교의 통찰을 파악하는 것으로서 깨달음의 관
점도 선종에서 논쟁의 핵심이었다.

선종禪宗

　선종은 일본어 '젠'禪으로 더 잘 알려져 있다. 20세기 초 일본의
유명한 학자이자 번역가인 스즈키 다이세쓰鈴木大拙(1870-1966)가 서

양에 소개했기 때문이다. '선'은 '선나'禪那를 짧게 발음한 것으로 산크리스트어 다나dhyana의 음역이다. 다나는 일반적으로 '명상'이라고 막연하게 번역되긴 하지만, 더 정확하게는 이론적이거나 객관적인 사고보다 관조적인 사고를 나타낸다. 중국에서 선종은 6세기 후반부터 독특한 사상의 흐름으로 발전했다. 붓다로부터의 직접 전승, 전승 방법, 인도의 기원을 포함한 선종의 기원에 대한 이야기가 있다. 대중적인 설명에 따르면 붓다는 그의 가르침을 제자들에게 전했는데 이 가르침이 그가 대중에게 설법했던 내용과 달랐다. 이후 이 교리의 전승은 주로 구전에 의존했는데, 한 조사에게서 다른 조사에게로 이어졌다. 제28대 조사인 보리달마菩提達磨(470-543)는 중국으로 가르침을 전하러 왔다고 전해진다. 그래서 그가 선종의 제1대 조사로 간주되었다. 남방과 북방 사상가들 사이에서 분열이 일어났다. 역설적이게도 이런 분열이 꽤 성공적이어서 북방 종파는 841년부터 붕괴되기 시작했다(Lusthaus, 1998, "The Chinese Buddhist Schools: Chan"; Hershock, 2015).◆ 그후 북방 종파가 사라졌기 때문에 우리가 지금 접할 수 있는 대부분의 설명은 남방 종파에서 나온 것이다. 따라서 전적으로 믿을 수는 없다. 남방 종파가 제시한 설명에 따르면 제5대 조사 홍인弘忍(601-674) 이후에 북방과 남방의 선종 종파가 분열되었다. 각 종파는 각자의 지도자를 진정한 제6대 조사라고 주장했다. 신수神秀(605-706)는 북방의 조사였고 혜능惠能(638-713)은 남방의 조사였다. 경쟁이 약 1세기 동안 지속된 후에 혜능의 제자인 신회神會(670-762)의 견해가 당나라 조정에 받아들여져 선종의 정통이 되었다. 그러나 이러한 설명은 앞에서 언급된 몇 가지 이유 때문에 의심스럽다. 현대 학자들 또한 인도의 기원은 사실이 아니라고 여기며, 그 시기에 선종을 전수한 보리달마

◆ 허쇼크(Hershock)는 "841년부터 845년까지 25만 명이 넘는 승려와 비구니가 강제로 평신도로 돌아왔고 5천 개가 넘는 사원, 사찰, 불교 도서관이 파괴되었다"고 썼다(ibid.).

라는 인물이 있었는지 여부도 의심한다(Fung, 1953, 386-388; de Bary and Bloom, *Sources*, 1999, 492-493; McRae, 2003).

혜능은 선종의 근본 경전이 된 『육조단경』六祖壇經에 나타난 것처럼 남방 출신의 무학자로 묘사된다.◆ 이 문헌에는 혜능의 전기와 그의 가르침이 포함되어 있는데 때때로 신수의 사상에 대한 평가가 수반된다. 혜능과 신수의 견해에 대한 정보와 다른 역사적 세부 사항은 정확하지 않지만, 그 문헌에 담긴 혜능의 말씀은 주목할 만하다. 왜냐하면 '경'經이라는 명칭은 전통적으로 역사적인 붓다의 가르침을 기록한 것으로 여겨지는 문헌에 붙여졌기 때문이다(Hershock, 2015). 다음 논의에서 선종의 독특한 세 가지 특성, 즉 깨달음, 마음, 수행을 강조하고 어떻게 그것이 『육조단경』에서 표현되는지 검토할 것이다.

선종은 중국 불교의 다른 종파와는 다르다. 그리고 중국인은 교리적이거나 문헌에 근거한 논의 같은 학문적 접근을 거부함으로써 더 일반적으로 사고했다. 이 점은 예를 들어 혜능의 출신 배경에 대한 묘사에서 분명하게 드러난다. 몇몇 초기 문헌에 보면 보리달마와 다른 선 사상가들은 교리에 대한 연구를 의식적으로 거부했다고 한다. 붓다의 깨달음을 추구하는 것과 관련해 강조되는 두 가지 넓은 분야가 있다. 하나는 리理, 즉 원리이고 다른 하나는 성性, 즉 수행이다. 앞에서 보았듯이 대부분의 종파는 어느 정도 강조점을 달리하면서 두 가지를 받아들인다. 그러나 선종은 다른 교리를 거의 다 배제하면서 실천 지향적 방법을 주장한다. 선종에서 깨달음

◆ 그것은 알려지지 않은 한 제자가 편집했다고 말해진다. 그러나 최근 학계는 선종 사상을 이해한 다른 종파의 승려가 편집했다고 본다. 더욱이 『육조단경』은 수년 동안 증보되었다. 1967년 필립 얌폴스키(Phillip Yampolsky)는 『육조단경』 돈황(敦煌) 판본의 권위 있는 번역본을 출간했다. 돈황 판본은 현존하는 가장 이른 판본이다. 그러나 문헌에 많은 오류가 있으며, 어느 정도 글을 읽고 쓸 줄 아는 필경사에 의해 작성된 모사본으로 여겨진다(de Bary and Bloom, *Sources*, 1999, 494).

은 오직 수행에 참여함으로써 얻어진다. 이러한 수행은 목적을 위한 수단이 아니다. 오히려 그 수행 속에서 걷든 눕든 가부좌를 틀고 앉든 상관없이 불교의 진리를 얻는다(『육조단경』 14). 불교의 진리를 추구하는 삶에 대한 이런 믿음은 불성의 보편성을 긍정한다. 모든 사람은 이러한 삶을 받아들여 수행할 수 있다. 펑유란은 선종의 수행을 다음과 같이 묘사한다. "물 나르고 땔감 나르는 데에도 신묘한 도가 있다."(1953, 390)

천태종과 마찬가지로『육조단경』에서는 현상 세계를 피하지 않으며 많은 불교 종파가 주장하는 순수한 마음과 현상 세계라는 이원론을 거부한다. 혜능과 그의 추종자들에게 정신적 각성이 어디에서 언제 일어나는가는 중요하지 않다.♦♦ 땔감을 베거나 차를 마실 때도 깨달음을 얻을 수 있다. 깨달은 사람은 다른 모든 사람이 그러하듯 일상 활동을 할 뿐이다. 가치 있는 수행의 기준은 특정 유형의 활동에 근거해 결정되는 것이 아니라 수행의 본질에 따라 결정되는 것이다. 어떤 활동이든 활동 그 자체는 좋지도 나쁘지도 않다. 관습에 얽매여 인간의 활동에 좋다 나쁘다 딱지를 붙이는 것조차 가치에 얽매이는 것이다. 이는 시비를 알기를 거부하고 성인은 어떤 시비의 가치 판단에도 얽매이지 않는다는『장자』에서의 태도를 연상시킨다.『육조단경』에서는 실재의 본성을 숙고하는 것조차 집중을 방해하는 요소처럼 보인다. 혜능은 '무념'無念은 고대로부터 항상 붓다의 핵심 가르침이었다고 주장한다(『육조단경』 17).

다른 중국 불교 전통과는 다른 선종의 두 번째 특징은 마음의

♦♦ 예를 들어『육조단경』에서는 정토종에서 주장하는 '정토'가 실제로 어떤 장소라는 믿음에 반대하면서 말한다. "동방(중국) 사람들은 마음을 깨끗하게만 하면 죄가 없다. 서방(서방의 정토) 사람들은 마음이 깨끗하지 않다면 죄가 있다. 착각에 빠진 사람은 동방 혹은 서방에 태어나기를 바란다. 깨달은 사람에게는 어떤 땅도 동일하다. (……) 왜 중생이 서방의 정토에서 다시 태어나기를 바라야 하는가?"(東方人, 但心淨卽無罪. 雖西方人, 心不淨亦有愆. 迷人願生東方西方者, 悟人所在處, 竝皆一種 (……) 何須更願往生?)

개념이다. 다른 몇몇 종파는 마음의 깨달음을 주장하지만 『육조단경』에서는 '좌선'坐禪이라는 명상법이 조롱당한다. 왜냐하면 그것은 순수한 마음으로 실재를 추구하는 것과 관련되기 때문이다(『육조단경』18). 그러나 혜능은 명상定과 지혜慧 사이의 변증법적 상호 작용을 주장하면서 명상을 그냥 버리지는 않는다. "명상 자체는 지혜의 실체體다. 지혜 자체는 명상의 기능用이다. (……) 명상이 지혜를 낳는다거나 지혜가 명상을 낳는다거나 명상과 지혜가 서로 다르다고 말하지 않도록 주의하라."定是慧體, 慧是定用. (……) 諸學道人, 莫言先定發慧, 先慧發定各別.(『육조단경』 13) 등과 그 불빛의 비유에서 등은 '실체'이고 빛은 '기능'이다. 두 이름을 가졌지만 그것은 하나다燈是光之體, 光是燈之用. 名雖有二, 體本同一(『육조단경』 15). 명상과 지혜에 대한 이러한 비이원론적 접근은 '좌선' 방법과 구별되어야 한다. '좌선'은 순수성으로서의 실재를 얻는 데 더 깊은 관심이 있기 때문이다. 그렇게 순수성을 대상화해서 인간이 추구해야 할 목표로 만든다. "순수성은 형식이 없음에도 불구하고 어떤 사람들은 순수성의 형식을 가정하고 이를 선의 수행으로 간주하려고 한다."淨無形相, 卻立淨相, 言是工夫(『육조단경』18) 여기에서 선종의 교리는 인식론적 견해와 (그것이 없지만) 형이상학적 신념을 하나로 묶는다. 어떻게 그렇게 할까? 등과 불빛의 비유가 여기서 도움이 된다. 선종 교리는 불빛을 비추기 위해 등이 있다고 이해한다. 그것이 전부다. 더 이상의 형이상학적 신념은 없다. 즉 등에 대한 혹은 그것에 의해 생겨난 빛에 대한 형이상학적 신념은 없다. 순수성을 얻는 것과 같은 방식으로 대상으로서 등의 불빛을 추구하는 것은 잘못이다. 마찬가지로 대상으로서 마음을 추구하는 사람은 미혹된 것이다. 다음의 글에서 두 가지 견해가 대조된다. 하나는 북방 종파인 신수의 게송偈頌이고 다른 하나는 혜능의 답변이다.

몸은 보리수나무이고
마음은 맑은 거울과 같다.
항상 닦아야 하며
먼지로 오염되지 않도록 해야 한다.
身是菩提樹, 心如明鏡臺, 時時勤拂拭, 勿使染塵埃(『육조단경』6)

보리수는 본래 나무가 없고
거울 또한 대가 없다.
불성은 항상 깨끗하고 순수한데
먼지가 있을 곳이 어디 있겠는가?
菩提本無樹, 明鏡亦非臺, 佛性本淸淨, 何處惹塵埃?(『육조단경』
8)

첫 번째 게송은 거울처럼 맑은 마음을 가진 깨달은 사람은 그
것을 깨끗하게 유지하기 위해 주의 깊은 노력이 필요하다고 주장
한다. 두 번째 게송은 본래 아무것도, 보리수나무도 거울도 없었다
고 주장한다. 혜능의 첫 번째 원리에 따르면 원래 아무것도 없기에
먼지도 있을 수 없다. 이 문헌에서는 북방 종파는 더럽혀지지 않은
마음을 보존하고 기르기 위해 애쓰는 반면 혜능의 깨달음은 그렇
게 할 대상이 없다고 주장한다. 여기서 의식(주체로서 마음)과 마
음(대상으로서 마음) 사이를 구별하는 어떤 유사성을 인지할 수 있
다. 이는 중국철학에서 생겨난 것 같지는 않다.

거울에 대한 두 게송을 가지고 계속해서 선종의 세 번째 독특
한 특성인 수양에 반대하는 입장을 검토해보자. 거울에 먼지가 없
다는 것은 거울을 닦는 행위가 헛된 노력이라는 은유적 표현이다.

첫 번째 게송에서 깨달음은 점진적 과정, 즉 점수漸修로 이해되는 반면 두 번째 게송에서는 즉각적 상태, 즉 돈오頓悟로 이해된다.◆ 전자는 그 시대 중국의 수양론과 더 밀접하게 관련된다. 수양론은 보통 육체적이고 정신적인 훈련뿐만 아니라 윤리적 자기 통제도 포함한다. 돈오의 교리는 깨달음을 향한 성장의 길이 있다는 점을 거부한다. 즉각적 깨달음은 시간을 초월한 의미다. 따라서 과거의 모습을 개선시키거나 미래에 긍정적인 영향을 미치는 것이 아니라 바로 지금 깨달음의 순간을 받아들이는 것이다. 깨달음에 대한 이런 견해는 잠재적이거나 아직 개발되지 않은 것이 아닌 불성의 개념에 의해 강조된다. 오히려 불성은 수행 속에서 드러난다. 불성은 성性, 즉 인간의 본성이란 용어를 사용한다. 그래서 이 용어의 복잡성과 풍부함을 중국 사상에서 이어받는다. 『맹자』와 『순자』에서 성의 본질과 그것을 어떻게 기르고 규제해야 하는지 광범위하게 논의했던 것을 상기해보자. 이것은 '불성'이 다른 불교 종파의 교리에서 다양한 의미를 갖도록 해준다. 선종 교리에서 불성은 딱히 존재의 기질이나 속성이 아니고 일상 활동에, 세계에 참여하는 사람에게서 드러나는 특성이다(Hershock, 2015).

지금까지 본 선종 교리의 요소는 도가의 주제, 특히 『장자』와 밀접하게 연관된다. 선종의 말없는 깨달음, 세상사에의 참여에 대한 주목, 미리 결정된 목적을 추구하는 것에 대한 인식론적 의심은 『장자』에 나온 견해를 상기시킨다. 장자의 도가와 마찬가지로 선종도 소통의 역설을 해결해야 한다. 정신적 깨달음을 논의하지만 최종 분석에서는 언어를 거부하기 때문이다. 나중에 당나라에서 선종은 즉각적 깨달음을 얻을 수 있는 실천 방식을 개발했다. 공안公案으로 알려진 역설은 일상의 논리에 도전하는 '충격적 가치'로 고안되어 깨달음의 충격을 제공한다. 유명한 공안으로는 "개에게 불성이

◆ 펑유란은 돈오 사상의 기원이 도생까지 거슬러 올라간다고 본다(1953, 388).

있는가?" 같은 어리둥절한 물음, 식사 후에 그릇을 닦으라는 요구를 받고 깨달음을 얻은 승려의 이야기(이는 선종의 교훈이 단순함을 암시한다), 깃발이 흔들리는 것인지 바람이 흔들리는 것인지에 대한 의문(이에 대해 혜능은 움직이는 것은 마음이라고 답했다) 등이 있다.** 이 공안들은 교육적이기보다는 암시적이고, 독자나 청자가 익숙함을 초월하도록 압박한다. 깨달음에서 공안의 역할은 앞서 언급한 언어에 대한 역설을 제기하는 것이다. 언어와 진리 사이에 화해할 수 없는 불일치가 존재한다면 왜 귀찮게 경전을 읽고 공안을 궁리해야 하는가?*** 선종이 발전하면서 일련의 공안이 가르침을 위한 계획된 과정으로 개발되었다. 더 나아가 즉각적 깨달음을 얻도록 사람에게 충격을 가하는 다른 방법들이 결합되었다. 이 방법 가운데 어떤 것은 폭력적이었는데 몽둥이로 때리거나 채찍질을 했다.

> 이러한 공안에는 종종 말로 대답할 수가 없었는데, 몽둥이로 때리고 소리 지르고 몸짓을 하는 모습이 이야기에 그렇게 자주 묘사되는 것을 보면 어느 정도 설명이 된다. 스승은 제자의 마음이 그토록 예민하고 감수성이 풍부한 것을 발견하고, 소리 지르거나 몽둥이로 때리거나 모욕적인 말을 하는 것이 진리를 깨우치게 하는 계기가 될 것이라고 여겼다(de Bary and Bloom, *Sources*, 1999, 492).

이런 극단적인 각본은 선종에서 가장 영향력 있는 승려였던 임

** 이런 예는 1228년 중국의 승려 무문(無門)이 편찬한『무문관』(無門關)에 실려 있다. 또 다른 유명한 공안 모음집은『벽암록』(碧巖錄)으로 1125년 북송시대에 편찬되었고, 이후 원오극근(圜悟克勤, 1063-1135) 선사가 현재 형태로 확장했다.
*** 청중잉(1973)은 선종의 깨달음에서 공안의 역설을 제기한다. 그의 논의는 역설에 대한 수많은 반응을 불러일으켰다.

제臨濟 의현義玄(?-866)의 철학의 일부였다. 9세기에 불교가 탄압받으면서 선종은 농촌에서 번성했다. '선종오가'禪宗五家에서 나온 문헌이 지방어로 쓰인 최초의 문헌이었다는 사실은 당시 그것의 인기와 밀접하게 연관된다(Lusthaus, 1998, "The Chinese Buddhist Schools: Chan"). 선종은 송나라(960-1279) 때까지 계속 번성했지만, 임제 계보가 현대까지 살아남은 유일한 전통이다(Hershock, 2015). 현대 학계에서 선종이 철학적 교리 또는 실천으로 적절하게 고려될 수 있는지에 대한 질문이 제기되고 있다.◆ 이러한 질문을 고려할 때 명심해야 할 점이 있다. 극단적인 공안 이야기는 대중적 상상력을 사로잡았을 것이지만, 마음과 실재를 객관화하는 것에 저항하면서 깨달음의 경험을 중시하고 일상생활을 강조한 선종의 교리는 중국 사상사의 맥락에서 논쟁을 일으킬 정도로 중요한 공헌을 했다는 점이다.

◆ 예를 들어 Rosemont, 1970, "Is Zen Buddhism a Philosophy?" 참조. 드배리와 블룸(*Sources*, 1999)은 선종을 '불교 교리 종파'라기보다 '불교 수행 종파'로 분류한다.

4
중국 불교 철학

　　당나라에 이르러 다양한 종교적 윤리적 교리적 특성을 가진 중국 불교 종파는 인도의 기원과는 전혀 다른 방식으로 발전했다. 중국 불교는 중국철학의 여러 필수 사상을 통합함으로써 그 독특한 특성을 발전시켰다. 그러나 불교는 그저 수용되는 차원에서 끝나지 않았다. 중국 사상의 요소와 함께 중국 사상사의 풍경을 변화시켰다. 불교는 중국에 전파된 이래 방법론, 접근법, 교리에서 새로운 질문을 던지게 했다. 중국에 전파된 초기에는 번역된 인도 불교 문헌이 번역과 해석과 사상의 전달 방법에 관한 질문을 촉발시켰다. 이후에 상호 영향을 주고받으면서 담론의 본질에 관한 방법론적 질문이 또 등장했다. 이는 중국 불교에서 중관 불교(예를 들어 삼론종과 천태종의 교리)로부터 물려받은 독특한 중도적 접근법이 발전한 것과도 연관된다. 그러나 인도 불교 종파는 예를 들어 현상 세계와 실재의 구분 같은 이원론을 유지했던 반면 중국의 중도 교리는 양극단을 포용하면서 배제된 중간 위치를 취하는 경향이 있었다. 천태종은 일반 진리와 절대 진리를 통합해 깨달음을 얻은 삶에 대한 전망을 뒷받침했다. 화엄종에서는 리理, 즉 원리가 존재의 개별성의 근거뿐만 아니라 모든 다른 존재의 동일성의 근거도 된다.

　　철학적 내용과 관련해 무명과 실재의 환상적 본질에 관한 불교의 교리는 도가 전통과 전적으로 무관하지 않다는 측면에서 언어에 대한 회의론을 불러일으켰다. 불교는 언어가 부적합하다고 강조한다. 예를 들어 삼론종에서 일반 진리를 평가하는 것이 그렇다. 때문에 유가와 묵가 전통에서 명칭의 의미 혹은 그것의 지시 대상을 정하고자 한 시도에 반대하는 입장이었을 것이다. 불교 신앙에 대한 논의는 또한 형이상학적 쟁점을 고려하도록 조장하면서 천태종이나 화엄종의 다원론적 견해를 포함해 실재에 대한 다른 대안적인 입장을 제공했다. 도가의 유有와 무無에 대한 사고와 전혀 다른 불교의 공空에 대한 교리는 상당히 중요하다. 불교에서 말하는 '모든 것은 공하다'는 그것이 존재하는지 아닌지에 관한 것이 아니라, 존재의 본성에 대한 존재론적 주장이다. 공한 존재는 본질적이거나 독립적인 본성을 갖지 않는다. 중국 사상의 맥락에서 상호 의존성은 관계성이라는 주제와 함께 많이 논의되었던 반면 고유한 본성이 없다는 주제는 거의 탐구되지 않았다.

한나라까지 거슬러 올라가는 중국 사상의 맥락에서 인간 본성에 대한 철학적 논의는, 특히 유가 전통에서의 논의는 삶을 잘 살아가기 위한 실천의 중요성을 강조하며 수양에 초점을 맞췄다. 중국 불교 종파 대부분도 수양과 실천의 필요성을 이해했고, 그래서 자기 수양에 관한 독특한 인식과 방법을 개발했다. 그러나 선종은 이런 견해를 전적으로 거부했다. 선종의 논의는 중국 사상의 맥락에서 이전에는 검토되지 않았던 마음과 의식에 관한 수많은 가정을 낳았고, 마음과 그 능력에 대한 기존의 논의에 깊이를 더했다. 그럼에도 그것은 공유된 인간 조건에 관한 지배적인 중국 사상의 견해를 받아들였다. 불성에 대한 유식종, 화엄종, 선종의 견해는 낙관적으로 그 보편성을 주장했다. 그러나 천태종에서는 인간 본성에 어느 정도 선함이 있는 만큼 악함도 있다는 제안이 불교의 관점에서 더 섬세하게 설명되었다. 덧붙여 의식의 본질과 연속성에 대한 중국 불교의 견해는 인간의 개성과 개별성에 관한 사상에 또 다른 층을 더했다.

　마지막으로 중국 불교 사상은 일상적이고 평범한 고민으로부터 벗어난 삶을 통해 깨달음을 얻는다는 견해를 확고하게 거부한다는 사실을 간과해서는 안 된다. 선종은 발전 과정에서 확실히 이런 방식으로 평신도들에게 설법했다. 현대 중국에서 종교적인 대중적 불교 종파인 정토종은 다양한 붓다를 숭배한다. 그 가운데 아미타는 정토를 이룰 힘을 지녔다. 그 정토는 인간관계 속에서 계속되는 것으로 여겨진다.◆ 아미타는 다른 이들이 깨달음을 얻도록 돕기 위해 해탈을 연기한 보살로 돌아온다. 이러한 보살의 이타적인 모습은 깨달은 사람의 윤리적 사회적 공헌의 표현이다. 이것은 또한 유가의 군자나 도가의 성인 사상에서 다뤄진 유명한 주제이기도 하다. 중국 불교는 이후에 발전해나가면서 중국의 사상적 전통에서 뚜렷한 한 분야로 자리 잡았다. 당나라 동안 수많은 불교 주제가, 예를 들어 신유학 발전의 핵심 인물인 한유韓愈(768-824)와 이고李翶(?-844)의 철학에서 계속해서 논쟁을 야기했다. 9세기에서 11세기에 걸쳐 불교 사상은 신유학 철학의 발전에 기여했지만, 그럼에도 불교 철학은 여전히 독특하며 그 자체로 하나의 전통으로서 중국 불교를 정착시켰다.

◆정토종에 대한 개괄은 Lusthaus, 1998, "The Chinese Buddhist Schools: Pure Land" 참조.

더 읽을 자료

1. 중국철학

de Bary, Theodore, and Bloom, Irene (eds.) (1999) *Sources of Chinese Tradition: From Earliest Times to 1600*, vol. 1, 2nd edn., New York: Columbia University Press.

Defoort, Carine (2001) "Is There Such a Thing as Chinese Philosophy? Arguments of an Implicit Debate," *Philosophy East and West*, 51.3: 393–413.

Denecke, Wiebke (2011) *The Dynamics of Masters Literature: Early Chinese Thought from Confucius to Han Feizi*, Harvard-Yenching Institute Monograph Series 74, Cambridge, MA: Harvard University Press.

Fang, Thomé H. (1981) *Chinese Philosophy: Its Spirit and Its Development*, 2nd edn., Taipei: Linking Publishing. (『중국인이 보는 삶의 세계』, 정인재 옮김, 이제 이북스, 2004)

Fung, Yu-Lan (1947) *The Spirit of Chinese Philosophy*, trans. E. R. Hughes, London: Routledge and Kegan Paul. (『중국철학의 정신』, 곽신환 옮김, 서광사, 1993)

Hsu, Cho-Yun (1999) "The Spring and Autumn Period," in Michael Loewe and Edward Shaughnessy (eds.), *The Cambridge History of Ancient China: From the Origins of Civilization to 221 B.C.*, Cambridge: Cambridge University Press, pp. 545–586.

Nivison, David (1999) "The Classical Philosophical Writings," in Michael Loewe and Edward Shaughnessy (eds.), *The Cambridge History of Ancient China: From the Origins of Civilization to 221 B.C.*, Cambridge: Cambridge University Press, pp. 745–812.

Shaughnessy, Edward L. (2006) *Rewriting Early Chinese Texts*, Albany: State University of New York Press.

Twitchett, Denis, and Loewe, Michael (eds.) (1986) *The Cambridge History of China*, vol. 1: *The Ch'in and Han Empires, 221 B.C.–A.D. 220*, Cambridge: Cambridge University Press.

2. 공자와 『논어』

The Analects: A Norton Critical Edition (2014), ed. Michael Nylan, trans. Simon Leys, New York: W. W. Norton.

The Analects of Confucius: A Philosophical Translation (1998), trans. Roger Ames and Henry Rosemont Jr., New York: Ballantine Books.

Chan, Wing-tsit (1975) "Chinese and Western Interpretations of Jen (Humanity)," *Journal of Chinese Philosophy*, 2.2: 107–129.

Cua, Antonio (1978) *Dimensions of Moral Creativity*, University Park: Pennsylvania State University Press.

Fingarette, Herbert (1972) *Confucius: The Secular as Sacred*, New York: Harper and Row. (『공자의 철학』, 송영배 옮김, 서광사, 1991)

Ivanhoe, Philip J. (2013). *Confucian Reflections: Ancient Wisdom for Modern Times*, New York: Routledge.

Li, Chenyang, and Ni, Peimin (eds.) (2014) *Moral Cultivation and Confucian Character: Engaging Joel J. Kupperman*, Albany: State University of New York Press.

Olberding, Amy (ed.) (2014) *Dao Companion to the Analects*, Dordrecht: Springer.

Pines, Yuri (2002) *Foundations of Confucian Thought: Intellectual Life in the Chunqiu Period (722–453 B.C.E.)*, Honolulu: University of Hawai'i Press.

Tan, Sor-hoon, and Foust, Mathew (eds.) (2016) *Feminist Encounters with Confucius*, Leiden: Brill.

Van Norden, Bryan (ed.) (2002) *Confucius and the "Analects": New Essays*, New York: Oxford University Press.

3. 유가 철학에서 인간 본성과 수양: 맹자와 순자

Angle, Stephen C., and Slote, Michael (eds.) (2013) *Virtue Ethics and Confucianism*, New York: Routledge.

The Bamboo Texts of Guodian: A Study and Complete Translation (2012), trans. Scott Cook, 2 vols., Cornell East Asia Series, Ithaca, NY: East Asian Program, Cornell Universitys.

Bruya, Brian (ed.) (2015) *The Philosophical Challenge from China*, Cambridge, MA, and London: MIT Press.

Chan, Alan (ed.) (2002) *Mencius: Contexts and Interpretations*, Honolulu: University of Hawai'i Press.

Cua, Antonio (2005) *Human Nature, Ritual, and History: Studies in Xunzi and Chinese Philosophy* (Studies in Philosophy and the History of Philosophy), Washington, DC: Catholic University of America Press.

Hsün Tzu: Basic Writings (1963), trans. Burton Watson, New York: Columbia University Press.

King, Richard A. H. (ed.) (2015) *The Good Life and Conceptions of Life in Early China and Graeco-Roman Antiquity*, Berlin and Boston: De Gruyter.

Mengzi: with Selections from Traditional Commentaries (2008), trans. Bryan Van Norden, Indianapolis, IN, and Cambridge: Hackett.

Shun, Kwong-Loi (1997) *Mencius and Early Chinese Thought*, Stanford, CA: Stanford University Press.

Xunzi: A Translation and Study of the Complete Works (1988), trans. John Knoblock, vols. 1–3. Vol. 1 books 1–6; vol. 2 (1990) books 7–16; vol. 3 (1994) books 17–32, Stanford, CA: Stanford University Press.

Xunzi: The Complete Text (2014), edited and with an introduction by Eric L. Hutton, Princeton, NJ, and Oxford: Princeton University Press.

Yu, Kam-por, Tao, Julia, and Ivanhoe, Philip J. (eds.) (2010) *Taking Confucian Ethics Seriously: Contemporary Theories and Applications*, Albany: State University of New York Press.

4. 고대 묵가 철학

Defoort, Carine, and Standaert, Nicolas (eds.) (2013) *The Mozi as an Evolving Text: Different Voices in Early Chinese Thought*, Leiden: Brill.

Graham, Angus C. (1989) "A Radical Reaction: Mo-Tzu," in *Disputers of the Tao: Philosophical Argument in Ancient China*, La Salle, IL: Open Court, pp. 33–53. (『도의 논쟁자들』, 나선 옮김, 새물결, 2015)

Hansen, Chad (1992) "Mozi: Setting the Philosophical Agenda," in *A Daoist Theory of Chinese Thought*, New York: Oxford University Press, pp. 95–152.

Mo Tzu: Basic Writings (1963) trans. Burton Watson, New York: Columbia University Press.

Mozi: A Study and Translation of the Ethical and Political Writings (2013), trans. John Knoblock and Jeffrey Riegel, Berkeley: Institute of East Asian Studies, University of California, Berkeley.

Robins, Dan (2012b) "Mohist Care," in *Philosophy East and West*, 62.1: 60–91.

Schwartz, Benjamin (1985) *The World of Thought in Ancient China*, Cambridge: Belknap Press of Harvard University Press. (『중국 고대 사상의 세계』, 나성 옮김, 살림, 2004)

5. 도가와 『도덕경』

Cua, Antonio (1981) "Opposites as Complements: Reflections on the Significance of Tao," *Philosophy East and West*, 31.2: 123–140.

Fu, Charles Wei-hsun (1973) "Lao Tzu's Conception of Tao," *Inquiry*, 16: 367–394.

Hansen, Chad (1992) "Laozi: Language and Society," in *A Daoist Theory of Chinese Thought*, New York: Oxford University Press.

Lao Tzu and Taoism (1969), trans. Max Kaltenmark (translated from the French by Roger Greaves), Stanford, CA: Stanford University Press.

Lao Tzu's Tao Te Ching: A Translation of the Startling New Documents Found at Guodian (2000), trans. Robert Henricks, New York: Columbia University Press.

Lau, Dim-cheuk (1958) "The Treatment of Opposites in Lao-Tzu," *Bulletin of the Society for Oriental and African Studies*, 21: 344–360.

Liu, Xiaogan (ed.) (2015) *Dao Companion to Daoist Philosophy,* Dao Companions to Chinese Philosophy, Dordrecht: Springer.

Pregadio, Fabrizio (2008) *The Routledge Encyclopedia of Taoism*, 2 vols., New York: Routledge.

Schwartz, Benjamin (1985) "The Ways of Taoism," in *The World of Thought in Ancient China*, Cambridge, MA: Belknap Press of Harvard University Press.

Slingerland, Edward (2003) *Effortless Action: Wu-wei as Conceptual Metaphor and Spiritual Ideal in Early China*, Oxford: Oxford University Press.

Wagner, Rudolf (trans.) (2003) *A Chinese Reading of the Daodejing: Wang Bi's Commentary on the Laozi with Critical Text and Translation*, SUNY series in Chinese Philosophy and Culture, Albany: State University of New York Press.

The Way of Lao Tzu (Tao-Te Ching) (1963b), trans. Wing-tsit Chan, Englewood Cliffs, NJ: Prentice Hall.

6. 명가와 후기 묵가

Fraser, Christopher (2003) "Introduction: Later Mohist Logic, Ethics, and Science after 25 Years," from the reprint edition of Angus C. Graham, *Later Mohist Logic, Ethics, and Science* (1978), Hong Kong: Chinese University Press.

Graham, Angus C. (1989) "The Sharpening of Rational Debate: The Sophists," in *Disputers of the Tao*, La Salle, IL: Open Court.

Hansen, Chad (1983a) *Language and Logic in Ancient China*, Ann Arbor: University of Michigan Press.

Hu, Shi (1928) *The Development of the Logical Method in Ancient China*, Shanghai: Oriental Book Company.

Indraccolo, Lisa (2010) *"Gongsun Long and the Gongsun Longzi: Authorship and Textual Variation in a Multilayered Text,"* doctoral thesis, Università Ca' Foscari Venezia, Open Access available online at: http://hdl.handle.net/10579/922.

Kroll, J. L. (Yury Lovich) (1987) "Disputation in Ancient Chinese Culture," *Early China*, vols. 11–12 (1985–1987): 118–145.

Later Mohist Logic, Ethics and Science (2003), trans. Angus C. Graham, reprinted from the first edition in 1978, Hong Kong: Chinese University Press.

Makeham, John (2003) "School of Names (Ming Jia, Ming Chia)," in Antonio Cua (ed.), *Encyclopedia of Chinese Philosophy*, New York: Routledge, pp. 491–497.

Robins, Dan (2010) "The Later Mohists and Logic," *History and Philosophy of*

Logic, 31.3: 247–285.

7. 법가 철학

Book of Lord Shang (1928), trans. J. J. L. Duyvendak, London: Arthur Probsthain.

Complete Works of Han Fei Tzu: A Classic of Chinese Political Science (1939), trans. W. K. Liao, vols. 1–2, London: Arthur Probsthain.

Creel, Herrlee (1974) *Shen Pu-hai: A Chinese Political Philosopher of the Fourth Century B.C.*, Chicago, IL: University of Chicago Press.

Goldin, Paul (ed.) (2013) *Dao Companion to the Philosophy of Han Fei*, Dao Companions to Chinese Philosophy, Dordrecht: Springer.

Pines, Yuri (2013) "Submerged by Absolute Power: The Ruler's Predicament in the Han Feizi," in Paul R. Goldin (ed.), *Dao Companion to the Philosophy of Han Fei*, Dao Companions to Chinese Philosophy, Dordrecht: Springer, pp. 67–86.

Pines, Yuri, Goldin, Paul R., and Kern, Martin (eds.) (2015) *Ideology of Power and Power of Ideology in Early China*, Sinica Leidensia 124, Leiden and Boston: Brill.

Schwartz, Benjamin (1985) "Legalism: The Behavioral Science," in *The World of Thought in Ancient China*, Cambridge: Belknap Press of Harvard University Press, pp. 321–349.

Shen Tzu Fragments (1979), trans. Paul M. Thompson, London Oriental Series, vol. 29, Oxford: Oxford University Press.

8. 장자

Ames, Roger T. (ed.) (1998) *Wandering at Ease in the Zhuangzi*, Albany: State University of New York Press.

Ames, Roger, and Nakajima, Takahiro (eds.) (2015) *Zhuangzi and the Happy Fish*, Honolulu: University of Hawai'i Press.

Chuang-Tzu: The Inner Chapters (2001), trans. Angus C. Graham, Indianapolis, IN: Hackett.

The Complete Works of Chuang Tzu (1968), trans. Burton Watson, New York: Columbia University Press.

Cook, Scott (ed.) (2013) *Hiding the World in the World: Uneven Discourses on the Zhuangzi*, SUNY Series in Chinese Philosophy and Culture, Albany: State University of New York Press.

Fox, Alan (1996) "Reflex and Reflectivity: Wuwei in the Zhuangzi," *Asian Philosophy*, 6.1: 59–72.

Ivanhoe, Philip (1983) "Zhuangzi on Skepticism, Skill, and the Ineffable Dao," *Jour-*

nal of the American Academy of Religion, 61.4: 639–654.

Kohn, Livia (ed.) (2015) *New Visions of the Zhuangzi*, St. Petersburg, FL: Three Pines Press.

Roth, Harold (1991) "Psychology and Self-Cultivation in Early Taoistic Thought," *Harvard Journal of Asiatic Studies*, 51: 599–650.

Wu, Kuang-ming (1982) *Chuang Tzu: World Philosopher at Play*, American Academy of Religion Studies in Religion, no. 26, New York: Crossroad Publishing.

Yearley, Lee (1996) "Zhuangzi's Understanding of Skillfulness and the Ultimate Spiritual State," in Philip Ivanhoe and Paul Kjellberg (eds.), *Essays on Skepticism, Relativism and Ethics in the Zhuangzi*, Albany: State University of New York Press, pp. 152–182.

Zhuangzi: The Essential Writings with Selections from Traditional Commentaries (2009), trans. Brook Ziporyn, Indianapolis, IN: Hackett.

9. 『역경』과 중국철학에서 『역경』의 위치

The Annals of Lü Buwei (2000), trans. John Knoblock and Jeffrey Riegel, Stanford, CA: Stanford University Press.

Cheng, Chung-ying (2003) "Philosophy of Change," in Antonio Cua (ed.), *Encyclopedia of Chinese Philosophy*, New York: Routledge, pp. 517–524.

The Classic of Changes: A New Translation of the I Ching as Interpreted by Wang Bi (1994), trans. Richard John Lynn, New York: Columbia University Press.

Csikszentmihalyi, Mark (2006) *Readings in Han Chinese Thought*, Indianapolis, IN: Hackett.

de Bary, W. Theodore, and Bloom, Irene (eds.) (1999) "The Imperial Order and Han Syntheses," in W. T. de Bary and Irene Bloom (eds.), *Sources of Chinese Tradition: From Earliest Times to 1600*, vol. 1, 2nd edn., New York: Columbia University Press, pp. 283–366.

Early Chinese Medical Literature: The Mawangdui Medical Manuscripts (1998), trans. Donald Harper, New York: Kegan Paul.

Exemplary Women of Early China: The Lienü zhuan of Liu Xiang (2014), trans. Anne Behnke Kinney, New York: Columbia University Press.

Graham, Angus C. (1986) *Yin-Yang and the Nature of Correlative Thinking*, IEAP Occasional Paper and Monograph Series no. 6, Singapore: Institute of East Asian Philosophies. (『음양과 상관적 사유』, 이창일 옮김, 청계, 2001)

Henderson, John B. (1984) "Correlative Thought in Early China," in Henderson, *The Development and Decline of Chinese Cosmology*, New York: Columbia University Press, pp. 1–58. (『중국의 우주론과 청대의 과학혁명』, 문중양 옮김,

소명출판, 2004)

Henderson, John B. (2003) "Cosmology," in Antonio Cua (ed.), *Encyclopedia of Chinese Philosophy*, New York: Routledge, pp. 187–194.

The "Huainanzi": Liu An, King of Huainan: A Guide to the Theory and Practice of Government in Early China (2010), John Major, Sarah Queen, Andrew Seth Meyer, and Harold D. Roth (trans. and eds.), New York: Columbia University Press.

I Ching: The Classic of Changes Translated with an Introduction and Commentary: The First English Translation of the Newly Discovered Second Century BC Mawangdui Texts (1997), trans. Edward L. Shaughnessy, New York: Ballantine Books.

Knechtges, David (2014) "Yi Jing 易經(Classic of Changes)," in David R. Knechtges and Taiping Chang (eds.), *Ancient and Early Medieval Chinese Literature: A Reference Guide*, part 3. Leiden: Brill, pp. 1877–1896.

Major, John S. (1993) "A General Introduction to Early Han Cosmology," in *Heaven and Earth in Early Han Thought*, SUNY Series in Chinese Philosophy and Culture, Albany: State University of New York Press.

Makeham, John (2003) *Transmitters and Creators: Chinese Commentators and Commentaries on the Analects*, Cambridge, MA, and London: Harvard University Press.

McLeod, Alexus (2015) "Philosophy in Eastern Han Dynasty China (25–220 CE)," *Philosophy Compass* 10.6: 355–368.

Peterson, Williard J. (1982) "Making Connections: 'Commentary on the Attached Verbalizations' of the Book of Change," *Harvard Journal of Asiatic Studies*, 42.1: 67–116.

Roth, Harold, Queen, Sarah, and Sivin, Nathan (1999) "Syncretic Visions of State, Society and Cosmos," in W. T. de Bary and Irene Bloom (eds.), *Sources of Chinese Tradition: From Earliest Times to 1600*, vol. 1, 2nd edn., New York: Columbia University Press, pp. 235–282.

Sivin, Nathan (2007) "Drawing Insights from Chinese Medicine," *Journal of Chinese Philosophy*, Supplement no. 1, 24.1: 43–55.

Unearthing the Changes: Recently Discovered Manuscripts of and Relating to the Yi Jing (2014), trans. Edward L. Shaughnessy, New York: Columbia University Press.

Watson, Burton (1999) "The Great Han Historians," in W. Theodore de Bary and Irene Bloom (eds.), *Sources of Chinese Tradition: From Earliest Times to 1600*, vol. 1, 2nd edn., New York: Columbia University Press, pp. 367–374.

Yuan Dao: Tracing Dao to Its Source (1998), trans. D. C. Lau and Roger Ames, New York: Ballantine Books.

Zhouyi: A New Translation with Commentary of The Book of Changes (2002), trans. Richard Rutt, Durham East Asia Series, Oxon and New York: Routledge Curzon.

10. 중국 불교

Chan, Alan K. L. (2009), "Neo-Daoism," in Bo Mou (ed.), *History of Chinese Philosophy*, Routledge History of World Philosophies series, vol. 3, London and New York: Routledge, pp. 303–323.

Chan, Wing-tsit (1957–1958) "Transformation of Buddhism in China," *Philosophy East and West*, 7.3/4: 107–116.

Fung, Yu-Lan (1953) "Buddhism and Its Critics during the Period of Disunity," in *A History of Chinese Philosophy* (trans. Derk Bodde), vol. 2, Princeton, NJ: Princeton University Press, pp. 237–292.

Hershock, Peter (2015) "Chan Buddhism," in *the Stanford Encyclopedia of Philosophy*. Available at http://plato.stanford.edu/entries/buddhism-chan/.

Hurvitz, Leon, and Tsai, Heng-Ting (1999) "The Introduction of Buddhism," in W. Theodore de Bary and Irene Bloom (eds.), *Sources of Chinese Tradition: From Earliest Times to 1600*, vol. 1, 2nd edn., New York: Columbia University Press, pp. 415–432.

Hurvitz, Leon, et al. (1999) "Schools of Buddhist Doctrine," in W. Theodore de Bary and Irene Bloom (eds.), *Sources of Chinese Tradition: From Earliest Times to 1600*, vol. 1, 2nd edn., New York: Columbia University Press, pp. 433–480.

Lai, Whalen (with assistance from Yu-Yin Cheng) (2009) "Chinese Buddhist Philosophy from Han through Tang," in Bo Mou (ed.), *History of Chinese Philosophy*, Routledge History of World Philosophies series, vol. 3, London and New York: Routledge, pp. 324–361.

Lusthaus, Dan (1998) "Buddhist Philosophy, Chinese," in *Routledge Encyclopedia of Philosophy*. Available at www.rep.routledge.com/articles/buddhist-philosophy-chinese/v-1.

McLeod, Alexus (2015) "Philosophy in Eastern Han Dynasty China," *Philosophy Compass*, 10.6: 355–368.

Platform Sutra of the Sixth Patriarch (2002), trans. Philip B. Yampolsky, New York: Columbia University Press.

Wagner, Rudolf G. (2003) *Language, Ontology, and Political Philosophy in China: Wang Bi's Scholarly Exploration of the Dark (Xuanxue)*, Albany: State University of New York Press.

Zhuangzi: A New Translation of the Daoist Classic as Interpreted by Guo Xiang (2016), trans. Richard John Lynn, New York: Columbia University Press.

Ziporyn, Brook (2003) *The Penumbra Unbound: The Neo-Taoist Philosophy of Guo Xiang*, Albany: State University of New York Press.

Ziporyn, Brook (2011) "Chinese Buddhist Philosophy," in William Edelglass and Jay L. Garfield (eds.), *The Oxford Handbook of World Philosophy*, New York: Oxford University Press, pp. 68–81.

옮긴이 주

1. 중국철학
1) 배중률(排中律) 법칙을 말한다. 배중률은 "어떠한 명제도 참이거나 거짓이지 그 중
간치는 없다"는 논리 법칙이다.

2. 공자와 『논어』
1) 저자는 'the Ru'와 'the Confusians'를 구별하고 있다. 전자는 유(儒)라고 알려진
지식인들을 통칭하고 후자는 공자와 그의 제자들을 지칭한다. 전자는 '유자'라고 번
역하고 후자는 '유가'라고 번역했다.
2) 죽간본 『논어』는 사실 1973년 하북성 정현(定縣) 팔각랑촌(八角廊村)의 한왕(漢
王) 중산회왕(中山懷王) 유수(劉修)의 묘에서 출토된 정주 한간본을 가리킨다. 낙
랑 죽간은 무덤에 매장된 연대 차이가 불과 10년 정도밖에 나지 않는다고 한다.
3) 에즈라 파운드는 신(信)이라는 글자를 인(人)과 언(言)으로 나눈 뒤 사람과 말이
합쳐진 것으로 해석했다. 즉 신은 '그의 말 옆에 서 있는 사람'을 의미한다는 것이다.

4. 고대 묵가 철학
1) 『플라톤의 대화편』 가운데 하나인 「에우튀프론」에 나온 딜레마다. 에우튀프론과
소크라테스는 미덕(virtue)과 악(vice)에 대해 대화한다. 에우튀프론은 신을 기쁘
게 하는 것이 미덕이고 그렇지 않은 것이 악이라고 말한다. 소크라테스가 에우튀프
론에게 말한다. "미덕이므로 신의 사랑을 받는가, 아니면 신의 사랑을 받으니 미덕
이 되는가? 미덕이기 때문에 신의 사랑을 받는다면, 신의 사랑을 받는다는 것은 미
덕의 속성(quality)은 될 수 있어도 미덕의 본질(nature)은 될 수 없다."

5. 도가와 『도덕경』
1) 'spontaneous'라는 말은 'voluntary'와 구별해서 이해해야 한다. 일반적으로 'vol-
untary'도 '자발적인'으로 번역한다. 그러나 'voluntary'는 의지가 개입된 행위를 말
하고 'spontaneity'는 의지가 개입되지 않고 저절로 그렇게 되는 행위를 말한다. 그
런 의미에서 자연스러운 것에 가깝다. 'natural'(자연적인)과 구분하기 위해 'spon-
taneous'는 '자발적인'으로, 'voluntary'는 '의지적인'으로 번역했다.

6. 명가와 후기 묵가

1) 배타적 논리합이란 논리연산의 하나다. 두 명제 A와 B의 어느 한쪽만 사실일 때 진리치가 된다.

8. 장자

1) 대인논증은 논의되는 사람의 인격이나 직업 등에 기반해 자기주장의 옳음을 증명하는 오류 논법이다. 예를 들면 "그는 교육자이므로 그의 말은 믿을 만하다" 같은 주장이다.

9. 『역경』과 중국철학에서 『역경』의 위치

1) 이는 왕필이 아니라 한강백(韓康伯)의 주석이다.

10. 중국 불교

1) 『장자』「우언」에 나오는 일화다. 반그림자란 '망량'(罔兩)을 가리키고, 그림자란 '경'(景)을 뜻한다. 망량문경(罔兩問景)이란 반그림자가 그림자에게 물어본다는 뜻으로 알려져 있다.

1차 문헌

A Chinese Reading of the Daodejing: Wang Bi's Commentary on the Laozi with CriticalText and Translation (2003), trans. Rudolf G. Wagner, SUNY Series in Chinese Philosophy and Culture, Albany: State University of New York Press.

A Source Book in Chinese Philosophy (1963a), trans. Wing-tsit Chan, Princeton, NJ: Princeton University Press.

The Analects: A Norton Critical Edition (2014) Michael Nylan (ed.) and Simon Leys (trans.), New York: W. W. Norton.

The Analects of Confucius (1997), translation and notes by Simon Leys (Pierre Ryckmans), New York: W. W. Norton.

The Analects of Confucius: A Philosophical Translation (1998), trans. Roger Ames and Henry Rosemont Jr, New York: Ballantine.

The Annals of Lü Buwei (2000), John Knoblock and Jeffrey Riegel (trans.) Stanford, CA: Stanford University Press.

The Bamboo Texts of Guodian: A Study and Complete Translation (2012), 2 vols., Scott Cook (trans.), Cornell East Asia Series, Ithaca, NY: East Asian Program, Cornell University.

Basic Writings of Han Fei Tzu (1964), trans. Burton Watson, New York: Columbia University Press.

Book of Lieh Tzu (1960), trans. Angus C. Graham, London: John Murray.

The Book of Lieh-Tzu: A Classic of Tao (1990c), trans. A. C. Graham, New York: Columbia University Press.

Book of Lord Shang: A Classic of the Chinese School of Law (1928), trans. J. J. L. Duyvendak, London: Arthur Probsthain.

The Canon of Supreme Mystery (1993), trans. Michael Nylan, Albany: State University of New York Press.

Chinese Classics: With a Translation, Critical and Exegetical Notes, Prolegomena, and Copious Indexes (1991), trans. James Legge, Taipei: SMC Publishing; reprinted from the last edition by Oxford University Press; vol. 1: *Confucian Analects, The Great Learning, The Doctrine of the Mean* (3rd edn.), with a Biographical Note by L. T. Ride; vol. 2: *The Works of Mencius*; vol. 3: *The Shoo King, or The Book of Historical Documents*; vol. 4: *The She King, or The Book of Poetry*; vol. 5, *The Ch'un ts'ew, with the Tso chuen*, 2nd edn., with minor text corrections.

Chuang-Tzu: The Inner Chapters (2001), trans. Angus C. Graham, Indianapolis, IN: Hackett.

The Classic of Changes: A New Translation of the I Ching as Interpreted by Wang Bi (1994), trans. Richard John Lynn, New York: Columbia University Press.

The Classic of the Way and Virtue: A New Translation of the Tao-te Ching of Laozi as Interpreted by Wang Bi (1999), trans. Richard John Lynn, New York: Columbia University Press.

Commentary on the Lao Tzu by Wang Pi (1979), trans. Ariane Rump in collaboration with Wing-tsit Chan; monograph no. 6 of the Society for Asian and Comparative Philosophy, Honolulu: University of Hawai'i Press.

The Complete Works of Chuang Tzu (1968), trans. Burton Watson, New York: Columbia University Press.

Complete Works of Han Fei Tzu: A Classic of Chinese Political Science (1939), trans. W. K. Liao, vols. 1 and 2, London: Arthur Probsthain.

Confucius: the Analects (1979a), trans. Dim-cheuk Lau, Harmondsworth: Penguin Books.

The Daodejing of Laozi (2003), translation and commentary by Philip J. Ivanhoe, Indianapolis and Cambridge: Hackett.

Daodejing: "Making This Life Significant" (2003) trans. Roger Ames and David Hall, New York: Ballantine Books.

Daodejing: The New, Highly Readable Translation of the Life-Changing Ancient Scripture Formerly Known as the Tao Te Ching (2007), trans. Hans-Georg Moeller, Chicago, IL: Open Court.

Dingzhou Han mu zhujian Lunyu『定州漢墓竹簡論語』(Dingzhou Han Tomb Bamboo Lunyu) (1997) Hebei sheng wenwu yanjiusuo 河北省文物研究所, Beijing 北京: Wenwu chubanshe 文物出版社.

Early Chinese Medical Literature: The Mawangdui Medical Manuscripts (1998), trans. Donald Harper, New York: Kegan Paul.

Early Daoist Scriptures (1997), trans. Stephen R. Bokenkamp, with a contribution by Peter Nickerson, Berkeley and Los Angeles: University of California Press.

Ethical and Political Works of Mo Tzu (1929), trans. Yi-pao Mei, London: Arthur Probsthain.

Exemplary Women of Early China: The Lienü Zhuan of Liu Xiang (2014), trans. Anne Behnke Kinney, New York: Columbia University Press.

Five Lost Classics: Tao, Huang-lao, and Yin-yang in Han China (1997), trans. Robin D. S. Yates, Classics of Ancient China, New York: Ballantine Books.

"The Gongsun Longzi: A Translation and an Analysis of Its Relationship to Later Mohist Writings," (2004) trans. Ian Johnston, *Journal of Chinese Philosophy*, 31.2: 271–295.

Guanzi: Political, Economic, and Philosophical Essays from Early China, vol. 1 (2001), trans. Allyn W. Rickett (rev. edn.), Princeton, NJ: Princeton University Press.

Guanzi: Political, Economic, and Philosophical Essays from Early China, vol. 2 (1998), trans. Allyn W. Rickett, Princeton, NJ: Princeton University Press.

Guodian Chumu Zhujian 『郭店楚墓竹简』(Guodian excavated bamboo strips) (1998), Jingmen Museum (荆门市博物馆) Jingmenshi bowuguan, Beijing: Wenwu chubanshe; 北京: 文物出版社.

Han Feizi xin jiaozhu 『韓非子新校注』(A New Annotation of the Han Fei Zi) (2000), Chen Qiyou, Shanghai: Guji Chubanshe.

Han shu 『漢書』(Book of Han) by Ban Gu et al. (班固撰; 班昭等補作) (1970). Yan Shigu (ed.) (顔師古注), Hong Kong: Zhonghua Press (香港: 中華書局).

Ho-Shang-Kung's Commentary on Lao-Tse (1950), trans. Eduard Erkes, Ascona, Switzerland: Artibus Asiæ.

Hsün Tzu: Basic Writings (1963), trans. Burton Watson, New York: Columbia University Press.

Hsüntze: The Moulder of Ancient Confucianism (1966), trans. Homer H. Dubs, Taipei: Ch'eng-Wen Publishing; originally published in 1927 by Arthur Probsthain, London.

The "Huainanzi": Liu An, King of Huainan: A Guide to the Theory and Practice of Government in Early China (2010), John Major, Sarah Queen, Andrew Seth Meyer, and Harold D. Roth (trans. and eds.), New York: Columbia University Press.

I Ching: The Classic of Changes Translated with an Introduction and Commentary: The First English Translation of the Newly Discovered Second Century BC Mawangdui Texts (1997), trans. Edward L. Shaughnessy, New York: Ballantine Books.

"The Kung-sun Lung Tzu with a Translation into English" (1953), trans. *Lao-tze*

Te-tao ching: A New Translation Based on the Recently Discovered Ma-Wang-Tui Texts (1989), trans. Robert Henricks, New York: Ballantine Books.

Lao Tzu Tao Te Ching (1963), trans. Dim-cheuk Lau, Harmondsworth: Penguin Books.

Lao Tzu and Taoism (1969), trans. Max Kaltenmark (translated from the French by Roger Greaves), Stanford, CA: Stanford University Press.

Lao Tzu's Tao Te Ching: A Translation of the Startling New Documents Found at Guodian (2000), trans. Robert Henricks, New York: Columbia University Press.

Later Mohist Logic, Ethics and Science (2003), trans. Angus C. Graham, reprinted from the first edition in 1978, Hong Kong: Chinese University Press.

Mencius (1979b), trans. Dim-cheuk Lau, rev. edn., Hong Kong: Chinese University Press.

Mencius (2009), trans. Irene Bloom, edited and with an introduction by Philip J.

Ivanhoe, New York: Columbia University Press.

Mengzi: With Selections from Traditional Commentaries (2008), trans. Bryan Van Norden, Indianapolis, IN, and Cambridge: Hackett.

Mo Tzu: Basic Writings (1963), trans. Burton Watson, New York: Columbia University Press.

Mozi: A Study and Translation of the Ethical and Political Writings (2013), trans. John Knoblock and Jeffrey Riegel, Berkeley: Institute of East Asian Studies, University of California, Berkeley.

Mozi Yinde『墨子引得』(A Concordance to Mo Tzu) (1956), Ye Hong (ed.) 洪業主編, Harvard-Yenching Institute Sinological Index Series, Supplement #21 (哈佛燕京學社引得特刊第21號,哈佛燕京學社引得編纂處), Cambridge, MA: Harvard University Press.

The Original Analects: Sayings of Confucius and His Successors (1998), trans. Bruce E. Brooks and A. Taeko Brooks, New York: Columbia University Press.

The Original Yijing: A Text, Phonetic Transcription, Translation, and Indexes, with Sample Glosses (1985), trans. Richard A. Kunst, Ph.D. dissertation, University of California, Berkeley.

Platform Sutra of the Sixth Patriarch (2002), trans. Philip B. Yampolsky. Reprint of the 1967 edition, with translation, introduction, and notes by Philip B. Yampolsky and Foreword by Morten Schlütter, New York: Columbia University Press.

Readings in Later Chinese Philosophy: Han Dynasty to the 20th Century (2014), Justin Tiwald and Bryan Van Norden (trans. and eds.), Indianapolis, IN, and Cambridge: Hackett.

Sacred Books of China: The Texts of Confucianism (1879), trans. James Legge, vol. 3: The Shu King (Shujing); reprinted 1970, Delhi: Motilal Banarsidass.

Sayings of Lao Tzu (1959), trans. Lionel Giles, London: John Murray.

Shen Tzu Fragments (1979), trans. Paul M. Thompson, London Oriental Series, vol. 29, Oxford: Oxford University Press.

Shiji (Records of the Historian: Sima Qian) (1961), trans. Burton Watson, 2 vols., New York: Columbia University Press.

Shuowen Jiezi Zhu/Xu Shen zhuan; Duan Yucai zhu (Shuowen Lexicon by Duan, Yucai (1735–1815)), Shanghai: *Shanghai gu ji chu ban she: Xin hua shu dian, 1981*; reprinted from the original (1815), China: Jing yun lou.

Sources of Chinese Tradition: From Earliest Times to 1600 (1999), compiled by W. Theodore de Bary and Irene Bloom, vol. 1, 2nd edn., New York: Columbia University Press.

Tao Te Ching (1982), trans. Dim-cheuk Lau, Chinese Classics, Hong Kong: Chinese University Press.

Tao Te Ching: The Book of the Way and Its Virtue (1954), trans. J. J. L. Duyvendak, London: John Murray.

Unearthing the Changes: Recently Discovered Manuscripts of and Relating to the Yi Jing (2014), trans. Edward L. Shaughnessy, New York: Columbia University Press.

The Way and Its Power: A Study of the Tao Te Ching and Its Place in Chinese Thought (1958), trans. Arthur Waley, New York: Grove Press.

The Way of Lao Tzu (Tao-te ching) (1963b), trans. Wing-tsit Chan, Englewood Cliffs, NJ: Prentice Hall.

"The Writings of Kwang-dze [Zhuang Zi]" (1891), trans. James Legge, *The Sacred Books of China: The Texts of Taoism, Sacred Books of the East*, Vol. 39. Oxford: Clarendon Press.

Xunzi: A Translation and Study of the Complete Works (1988–1994), trans. John Knoblock, Stanford, CA: Stanford University Press, vols. 1–3; vol. 1 (1988), books 1–6; vol. 2 (1990), books 7–16; vol. 3 (1994) books 17–32.

Xunzi: The Complete Text (2014), edited and with an introduction by Eric L. Hutton, Princeton, NJ, and Oxford: Princeton University Press.

Yi King (Yijing) (1899), trans. James Legge, *The Sacred Books of the East*, vol. 16, Oxford: Clarendon Press.

Yuan Dao: Tracing Dao to Its Source (1998), trans. D. C. Lau and Roger Ames, New York: Ballantine Books.

Zhuangzi: A New Translation of the Daoist Classic as Interpreted by Guo Xiang (2016), trans. Richard John Lynn, New York: Columbia University Press.

Zhouyi: A New Translation with Commentary of the Book of Changes (2002), trans. Richard Rutt, Durham East Asia Series, Oxon and New York: RoutledgeCurzon.

Zhuangzi: The Essential Writings with Selections from Traditional Commentaries (2009), trans. Brook Ziporyn, Indianapolis, IN: Hackett.

2차 문헌

Ahern, Dennis (1980) "An Equivocation in Confucian Philosophy," *Journal of Chinese Philosophy*, 7.2: 175–186.

Allan, Sarah (1997) *The Way of Water and Sprouts of Virtue*, SUNY Series in Chinese Philosophy and Culture, Albany: State University of New York Press.

_____ (2003) "The Great One, Water, and the Laozi: New Light from Guodian," *T'oung Pao*, Second Series, 89.4/5: 237–285.

Allan, Sarah, and Williams, Crispin (eds.) (1998) *The Guodian Laozi: Proceedings of the International Conference, Dartmouth College, May 1998*, Early China Special Monograph Series 5, Berkeley: Institute for East Asian Studies,

University of California.

Allinson, Robert E. (1985) "The Confucian Golden Rule: A Negative Formulation," *Journal of Chinese Philosophy*, 12.3: 305–315.

Allinson, Robert E. (1989) *Chuang-tzu for Spiritual Transformation*, Albany: State University of New York Press.

Ames, Roger (1986) "Taoism and the Nature of Nature," *Environmental Ethics*, 8.4: 317–350.

_____ (1998b) "Knowing in the Zhuangzi: 'From Here, on the Bridge, over the River Hao,'" in Roger Ames (ed.), *Wandering at Ease in the Zhuangzi*, Albany: State University of New York Press, pp. 219–230.

_____ (2011a) *Confucian Role Ethics*, Hong Kong: Chinese University Press.

_____ (2011b) "Introduction," in Ronnie Littlejohn and Jeffrey Dippman (eds.), *Riding the Wind with Liezi* 列子: N*ew Perspectives on the Daoist Classic*, Albany: State Uiversity of New York Press, pp. 1–11.

Ames, Roger, and Hall, David (2001) *Focusing the Familiar: A Translation and Philosophical Interpretation of the Zhongyong*, Honolulu: University of Hawai'i Press.

Ames, Roger, and Nakajima, Takahiro (eds.) (2015) *Zhuangzi and the Happy Fish*, Honolulu: University of Hawai'i Press.

Angle, Stephen C. (2012) *Contemporary Confucian Political Philosophy: Toward Progressive Confucianism*, Oxford: Polity Press.

Angle, Stephen C., and Slote, Michael (eds.) (2013) *Virtue Ethics and Confucianism*, New York: Routledge.

Bárcenas, Alejandro (2013) "Han Fei's Enlightened Ruler," *Asian Philosophy*, 23.3: 236–259.

Bell, Daniel A. (ed.) (2007) *Confucian Political Ethics*, Princeton, NJ: Princeton University Press.

Besser, Lorraine L., and Slote, Michael (eds.) (2015) *The Routledge Companion to Virtue Ethics*, New York and London: Routledge.

Bielenstein, Hans (1947) "The Census of China during the Period 2–742 A.D.," *Bulletin of the Museum of Far Eastern Antiquities*, Stockholm, 19: 125–163.

Bloom, Irene (2002) "Biology and Culture in the Mencian View of Human Nature," in Alan Chan (ed.), *Mencius: Contexts and Interpretations*, Honolulu: University of Hawai'i Press, pp. 91–102.

Bodde, Derk (1963) "Basic Concepts of Chinese Law: The Genesis and Evolution of Legal Thought in Traditional China," *Proceedings of the American Philosophical Society*, 107.5: 375–398.

_____ (1986) "The State and Empire of Ch'in," in Denis Twitchett and Michael Loewe (eds.), *The Cambridge History of China*, vol. 1: *The Ch'in and*

Han Empires, 221 B.C.–A.D. 220, Cambridge: Cambridge University Press, pp. 21–102.

Boltz, Judith M. (2008) "Daozang and Subsidiary Compilations," in Fabrizio Pregadio (ed.), *The Encyclopedia of Taoism*, vol. 1, New York: Routledge Publishing, pp. 28–33.

Boltz, William (1993) "Lao Tzu Tao Te Ching," in Michael Loewe (ed.), *Early Chinese Texts: A Bibliographical Guide, Early China Special Monograph*, No. 2, Berkeley: Society for the Study of Early China and the Institute of East Asian Studies, University of California, pp. 269–292.

_____ (1998) "The Study of Early Chinese Manuscripts: Methodological Preliminaries," in Sarah Allan and Crispin Williams (eds.), *The Guodian Laozi: Proceedings of the International Conference, Dartmouth College, May 1998*, Early China Special Monograph Series 5, Berkeley: Institute for East Asian Studies, University of California, pp. 39–52.

Boltz, William, and Schemmel, Matthias (2013) "The Language of 'Knowledge' and 'Space' in the Later Mohist Canon," *TOPOI – Towards a Historical Epistemology of Space*, vol. 442. Berlin: Max-Planck-Institut für Wissenschaftsgeschichte.

Brindley, Erica (2006) "Music and 'Seeking One's Heart-Mind' in the 'Xing Zi Ming Chu,'" *Dao: A Journal of Comparative Philosophy*, 5.2: 247–255.

_____ (2010) *Individualism in Early China: Human Agency and the Self in Thought and Politics*, Honolulu: University of Hawaii Press.

_____ (2012) *Music, Cosmology, and the Politics of Harmony in Early China*, SUNY Series in Chinese Philosophy and Culture, Albany: State University of New York Press. Broughton, Jeffrey (1999) *The Bodhidharma Anthology: The Earliest Records of Zen*, Berkeley: University of California Press.

_____ (2011) "Moral Autonomy and Particularistic Sources of Authority in the Analects," *Journal of Chinese Philosophy*, 38.2: 257–273.

Bruya, Brian (2010a) "The Rehabilitation of Spontaneity: A New Approach in Philosophy of Action," *Philosophy East and West*, 60.2: 207–250.

_____ (2010b) *Effortless Attention: A New Perspective in the Cognitive Science of Attention and Action*, Cambridge, MA, and London: MIT Press.

_____ (ed.) (2015) *The Philosophical Challenge from China*, Cambridge, MA, and London: MIT Press.

Callicott, J. Baird, and McRae, James (eds.) (2014) *Environmental Philosophy in Asian Traditions of Thought*, Albany: State University of New York Press.

Carrozza, Paola (2002) "A Critical Review of the Principal Studies on the Four Manuscripts Preceding the B Version of the Mawangdui Laozi," *British Columbia Asian Review*, 13: 49–69.

Chan, Alan K. L. (1991) *Two Visions of the Way: A Study of the Wang Pi and Ho-*

shang Kung Commentaries on the Lao-tzu, Albany: State University of New York Press.

_____ (2002) "A Matter of Taste: Qi (Vital Energy) and the Tending of the Heart (Xin) in Mencius 2A.2," in Alan Chan (ed.), *Mencius: Contexts and Interpretations*, Honolulu: University of Hawai'i Press, pp. 42–71.

_____ (2009) "Neo-Daoism," in Bo Mou (ed.), *History of Chinese Philosophy*, Routledge History of World Philosophies series, vol. 3, London and New York: Routledge, pp. 303–323.

_____ (2011) "Harmony as a Contested Metaphor and Conceptions of Rightness (Yi) in Early Confucian Ethics," in R. A. H. King, and D. Schilling (eds.), *How Should One Live? Comparing Ethics in Ancient China and Greco-Roman Antiquity*, Berlin: De Gruyter, pp. 37–62.

_____ (2014) "Neo-Daoism," in *the Stanford Encyclopedia of Philosophy*. Available at http://plato.stanford.edu/entries/neo-daoism/index.html

_____ (ed.) (2002) *Mencius: Contexts and Interpretations*, Honolulu: University of Hawai'i Press.

Chan, Alan K. L., and Lo, Yuet-Keung (eds.) (2010) *Philosophy and Religion in Early Medieval China*, Albany: State University of New York Press.

Chan, Shirley (2011) "Cosmology, Society and Humanity: Tian in the Guodian Texts (Part I)," *Journal of Chinese Philosophy*, Supplement Issue: Confucian Philosophy: Transformations and Innovations, Supplement to Vol. 38: 64–77.

_____ (2012) "Cosmology, Society, and Humanity: Tian in the Guodian Texts (Part II)," *Journal of Chinese Philosophy*, 39.1: 106–120.

Chan, Wing-tsit (1955) "The Evolution of the Confucian Concept Jen," *Philosophy East and West*, 4.4: 295–319.

_____ (1957–8) "Transformation of Buddhism in China," *Philosophy East and West*, 7.3/4: 107–116.

_____ (1975) "Chinese and Western Interpretations of Jen (Humanity)," *Journal of Chinese Philosophy*, 2.2: 107–129.

Chang, Cheng-lang (Zhang Zhenglang) (張政烺) (1981) "An Interpretation of the Divinatory Inscriptions on Early Chou Bronzes," trans. H. Huber, R. Yates, J. Ching, S. Davis and S. Weld, *Early China* 6: 80–96.

Chen, Lai (2010) "The Guodian Bamboo Slips and Confucian Theories of Human Nature," *Journal of Chinese Philosophy* 37.1: 33–50.

Chen, Li-Kuei, and Sung, Winnie (2015) "The Doctrines and Transformation of the Huang-Lao Tradition," in Liu Xiaogan (ed.), *Dao Companion to Daoist Philosophy, Dao Companions to Chinese Philosophy*, Dordrecht: Springer, pp. 241–264.

Chen, Ning (2002) "The Ideological Background of the Mencian Discussion of Human Nature: A Reexamination," in Alan Chan (ed.), *Mencius: Contexts and*

Interpretations, Honolulu: University of Hawai'i Press, pp. 17–41.

Ch'en, Ta-chi (1953) *Mengzi xingshan shuo yu Xunzi xinge shuo de bijiao yaniiu (A Comparative Study of Mencius' Theory That the Nature of Man Is Good and Hsun Tzu's Theory That the Nature of Man Is Evil)*, Taipei: ZhongyangWenwu Gong Yin She.

Cheng, Chung-ying (1973) "On Zen (Ch'an) Language and Zen Paradoxes," *Journal of Chinese Philosophy*, 1.1: 77–102.

_____ (1977) "Toward Constructing a Dialectics of Harmonization: Harmony and Conflict in Chinese Philosophy," *Journal of Chinese Philosophy* 4.3: 209–245.

_____ (1986) "On the Environmental Ethics of the Tao and the Chi," *Environmental Ethics*, 8.4: 351–370.

_____ (2003) "Philosophy of Change," in Antonio Cua (ed.), *Encyclopedia of Chinese Philosophy*, New York: Routledge, pp. 517–524.

Cheng Shude 程樹德(1990) *Lun yu ji shi*『論語集釋』, 4 vols. Cheng Junying and Jiang Jianyuan (eds.) 程俊英, 蔣見元, Beijing: Zhonghua shu ju: Xin hua shu dian Beijing fa xing suo fa xing, 北京: 中華書局: 新華書店北京發行所發行.

Ching, Julia (1978) "Chinese Ethics and Kant," *Philosophy East and West*, 28.2: 161–172.

Chiu, Wai Wai (2014) "Assessment of Li in the Mencius and the Mozi," *Dao: A Journal of Comparative Philosophy*, 13.2: 199–214.

Chong, Kim-chong (1998) "Confucius's Virtue Ethics: Li, Yi, Wen and Chih in the Analects," *Journal of Chinese Philosophy*, 25.1: 101–130.

_____ (2002) "Mengzi and Gaozi on Nei and Wai," in Alan Chan (ed.), *Mencius: Contexts and Interpretations*, Honolulu: University of Hawai'i Press, pp. 103–125.

_____ (2007) *Early Confucian Ethics: Concepts and Arguments*, Chicago, IL: Open Court Publishing.

_____ (2011) "Zhuangzi's Cheng Xin and Its Implications for Virtue and Perspectives," *Dao: A Journal of Comparative Philosophy*, 10.4: 427–443.

Chong, Kim-chong, Tan, Sor-hoon, and Ten, C. L. (eds.) (2003) *The Moral Circle and the Self: Chinese and Western Perspectives*, La Salle, IL: Open Court Press.

Ch'u T'ung Tsu (1965) *Law and Society in Traditional China*, The Hague: Mouton.

Clarke, J. J. (2000) *The Tao of the West: Western Transformations of Taoist Thought*, London and New York: Routledge.

Connolly, Tim (2011) "Perspectivism as a Way of Knowing in the Zhuangzi," *Dao: A Journal of Comparative Philosophy*, 10.4: 487–505.

Cook, Scott (ed.) (2013) *Hiding the World in the World: Uneven Discourses on* the *Zhuangzi*, SUNY Series in Chinese Philosophy and Culture, Albany: State University of New York Press.

Creel, Herlee (1953) *Chinese Thought from Confucius to Mao Tse-Tung*, Chicago, IL: University of Chicago Press.

_____ (1970) *What is Taoism? And Other Studies in Cultural History*, Chicago, IL: University of Chicago Press.

_____ (1974) *Shen Pu-hai: A Chinese Political Philosopher of the Fourth Century B.C.*, Chicago, IL, and London: University of Chicago Press.

Csikszentmihalyi, Mark (1994) "*Emulating the Yellow Emperor: The Theory and Practice of Huanglao, 180–141 B.C.E.*," Ph.D. dissertation, Stanford University ProQuest Dissertations Publishing, 1994. 9508345.

_____ (2006) *Readings in Han Chinese Thought*, Indianapolis, IN: Hackett. Csikszentmihalyi, Mark, and Kim, Tae Hyun (2014) "The Formation of the Analects," in Michael Nylan (ed.) and Simon Leys (trans.), *The Analects: A Norton Critical Edition*, New York: W. W. Norton, pp. 152–165.

Cua, Antonio S. (1971) "The Concept of Paradigmatic Individuals in the Ethics of Confucius," *Inquiry*, 14.1–4: 41–55.

_____ (1973) "Reasonable Action and Confucian Argumentation," *Journal of Chinese Philosophy*, 1.1: 57–75.

_____ (1978) *Dimensions of Moral Creativity*, University Park: Pennsylvania State University Press.

_____ (1979) "Tasks of Confucian Ethics," *Journal of Chinese Philosophy*, 6.1: 55–67.

_____ (1981) "Opposites as Complements: Reflections on the Significance of Tao," *Philosophy East and West*, 31.2: 123–140.

_____ (1984) "Confucian Vision and Human Community," *Journal of Chinese Philosophy*, 11.3: 227–238.

_____ (1988) "Reflections on Moral Theory and Understanding Moral Traditions," in Gerald James Larson and Eliot Deutsch (eds.), *Interpreting across Boundaries*, Princeton, NJ: Princeton University Press.

_____ (1989) "The Status of Principles in Confucian Ethics," *Journal of Chinese Philosophy*, 16.3–4: 273–296.

_____ (1996a) "The Conceptual Framework of Confucian Ethical Thought," *Journal of Chinese Philosophy* 23.2: 153–174.

_____ (1996b) "The Nature of Confucian, Ethical Tradition," *Journal of Chinese Philosophy*, 23.2: 133–151.

_____ (1998) *Moral Vision and Tradition: Essays in Chinese Ethics*, Washington, DC: Catholic University of America Press.

_____ (2005) *Human Nature, Ritual, and History: Studies in Xunzi and Chinese Philosophy* (Studies in Philosophy and the History of Philosophy), Washington, DC: Catholic University of America Press.

_____ (ed.) (2003) *Encyclopedia of Chinese Philosophy*, New York: Routledge.

D'Ambrosio, Paul (2016) "Wei-Jin Period Xuanxue 'Neo-Daoism': Reworking the Relationship between Confucian and Daoist Themes," in *Philosophy Compass*.

de Bary, W. Theodore (1991) *The Trouble with Confucianism*, Cambridge, MA: Harvard University Press.

_____ (1998) *Asian Values and Human Rights: A Confucian Communitarian Perspective*, Cambridge, MA: Harvard University Press.

de Bary, W. Theodore, and Tu, Weiming (eds.) (1998) *Confucianism and Human Rights*, New York: Columbia University Press.

de Bary, W. T., and Bloom, Irene (eds.) (1999) *Sources of Chinese Tradition: From Earliest Times to 1600*, vol. 1, 2nd edn., New York: Columbia University Press.

de Reu, Wim (2006) "Right Words Seem Wrong: Neglected Paradoxes in Early Chinese Philosophical Texts," *Philosophy East and West*, 56.2: 281–300.

Defoort, Carine (2001) "Is There Such a Thing as Chinese Philosophy? Arguments of an Implicit Debate," *Philosophy East and West*, 51.3: 393–413.

_____ (2012) "Instruction Dialogues in the Zhuangzi: An 'Anthropological Reading,'" *Dao: A Journal of Comparative Philosophy*, 11.4: 459–478.

_____ (2013) "Are the Three 'Jian Ai' Chapters about Universal Love?," in Carine Defoort and Nicolas Standaert (eds.), *The Mozi as an Evolving Text: Different Voices in Early Chinese Thought*, Leiden: Brill, pp. 35–67.

_____ (2016) "The Gradual Growth of the Mohist Core Philosophy," *Monumenta Serica*, 64.1: 1–22.

Defoort, Carine, and Standaert, Nicolas (eds.) (2013) *The Mozi as an Evolving Text: Different Voices in Early Chinese Thought*, Leiden: Brill.

Denecke, Wiebke (2011) *The Dynamics of Masters Literature: Early Chinese Thought from Confucius to Han Feizi*, Harvard-Yenching Institute Monograph Series 74, Cambridge, MA: Harvard University Press.

Elman, Benjamin (2009) "Civil Service Examinations (Kējǔ科举)," in Linsun Cheng(ed.), *The Berkshire Encyclopedia of China: Modern and Historic Views of the World's Newest and Oldest Global Power*, Great Barrington, MA: Berkshire Publishing, pp. 405–410.

Eno, Robert (1996) "Cook Ding's Dao and the Limits of Philosophy," in Philip Ivanhoe and Paul Kjellberg (eds.), *Essays on Skepticism, Relativism and Ethics in the Zhuangzi*, Albany: State University of New York Press, pp. 127–151.

_____ (2009) "Shang State Religion and the Pantheon of the Oracle Texts," in J. Lagerwey and M. Kalinowski (eds.), *Early Chinese Religion: Part One: Shang through Han (1250 BC–220 AD)* Leiden: Brill, pp. 41–102.

_____ (2014) "In Search of the Origins of Confucian Traditions in Lu," in Michael Nylan (ed.) and Simon Leys (trans.), *The Analects: A Norton Critical Edition*, New York: W. W. Norton, pp. 140–152.

Fang, Thomé H. (1981) *Chinese Philosophy: Its Spirit and Its Development*, 2nd edn., Taipei: Linking Publishing.

Fingarette, Herbert (1972) *Confucius: The Secular as Sacred*, New York: Harper and Row.

_____ (1979) "The Problem of the Self in the Analects," *Philosophy East and West*, 29.2: pp. 129–140.

_____ (1983) "The Music of Humanity in the Conversations of Confucius," *Journal of Chinese Philosophy*, 10.4: 331–356.

Fox, Alan (1996) "Reflex and Reflectivity: Wuwei in the Zhuangzi," *Asian Philosophy*, 6.1: 59–72.

Fraser, Christopher (2003) "Introduction: Later Mohist Logic, Ethics, and Science after 25 Years," from the reprint edition of Angus C. Graham (1978), *Later Mohist Logic, Ethics, and Science*, Hong Kong: Chinese University Press.

Froese, Katrin (2013) *Ethics Unbound: Some Chinese and Western Perspectives on Morality*, Hong Kong: Chinese University Press.

Fu, Charles Wei-hsun (1973) "Lao Tzu's Conception of Tao," *Inquiry*, 16.1–4: 367–394.

Fung, Yu-lan (1947) *The Spirit of Chinese Philosophy* (trans. E. R. Hughes), London: Routledge and Kegan Paul.

_____ (1948) *A Short History of Chinese Philosophy* (ed. Derk Bodde), New York: Free Press.

_____ (1952) *A History of Chinese Philosophy*, vol. 1 (trans. Derk Bodde), Princeton, NJ: Princeton University Press.

_____ (1953) *A History of Chinese Philosophy*, vol. 2 (trans. Derk Bodde), Princeton, NJ: Princeton University Press.

Geaney, Jane M (1999) "A Critique of A. C. Graham's Reconstruction of the 'Neo-Mohist Canons,'" *Journal of the American Oriental Society*, 119.1: 1–11.

_____ (2002) *On the Epistemology of the Senses in Early Chinese Thought*, Monograph Series in Asian and Comparative Philosophy, no. 19. Honolulu: University of Hawai'i Press.

Goldin, Paul Rakita (1999) *Rituals of the Way: The Philosophy of Xunzi*, La Salle, IL: Open Court.

_____ (2000) "Xunzi in the Light of the Guodian Manuscripts," *Early China*, 25: 113–146.

_____ (2008) "The Myth That China Has No CreationMyth," *Monumenta Serica*, 56: 1–22.

_____ (2011) "Persistent Misconceptions about Chinese 'Legalism,'" *Journal of Chinese Philosophy*, 38.1: 88–104.

_____ (2013) "Introduction: Han Fei and the Han Feizi," in Paul Goldin (ed.), *Dao Companion to the Philosophy of Han Fei*, Dao Companions to Chinese Philosophy, Dordrecht: Springer, pp. 1–21.

_____ (ed.) (2013) *Dao Companion to the Philosophy of Han Fei*, Dao Companions to Chinese Philosophy, Dordrecht: Springer.

Graham, Angus C. (1961) "The Date and Composition of Liehtzyy," *Asia Major* 8: 139–198.

_____ (1967) "The Background of the Mencian Theory of Human Nature," reprinted (2002) in Xiusheng Liu (ed.), *Essays on the Moral Philosophy of Mengzi*, Indianapolis, IN: Hackett, pp. 1–63.

_____ (1983) "Taoist Spontaneity and the Dichotomy of 'Is' and 'Ought,'" in Victor Mair (ed.), *Experimental Essays on the Chuang-tzu*, Honolulu: University of Hawai'i Press, pp. 3–23.

_____ (1986) *Yin-Yang and the Nature of Correlative Thinking*, IEAP Occasional Paper and Monograph Series no. 6, Singapore: Institute of East Asian Philosophies.

_____ (1989) *Disputers of the Tao: Philosophical Argument in Ancient China*, La Salle, IL: Open Court.

_____ (1990a) "Three Studies of Kung-sun Lung," in Angus C. Graham (ed.), *Studies in Chinese Philosophy and Philosophical Literature*, Albany: State University of New York Press, pp. 125–215.

_____ (1990b) *Studies in Chinese Philosophy and Philosophical Literature*, Albany: State University of New York Press (first published in 1986 by Institute of East Asian Philosophies, Singapore).

_____ (1998) "The Origins of the Legend of Lao Tan," in Livia Kohn and Michael Lafargue (eds.), *Lao-tzu and the Tao-te-ching*, Albany: State University of New York Press, pp. 23–40.

_____ (2003a) "How Much of Chuang Tzu Did Chuang Tzu Write?," in Harold Roth (ed.), *A Companion to Angus C. Graham's Chuang Tzu*, monograph no. 20, Society for Asian and Comparative Philosophy, Honolulu: University of Hawai'i Press, pp. 58–103. Originally published in 1980 in Henry Rosemont, Jr, and Benjamin Schwartz (eds.), *Studies in Classical Chinese Thought*, Journal of the American Academy of Religion Thematic Studies, Chico: Scholars Press.

_____ (2003b) "Chuang Tzu's Essay on Seeing Things as Equal," in Harold Roth (ed.), *A Companion to Angus C. Graham's Chuang Tzu*, monograph no. 20, Society for Asian and Comparative Philosophy, Honolulu: University of Hawai'i Press, pp. 104–129. Originally published in 1969 in *His-*

tory of Religions, 9.2/3: 137–159.

Granet, Marcel (1934) *La pensée chinoise*, Paris: Michel (1958 edition: Paris: Editions Albin Michel).

Grange, Joseph (2004) *John Dewey, Confucius and Global Philosophy*, SUNY Series in Chinese Philosophy and Culture, Albany: State University of New York Press.

Gu, Jiegang 顧頡剛 (1972) "漢代黃老之言" (The Words of Huang-Lao in Han Times), in『漢代學術史略』(A Concise Intellectual History of the Han), Taipei: Qiye Shuju.

Guan Feng 關鋒 (1952)『莊子哲學討論集』*Zhuangzi Zhexue Taolun Ji (Collected Discussions on the Philosophy of Zhuangzi)*, Beijing: Zhonghua Shu Ji.

Guha, Ramachandra (1995) "Radical American Environmentalism and Wilderness Preservation: A Third World Critique," in Andrew Brennan (ed.), *The Ethics of the Environment*, International Research Library of Philosophy series, London: Dartmouth, pp. 239–252.

Guo, Qingfan 郭慶藩 (1990) *Collected Explanations on the Zhuangzi* (莊子集釋), Beijing 北京: Zhonghua Shuju 中華書局.

Hall, David (1987) "On Seeking a Change of Environment: A Quasi-Taoist Proposal," *Philosophy East and West*, 37.2: 160–171.

Hall, David, and Ames, Roger (1997) *Thinking Through Confucius*, Albany: State University of New York Press.

———————————— (1998) *Thinking from the Han: Self, Truth, and Transcendence in Chinese and Western Culture*, Albany: State University of New York Press.

———————————— (1999) *The Democracy of the Dead: Dewey, Confucius, and the Hope for Democracy in China*, La Salle, IL: Open Court.

Hansen, Chad (1983a) *Language and Logic in Ancient China*, Ann Arbor: University of Michigan Press.

———————— (1983b) "A Tao of Tao in Chuang-tzu," in Victor Mair (ed.), *Experimental Essays on Chuang-tzu*, Asian Studies at Hawai'i no. 29, Center for Asian and Pacific Studies, Honolulu: University of Hawai'i Press, pp. 24–55.

———————— (1992) *A Daoist Theory of Chinese Thought*, New York: Oxford University Press.

———————— (2003) "The Relatively Happy Fish," Asian Philosophy, 13.2/3: 145–164.

Harbsmeier, Christoph (1998) *Science and Civilization in China*, vol. 7, part 1: *Language and Logic*, Cambridge: Cambridge University Press.

Harper, Donald (2001) "The Nature of Taiyi in the Guodian Manuscript Taiyi Sheng Shui: Abstract Cosmic Principle or Supreme Cosmic Deity?," *Chūgoku shutsudo shiryō kenkyū*, (中國出土資料研究), 5: 1–23.

He Yan 何晏 (1987) *Lun yu ji jie*『論語集解』十卷. 3rd edn., Taibei Shi: Guo Li Gu
Gong Bo Wu Yuan 台北市: 國立故宮博物院, 民國76.

Heine, Steven, and Dale S. Wright (2000) *The Kan: Texts and Contexts in Zen
Buddhism*, New York: Oxford University Press.

Henderson, John B. (1984) *The Development and Decline of Chinese Cosmology*,
New York: Columbia University Press.

_____ (2003) "Cosmology," in Antonio Cua (ed.), *Encyclopedia of
Chinese Philosophy*, New York: Routledge, pp. 187–194.

Heng, Jiuan (2002) "Understanding Words and Knowing Men," in Alan Chan (ed.),
Mencius: Contexts and Interpretations, Honolulu: University of Hawai'i
Press, pp. 151–168.

Herman Hesse (1971) *Narcissus and Goldmund*, trans. Ursula Molinaro, New
York: Bantam Books.

Hershock, Peter (2004) *Chan Buddhism*, Honolulu: University of Hawai'i Press.

_____ (2015) "Chan Buddhism," in the Stanford Encyclopedia of Philoso-
phy. Available at http://plato.stanford.edu/entries/buddhism-chan/.

Hetherington, Stephen, and Lai, Karyn (2015) "Knowing-how and Knowing-to," in
Brian Bruya (ed.), *The Philosophical Challenge from China*, Cambridge,
MA, and London: MIT Press, pp. 279–302.

Ho Hwang, Philip (1979) "What Is Mencius' Theory of Human Nature?," *Philosophy
East and West*, 29.2: 201–209.

Hsu, Cho-Yun (1965) *Ancient China in Transition: An Analysis of Social Mobil-
ity 722–222 B.C.*, Stanford, CA: Stanford University Press.

_____ (1999) "The Spring and Autumn Period," in Michael Loewe and Ed-
ward Shaughnessy (eds.), *The Cambridge History of Ancient China: From
the Origins of Civilization to 221 B.C.*, Cambridge: Cambridge University
Press, pp. 545–586.

Hu, Shi [Hu, Shih] (1928) *The Development of the Logical Method in Ancient
China*, Shanghai: Oriental Book Company.

Hurvitz, Leon, and Tsai, Heng-Ting (1999) "The Introduction of Buddhism," in W. T.
de Bary and Irene Bloom (eds.), *Sources of Chinese Tradition: From Earli-
est Times to 1600*, vol. 1, 2nd edn., New York: Columbia University Press, pp.
415–432.

Hurvitz, Leon, et al. (1999a) "Schools of Buddhist Doctrine," in W. T. de Bary and
Irene Bloom (eds.), *Sources of Chinese Tradition: From Earliest Times to
1600*, vol. 1, 2nd edn. New York: Columbia University Press, pp. 433–480.

_____ et al. (1999b) "Schools of Buddhist Practice," in W. T. de Bary and
Irene Bloom (eds.), *Sources of Chinese Tradition: From Earliest Times to
1600*, vol. 1, 2nd edn. New York: Columbia University Press, pp. 481–536.

Hutton, Eric (2002) "Moral Connoisseurship in Mengzi," in Xiusheng Liu (ed.),

Essays on the Moral Philosophy of Mengzi, Indianapolis, IN: Hackett, pp. 163–186.

Indraccolo, Lisa (2010) *"Gongsun Long and the Gongsun Longzi: Authorship and Textual Variation in a Multilayered Text,"* doctoral thesis, Università Ca' Foscari Venezia. Open Access available online at: http://hdl.handle.net/10579/922.

Ip, Po-Keung (1983) "Taoism and the Foundations of Environmental Ethics," *Environmental Ethics*, 5.4: 335–343.

Ivanhoe, Philip (1990) "Thinking and Learning in Early Confucianism," *Journal of Chinese Philosophy*, 17.4: 473–493.

_____ (1991) "Character Consequentialism: An Early Confucian Contribution to Contemporary Ethical Theory," *Journal of Religious Ethics*, 19.1: 55–70.

_____ (1993) "Zhuangzi on Skepticism, Skill, and the Ineffable Dao," *Journal of the American Academy of Religion*, 61.4: 639–654.

_____ (1996) "Was Zhuangzi a Relativist?," in Philip Ivanhoe and Paul Kjellberg (eds.), *Essays on Skepticism, Relativism and Ethics in the Zhuangzi*, Albany: State University of New York Press, pp. 196–214.

_____ (2002) "Confucian Self Cultivation and Mengzi's Notion of Extension," in Xiusheng Liu (ed.), *Essays on the Moral Philosophy of Mengzi*, Indianapolis, IN: Hackett, pp. 221–241.

_____ (2013) *Confucian Reflections: Ancient Wisdom for Modern Times*, New York: Routledge.

_____ (2014) "A Happy Symmetry: Xunzi's Ecological Ethic," in *Ritual and Religion in the Xunzi*, T. C. Kline III and Justin Tiwald (eds.), SUNY Series in Chinese Philosophy and Culture, Albany: State University of New York Press, pp. 43–60.

Ivanhoe, Philip, and Kjellberg, Paul (eds.) (1996) *Essays on Skepticism, Relativism and Ethics in the Zhuangzi*, Albany: State University of New York Press.

Johnston, Ian (2004) "The Gongsun Longzi: A Translation and an Analysis of Its Relationship to Later Mohist Writings," *Journal of Chinese Philosophy*, 31.2: 271–295.

Jullien, François (1999) *The Propensity of Things: Toward a History of Efficacy in China*, trans. Janet Lloyd, New York: Zone Books.

_____ (2004) *Treatise on Efficacy: Between Western and Chinese Thinking*, Honolulu: University of Hawai'i Press.

Kalinowski, Marc (1998–1999) "The Xingde Text from Mawangdui," *Early China* 23–24: 125–202.

Kalupahana, David J. (1976) *Buddhist Philosophy: A Historical Analysis*, Honolulu: University of Hawai'i Press.

Keightley, David (1978) *Sources of Shang History: The Oracle-Bone Inscriptions of Bronze Age China*, Berkeley: University of California Press.

_____ (1988) "Shang Divination and Metaphysics," *Philosophy East and West* 38.4: pp. 367–372.

Kekes, John (1981) "Morality and Impartiality," *American Philosophical Quarterly*, 18: 295–303.

Kern, Martin (2009) "Bronze Inscriptions, the Shijing and the Shangshu: The Evolution of the Ancestral Sacrifice during the Western Zhou," in J. Lagerwey and M. Kalinowski (eds.), *Early Chinese Religion: Part One: Shang through Han (1250 BC–220 AD)*, Leiden: Brill, pp. 143–200.

King, Richard A. H. (ed.) (2015) *The Good Life and Conceptions of Life in Early China and Graeco-Roman Antiquity*, Berlin and Boston: De Gruyter.

Kirkland, Russell (2004) *Taoism: The Enduring Tradition*, New York: Routledge.

Kline, Esther (2010) "Were There 'Inner Chapters' in the Warring States? A New Examination of Evidence about the Zhuangzi," *T'oung Pao*, 96.4: 299–369.

Kline, T. C. III, and Tiwald, Justin (eds.) (2014) *Ritual and Religion in the Xunzi*, SUNY Series in Chinese Philosophy and Culture, Albany: State University of New York Press.

Knaul, Livia (1985) "Kuo Hsiang and the Chuang Tzu," *Journal of Chinese Philosophy*, 12.4: 429–447.

Knechtges, David (2014) "Yi Jing易經(Classic of Changes)," in David R. Knechtges and Taiping Chang (eds.), *Ancient and Early Medieval Chinese Literature: A Reference Guide*, Part Three, Leiden: Brill, pp. 1877–1896.

Kohn, Livia (1993) *The Taoist Experience: An Anthology*, SUNY Series in Chinese Philosophy and Culture, Albany: State University of New York Press.

_____ (1996) "Laozi: Ancient Philosopher, Master of Immortality, and God," in Donald S. Lopez, Jr (ed.), *Religions of China in Practice*, Princeton, NJ: Princeton University Press.

_____ (ed.) (2014) *Zhuangzi: Text and Context*, St. Petersburg, FL: Three Pines Press.

_____ (2015) *New Visions of the Zhuangzi*, St. Petersburg, FL: Three Pines Press.

Kohn, Livia, and LaFargue, Michael (eds.) (1998) *Lao-tzu and the Tao-te-ching*, Albany: State University of New York Press.

Kroll, J. L. (Yury Lovich) (1987) "Disputation in Ancient Chinese Culture," *Early China*, vols. 11–12 (1985–1987): 118–145.

Kupperman, Joel (1996) "Spontaneity and the Education of the Emotions," in Philip Ivanhoe and Paul Kjellberg (eds.), *Essays on Skepticism, Relativism and Ethics in the Zhuangzi*, Albany: State University of New York Press, pp.

183–195.

Kwok, Daniel (1999a) "Lu Jia: the Natural Order and the Human Order," in W. T. de Bary and Irene Bloom (eds.), *Sources of Chinese Tradition: From Earliest Times to 1600*, vol. 1, 2nd edn., New York: Columbia University Press, pp. 285–290.

―――――――― (1999b) "Jia Yi: the Primacy of the People (Minben)," in W. T. de Bary and Irene Bloom (eds.), *Sources of Chinese Tradition: From Earliest Times to 1600*, vol. 1, 2nd edn., New York: Columbia University Press, pp. 290–292.

Lai, Karyn (1995) "Confucian Moral Thinking," *Philosophy East and West*, 45.2: 249–272.

―――――― (2000) "The Daodejing: Resources for Contemporary Feminist Thinking," *Journal of Chinese Philosophy*, 27.2: 131–153.

―――――― (2003a) "Conceptual Foundations for Environmental Ethics: A Daoist Perspective," *Environmental Ethics*, 25.3: 247–266.

―――――― (2003b) "Confucian Moral Cultivation: Some Parallels with Musical Training," in Kim-Chong Chong, Sor-Hoon Tan and C. L. Ten (eds.), *The Moral Circle and the Self: Chinese and Western Perspectives*, La Salle, IL: Open Court, pp. 107–139.

―――――― (2006a) *Learning from Chinese Philosophies: Ethics of Interdependent and Contextualised Self*, Aldershot: Ashgate.

―――――― (2006b) "Philosophy and Philosophical Reasoning in the Zhuangzi: Dealing with Plurality," *Journal of Chinese Philosophy*, 33.3: 365–374.

―――――― (2006c) "Li in the Analects: Training in Moral Comptence and the Question of Flexibility," *Philosophy East and West*, 56.1: 69–83.

―――――― (2007) "Ziran and Wuwei in the Daodejing: An Ethical Assessment," *Dao: A Journal of Comparative Philosophy*, 6.4: 325–337.

―――――― (2012) "Knowing to Act in the Moment: Examples from Confucius Analects," *Asian Philosophy*, 22.4: 347–364.

Lai, Karyn (forthcoming) "Skill Mastery, Cultivation and Spontaneity in the Zhuangzi: Conversations with Confucius," in Justin Tiwald (ed.), *Oxford Handbook of Chinese Philosophy*, Oxford University Press.

Lai, Karyn, and Chiu, Wai Wai (2013) "Ming in the Zhuangzi Neipian: Enlightened Engagement," *Journal of Chinese Philosophy*, 40.3–4: 527–543.

Lai, Whalen (1993) "The Public Good That Does the Public Good: A New Reading of Mohism," *Asian Philosophy* 3.2: 125–141.

―――――――― (2003) "Buddhism in China: A Historical Survey," in Antonio Cua (ed.), *Encyclopedia of Chinese Philosophy*, New York: Routledge, pp. 7–19.

―――――――― (with assistance from Yu-Yin Cheng) (2009) "Chinese Buddhist Philosophy from Han through Tang," in Bo Mou (ed.), *History of Chinese Philoso-*

phy, Routledge History of World Philosophies series, vol. 3, London and New York: Routledge, pp. 324–361.

Lau, Dim-cheuk (1958) "The Treatment of Opposites in Lao-tzu," *Bulletin of the School of Oriental and African Studies*, 21.2: 344–360.

Lee, Janghee (2005) *Xunzi and Early Chinese Naturalism*, Albany: State University of New York Press.

Lewis, Mark E. (2006) *The Construction of Space in Early China*, Albany: State University of New York Press.

Li, Chenyang (ed.) (2000) *The Sage and the Second Sex*, La Salle, IL: Open Court.

Li, Chenyang, and Ni, Peimin (eds.) (2014) *Moral Cultivation and Confucian Character: Engaging Joel J. Kupperman*, Albany: State University of New York Press.

Li, Xueqin (2000–2001) "Lost Doctrines of Guanyin as Seen in the Jingmen Guodian Slips," *Contemporary Chinese Thought*, 32.2: 55–62.

Lian, Xinda (2009) "Zhuangzi the Poet: Re-reading the Peng Bird Image," *Dao: A Journal of Comparative Philosophy*, 8.3: 233–254.

Littlejohn, Ronnie, and Dippman, Jeffrey (2011) *Riding the Wind with Liezi 列子: New Persectives on the Daoist Classic*, Albany: State University of New York Press.

Liu, Xiaogan (1994) *Classifying the Zhuangzi Chapters*, trans. William E. Savage, Ann Arbor: University of Michigan, Center for Chinese Studies.

_____ (1999) "An Inquiry into the Core Value of Laozi's Philosophy," in Mark Csikszentmihalyi and Philip Ivanhoe (eds.), *Religious and Philosophical Aspects of the Laozi*, Albany: State University of New York Press.

_____ (ed.) (2015) *Dao Companion to Daoist Philosophy*, Dao Companions to Chinese Philosophy, Dordrecht: Springer.

Lloyd, Geoffrey (2002) *The Ambitions of Curiosity: Understanding the World in Ancient Greece and China*, Cambridge: Cambridge University Press.

Lo, Yuet Keung (2014) "The Philosophy of Confucius' Disciples," in Vincent Shen (ed.), *Dao Companion to Classical Confucian Philosophy*, Dao Companions to Chinese Philosophy, Dordrecht: Springer, pp. 81–117.

Loewe, Michael (1986) "Introduction," in Denis Twitchett and Michael Loewe (eds.), *The Cambridge History of China*, vol. 1: *The Ch'in and Han Empires, 221 B.C.–A.D. 220*, Cambridge: Cambridge University Press, pp. 1–19.

_____ (1999) "The Heritage Left to the Empires," in Michael Loewe and Edward Shaughnessy (eds.), *The Cambridge History of Ancient China: From the Origins of Civilization to 221 B.C.*, Cambridge: Cambridge University Press, pp. 967–1032.

_____ (2011) *Dong Zhongshu, a "Confucian" Heritage and the Chunqiu fanlu*. Brill China Studies Series, vol. 20. Leiden: Brill.

_____ (ed.) (1993) *Early Chinese Texts: A Bibliographical Guide*, Early China Special Monograph, No. 2, Berkeley: Society for the Study of Early China and the Institute of East Asian Studies, University of California.

Loy, David (1996) "Zhuangzi and Nāgārjuna on the Truth of No Truth," in Philip Ivanhoe and Paul Kjellberg (eds.), *Essays on Skepticism, Relativism and Ethics in the Zhuangzi*, Albany: State University of New York Press, pp. 50–67.

Loy, Hui Chieh (2006) *"The Moral Philosophy of the Mozi 'Core Chapter,'"* Ph.D. dissertation, University of California, Berkeley.

_____ (2008) "Justification and Debate: Thoughts on Moist Moral Epistemology," *Journal of Chinese Philosophy*, special issue on Mozi, 35.3: 455–471.

Lusthaus, Dan (1998) "Buddhist Philosophy, Chinese," in *Routledge Encyclopedia of Philosophy*. Available at: www.rep.routledge.com/articles/buddhist-philosophy-chinese/v-1.

Machle, Edward J. (1993) *Nature and Heaven in the Xunzi*, Albany: State University of New York Press.

_____ (2014) "Xunzi as a Religious Philosopher," in T. C. Kline III and Justin Tiwald (eds.), *Ritual and Religion in the Xunzi*, SUNY Series in Chinese Philosophy and Culture, Albany: State University of New York Press, pp. 21–42.

Mair, Victor (ed.) (1983) *Experimental Essays on the Chuang-tzu*, Honolulu: University of Hawai'i Press.

Major, John S. (1993) Heaven and Earth in Early Han Thought: Chapters Three, Four and Five of the Huainanzi, SUNY Series in Chinese Philosophy and Culture, Albany: State University of New York Press.

Makeham, John (1996) "The Formation of Lunyu as a Book," *Monumenta Serica*, 44: 1–24.

_____ (2003a) *Transmitters and Creators: Chinese Commentators and Commentaries on the Analects*, Cambridge, MA, and London: Harvard University Press.

_____ (2003b) "School of Names (Ming Jia, Ming Chia)," in Antonio Cua (ed.), *Encyclopedia of Chinese Philosophy*, New York: Routledge, pp. 491–497.

_____ (ed.) (2014) *Transforming Consciousness: Yogācāra Thought in Modern China*, Oxford: Oxford University Press.

Marshall, Peter (1992) *Nature's Web: Rethinking Our Place on Earth*, New York: Paragon House.

Maspero, Henri (1978) *China in Antiquity*, trans. Frank A. Kierman Jr, Amherst: University of Massachusetts Press.

McCraw, David (2010) *Stratifying Zhuangzi: Rhyme and Other Quantitative Evidence*, Language and Linguistics Monograph Series, vol. 41, Taipei: Institute of Linguistics, Academic Sinica.

McLeod, Alexus (2007) "A Reappraisal of Wang Chong's Critical Method through the Wenkong Chapter," *Journal of Chinese Philosophy*, 34.4: 581–596.

_____ (2012) "Ren as a Communal Property in the Analects," *Philosophy East and West*, 62.4: 505–528.

_____ (2015) "Philosophy in Eastern Han Dynasty China," *Philosophy Compass*, 10.6: 355–368.

McRae, Emily (2011) "The Cultivation of Moral Feelings and Mengzi's Method of Extension," *Philosophy East and West*, 61.4: 587–608.

McRae, John (2003) *Seeing through Zen : Encounter, Genealogy and Transformation in Chinese Chan Buddhism*, New York: Cambridge University Press.

Michael, Thomas (2011) "The That-beyond-Which of the Pristine Dao: Cosmology in the Liezi," in Ronnie Littlejohn and Jeffrey Dippman (eds.), *Riding the Wind with Liezi 列子: New Perspectives on the Daoist Classic*, Albany: State University of New York Press, pp. 101–126.

_____ (2015) *In the Shadows of the Dao: Laozi, the Sage, and the Daodejing*, Albany: State University of New York Press.

Morrow, Carmine M. (2016) "Metaphorical Language in the Zhuangzi," *Philosophy Compass*, 11.4: 179–188.

Munro, Donald J. (1969) *The Concept of Man in Early China*, Stanford, CA: Stanford University Press.

Nelson, Eric (2009) "Responding with Dao: Early Daoist Ethics and the Environment," *Philosophy East and West*, 59.2: 294–316.

Neville, Robert C. (1986) "The Scholar-Official as a Model for Ethics," *Journal of Chinese Philosophy*, 13.2: 185–201.

Nivison, David (1980) "Two Roots or One?," *Proceedings and Addresses of the American Philosophical Association*, 53.6: 739–761.

_____ (1999) "The Classical Philosophical Writings," in Michael Loewe and Edward Shaughnessy (eds.), *The Cambridge History of Ancient China: From the Origins of Civilization to 221 B.C.*, Cambridge: Cambridge University Press, pp. 745–812.

_____ (2000) "Response to James Behuniak," *Philosophy East and West*, 50.1: 110–115.

Nylan, Michael (1999) "A Problematic Model: The Han 'Orthodox Synthesis,' Then and Now," in Kai-wing Chow, On-cho Ng, and John B. Henderson (eds.), *Imagining Boundaries: Changing Confucian Doctrines, Texts, and Hermeneutics*, Albany: State University of New York Press, pp. 17–56.

_____ (2001) *The Five "Confucian" Classics*, New Haven, CT: Yale University Press.

Olberding, Amy (2011) *Moral Exemplars in the Analects: The Good Person Is That*, New York: Routledge.

_____ (ed.) (2014) *Dao Companion to the Analects*, Dao Companions to Chinese Philosophy, Dordrecht: Springer.

O'Leary, Timothy, Robins, Dan, and Fraser, Chris (eds.) (2011) *Ethics in Early China: An Anthology*, Hong Kong: Hong Kong University Press.

Oshima, Harold (1983) "A Metaphorical Analysis of the Concept of Mind in the Chuang-tzu," in Victor Mair (ed.), *Experimental Essays on the Chuang-tzu*, Honolulu: University of Hawai'i Press, pp. 63–84.

Pang-White, Ann (ed.) (2016) *The Bloomsbury Research Handbook of Chinese Philosophy and Gender*, London: Bloomsbury.

Peerenboom, Randall P. (1991) "Beyond Naturalism: A Reconstruction of Daoist Environmental Ethics," *Environmental Ethics*, 13.1: 3–22.

_____ (1993) *Law and Morality in Ancient China: The Silk Manuscripts of Huang-Lao*, Albany: State University of New York Press.

Perkins, Franklin (2010) "Recontextualizing Xing: Self-Cultivation and Human Nature in the Guodian Texts," *Journal of Chinese Philosophy*, 37.1: 16–32.

_____ (2014) *Heaven and Earth Are Not Humane: The Problem of Evil in Classical Chinese Philosophy*, Bloomington: Indiana University Press.

Peterson, Williard J. (1982) "Making Connections: 'Commentary on the Attached Verbalizations' of the Book of Change," *Harvard Journal of Asiatic Studies*, 42.1: 67–116.

Pines, Yuri (2002) *Foundations of Confucian Thought: Intellectual Life in the Chunqiu Period (722–453 B.C.E.)*, Honolulu: University of Hawai'i Press.

_____ (2013) "Submerged by Absolute Power: The Ruler's Predicament in the Han Feizi," in Paul R. Goldin (ed.), *Dao Companion to the Philosophy of Han Fei*, Dao Companions to Chinese Philosophy, Dordrecht: Springer, pp. 67–86.

Pines, Yuri, Goldin, Paul R., and Kern, Martin (eds.) (2015) *Ideology of Power and Power of Ideology in Early China*, Sinica Leidensia 124, Leiden and Boston: Brill.

Poo, Mu-chou (1998) *In Search of Personal Welfare: A View of Ancient Chinese Religion*, Albany: State University of New York Press.

Pound, Ezra (trans.) (1951) *The Unwobbling Pivot, the Great Digest and the Analects*, translation and commentary by Ezra Pound, New York: New Directions.

Pregadio, Fabrizio (2008) *The Routledge Encyclopedia of Taoism*, 2 vols., New York: Routledge.

Puett, Michael (2002) *To Become a God: Cosmology, Sacrifice, and Self-Di-vinization in Early China*, Harvard-Yenching Institute Monograph Series, Cambridge, MA, and London: Harvard University Press.

Queen, Sarah (1999) "Luxuriant Gems of the Spring and Autumn Annals (Chunqiu Fanlu)," in W. Theodore de Bary and Irene Bloom (eds.), *Sources of Chinese Tradition: From Earliest Times to 1600*, vol. 1, 2nd edn., New York: Columbia University Press, pp. 295–310.

Queen, Sarah, and Puett, Michael (eds.) (2014) *The Huainanzi and Textual Production in Early China*, Leiden and Boston: Brill.

Radcliffe-Brown, Alfred R. (1965) "Religion and Society," in *Structure and Function in Primitive Society: Essays and Addresses*, Glencoe, IL: Free Press, pp. 153–177.

Radice, Thomas (2011) "Manufacturing Mohism in the Mencius," *Asian Philosophy: An International Journal of the Philosophical Traditions of the East*, 21.2: 139–152.

Raphals, Lisa (1993) *Knowing Words: Wisdom and Cunning in the Classical Traditions of China and Greece*, Ithaca, NY: Cornell University Press.

_____ (1996) "Skeptical Strategies in the Zhuangzi and Theaetetus," in Philip Ivanhoe and Paul Kjellberg (eds.), *Essays on Skepticism, Relativism and Ethics in the Zhuangzi*, Albany: State University of New York Press, pp. 26–49. Reprinted, with minor revisions, from *Philosophy East and West*, 44.3 (1994): 501–526.

_____ (1998) "On Hui Shi," in Roger T. Ames (ed.), *Wandering at Ease in the Zhuangzi*, Albany: State University of New York Press, pp. 143–161.

_____ (2010) "Divination and Autonomy: New Perspectives from Excavated Texts," *Journal of Chinese Philosophy*, 37.1: 124–141.

_____ (2013) *Divination and Prediction in Early China and Ancient Greece*, Cambridge: Cambridge University Press.

Reding, Jean-Paul (1985) *Les fondements philosophiques de la rhétorique chez les sophistes grecs et chez les sophistes chinois*, Bern: Peter Lang.

_____ (2002) "Gongsun Long on What Is Not: Steps toward the Deciphering of the Zhiwulun," *Philosophy East and West*, 52.2: 190–206.

Riegel, Jeffrey (2013) "Confucius," *Stanford Encyclopedia of Philosophy*. Available at: http://plato.stanford.edu/entries/confucius/.

Robinet, Isabelle (1997) *Taoism: Growth of a Religion* (trans. Phyllis Brooks), Stanford, CA: Stanford University Press.

Robins, Dan (2010) "The Later Mohists and Logic," *History and Philosophy of Logic*, 31.3: 247–285.

_____ (2011) "It Goes beyond Skill," in Timothy O'Leary, Dan Robins and Chris Fraser (eds.), *Ethics in Early China: An Anthology*, Hong Kong: Hong

Kong University Press, pp. 105–124.

_____ (2012a) "The Moists and the Gentlemen of the World," *Journal of Chinese Philosophy*, 35.3: 385–402.

_____ (2012b) "Mohist Care," *Philosophy East and West*, 62.1: 60–91.

Rosemont, Henry Jr (1970) "Is Zen Buddhism a Philosophy?," *Philosophy East and West*, 20.1: 63–72.

_____ (1988) "Against Relativism?," in Gerald James Larson and Eliot Deutsch (eds.), *Interpreting across Boundaries*, Princeton, NJ: Princeton University Press, pp. 36–70.

Rosenlee, Li-Hsiang Lisa (2006) *Confucianism and Women: A Philosophical Interpretation*, SUNY Series in Chinese Philosophy and Culture, Albany: State University of New York Press.

Ross, William David (2002) *The Right and the Good*, in Philip Stratton-Lake (ed.), first edition published in 1930. New York: Oxford University Press.

Roth, Harold D. (1991a) "Who Compiled the Chuang Tzu?," in Henry Rosemont, Jr (ed.), *Chinese Texts and Philosophical Contexts*, La Salle, IL: Open Court.

_____ (1991b) "Psychology and Self-Cultivation in Early Taoistic Thought," *Harvard Journal of Asiatic Studies*, 51.2: 599–650.

_____ (1998) "Some Methodological Issues in the Study of the Guodian Laozi Parallels," in Sarah Allan and Crispin Williams (eds.), *The Guodian Laozi: Proceedings of the International Conference, Dartmouth College, May 1998*, Early China Special Monograph Series 5. Berkeley: Institute for East Asian Studies, University of California, pp. 71–88.

_____ (1999) *Original Tao: Inward Training (Nei-yeh) and the Foundations of Taoist Mysticism*, New York: Columbia University Press.

_____ (2003) "An Appraisal of Angus Graham's Textual Scholarship on the Chuang Tzu," in Harold D. Roth (ed.), *A Companion to Angus C. Graham's Chuang Tzu*, Society for Asian and Comparative Philosophy Monograph, Honolulu: University of Hawai'i Press.

Roth, Harold, and Queen, Sarah (1999) "A Syncretist Perspective on the Six Schools," in W. T. de Bary and Irene Bloom (eds.), *Sources of Chinese Tradition: From Earliest Times to 1600*, vol. 1, 2nd edn., New York: Columbia University Press, pp. 278–282.

Ryle, Gilbert (1946) "Knowing How and Knowing That," *Proceedings of the Aristotelian Society*, 46: 1–16.

Sartwell, Crispin (1993) "Confucius and Country Music," *Philosophy East and West*, 43.2: 243–254.

Schipper, Kristofer, and Verellen, Franciscus (eds.) (2004) *The Taoist Canon: A Historical Companion to the Daozang*, 3 vols., Chicago, IL: University of Chicago Press.

Schlütter, Morten, and Teiser, Stephen (eds.) (2012) *Readings of the Platform Sutra*, Columbia Readings of Buddhist Literature, New York: Columbia University Press.

Schwartz, Benjamin (1985) *The World of Thought in Ancient China*, Cambridge: Belknap Press of Harvard University Press.

Schwitzgebel, Eric (1996) "Zhuangzi's Attitude toward Language and His Skepticism," in Philip Ivanhoe and Paul Kjellberg (eds.), *Essays on Skepticism, Relativism and Ethics in the Zhuangzi*, Albany: State University of NewYork Press, pp. 68–96.

Sellman, James D. (2002) *Timing and Rulership in Master Lu's Spring and Autumn Annals (Lüshi Chunqiu)*, SUNY Series in Chinese Philosophy and Culture, Albany: State University of New York Press.

Shaughnessy, Edward L. (1983) *"The Composition of the Zhouyi,"* Ph.D. dissertation, Stanford University.

_____ (1997) *Before Confucius: Studies in the Creation of the Chinese Classics*; SUNY Series in Chinese Philosophy and Culture; Albany: State University of New York Press.

_____ (2005) "The Guodian Manuscripts and Their Place in Twentieth-Century Historiography on the Laozi," *Harvard Journal of Asiatic Studies*, 65.2: 417–457.

_____ (2006) *Rewriting Early Chinese Texts*, Albany: State University of New York Press.

Shen, Vincent, and Shun, Kwong-loi (eds.) (2008) *Confucian Ethics in Retrospect and Prospect*, Washington, DC: Council for Research in Values and Philosophy.

Shun, Kwong-loi (1991) "Mencius' Criticism of Mohism: An Analysis of Meng Tzu 3A:5," *Philosophy East and West*, 41.2: 203–214.

_____ (1993) "Jen and Li in the Analects," *Philosophy East and West*, 43.3: 457–479.

_____ (1997) *Mencius and Early Chinese Thought*, Stanford, CA: Stanford University Press.

Sivin, Nathan (1978) "On the Word 'Taoist' as a Source of Perplexity. With Special Reference to the Relations of Science and Religion in Traditional China," in *History of Religions*, 17.3/4: 303–330.

_____ (1995a) *Medicine, Philosophy and Religion in Ancient China: Researches and Reflections*, Aldershot: Variorum (Ashgate).

_____ (1995b) "The Myth of the Naturalists," in *Medicine, Philosophy and Religion in Ancient China: Researches and Reflections*, Aldershot: Variorum (Ashgate); section IV, pp. 1–33.

_____ (1999a) "The Springs and Autumns of Mr. Lü (Lüshi chunqiu)," in W.

Theodore de Bary and Irene Bloom (eds.), *Sources of Chinese Tradition: From Earliest Times to 1600*, vol. 1, 2nd edn., New York: Columbia University Press, pp. 236–241.

_____ (1999b) "The Medical Microcosm," in W. Theodore de Bary and Irene Bloom (eds.), *Sources of Chinese Tradition: From Earliest Times to 1600*, vol. 1, 2nd edn., New York: Columbia University Press, pp. 273–278.

_____ (2007) "Drawing Insights from Chinese Medicine," *Journal of Chinese Philosophy*, Supplement no. 1, 24.1: 43–55.

Skaja, Henry G. (1984) "Li (Ceremonial) as a Primal Concept in Confucian Spiritual-Humanism," in Chang Chi Yun et al. (eds.), *Chinese Philosophy*, vol. 3: *Confucianism and Other Schools*, Taiwan: Chinese Culture University Press, pp. 47–71.

Slingerland, Edward (1996) "The Conception of Ming in Early Confucian Thought," *Philosophy East and West* 46.4: 567–581.

_____ (2000) "Effortless Action: The Chinese Spiritual Ideal of Wu-wei," *Journal of the American Academy of Religion*, 68.2: 293–328.

_____ (2003) *Effortless Action: Wu-wei as Conceptual Metaphor and Spiritual Ideal in Early China*, New York: Oxford University Press.

Smith, Kidder (2003) "Sima Tan and the Invention of Daoism, 'Legalism,' et cetera," *Journal of Asian Studies*, 62.1: 129–156.

Smith, Richard J. (2008) *Fathoming the Cosmos and Ordering the World: The Yijing (I-Ching, or Classic of Changes) and Its Evolution in China*, Charlottesville: University of Virginia Press.

_____ (2013) "Fathoming the Changes: The Evolution of Some Technical Terms and Interpretive Strategies in Yijing Exegesis," *Journal of Chinese Philosophy*, Thematic Issue: Chinese Philosophy as World Philosophy: Humanity and Creativity (II), vol. 40.1: 146–170.

Star, Daniel (2002) "Do Confucians Really Care? A Defense of the Distinctiveness of Care Ethics: A Reply to Chenyang Li," *Hypatia*, 17.1: 77–106.

Sterckx, Roel (2011) *Food, Sacrifice, and Sagehood in Early China*, Cambridge: Cambridge University Press.

Sun Yirang 孫詒讓 (2001), *Mozi jiangu* 『墨子間詁』, Beijing: Zhonghua shuju.

Sung, Winnie (2012) "Ritual in the Xunzi: A Change of the Heart/Mind," *Sophia: International Journal for Philosophy of Religion, Metaphysical Theology and Ethics*, 51.2: 211–226.

Tan, Sor Hoon (2004) *Confucian Democracy: A Deweyan Reconstruction*, SUNY Series in Chinese Philosophy and Culture, Albany: State University of New York Press.

_____ (2005) "Imagining Confucius: Paradigmatic Characters and Virtue Ethics," *Journal of Chinese Philosophy*, 32.3: 409–426.

_____ (2012) "Li (Ritual/Rite) and Tian (Heaven/Nature) in the Xunzi: Does Confucian Li Need Metaphysics?," *Sophia: International Journal for Philosophy of Religion, Metaphysical Theology and Ethics*, 51.2: 155–175.

Tan, Sor-hoon, and Foust, Mathew (eds.) (2016) *Feminist Encounters with Confucius*, Leiden: Brill.

Tang, Lan 唐蘭 (1975) "馬王堆出土『老子』乙本卷前古佚書的研究" ("Research on the Ancient Lost Manuscripts Preceding the B Version of the Mawangdui Laozi"), *Kaogu Xuebao* (考古學報), 1: 7–38.

Tang, Yijie 湯一介 (2009) *Guo Xiang and Wei-Jin Period Xuanxue* (郭象與魏晉玄學), Beijing 北京: Beijing Daxue Chubanshe 北京大學出版社.

Tang, Yongtong 湯用彤 (2009) *Essays on Wei-Jin Period Xuanxue* (魏晉玄學論稿, first published in 1957), Beijing 北京: SDX Joint Publishing Company 三聯書店.

Teng, Norman Y. (2006) "The Relatively Happy Fish Revisited," *Asian Philosophy*, 16.1: 39–47.

Tu, Weiming (1968) "The Creative Tension between Jen and Li," *Philosophy East and West*, 18.1–2: 29–40.

_____ (1972) "Li as Process of Humanisation," *Philosophy East and West*, 22.2: 187–201.

_____ (1976) *Centrality and Commonality: An Essay on Chung-yung, monograph of the Society for Asian and Comparative Philosophy*, no. 3, Honolulu: University of Hawai'i Press.

_____ (1985) *Confucian Thought: Selfhood as Creative Transformation*, Albany: State University of New York Press.

Tucker, Mary Evelyn, and Berthrong, John H. (eds.) (1998) *Confucianism and Ecology: The Interrelation of Heaven, Earth, and Humans*, Cambridge, MA: Harvard University Press.

Twitchett, Denis, and Loewe, Michael (eds.) (1986) *The Cambridge History of China*, vol. 1: *The Ch'in and Han Empires, 221 B.C.–A.D. 220*, Cambridge: Cambridge University Press.

van Els, Paul (2009) "Dingzhou: The Story of an Unfortunate Tomb," in *Asiatische Studien/Études Asiatiques*, 63: 909–941.

_____ (2013) "Righteous, Furious, or Arrogant? On Classifications of Warfare," in Peter Lorge (ed.), *Early Chinese Texts Debating War in Chinese History*, Leiden: Brill, pp. 13–40.

Van Norden, Bryan (1996) "Competing Interpretations of the Inner Chapters of the Zhuangzi," *Philosophy East and West*, 46.2: 247–268.

_____ (2003) "A Response to the Mohist Arguments in 'Impartial Caring,'" in Kimchong Chong, Sor-Hoon Tan and C. L. Ten (eds.), *The Moral Circle and the Self: Chinese and Western Approaches*, Chicago, IL: Open Court, pp. 41–58.

_____ (2007) *Virtue Ethics and Consequentialism in Early Chinese Philosophy*, Cambridge: Cambridge University Press.

_____ (2014) "Mencius," *Stanford Encyclopedia of Philosophy*. Available at: http://plato.stanford.edu/entries/mencius/.

_____ (ed.) (2002) *Confucius and the "Analects": New Essays*, New York: Oxford University Press.

Wagner, Rudolf G. (1989) "Wang Bi's Recension of the Laozi," *Early China* 14: 27–54.

_____ (2000) *The Craft of the Chinese Commentator: Wang Bi on the Laozi*, Albany: State University of New York Press.

_____ (2003) *Language, Ontology, and Political Philosophy in China: Wang Bi's Scholarly Exploration of the Dark (Xuanxue)*, Albany: State University of New York Press.

Wang Hsien-ch'ien (Wang Xian Qian) 王先謙 (1961) *Hsun Tzu Chi-Chieh*『荀子集解』, Taipei:World Publishing.

Wang, Robin (2006) "Virtue 德(de) Talent 才(cai), and Beauty 色(se): Authoring a Full-Fledged Womanhood in Lienüzhuan (Biographies of Women)," in Peter Hershock and Roger Ames (eds.), *Confucian Cultures of Authority*, Albany: State University of New York Press, pp. 93–115.

Watanabe, Takashi 渡邊卓 (1962–1963) "Bokushi shohen no chosaku nendai"「墨子」諸篇の著作年代, Tōyō Gakuhō 東洋学報 45.3 (December 1962): 1–38 (part 1); and 45.4 (March 1963): 20–38 (part 2); cited in Defoort and Standaert 2013.

Watson, Burton (1999) "The Great Han Historians," in W. Theodore de Bary and Irene Bloom (eds.), *Sources of Chinese Tradition: From Earliest Times to 1600*, vol. 1, 2nd edn., New York: Columbia University Press, pp. 367–374.

Wilhelm, Hellmut (1977) *Heaven, Earth, and Man in the Book of Changes*, Seven Eranos Lectures, Publications on Asia of the Institute for Comparative and Foreign Area Studies, no. 28, Seattle and London: University of Washington Press.

Wolf, Margery (1994) "Beyond the Patrilineal Self: Constructing Gender in China," in Roger T. Ames, Wimal Dissanayake and Thomas P. Kasulis (eds.), *Self as Person in Asian Theory and Practice*, Albany: State University of New York Press, pp. 251–267.

Wong, David (2002) "Reasons and Analogical Reasoning in Mengzi," in Xiusheng Liu (ed.), *Essays on the Moral Philosophy of Mengzi*, Indianapolis, IN: Hackett, pp. 187–220.

_____ (2005) "Zhuangzi and the Obsession with Being Right," *History of Philosophy Quarterly* 22.2: 91–107.

Williams, Bernard, and Smart, J. J. C. (1973) *Utilitarianism: For and Against*, Cambridge: Cambridge University Press.

Wright, Arthur (1959) *Buddhism in Chinese History*, Stanford, CA: Stanford University Press.

Wu, Feng 武鋒 (2011) *He Yan* 何晏, Yunnan 雲南: Yunnan Jiaoyu Chubanshe雲南教育出版社.

Wu, Kuang-ming (1982) *Chuang Tzu: World Philosopher at Play*, American Academy of Religion Studies in Religion, no. 26, New York: Crossroad Publishing.

_____ (1990) *The Butterfly as Companion: Meditations on the First Three Chapters of the Chuang Tzu*, SUNY Series in Religion and Philosophy, Albany: State University of New York Press.

_____ (1996) *On Chinese Body Thinking: A Cultural Hermeneutic*, Leiden: Brill.

Yang, Soon-ja (2013) "Shen Dao's Theory of fa and His Influence on Han Fei," in Paul Goldin (ed.), *Dao Companion to the Philosophy of Han Fei*, Dao Companions to Chinese Philosophy. Dordrecht: Springer, pp. 47–63.

Yearley, Lee (1996) "Zhuangzi's Understanding of Skillfulness and the Ultimate Spiritual State," in Philip Ivanhoe and Paul Kjellberg (eds.), *Essays on Skepticism, Relativism and Ethics in the Zhuangzi*, Albany: State University of New York Press, pp. 152–182.

Yi, Guo (2015) "The Ideas of Human Nature in Early China," in Richard A. H. King (ed.), *The Good Life and Conceptions of Life in Early China and Graeco-Roman Antiquity*, Berlin and Boston: De Gruyter, pp. 93–116.

Yu, Kam-por, Tao, Julia, and Ivanhoe, Philip J. (eds.) (2010) *Taking Confucian Ethics Seriously: Contemporary Theories and Applications*, Albany: State University of New York Press.

Zhang, Dongsun 張東蓀 (1995) *Zhishi yu wenhua: Zhang Dongsun wenhua lunzhu jiyao* 『知識与文化: 張東蓀文化論主机要』(Knowledge and Culture: A Summary of Zhang Dongsun's Treatise on Culture), ed. Zhang Huinan, Beijing: Zhongguo Guangbo Dianshi Chubanshe.

Ziporyn, Brook (2003) *The Penumbra Unbound: The Neo-Taoist Philosophy of Guo Xiang*, Albany: State University of New York Press.

_____ (2011) "Chinese Buddhist Philosophy," in William Edelglass and Jay L. Garfield (eds.), *The Oxford Handbook of World Philosophy*, New York: Oxford University Press, pp. 68–81.

_____ (2012) *Ironies of Oneness and Difference: Coherence in Early Chinese Thought; Prolegomena to the Study of Li*, Albany: State University of New York Press.

Zufferey, Nicolas (2014) "On the Ru and Confucius," in Michael Nylan (ed.) and Simon Leys (trans.), *The Analects: A Norton Critical Edition*, New York: W. W. Norton, pp. 129–140.

Zürcher, Erik (1959) *The Buddhist Conquest of China: The Spread and Adaptation of Buddhism in Early Medieval China*, Leiden: Brill.

옮긴이의 말

    서양에서 중국이 꿈과 같고 신비한 땅으로 느껴지는 환상이자 하나의 완벽한 타자였던 때가 있었다. 근대 이후 서양은 동양을 지배하려는 수단으로 지배담론을 만들어 동양을 규정하기도 했다. 이런 지배담론을 오리엔탈리즘이라고 비판한 사람은 에드워드 사이드이다.

    물론 이런 서양의 오만과 편견은 부정할 수 없는 시대적 모습이지만 서양과 동양의 만남과 대화를 단지 지배담론으로 좁게 규정할 수만은 없다. 계몽주의 시기 서양은 유교의 사회정치적 이념과 합리적인 종교에 찬사를 보냈으며 그들의 사회를 비판하는 근거로 이를 이용하기도 했다. 서양은 끊임없이 외부의 사유를 끌어들여 자신의 한계를 바라보려 했다.

    서양에서 중국에 대한 연구는 생각 이상으로 오랜 시간 동안 축적되었다. 이제는 중국철학을 공부하기 위해 하버드대학교에 가야 한다는 말도 있다. 이 말은 여러 가지 측면을 시니컬하게 건드리는 말이지만 서양에서 이루어지는 학문적 엄밀성과 객관성이 어쩌면 우리의 수준보다 더 낫다는 점을 고백하는 측면도 있다.

    서양 사람이 어떻게 심오한 한문을 이해할 수 있겠는가 의아해하는 사람도 있지만 이는 편견에 불과하다. 우리가 낯선 희랍어를 공부하여 서양의 문화를 이해하는 것은 이상하지 않은가? 마찬가지다. 서양 사람이 낯선 한문을 배우는 것은 우리가 희랍어를 배우는 것과 동일하다.

    오히려 문제는 우리가 낯선 희랍어를 공부하듯이 한문을 공부하지 않는다는 점이다. 한문은 우리에게 익숙한 문자이기 때문에 완벽한 타자의 사유로서 번역하지 않고 대충 번역하며 이해하려고 하기 때문이다.

대학원 다닐 때 중국철학을 전공하는 사람들끼리 흔히 했던 말이 있다. 저 사람은 한문 원전 독해 능력은 뛰어나지만 전혀 철학적이지 못해, 혹은 이 사람은 철학적 사유 능력은 뛰어나지만 한문 원전 독해 능력이 전혀 없어. 한문 독해 능력과 철학적 사유 능력은 중국철학을 하는 사람이 선택해야 할 두 가지 선택지가 아니다.

이 두 가지는 분리된 것이 아니라 상호 영향을 주면서 상승하는 변증법적 관계에 있다. 중국철학과 관련된 한문은 단지 문자적 번역에 그쳐서는 안 되기 때문이다. 역사적 맥락을 고려해야 하고 현실적 의미를 생각해야 한다. 역사적 맥락이란 추상적 개념과 논리가 어떤 사회정치적 배경 속에서 형성되었는가를 묻는 일이고, 현실적 의미란 그 개념과 논리가 지금 이 현실에서 어떤 의미 맥락을 가지는가를 구성하는 일이다.

서양에서는 두 가지 영역에서 깊이 있는 연구를 오랜 기간 축적하며 독자적인 시각과 담론을 형성해 왔다. 카린 라이의 『케임브리지 중국철학 입문』은 이러한 서양의 연구 성과를 간략하면서도 체계적으로 정리하고, 서양 철학의 구분 방식인 형이상학, 논리학, 윤리학을 의식하면서 논의하고 있다.

카린 라이는 원전 독해의 중요성을 강조하면도 중국철학을 주요 개념과 주제로 분류하여 그것을 다루는 추론과 논쟁의 방법을 논의하는데, 이는 중국철학을 개념과 논리로 다루려고 하는 것이다. 또한 다양한 사상가 사이의 논쟁을 상호 연결시키면서 상호 영향 관계를 분석하고, 나아가 이러한 사상에 대해 현대적인 해석과 현대 학자의 견해를 요령 있게 소개한다.

입문 성격이 강한 책이지만 서양에서 이루어진 최신의 발굴 문서의 연구 성과까지도 아울러 설명하고 있기 때문에 중국 고대철학의 흐름을 일목요연하게 파악할 수 있다. 더 중요한 점은 이러한 연구 성과를 통해 제자백가의 지형도를 독특하게 그려내고 있다는 점이다.

흔히 유가와 도가를 대립적으로 보지만 발굴 문서의 성과를 본다면 그렇지 않고, 유가와 묵가는 대립적이기도 하지만 연속성도 있다. 또한 묵가와 법가, 명가의 관계는 생각했던 것 이상으로 깊은 연관성이 있다. 이렇게 각 전통의 교차점과 분기점을 검토하고 있다는 점에서 우리가 알고 있는 일반적 시각과는 다른 지형도를 생각해볼 수 있다.

노자와 법가는 교차점도 있지만 분기점도 있다. 묵자는 공자와 인仁의 맥락에서 교차점을 가지지만, 법法의 측면에서는 법가와 교차점을 가질 수 있다. 노자와 장자는 교차점을 가지고 있다고 하지만 오히려 공자와 가까울 수도 있다.

이 책은 제자백가의 각 전통을 설명하면서 대비점과 공통점 모두에 주목할 수 있도록 한다. 이러한 시각은 제자백가를 바라보는 데에 중요한 시사점을 준다. 일반적으로 우리는 유가, 도가, 법가, 묵가, 명가 등 각 전통의 차이점을 부각시키거나 유가와 도가의 철학적 중요성을 지나치게 강조하여 다른 제자에 대한 철학적 맥락을 소홀히 다루는 경향이 있다.

오히려 서양 학자는 이러한 편견으로부터 자유롭다. 중국 고대철학의 문헌은 권위적 진리를 담고 있는 경전經典이 아니다. 현실적 맥락 속에서 끊임없이 해석되어야 할 텍스트일 뿐이다. 그것은 공자건 맹자건 노자건 마찬가지다. 카린 라이는 각 전통을 우월적 상관 관계 속에서 다루려 하지 않고 동일한 시선 속에서 다루어야 할 텍스트로 설명한다.

흔히 중국철학은 형이상학이 없고 논리적이지 못하다고 평가된다. 그러나 생각을 달리해야 한다. 형이상학적 논의가 없다고 해서 형이상학이 없다고 할 수 없고 논리가 없다고 해서 논리적이지 못한 것은 아니다.

카뮈는 이런 말을 했다. "모든 방법에는 형이상학이 감춰져 있다." 따라서 모든 방법론적인 術술에는 형이상학적 道도가 없을 수 없다. 단지 엄밀하게 논증되지 않았거나 치밀하게 논증할 필요성을 느끼지 못했을 뿐이다. 그 필요성은 어디로부터 왔을까를 물어야 한다.

중국철학이 비논리적이거나 반논리적이라고 말할 수도 없다. 비논리는 논리 속에서 논리에 어긋나는 영역이다. 반논리는 논리 그 자체를 거부한다. 중국철학은 비논리도 반논리도 아니다. 오히려 초논리translogic다. 초논리는 논리 안에서 논리를 감싸 안으면서도 논리를 초월한다. 지금 우리는 이런 사유에 담긴 초논리의 함축을 적절한 개념과 논리로 설명하지 못할 뿐이다.

그러므로 중국철학이 형이상학적이거나 논리적이지 못하다는 평가는 반은 맞고 반은 틀리다. 형이상학이 없는 것이 아니라 함축적으로 감춰져 있다. 비논리적인 것이 아니라 논리적 논의를 거쳐서 논리를 초월하는 담론이 이루어졌다. 그러므로 고대 희랍과는 다른 형이상학과 다른 논리가 있다.

그렇다면 먼저 어떠한 현실적 맥락 속에서 어떤 논리가 형성되었고 논의되었는가를 물어야 한다. 그럴 때 물어야 할 것은 '왜 형이상학과 논리를 고대 희랍인처럼 치밀하게 논증하려 하지 않았을까?' 혹은 '그런 담론이 왜 지속적으로 발전하지 못했을까?' 혹은 '다른 형이상학과 논리는 어떻게 현대적 맥락 속에서 논리적으로 논증

될 수 있을까?'이다.

평유란은 서양 철학의 개념과 논리를 의식하면서 철학사를 썼던 최초의 인물이다. 아직까지 우리는 평유란의 영향력에서 벗어나지 못하는 것인지도 모른다. 위잉스余英時는 지나치게 서양의 개념적 틀로 중국철학을 설명하려는 일군의 학자를 비판했다. 평유란도 예외는 아니다.

위잉스는 이런 학자들이 중국철학 특히 이학理學을 '철학화'하는 데에는 어느 정도 성공했지만 오히려 잃은 것이 더 많다고 평가했다. 역사적 맥락context이다. 니체는 철학자를 항시 비웃었다. 그들은 역사를 모른다. 철학적 개념도 역사적 맥락 속에서 나온 것일 뿐이다. 역사적 맥락에서 추상화된 고정된 개념은 원래의 의미를 상실케 한다.

위잉스는 이러한 경향을 "이학의 형이상학"이라고 하고, 이와는 달리 철학의 개념과 논리를 역사적 맥락에 놓으려고 시도한다. 이는 단지 역사화로 철학화를 대체하려는 시도가 아니다. 오히려 서양의 추상적인 개념과 논리로 중국철학을 설명하기 전에 역사적 맥락을 드러냄으로써 개념과 논리를 현실적으로 생동감 있게 살려내는 것이다. 더 나아가 그것이 가지고 있는 현실 문제적 맥락을 드러내는 작업이다. 현실적 구체성을 드러냄으로써 역사적 맥락 속에서 철학화를 시도하려는 것이다. 이제 우리도 한국적 맥락 속에서 중국철학을 바라볼 수 있는 때가 된 것이 아닐까. 한국적 맥락 속에서 바라보는 중국 철학사를 기대한다.

케임브리지 중국철학 입문
: 지성사로 본 중국 사유의 계통과 맥락

2018년 11월 14일 초판 1쇄 발행

지은이   **옮긴이**
카린 라이   심의용

펴낸이   **펴낸곳**   **등록**
조성웅   도서출판 유유   제406-2010-000032호(2010년 4월 2일)

                  주소
                  경기도 파주시 책향기로 337, 301-704 (우편번호 10884)

전화   **팩스**   **홈페이지**   **전자우편**
070-8701-4800   0303-3444-4645   uupress.co.kr   uupress@gmail.com

                   페이스북   **트위터**   **인스타그램**
                   www.facebook   www.twitter   www.instagram
                   .com/uupress   .com/uu_press   .com/uupress

편집   **디자인**   **영업**
류현영, 이경민   이기준   허신애

제작   **인쇄**   **제책**   **물류**
제이오   (주)민언프린텍   (주)정문바인텍   책과일터

ISBN 979-11-85152-00-4 03150

이 도서의 국립중앙도서관 출판예정도서목록(CIP)은 서지정보유통지원시스템
홈페이지(seoji.nl.go.kr)와 국가자료공동목록시스템(www.nl.go.kr/kolisnet)에서
이용하실 수 있습니다.(CIP제어번호: CIP2018036662)